Micha Brumlik:
Advokatorische Ethik

Kritische Texte
Sozialarbeit / Sozialpädagogik
Sozialpolitik
Kriminalpolitik

Herausgegeben
von
Karin Böllert
Maja Heiner
Paul Hirschauer
Maria-Eleonora Karsten
Hans-Uwe Otto
Thomas Rauschenbach
Heinz Sünker
Hans Thiersch

Micha Brumlik

ADVOKATORISCHE ETHIK

Zur Legitimation pädagogischer Eingriffe

Karin Böllert · KT-Verlag · Bielefeld

Die Deutsche Bibliothek — CIP-Einheitsaufnahme
Brumlik, Micha: Advokatorische Ethik:
zur Legitimation pädagogischer Eingriffe/Micha Brumlik. —
Bielefeld : Böllert, KT-Verl., 1992
(Kritische Texte)
ISBN 3-925515-30-5

Copyright

Karin Böllert
KT-Verlag
Postfach 1406, 4800 Bielefeld 1
Satz: Thomas Ellmer, Bad Salzuflen
Verwaltung und Auslieferung:
Karin Böllert KT-Verlag
Bielefeld 1992
ISBN 3-925515-30-5

Inhaltsverzeichnis

Vorwort 7

I. Auf dem Weg zu einer pädagogischen Ethik

Emanzipation und Operationalisierung 12

Zum Verhältnis von Pädagogik und Ethik 27

Pflicht zu Dankbarkeit und Fortpflanzung? 47
Zu einer Ethik des Generationenverhältnisses

II. Systematische Versuche

Vom Leiden der Tiere und vom Zwang zur 82
Personwerdung

Über die Ansprüche Ungeborener und Unmündiger 108

Diskurs- und Mitleidsethik in Begründung und 143
Anwendung

Integrität und Mündigkeit. 159
Ist eine advokatorische Ethik möglich?

Allgemeine Menschenwürde und philosophisches 171
Expertentum

Advokatorische Ethik in Grenzsituationen 185

III. Zu einer ethischen Berufswissenschaft

Normative Grundlagen der Sozialarbeit 204

Zur Sittlichkeit pädagogisch-professioneller
Interaktionen 213

Sind soziale Dienste legitimierbar? 230

IV. Bildung und Moral

Kohlbergs "Just Community"-Ansatz als Grundlage einer Theorie der Sozialpädagogik	256
Bildung zur Gerechtigkeit	274
Politische Kultur des Streits im Licht sozialisationstheoretischer Überlegungen	289

Drucknachweise 303

Vorwort

Daß zwischenmenschliche Konflikte auf ihre Sachhaltigkeit hin zu überprüfen sind, daß Streitigkeiten, die durch widersprüchliche Ansprüche von Menschen auf Güter – auch zwischen den Generationen – entstehen, nach Kriterien von Fairness und Gerechtigkeit zu entscheiden sind, erscheint heute, zu Beginn der neunziger Jahre, selbstverständlich. Spätestens seit dem Entstehen der "Neuen Sozialen Bewegungen", von Friedens-, Frauen- und Ökologiebewegung trägt auch die politische Debatte weitgehend moralische Züge. Sei es in der Frage nach der Legitimität nuklearer Rüstung, in den Debatten über die Zumutbarkeit der Restrisiken von Atomkraftwerken oder Gefahren genetischer Grundlagenforschung, handele es sich um Forderungen nach der Bestrafung von Vergewaltigung in der Ehe hier und dem Verbot der Abtreibung dort – die Einsicht, daß der Rückgriff auf Klasseninteressen oder Funktionserfordernisse alleine kein Problem löst, hat um sich gegriffen.

Das war nicht immer so. Als vor mehr als zwanzig Jahren eine systemkritische Opposition an den Universitäten die von den Nationalsozialisten verfemten Wissenschaftsrichtungen Psychoanalyse und Marxismus aufnahm und als ideologiekritische Hermeneutik des Verdachts wider die verkrusteten und verlogenen Verhältnisse im westlichen Teil Nachkriegsdeutschlands in Stellung brachte, schien unbezweifelbar, daß moderne Sozialwissenschaft vor allem Kritik zu sein habe. Dieser Einstellung hat gerade die neuere Erziehungswissenschaft, zumal in der Sozialpädagogik, unendlich viel zu verdanken. Der nüchterne Blick hinter jene objektiven Interessen, die die "Entwicklungstatsache" Erziehung (S. Bernfeld) jeweils zurichteten und dann mit der Weihe höherer Begriffe zu verschleiern suchten, versetzte die neuere Erziehungswissenschaft überhaupt erst in die Lage, sich ihres Gegenstandsbereiches mit den Mitteln einer Sozialwissenschaft anzunehmen. Die "Hilfe zur Selbsthilfe", der "pädagogische Bezug", das "Wohl des Kindes", das "Individualitätsprinzip", die "pädagogische Autonomie", all jene Begriffshülsen verloren ihren ohnehin schon dünn gewordenen Nimbus und wurden als ideologischer Ausdruck von Herrschaftsstrategien entlarvt.

Daß diese Strategie der Entlarvung nur ein **erster** Schritt auf dem Wege eines ja nicht anders als normativ zu betreibenden Unternehmens, der Pädagogik, sein könnte, war die schon früh gefestigte Einstellung des Autors. Auch nach der Entlarvung bleibt nämlich die Frage, was wir als Pädagogen tun **sollen**, wie wir unsere Handlungen oder auch Planungen ausweisen und rechtfertigen können, unbeantwortet – der Hinweis auf funktionale Erfordernisse reicht dazu nicht aus. Lange also, bevor die Ethik jenen modischen Durchbruch erzielte, an dem heute auch all jene partizipieren, die sie vormals für ideologischen Firnis hielten, habe ich versucht, mir darüber klar zu werden, wie eine Pädagogik als unverzichtbar normative Wissenschaft zu begründen sei. Alle hier nun erstmals gemeinsam und in ihrem sachlichen Kontext vorgelegten Arbeiten aus achtzehn Jahren sind dieser anti-funktionalistischen Überzeugung verpflichtet: daß es in Pädagogik und Erziehung um das Hervorrufen von Bildungsprozessen geht, die der Zustimmung der ihnen ausgesetzten, meist Schwächeren fähig sind. Von diesem Grundgedanken – der schon in der These VI des 1974 publizierten Aufsatzes "Emanzipation und Operationalisierung" angelegt ist und bis zu dem Beitrag "Advokatorische Ethik" aus dem Jahr 1991 reicht, der versucht, Licht in die schmerzhafte Debatte um die "Praktische Ethik" Peter Singers zu werfen – zehren alle hier versammelten Arbeiten.

Die argumentativen, wissenschaftlichen und philosophischen Mittel, diesen Gedanken in der Pädagogik angemessen darzustellen, haben sich freilich erst im Laufe der Jahre so entfalten lassen, daß eine konsistente Theorie möglich scheint.

Eine pädagogische Theorie, die auf die Gewinne ihrer sozialwissenschaftlichen Neubegründung nicht fahrlässig verzichten will, darf weder auf den Anspruch nach rationaler Begründung ihrer Ziele noch auf die Forderung nach Kritik und empirischer Überprüfung ihrer normativen Vorgaben und deskriptiven Behauptungen verzichten. Beidem entspricht – wie ich zu zeigen versuche – der Ansatz des genetischen Strukturalismus von Lawrence Kohlberg noch am Ehesten. Das Programm einer advokatorischen Ethik, das ich in systematischer Hinsicht immer wieder aufnehme, erwuchs aus einer Enttäuschung an dem Vermögen der Diskursethik, pädagogische Probleme auch nur angemessen formulieren, geschweige denn lösen zu können. So bewegt sich das hier entwickelte Programm, das der Diskursethik in der Frage der Begründung einer Pädagogik wenig zutraut und Versuche einer mitleidsethischen Begründung als zu eingeschränkt ansieht, auf eine – derzeit nur in Umrissen erkennbare – **Theorie moralischer Gefühle im menschlichen Entwicklungsprozeß** zu. Die letzte hier vorgestellte Arbeit über die "Politische Kultur des Streits" gibt dazu einen ersten Einblick.

Arbeiten wie diese hätten ohne den regen Austausch mit einer wissenschaftlichen peer group, mit Älteren, die mich angeregt, Gleichaltrigen, die mich kritisiert, und Jüngeren, die diese Gedanken aufnahmen, nicht entstehen können.

Meinem Lehrer Klaus Mollenhauer verdanke ich, die Brisanz und Bedeutung pädagogischer Fragen erkannt und mich auf den Weg eines Erziehungswissenschaftlers gebracht zu haben. Mein verstorbener Kommilitone, Koautor und Kollege Wolfgang Keckeisen hätte viele der hier vorgetragenen Gedanken mit seinem unbestechlichen Blick kritisiert, er fehlt mir nicht nur als Kritiker. Detlev Garz, der hierzulande lange Jahre beharrlich und allen Modeströmungen abhold die Theorie des genetischen Strukturalismus vertreten und für die Pädagogik fruchtbar gemacht hat, schulde ich wesentliche Anregungen. Ohne Hans-Uwe Otto und die Freundinnen und Freunde der Theorie AG Sozialpädagogik, die mir immer wieder die Gelegenheit boten, einige der hier vertretenen Ideen vor ihrem Forum zu präsentieren, wäre manches vager geblieben und könnte kaum den Anspruch erheben, die sozialpädagogische Debatte mit zu prägen. Zu danken habe ich meiner Verlegerin Karin Böllert, daß dieses Buch in dieser Form zustande gekommen ist. Frau Ingrid Löbelenz und Frau Elisabeth Langkopf waren bei der Herstellung einzelner Manuskripte unersetzlich und hilfreich.

Von den Studierenden der Universität Heidelberg, aus deren Einwänden, Nachfragen und Ausarbeitungen ich mehr gelernt habe, als ich hier zu Protokoll geben kann, möchte ich Werner Nickolai, Egon Schweiger, Erika Steinert, Hansjörg Sutter, Anneliese Wellensiek und Mechthild Wolff nennen.

I.

Auf dem Weg zu einer pädagogischen Ethik

♦
Emanzipation und Operationalisierung
– Sieben Thesen –

I.

Erziehung als bewußte Sozialisationsstrategie kann sich auf verschiedene Zielvorstellungen berufen. In wachsendem Ausmaß wird 'Emanzipation' von Erziehungswissenschaftlern als Zielvorstellung angegeben. Ein zentrales Thema der aktuellen erziehungswissenschaftlichen Diskussion handelt davon, ob 'Emanzipation' legitimerweise als Ziel einer solchen Sozialisationsstrategie eingeführt werden kann. Ein Hauptargument gegen eine solche Einführung scheint die von Befürwortern wie Gegnern einer 'emanzipatorischen' Pädagogik geteilte Meinung zu sein, daß 'Emanzipation' nicht operationalisierbar sei.

Der Streit um die Stellung von Emanzipation innerhalb der Erziehungswissenschaft dauert an. *H. A. Hesse* (1973, S. 246 ff.) hat in einem jüngst erschienenen Aufsatz den Gebrauch des Begriffes in der erziehungswissenschaftlichen Diskussion kritisch resümiert. Ihm wie auch anderen ist aufgefallen, daß es sich hierbei um eine programmatische Diskussion handelt, daß 'Emanzipation' mehr als andere sozialwissenschaftlich übernommene Begriffe, ein 'sozialer Kampfbegriff' sei, wie *W. D. Narr* (1973, S. 201) dies behauptet. Ohne direkte Einsicht in bzw. direkte Berufung auf den politischen Charakter dieses Begriffes führen Befürworter wie Gegner die Diskussion zunächst auf wissenschaftstheoretischer Ebene. So behauptet etwa *L. Rössner*, das Erziehungsziel 'Emanzipation' (weil angeblich abgeleitet aus dem gesellschaftlichen Totalitätsbegriff der Kritischen Theorie) habe einen totalen logischen Spielraum und sei mithin leer. Da jedoch leere Begriffe rationale Entscheidungsverfahren und Planungen unmöglich machten, verbiete die emanzipatorische Pädagogik Erziehung selbst (Hesse, 1973, S. 253). *D. J. Löwisch* wiederum, ein sich explizit auf die Kritische Theorie berufender Vertreter einer auf objektive Vernunft abzielenden Pädagogik, schreibt:

"Zeitgenössisch humanes Aufklärungsdenken hat es schwer zu bestehen, weil es zeitgenössisch wissenschaftlich mit dem Odium der Beliebigkeit und Willkürlichkeit seiner Aussagen behaftet ist, denn es kann seine Theoreme nicht auf den Prüfstand moderner Wissenschaft bringen. Dies ist nicht möglich, weil seine Theoreme auf diesem Prüfstand keinen Ort haben, mithin für modernes Wissenschaftsverständnis, das die intersubjektive Überprüfbarkeit von Aussagen zur entscheidenden Voraussetzung für deren Gültigkeit macht, Utopie sind" (Löwisch 1974, S. 44ff.).

Diese *Rössner* und anderen Gegnern des Emanzipationsbegriffes rechtgebende *Beteuerung* eines Zwiespaltes von emanzipatorischer Pädagogik und rationalen wissenschaftlichen Verfahren versucht *K. Mollenhauer* als Vertreter einer kritischen Pädagogik zu *begründen:*

"Was sich aus dem heute vielfach postulierten allgemeinen Erziehungsziel Emanzipation im detaillierten Kontext pädagogischen Handelns als Zwischen- oder Teilziele ergibt, kann keine Theorie mit Bestimmtheit sagen, es sei denn, das was für den Begriff 'Emanzipation' als unverzichtbar behauptet wird, nämlich die Chance für Individuen und Gruppen, ihr Handeln selbst zu bestimmen, würde aufgegeben (aus diesem Grunde auch ist 'Emanzipation' als Erziehungsziel nicht operationalisierbar; Emanzipation ist ein kommunikativer Begriff)" (Mollenhauer 1972, S. 50f.).

Hieraus ergibt sich m.E. für den spontan einer emanzipatorischen Pädagogik Zustimmenden folgendes Dilemma: Emanzipatorische Pädagogik und rationale wissenschaftliche Begründungs- und Verfahrensweisen schließen einander aus. Die Entscheidung für das eine hat die Ablehnung des anderen zur Folge.

II.

Entscheidend wird das Problem der Operationalisierung des Begriffes 'Emanzipation' erst auf dem Hintergrund der Wahl eines von mindestens zwei, sicherlich mehreren Erziehungsbegriffen. Auf dem Hintergrund eines anderen Erziehungsbegriffes stellt sich das Problem zwar immer noch, aber nicht mehr so, daß mit seiner Lösung bzw.

Aporie über die Berechtigung einer auf 'Emanzipation' abzielenden Pädagogik entschieden wäre.

"Unter Erziehung werden soziale Handlungen verstanden, durch die Menschen versuchen, das Gefüge der psychischen Disposition anderer Menschen mit psychischen oder sozial-kulturellen Mitteln in irgendeiner Hinsicht dauerhaft zu verbessern oder seine als wertvoll bezeichneten Komponenten zu erhalten" (Brezinka 1971, S. 613).

Ist das Ziel des Erziehungsprozesses die Herstellung oder Verbesserung der psychischen Dispositionen von Menschen durch andere Menschen, so scheint es notwendig, diese psychischen Dispositionen genau zu bezeichnen, wie auch zu kontrollieren, ob Herstellung oder Erhaltung geglückt sind. Sofern jede pädagogische Theoriebildung, will sie sich nicht selbst widersprechen, von der Veränderbarkeit der im pädagogischen Kontext sich befindlichen Individuen ausgehen muß, beinhaltet sie zunächst immer eine Erfolgsverheißung. Prüfstein der Stimmigkeit einer solchen Theorie sind dann Kriterien, die es gestatten, über den eingetretenen Erfolg oder Mißerfolg zu befinden. Nach dem angeführten Konzept von Erziehung findet diese Überprüfung durch den Vergleich von psychischen Dispositionen vor und nach der pädagogischen Intervention statt. Dieser Vergleich ist nach diesem Konzept nicht nur hinsichtlich des praktischen Handelns, sondern auch für die Theoriebildung vonnöten: dann nämlich, wenn man unter "Theorie" ein Set allgemeiner, prognosefähiger und falsifizierbarer Sätze versteht, die gesetzmäßige Zusammenhänge zwischen pädagogischen Interventionen und psychischen Dispositionen benennen. Zur Überprüfung solcher Theorien ist es notwendig, psychische Dispositionen operationell zu definieren.

Ein Begriff ist 'operationalisiert' (d.h. operationell definiert), wenn die Forschungshandlungen angegeben sind, aufgrund derer über das Vorliegen eines mit einem Begriff bezeichneten Sachverhalts entschieden werden kann (Mayntz/Holm/Hübner 1971, S. 18 ff.). Es handelt sich bei diesen Forschungshandlungen vor allem um ein Beobachten und Messen. Da aber in Psychologie und Sozialforschung die meisten Sachverhalte nur indirekt erfaßbar bzw. der Beobachtung zugänglich sind, müssen zunächst aufgrund theoretischer Überlegungen Indikatoren gebildet werden, von denen gelten soll, daß sie den gemeinten Sachverhalt repäsentieren. Diese Indikatoren müssen ihrerseits operationalisiert werden. Die Erfassung von Sachverhalten ist also stets theoriebestimmt; keineswegs werden, wie man glauben könnte, die Sachen selbst beobachtet. Hierin sind sich, bei sonst völliger Divergenz, die Vertreter neuerer Wissenschaftstheorien einig (Popper 1971, Adorno u.a. 1969, Cicourel 1970, Holzkamp 1970). – Ob also 'Emanzipation' operalisierbar ist oder nicht, kann erst dann entschieden werden, wenn allgemein anerkannte Indikatoren für diesen Begriff vorliegen.

'Operationalisierung', so wurde oben gesagt, sei – angesichts eines bestimmten Erziehungsbegriffs – ein Weg zur Überprüfung pädagogischer Erfolgsverheißung. Ein anderer Weg kann hier nur angedeutet werden:

Der Weg kommunikativer Überprüfung beruht auf einem anderen Erziehungskonzept. In diesem Konzept wird Erziehung nicht als Verbesserung und Erhaltung der psychischen Dispositionen von Menschen durch andere Menschen (d.h. als kausale Einwirkung über Interventionsstrategien) begriffen, sondern als Herstellen einer spezifischen Kommunikationsstruktur, an der Erzieher und Edukand (Heranwachsender) gleichermaßen beteiligt sind. Hier werden also nicht Persönlichkeitsmerkmale, sondern Kommunikationsstrukturen bewertet.

K. Mollenhauer (1972, S. 61) hat, unter Rückgriff auf Habermas 1971; Apel 1971 den Entwurf eines kommunikativen Erziehungsbegriffs unternommen:

Für pädagogische Bezüge gilt, was für – dialogische – Sprachhandlungen immer gilt: daß Sprecher und Hörer notwendig dem jeweils anderen (selbst wenn sich dies später faktisch als falsch herausstellt) unterstellen müssen, daß der eine wirklich zum anderen spricht und das, was er sagt, auch wirklich so meint – und mithin prinzipiell bereit und fähig ist, die geäußerten Meinungen zu begründen bzw. für ihre Folgen praktisch einzustehen. Für das pädagogische Verhältnis bedeutet dies nach Mollenhauer, daß jeder 'Educans' sein Handeln dem Educanden (also dem relativ Unterlegenen bzw. Abhängigen) gegenüber hinreichend ausweisen kann; M. unterstellt also, "daß menschliche Kommunikation als rationale Sinnverständigung mindestens möglich sei" (a.a.O., 61). Unter rationaler Sinnverständigung wird dabei eine Kommunikationsweise begriffen, die den oben genannten Voraussetzungen wirklich genügt und damit Kommunikation im Sinne der gleichen Beteiligungschance und -wirklichkeit herstellt. Ein Pädagoge, der auf der Legitimierbarkeit des Pädagogischen Bezugs auch dem faktisch unverständigeren Edukanden gegenüber beharrt, muß an der Erweiterung des Kommunikationsspielraums interessiert sein – ohne indessen angeben zu können, wann denn nun wirklich Symmetrie der Kommunikation erreicht sei.

Die Einsicht, daß jede Kommunikation faktisch stets durch personen- oder strukturbedingte Herrschaft verzerrt ist, macht kommunikative Pädagogik zur ständigen Aufgabe. Über deren Erfolg kann nicht von außen, durch Beobachtung oder Messung, entschieden werden; eine Überprüfung ist vielmehr unabdingbar an die in der pädagogischen Situation gestellten Ansinnen und die daraufhin erfolgende Zustimmung oder Ablehnung der Edukanden gebunden. Im Rahmen dieses Erziehungsbegriffs ist Emanzipation nicht operationalisierbar, gleichwohl aber ein mögliches Erziehungsziel.

Die beiden hier vorgestellten Modelle pädagogischen Handelns unterscheiden sich hinsichtlich ihrer Ansichten über Erziehungsziele wie auch über deren Kontrolle. Ist bei Brezinka die Wahl des Ziels scheinbar gleichgültig und nur die Kontrollmethode vorgeschrieben (Operationalisierung und Evaluation), so ist bei Mollenhauer die Überprüfung des Erfolgs der pädagogischen Handlung identisch mit deren Herstellung. Damit aber stellt sich das anfängliche Dilemma wieder ein: Beide Methoden scheinen miteinander unverträglich; hat man sich (aus welchen Gründen auch immer) für ein Modell entschieden, muß man zugleich das andere ablehnen.

III.

Soll die Frage nach der Operationalisierbarkeit von 'Emanzipation' gelöst und das Dilemma aufgehoben werden, muß man für eine pädagogische Theorie zwischen Grundbegriffen/Erziehungszielen einerseits und Lernzielen andererseits unterscheiden. Allein Lernziele sind operationalisierbar. Bei Grundbegriffen aber handelt es sich um pädagogische Slogans, die durch Definition in Erziehungsziele verwandelt werden. Aus Erziehungszielen leiten Pädagogen tatsächlich durch verschiedenste Begründungen Lernziele ab. 'Emanzipation' ist ein pädagogischer Slogan, ein umstrittenes Erziehungsziel, aber sicherlich kein Lernziel. Dies bedeutet aber nicht, daß damit eine 'emanzipatorische' Pädagogik rational nicht mehr zu rechtfertigen wäre.

'Emanzipation' ist, das wird niemand bezweifeln, der typische Fall eines pädagogischen Slogans. *I. Scheffler*, ein sich auf die analytische Philosophie beziehender Erziehungstheoretiker, erläutert diesen Begriff: "Slogans in der Pädagogik stellen Symbole dar, um die sich die wichtigsten Gedanken und Haltungen von pädagogischen Bewegungen gruppieren. Sie geben einer gemeinsamen Geisteshaltung Ausdruck und sie pflegen diese Geisteshaltung. Zugleich ziehen sie neue Anhänger an und geben den alten Anhängern Trost und Kraft. Sie sind den religiösen und politischen Slogans ganz analog, und wie die letzteren sind sie ein Ausdruck von Parteigeist" (Scheffler 1971, S. 55).

Slogans kommt somit ein Moment unabdingbarer Vagheit zu. Eben diese Vagheit erlaubt es den Mitgliedern einer pädagogischen Bewegung bei einer vorausgesetzten gemeinsamen Grundorientierung, verschiedene Erziehungsziele und Strategien zu deren Einlösung zu entwerfen und zu diskutieren. Ich vermute, daß eine derartige Transformation von Slogans in Erziehungsziele auf dem Wege der Definition vor sich geht. Dabei ist aber zu beachten, daß in der pädagogischen Theoriebildung drei voneinander logisch unabhängige Definitionsweisen vorkommen (Scheffler 1971, S. 37):

Die *stipulative* Definition stellt eine explizit getroffene Übereinkunft über die Verwendung eines Wortes dar, d.h. einen Vorschlag zu einer normierten Verwendung – so z.B., wenn es bei *Mollenhauer* (1971, S. 11) heißt: "Emanzipation heißt die Befreiung der Subjekte – in unserem Fall der Heranwachsenden in dieser Gesellschaft – aus Bedingungen, die ihre Rationalität und das mit ihr verbundene Handeln beschränken."

Die *deskriptive* Definition erläutert Begriffe unter Rückgriff auf ihre ursprüngliche Verwendung, so z.B. 'Emanzipation' nach *F. Kluges* Etymologischem Wörterbuch der deutschen Sprache: Der Ausdruck sei schon in den Tagen der Französischen Revolution "politisches Schlagwort" gewesen und "wird vollends dazu, seit (etwa 1830 beginnend) die Befreiung der amerikanischen Negersklaven erörtert wird. Von Emanzipation der Juden wird seit *Börne* 1833, von Emanzipation der Frauen seit *Gutzkow* 1839 gesprochen, während 'emancipiert' schon in den kirchenpolitischen Kämpfen des 17. Jh.s eine Rolle Spielt". – Der etymologische Rückblick läßt also die allgemeinste Bedeutung des Begriffs erkennen: Die Aufhebung menschlicher Fremdbestimmung.

In einer *programmatischen* Definition hingegen wird das Verhältnis von Begriffen und Handlungsfeldern derart bestimmt, daß die Definition zugleich eine Handlungsaufforderung darstellt. Dafür ein Beispiel aus einem Entwurf für Richtlinien des Politischen Unterrichts (zit. nach Hesse 1973, S. 254): "Emanzipation als Ziel von schulischem Lernen ist es, die Schüler zu befähigen, sich von überkommenen und gegenwärtig wirksamen gesellschaftlichen Prägungen mit dem Ziel weitgehender Selbstverwirklichung distanzieren zu können."

Nun läßt sich die Entstehung von Slogans m.E. auch sozialwissenschaftlich untersuchen. Dann sind sie Ergebnisse der Auseinandersetzung bestimmter Wissenschaftler(gruppen) sowohl mit gesellschaftlich relevanten Problemen, als auch mit tradierter oder neuer Literatur des eigenen Faches bzw. anderer Fächer. Dieser Phase des Engagements und der Rezeption wird die Phase der Präzisierung, Ausformulierung und Programmierung folgen. In dieser Besinnungsphase wird mit Definitionen verschiedenen Typs versucht, den den Slogan hervorbringenden Wissensfundus zu klassifizieren, zu bewerten und auszuwählen. Diese Tätigkeiten sind geleitet von (wiederum empirisch feststellbaren) Interessen und Vorurteilen. Dabei werden die Slogans so definiert, daß unterschiedliche, als wünschbar bestimmte Zustände von Individuen und Gesellschaften festgelegt werden. So werden aus vagen Grundbegriffen in einem Prozeß interessengeleiteter Verständigung Erziehungsziele.

Erziehungsziele sind exakter als Grundbegriffe, insofern anstatt einer einzuschlagenden Richtung, einer Weise der Analyse, nunmehr Zielzustände angegeben werden. Nicht in allen Fällen, wahrscheinlich in den wenigsten, ist mit der Angabe eines wünschbaren Zustandes von Individuen und Gesellschaften etwas über die Wahl der Mittel zur Erlangung dieses Zustandes ausgesagt. Insofern es sich um ein pädagogisches Unterfangen handelt, ist die Angabe des Zielzustandes konstitutiv von einer Erfolgsverheißung begleitet. In einer dritten Phase wird nun die Frage nach der Überprüfung dieser Verheißung thematisiert. Hier müssen Entscheidungen gefällt werden, die angeben, ob es sich um Zustände von Personen oder Gesellschaften handeln soll. Unter Rückgriff auf das im Slogan vorhandene Wissen werden den Zwecken, nun schon unter Berücksichtigung getroffener Definitionen, Mittel zugeordnet, bzw. wie im Falle kommunikativer Pädagogik (s.o.) den Zielzuständen ähnliche Zustände im vorfindlichen pädagogischen Feld beigeordnet. In dieser Phase der Festlegung von Überprüfungskriterien werden endlich Lernziele ermittelt. Lernziele geben an, über welche Eigenschaften Individuen oder Gesellschaften nach erfolgtem pädagogischen Prozeß verfügen sollen. Erst auf der Stufe der Lernzielfindung stellt sich überhaupt die Frage nach der Operationalisierung. Wie sie entschieden wird, hängt von zuvor getroffenen Entscheidungen über den Erziehungsbegriff ab. (s.o.), die m.E. eng mit der Vorliebe für einen bestimmten pädagogischen Grundbegriff zusammenhängen; dies kann aber nicht heißen, daß Methode der Erfolgskontrolle und Grundbegriff in einem notwendigen Verhältnis zueinander stehen, derart, daß sich die Methode 'logisch zwingend aus dem Grundbegriff ableiten' ließe. (Unter 'logisch zwingend' soll wahrheitswerterhaltendes Schließen von allgemeineren Satzsystemen auf speziellere verstanden werden). 'Emanzipation' könnte also als Grundbegriff, Erziehungsziel und endlich als Lernziel verstanden werden. Soweit ich sehe, richtet sich die Polemik gegen den Begriff der 'Emanzipation' vor allem auf gewisse Schwierigkeiten, ihn zu operationalisieren. Wenn die oben entwickelte Ansicht über die Struktur eines pädagogischen Handlungs- und Forschungszusammenhanges richtig ist, verliert die Polemik ihren Boden, es sei denn, es gelingt zu zeigen, daß entweder der z.B. von Brezinka vorgetragene Erziehungsbegriff der einzig mögliche ist, oder aber, unter Bezug auf dieses Modell, daß Emanzipation noch nicht einmal zu einem Grundbegriff taugt.

IV.

Exkurs: 'Emanzipation' ist kein Lernziel, da es sich hierbei weder um einen beschreibbaren Persönlichkeitszustand noch um eine theoretisch erläuterbare Disposition handelt.

Die Frage nach der Operationalisierung stellt sich, so hieß es oben, erst dann, wenn ein vager Konsens sich in Grundbegriffen niederschlägt und die Angabe wünschbarer Zustände von Individuen oder Gesellschaften die Formulierung von Erziehungszielen ermöglicht.

Da 'Emanzipation' kein direkt beobachtbarer Sachverhalt ist, müssen repräsentierende Indikatoren angegeben werden. *Hesse* (1973, S. 254) referiert einige solche Indikatoren, wie sie eine hessische Lehrplankommission aufgestellt hat: Starkes Ich, Selbstbestimmung, bewußtes Rollenspiel, demokratisches Gesellschaftsbild, Selbstorganisation, Kooperation, bewußtes Lernen, reflektierte Interaktion. – Unterstellt man, diese Indikatoren seien theoretisch begründbar, stellt sich doch die Frage, ob sie denn auch lehrbar sind.

Sind operationalisierbare Lernziele immer lehrbar? *Scheffler* (1971, S. 86) hat in mehreren Analysen gezeigt, daß weder jedes Lernen ein Lehren voraussetzt (man kann z.B. sehr wohl lernen, seine Finger nicht an einen heißen Ofen zu halten, ohne von einer Person darüber belehrt worden zu sein) noch jedes Lehren notwendig ein Lernen zur Folge hat. Wenn man annimmt, daß die oben angegebenen Indikatoren 'Emanzipation' repräsentieren, scheint es also möglich, jemanden zu lehren, wie man sich emanzipiert, ohne ihn dazu zu bringen, sich tatsächlich zu emanzipieren. Diese Interpretation beschreibt die 'Emanzipation' repräsentierende Persönlichkeitszustände als aktualisierte Fähigkeiten, über die ein Educand verfügen kann oder nicht. Kann man aber über ein 'starkes Ich' beliebig verfügen, kann man 'hohe Intelligenz' wirklich ausschalten, kann man, wenn man über ein demokratisches Gesellschaftsbild verfügt, im wirklichen Sinne undemokratisch denken und handeln? M.E. ergibt sich: Wenn man über derartige Kompetenzen verfügt, kann man allenfalls ihre Äußerung unterlassen, nicht aber über sie beliebig verfügen, wie etwa über die Fähigkeit, einen Rechenschieber zu benutzen oder nicht. Dies hängt mit der eigentümlichen Logik des Kompetenzbegriffes zusammen: Ist man einmal in einer Sache kompetent, so steht es einem nicht mehr frei, über diese Kompetenz zu verfügen. Man hat sie. Unter Hinzuziehung der oben genannten Indikatoren ergibt sich für 'Emanzipation': Derjenige ist immer schon emanzipiert, der sich auch zu emanzipieren weiß. Man kann niemanden Lehren, wie man sich emanzipiert, ohne anzunehmen, daß er damit auch emanzipiert ist. Dies gilt allerdings nur dann, wenn man etwa 'Ichstärke' und 'Problematisierungsfähigkeit' als entscheidende Indikatoren annimmt, die als psychologische Variablen auch operationalisierbar sind.

Faßt man 'Emanzipation' als den Prozeß, innerhalb dessen Individuen sich von nicht legitimierbaren Zwängen befreien, so gilt, daß derartige Kompetenzen eventuell Vorbedingungen zur Handlung an oder in einem solchen Prozeß sind, keineswegs aber einen als Ziel charakterisierbaren Persönlichkeitszustand darstellen.

Faßt man 'Emanzipation' als Persönlichkeitszustand auf, so scheint man gezwungen, zuzugeben, daß es sich hierbei weder um lehrbare Inhalte noch beliebig verfügbare Dispositionen handelt. Hält man aber am Dispositions- und mithin Operationalisierbarkeitscharakter von Persönlichkeitseigenschaften in diesem Kontext fest, so kann nicht mehr von 'Emanzipation' als Lernziel gesprochen werden, sondern nur noch von Dispositionen, die die Beteiligung am Emanzipationsprozeß gestatten. Die Schwierigkeit hat sich also auf die Erläuterung dessen, was 'Emanzipation' als gesellschaftlicher Prozeß besagt, verlagert.

Gleichwohl: *Der Vorwurf, daß 'Emanzipation' als Erziehungsziel untauglich sei, weil sie kein operationalisierbares Lernziel sei, zeigt sich als entkräftet. Sehr wohl kann als das Ziel einer Pädagogik ein gesellschaftlicher Zielzustand angenommen werden, zu dessen Erreichung dann bestimmte Persönlichkeitszustände als notwendig angesehen werden.*

V.

'Emanzipation' läßt sich als Grundbegriff einer bestehenden Erziehungswissenschaft dann rechtfertigen, wenn gezeigt werden kann, daß alle Vertreter einer 'emanzipatorischen' Pädagogik in Handlung und Forschung einem Minimum gemeinsamer Regeln folgen. Die Behauptung dieser Regeln ist hypothetisch, also überprüfbar.

Mollenhauer hat dem Begriff 'Emanzipation' einen unverzichtbaren Bedeutungskern zugewiesen, nämlich die Chance für Individuen und Gruppen, ihr Handeln selbst zu bestimmen (1), und daraus gefolgert, daß Emanzipation ein kommunikativer Begriff sei (2), für den sich keine exakt angebbaren Lernziele aufstellen lassen.

M.E. kann die Rede von einem kommunikativen Begriff zweierlei besagen: zum ersten, daß dieser Begriff keine einmal feststehende Bedeutung hat, daß also um diese Bedeutung stets von neuem diskursiv in der Forschergemeinschaft diskutiert wird; zum zweiten, daß 'Emanzipation' als *pädagogischer* Grundbegriff den Anspruch erhebt, daß alle möglichen, sich auf denselben berufende Lernziele ihrerseits kommunizierbar, d.h. von den Edukanden zurückweisbar und veränderbar sein müssen.

Die erste Bedeutung von 'kommunikativ' entspricht exakt der wissenschaftstheoretischen Diskussion des Begriffs 'Paradigma', wie ihn *Th. S. Kuhn* entworfen hat. Ein Paradigma ist demnach ein

Forschungs- und Handlungszusammenhang, bei dem die beteiligten Forscher vor allem drei Regelsysteme teilen: Verfahren, Weltbilder, Interessen. (Zur vielfältigen Bedeutung von Paradigma vgl. Masterman, in: Lakatos/Musgrave, 1970, S. 59 ff.) Ich behaupte nun, daß die Begriffe 'pädagogischer Slogan' und 'pädagogisches Paradigma' durcheinander ersetzbar sind. *W. Stegmüller* (1973) hat kürzlich versucht, Kuhns Begriff des Paradigma durch eine Präzisierung von *Wittgensteins* Begriff des Sprachspiels zu rekonstruieren.

Wittgenstein hat in einem berühmten Passus (1971, S. 57 ff.) ausgeführt, daß die Bedeutungen eines Begriffs sich keineswegs durch Rekurs auf einen Bedeutungskern erläutern lassen, sondern lediglich durch ihre 'Familienähnlichkeit' identifizierbar seien, d.h. durch Rekurs auf die je kontextabhängigen Verwendungen eines Begriffs, die sich von Fall zu Fall ähneln mögen. – *Stegmüller* schlägt nun zur Rekonstruktion von Wittgensteins Argument vor, für jeden Begriff eine Minimalliste möglicher Anwendungen aufzustellen, die eine notwendige Bedingung für die Zugehörigkeit der spezifischen Verwendung eines Wortes zu einem Begriff darstellen soll. – Nun mag die spezifische Verwendung eines Wortes in allen Fällen mit der aufgeführten Minimalliste übereinstimmen, ohne deswegen als zum Begriff zugehörig beurteilt werden zu können. Die von Wittgenstein behauptete Vagheit besteht also darin, daß keine hinreichende Bedingung angegeben werden kann.

Stegmüller verwendet diese Deutung zur Rekonstruktion naturwissenschaftlicher Paradigma. Sie läßt sich m.E. auch für die Rekonstruktion pädagogischer 'Slogans' bzw. 'Grundbegriffe' anwenden, in unserem Falle also des Slogans 'Emanzipation'.

In dem von *Hesse* gesammelten Material finden sich vier verschiedene Verwendungen des Emanzipationsbegriffs:
a) Befreiung der Heranwachsenden in dieser Gesellschaft aus Bedingungen, die ihre Rationalität und das mit ihr verbundene gesellschaftliche Interesse beschränken (Mollenhauer).
b) Interesse des Menschen an der Erweiterung und Erhaltung der Verfügung über sich selbst, das auf die Aufhebung und Abwehr irrationaler Herrschaft und die Befreiung von Zwängen aller Art zielt (Lempert).
c) Frage nach der Verwendung der schulischen Lernarbeit angesichts der Tatsache, daß in allen Schulen Produktionspotential hervorgebracht wird (Gamm).

d) Die Einsicht von *Marx* und *Engels*, daß Emanzipation als gesellschaftlicher Prozeß nur auf einer bestimmte Produktionsstufe erkannt und zum gesellschaftlichen Ziel gemacht werden kann, daß also nur die besitzlose Klasse des Proletariats die Umwälzung der die Entfremdung bedingenden Verhältnisse herbeiführen kann – Pädagogik sich mithin an den Interessen des Proletariats orientieren muß (Oelschlägel).

Emanzipatorisch ist also jedes Erziehungshandeln, das den betroffenen Individuen bzw. Gruppen die Möglichkeit nicht benimmt, ihr Handeln selbst zu bestimmen. Dies ist zunächst lediglich eine Ausschlußregel. Sie wird in einem zweiten Schritt positiv derart erweitert, daß die Möglichkeit der Selbstbestimmung auch gefördert werden soll. Eine dritte Regel grenzt den Anwendungsbereich dieses Handelns ein: Emanzipatorisches Erziehungshandeln ist immer auch mit der Aufhebung gesellschaftlich produzierter Restriktionen befaßt. Eine vierte Regel legt fest, daß diese gesellschaftlichen Bedingungen immer unter Verwendung psychologischen und soziologischen Wissens analysiert und benannt werden sollen. Entscheidend wird aber schließlich eine fünfte Regel, der sich die Vertreter einer emanzipatorischen Pädagogik unterwerfen:

VI.

Kein Erziehungsakt entspricht dem angegebenen Programm, wenn die Edukanden nicht befragt werden können, ob sie ihren Intentionen nachgehen bzw. ihr Verhalten sowie dessen Gründe und Ursachen in Übereinstimmung mit dem Programm bringen können.

Gegen die angeführten Regeln könnte eingewandt werden, daß sie unscharf bleiben, solange nicht mit einem ähnlichen Verfahren Begriffe wie 'Autonomie' und 'Handeln' geklärt werden, und zwar derart, daß kein Ausdruck unter Zuhilfenahme schon eingeführter Begriffe (also zirkulär) erläutert wird.

Dies bedeutet, daß 'Selbstbestimmung' unter Rückgriff auf alltagssprachliche Verständigungen geklärt werden muß. Ich meine damit, daß sich die Erläuterung von 'Selbstbestimmung' für diesen Kontext am Antagonismus wirklich geäußerter Handlungswünsche bzw. wirklich erfahrener Versagungen zu orientieren hat.

Versteht man unter Intention bzw. gewünschtem Verhalten eine Antwort auf eine Frage des Typs: Warum hast du das getan oder warum willst du das tun (also eine Antwort auf Frage nach Ursachen und/oder Gründen), so ergibt sich, *daß ein Individuum sich selbstbestimmt verhält, wenn es durch Gründe und Ursachen veranlaßt, ein Handeln vollzieht und die Gründe bzw. Ursachen dieses Verhaltens auch bejaht.* Diese Definition beseitigt zwei Schwierigkeiten: 1. den Einwand, daß 'Emanzipation' auch gegen den Willen der Individuen im Sinne ihres 'objektiven Interesses' bewerkstelligt werden muß, 2. den Einwand, daß man nur solches Handeln 'selbstbestimmt' nennen kann, dessen Beweggründe in dem Individuum selbst liegen.

Der Versuch, daß Problem der Selbstbestimmung durch den Hinweis auf ein objektives Interesse zu bestimmen, führt zu einem Widerspruch: 'Selbstbestimmung' zu erläutern, ohne tatsächliche Selbstbestimmungswünsche zu beachten, verfehlt exakt den gemeinten Sinn: Die Handlungsweisen, zu denen sich die Individuen selbst bestimmen sollen, wären ja fremdbestimmt, d.h. nicht von ihnen selbst geäußert. Gleichwohl kann man sinnvoll davon sprechen, daß Handlungen, zu denen es keine Alternative gab, selbstbestimmt vollzogen werden: nämlich dann, wenn das so gezwungene Individuum dieses Handeln bejaht.

Mit dieser Erläuterung von 'Selbstbestimmung' ist nun zugleich ein Prüfkriterium herausgeschält worden, daß es ermöglicht, den Anspruch eines Erziehers, 'emanzipatorisch' zu handeln, zu beurteilen: Auf zwei (hypothetisch oder faktisch gestellte) Fragen darf kein Edukand im Laufe eines pädagogischen Vollzugs einem beliebigen Frage in beiden Fällen abschlägig antworten.
1. Hast du die Möglichkeiten, das zu tun, was du willst?
2. Wenn nicht, siehst du ein, warum du diese Möglichkeit nicht hast?

Der Einwand, daß es sich hier (wenn beide Fragen positiv beantwortet werden) immer noch um falsches Bewußtsein handeln könnte, kann nun nicht mehr gelten. Jeder emanzipatorische Erziehungsakt ist, wenn er wirklich 'emanzipatorisch' sein will, dem paradoxen Risiko ausgesetzt, von den nunmehr 'emanzipierten' Individuen zumindest ex post zurückgewiesen zu werden. Die Garantie dafür, daß es sich um einen 'emanzipatorischen' Akt handelt, beruht gerade darauf, daß das Argument möglichen falschen Bewußtseins höchstens ein einziges Mal, vor der Intervention, angewendet werden kann. So ist auch die Unterstellung eines objektiven Interesses an Glück und

Mündigkeit letzten Endes daran gebunden, zurückgewiesen werden zu können, womit sich die Frage danach, ob die von den Edukanden geäußerten Intentionen angemessen sind, lediglich zeitlich verschiebt und sich mithin in ihrem Anspruch zerschlägt.

VII.

Die gegebene Auskunft war dürftig. *Die Frage nach dem Verhältnis von 'Emanzipation' und Operationalisierung erwies sich als die Frage, ob 'Emanzipation' wenn schon nicht Lernziel, so doch Grundbegriff sein könne. Grundbegriffe wurden als handlungs- und forschungsleitende Konzepte erläutert, denen eine unabdingbare Vagheit anhaftet. Auf die Frage, ob und wie sich Grundbegriffe rechtfertigen lassen, wurde nicht eingegangen. Daß es Grundbegriffe und mit ihnen minimale Regeln der beschriebenen Art gibt, ist eine empirische Hypothese. Die Frage nach der Berechtigung 'emanzipatorischer' Pädagogik möchte ich somit aus der abstrakt methodologischen Diskussion dorthin verweisen, wo sie auch ihren Ausgang nahm: Das Feld politischer Auseinandersetzung. Ob sich 'Rationalität' und 'Emanzipation' widersprechen, kann sich allein hier entscheiden. Aus Grundbegriffen gehen eben keine eindeutigen Handlungsanweisungen hervor.*

Literatur

Adorno, Th. W. u.a., Der Positivismusstreit in der deutschen Soziologie, Neuwied 1971.
Apel, K. O., Szientistik, Hermeneutik, Ideologiekritik, in. R. Bubner (Hrsg), Hermeneutik und Ideologiekritik, Frankfurt a. M. 1971.
Brezinka, W., Über Erziehungsbegriffe, in: Zeitschrift für Pädagogik 5/71, Weinheim 1971.
Cicourel, A., Methode und Messung in der Soziologie, Frankfurt a. M. 1970.
Habermas, J./Luhmann, N., Theorie der Gesellschaft oder Sozialtechnologie, Frankfurt a. M. 1971.
Hesse, H.A., Über den Gebrauch des Begriffes Emanzipation ..., in: Greiffenhagen, U. (Hrsg.), Emanzipation, Hamburg 1973.
Holzkamp, K., Kritische Psychologie, Frankfurt a. M. 1972.
Kuhn, Th. S., Die Struktur wissenschaftlicher Revolutionen, Frankfurt/M. 1967.

Lempert, W., Zum Begriff der Emanzipation, in: Greiffenhagen, U. (Hrsg.), Emanzipation, Hamburg 1973.

Löwisch, D. J., Pädagogik und Kritische Theorie, München 1974.

Masterman, M., The Nature of a Paradigm, in: Lakatos/Musgravé (Eds.), Criticism and the growth of Knowledge, Cambridge 1970.

Mayntz, R./Holm/Hübner, Einführung in die Methoden der empirischen Soziologie, Opladen 1972.

Mollenhauer, K., Theorien zum Erziehungsprozeß, München 1972.

Narr, W. D., Ist Emanzipation strukturell möglich?, in: Greiffenhagen, U. (Hrsg.), Emanzipation, Hamburg 1973.

Popper, K. R., Logik der Forschung, Tübingen 1971.

Scheffler, I. R., Die Sprache der Erziehung, Düsseldorf 1971.

Stegmüller, W., Theoriendynamik. Normale Wissenschaft und wissenschaftliche Revolution, Berlin/Heidelberg/New York 1973.

◆

Zum Verhältnis von Pädagogik und Ethik

Die Beschäftigung mit dem Verhältnis von Pädagogik und Ethik ist riskant und kann zu Mißverständnissen Anlaß geben. In einer Zeit, in der unter Berufung auf verschwommene *Grundwerte* positiv formulierte, gesetzlich kodifizierte *Grundrechte* ausgehöhlt werden, kann die Befassung mit ethischen Fragestellungen leicht dazu dienen, ein reaktionäres ideologisches Klima zu verstärken, das sich zumal im Bereich der Erziehung auszubreiten scheint. "Mut zur Erziehung", "Wiedergewinnung des Erzieherischen" – so heißen die Schlagworte, unter denen renommierte konservative Theoretiker angetreten sind, all das zu revidieren, was während der späten sechziger Jahre im Erziehungs- und Bildungswesen in aufklärerischer Absicht verändert wurde. Unter solchen Auspizien sollen ethische Argumentationen dazu dienen, brüchig gewordene Positionen illegitimer Herrschaftsausübung unter Hinweis auf "Grundlagen menschlichen Zusammenlebens", "Grenzen der kindlichen Leistungsfähigkeit" und die "Gefährlichkeit allumfassender 'Infragestellungen von Normen'" noch einmal zu retten. So erscheint die Beschäftigung mit und die Rehabilitierung von Ethik und praktischer Philosophie als ein Korrektiv gegen Soziologie und Ideologiekritik, verheißt sie einen begründeten Einspruch gegen "überbordende kritische Reflexion" und womöglich verändernde Praxis.

Daß mit dieser Beschwörung eines Gestus ethisches Argumentieren einseitig vereinnahmt wird, ist nun ebenso wahr wie die Aussage, daß ethisches Argumentieren konservativen Auslegungen von der Sache her eher zugänglich ist. Doch kann hieraus nicht geschlossen werden, daß ethische Argumentation die diametrale Gegenposition zu kritischer Aufklärung darstellt. Im Gegenteil, recht verstandene kritische Aufklärung stellt selbst eine begründete ethische Position dar.

Ethik und Moral

Nicht zuletzt das Problem des Terrorismus hat die Frage nach dem Verhältnis von *Ethik* und *Moral* erneut aufgeworfen. So weisen konservative Denker wie *Lübbe* (1977) und *von Weizäcker* (1977) zu Recht auf ein 'moralisches Problem der Moral' hin, nämlich darauf, daß *nur* moralische Überzeugtheit ein hinreichend gutes Gewissen zum Begehen von als notwendig angesehenen Unmenschlichkeiten verleihen kann. Ob es sich hierbei allerdings, wie *Weizäcker* (1977, S. 116f.) meint, vor allem um ein Problem der Linken handelt, dürfte gerade angesichts der jüngsten deutschen Vergangenheit bezweifelt werden. Immerhin gab *Eichmann* in Jerusalem kund, einer Version des kategorischen Imperativs gefolgt zu sein (*Arendt* 1964, S. 174). Gleichwohl sei *Weizäckers* Argument des moralischen Problems der Moral wiedergegeben:

"Es dürfte jedoch eine echte Verpflichtung für politisch verantwortlich denkende Menschen sein, zum Entstehen solcher gesellschaftlicher Zustände beizutragen, in denen auch den normalen Menschen, die keine radikalen Nonkonformisten sind, ein möglichst moralisches Handeln möglich wird. Wie, wenn dies gegen bestehende Macht nur unter Verletzung moralischer Prinzipien durchsetzbar ist?" (Weizäcker 1977, S. 120f.)

Deshalb scheint es sinnvoll, eine terminologische Unterscheidung zwischen *Moral* – als der Frage nach Gerechtigkeit – und *Ethik* - als der Frage nach dem guten Leben, von dem Gerechtigkeit selbstverständlich ein Teil ist – zu treffen. Der so verstandene Begriff von Ethik orientiert sich am aristotelischen Begriff der Ethik, der ein systematisches Auseinandertreten von Moralität als dem subjektiven Streben nach Gerechtigkeit und Ethik als der kollektiven Verwirklichung eines guten Lebens nicht in Rechnung zog.

"Die für Aristoteles *vorgegebene und von ihm aufgenommene Voraussetzung, aus der die Einheit von Politik und Ethik folgt, ist eine von aller Moralität unterschiedene Bedeutung des Ethischen. Das 'Ethische' ist das zum Ethos Gehörige. 'Ethos' ist – bei* Aristoteles *noch im ursprünglichen Sinn des Wortes auf Lebewesen überhaupt bezogen – Ort des Wohnens, sodann die dem Orte je eigentümliche 'Gewohnheit'. Das Ethische sind so Sitte, Brauch, Herkommen, Weisen des rechten und geziemenden Verhaltens, als Tugend aber auch die diese tragenden Institutio-*

nen wie Haus, Kult der Götter, Freundschaftsbünde... 'Das Rechte', in dem Handeln ethisch bestimmt wird, ist daher, ohne auf den Rückgriff auf an sich seiende Normen und Werte verwiesen zu sein, konkret durch die gewohnte institutionelle Lebenswelt und in den mit ihr gesetzten herkömmlichen Formen des Redens und Handelns vermittelt" (Ritter 1969, S. 110).

Das anstehende systematische Problem nach dem historisch gewordenen Auseinandertreten von Moralität und Ethik besteht somit in dem Spannungsverhältnis von Glück und Gerechtigkeit, von eingelebten Institutionen, Argumenten und Handlungen, die diese unter Hinweis auf eine bessere und gerechtere Zukunft in Frage stellen, sowie schließlich im Spannungsverhältnis der anzuwendenden Mittel zum Zweck der Verwirklichung einer solchen Zukunft. Die systematische Frage an die Moral lautet daher: Ist Gerechtigkeit ein Selbstzweck - und wenn ja, wie soll sie gegen eingelebtes Unrecht durchgesetzt werden? Die Frage an die Ethik lautet: Kann es ein Glück geben, das auf Unrecht beruht?

Pädagogik und Moral

Pädagogisches Bemühen ist in der Regel eine Antwort auf die erste Frage gewesen. Seit *Platon* war die Versuchung groß, Gerechtigkeit durch die systematische Beeinflussung kommender Generationen, also durch Erziehung zu institutionalisieren. Besonders in Deutschland, dem Land der gescheiterten Revolutionen, mußte Pädagogik häufig als Politiksurrogat dienen – beginnend mit *Schiller*, der, angewidert von den Greueln der Französischen Revolution, an eine "Ästhetische Erziehung des Menschengeschlechts" dachte. Daß freilich diese deutsche Spielart pädagogischen Politikersatzes in die Sackgasse unpolitischen Privatisierens führte, welches schließlich die geisteswissenschaftliche Pädagogik vor dem entschlossenen Zugriff des Nationalsozialismus kapitulieren ließ (*Lingelbach* 1970, S. 36f., 154f.), hätte sich schon bei *Schiller* absehen lassen können. Über die Möglichkeit einer pädagogischen Provinz heißt es in den "Briefen zur ästhetischen Erziehung des Menschengeschlechts":

"Existiert aber auch ein solcher Staat des schönen Scheins, und wo ist er zu finden? Dem Bedürfnis nach existiert er in jeder feingestimmten Seele, der Tat nach möchte man ihn wohl nur, wie

die reine Kirche und die reine Republik, in einigen wenigen auserlesenen Zirkeln finden, wo nicht die geistlose Nachahmung fremder Sitten, sondern eigne schöne Natur das Betragen lenkt, wo der Mensch durch die verwickeltsten Verhältnisse mit kühner Einfalt und ruhiger Unschuld geht und weder nötig hat, fremde Freiheit zu kränken, um die seinige zu behaupten, noch seine Würde wegzuwerfen, um Armut zu zeigen" (Schiller 1966, S. 95).

Pädagogik als der Versuch, Moral durch Erziehung zu erwirken, zeigt sich somit von zwei Versuchungen bedroht: zum einen davon, dem sanften Sog zum Rückzug in die pädagogische Provinz von *Hesses* Kastalien bis zu *Rogers'* Encountergruppen zu folgen, zum anderen sich dem Spiel der Macht zu überlassen und eine letztlich totalitäre Erziehungsdiktatur anzustreben (*Ariès* 1975, S. 182f.; *Diamond* 1976, S. 131f.; *Foucault* 1976, S: 220f.; *Rutschky* 1977).

Doch setzen alle Strategien, die Moral durch Erziehung erwirken wollen, stillschweigend voraus, daß Tugend lehrbar sei. Da nämlich jedes Sollen ein Können voraussetzt, muß der u.U. begründete Wunsch, es solle Moral gelehrt werden, voraussetzen, daß sie gelehrt und gelernt werden kann, was durchaus nicht selbstverständlich ist. Wie, wenn Moral nicht gelehrt werden *muß*, weil ein jeder bereits über sie verfügt? Wie, wenn Moral nicht wirklich gelehrt werden *kann*, da sie der menschlichen Natur eigentlich widerspricht? Doch geht es nicht nur darum, ob und wie Moral gelehrt und gelernt werden könne, sondern auch darum, ob nicht jedes Lehren und Lernen bereits als solches unter moralischen Maßgaben steht. Ist es nicht so, daß der Erwerb eines jeden Wissens stets mehr und anders ist als bloße Aufnahme von Information, nämlich eine Tätigkeit, die selbst eine Tugend, nämlich intellektuelle Tapferkeit voraussetzt (*Platon*, Menon, 81d)?

Die Fragen nach der Lehrbarkeit bzw. der Erkennbarkeit der Tugend und den normativen Komponenten eines jeden Lernens lassen sich in einer uns heute geläufigeren Terminologie folgendermaßen stellen: (1) Sind praktische Fragen überhaupt wahrheitsfähig? (2) Wie und unter welchen Bedingungen können praktische Sätze intersubjektiv vermittelt werden? (3) Ist es sinnvoll und zulässig, Lehren und Lernen lediglich als Übermittlung von Information, d.i. Verringerung der Unwahrscheinlichkeit des Auftretens bestimmter Signale durch Erhöhung der Häufigkeit ihres Auftretens zu fassen? (4) Oder handelt es sich vor allem beim Lehren um stets rechtfertigungsbedürftige intersubjektive Handlungen?

Freilich ist hiermit noch nichts darüber gesagt, ob und was da überhaupt gerechtfertigt werden soll bzw. von welcher Art die Prinzipien und Kriterien sind, die Lernen und Lernziele rechtfertigen können. Auch und gerade beim hier in Frage stehenden 'Lernziel' "Tugend" – es geht ja um Ethik und Moral – wird man allerdings nicht umhin können, es zunächst einmal theoretisch zu klären: "Zufolge dieser Untersuchung also, o Menon, scheint die Tugend durch göttliche Schickung denen einzuwohnen, denen sie einwohnt. Das Bestimmtere darüber werden wir aber erst dann wissen, wenn wir, ehe wir fragen, auf welche Art und Weise die Menschen zur Tugend gelangen, zuvor an und für sich untersuchen, was die Tugend ist" (*Platon*, Menon, 100b). Zur Beantwortung stehen also zwei miteinander verflochtene Fragen: Von welcher Art sind die Grundsätze, die es erlauben, Prozesse des Erwerbens von Erkenntnissen zu rechtfertigen, und wie können sie erkannt und erworben werden?

Pädagogik und Geschichte

Die Beantwortung dieser Frage wird nicht mehr hinter die durch *Schleiermacher* und *Dilthey* gezogenen Linien zurückgehen können, wonach die Pädagogik "eine rein mit der Ethik zusammenhängende, aus ihr abgeleitete Wissenschaft, der Politik koordiniert" ist (*Schleiermacher* 1957, S. 12). Doch ist hiermit vor allem ein Problem aufgegeben; denn schon *Schleiermacher* geht davon aus, daß es kein von allen anerkanntes ethisches System gebe, aus dem heraus man pädagogische Maßgaben dann einfach ableiten könnte (ebd., S. 13). Es ist in der Verfolgung dieses Gedankens *Diltheys* historistische Aufklärung gewesen, die auf die Verflochtenheit und Verwobenheit einer jeden pädagogischen Theorie und Metatheorie in einen konkreten Lebenszusammenhang und die ihm innewohnenden Interessen hingewiesen hat - ein gewichtiger Einwand gegen alle Versuche universalistischer, zeitübergreifender Letztbegründungen ethischer und pädagogischer Zielvorstellungen. Denn – so könnte in Weiterführung von *Diltheys* Argumentation gesagt werden – wir müssen zunächst zur Kenntnis nehmen, daß es fast immer mehrere, miteinander konkurrierende, bisweilen auch unverträgliche Systeme der Ethik und ihrer Begründung gegeben hat und gibt, gleichviel, ob es sich um Offenbarungen oder um durch transzendentale Überlegung gewonnene Sätze handelt. Dies Faktum aber ist ein Argument. Es nimmt nämlich jeden, der pädagogisches Handeln unter Rückgriff auf ein Moralsystem allgemeingültig begründen will, in die Pflicht zu zeigen, daß seine Argumente ihre faktische Standortgebundenheit systematisch übersteigen. Anerkennt man aber dies Faktum und seinen Argumentcharakter, so anerkennt man zugleich mehr, nämlich *gesellschaftliche* Umstände, die gerade dadurch gekennzeichnet sind, daß es in ihnen letzte verbindliche Normen und Werte nicht mehr gibt und nicht mehr geben kann. Damit ist eine Lebensform gekennzeichnet, über deren ethische Implikationen wir uns noch nicht voll im klaren sind: der Pluralismus. Sich über sie klarzuwerden und angesichts ihrer Wirklichkeit sagen zu können, was es heißt, Lehr- und Lernziele zu rechtfertigen, wäre die Lösung der oben gestellten Frage: Eine Hermeneutik des pluralistischen Lebenszusammenhanges.

"Nur aus dem Ziel des Lebens kann das der Erziehung abgeleitet werden, aber das Ziel des Lebens vermag die Ethik nicht allgemeingültig zu bestimmen. Dies kann schon aus der Geschichte der Moral erkannt werden. Was der Mensch sei und was er wolle, erfährt er erst in der Entwicklung seines Wesens durch die Jahrhunderte und nie bis zum letzten Worte, nie in allgemeingültigen Begriffen, sondern immer nur in den lebendigen Erfahrungen, welche aus der Tiefe seines ganzen Wesens entspringen. Dagegen hat sich jede inhaltliche Formel über den letzten Zweck des Menschenlebens als historisch bedingt erwiesen. Kein moralisches System hat bisher allgemeine Anerkennung erringen können" (Dilthey *1960, Bd. IX, S. 173*).

Pädagogik und Gesellschaft

Abstrahiert man – womöglich unzulässigerweise – von den irrationalistischen Implikationen der *Dilthey*schen Lebensphilosophie, so könnte man unter einer Hermeneutik eines Lebenszusammenhangs z.B. eine reflexive Theorie der Gesellschaft, in der wir *heute* leben, verstehen. Doch tut sich hierbei das weitere Problem auf, daß auch die Theorien der Gesellschaft, mit denen wir heute konfrontiert sind, z.T. ebenso widersprüchlich sind wie die miteinander unverträglichen Systeme der Ethik. Gleichwohl ist es ein Faktum, daß es – zumindest im Bereich der Wissenschaften – nicht nur unfruchtbare Auseinandersetzungen über einzelne Aussagen, ja ganze Theorien gibt, daß die einzelnen Paradigmata keineswegs hermetisch gegeneinander abgeschlossen, sondern gleichsam osmotisch verbunden sind.

Es bietet sich also an, von diesem Faktum nicht nur wissenschaftlicher Gesprächsbereitschaft im Rahmen einer pluralistischen Gesellschaft auszugehen. Nun hat sich erwiesen, daß diese Form des Gesprächs z.B. im Bereich der Pädagogik bzw. ihrer bildungspolitischen Implikationen alsbald an der Faktizität gegensätzlicher Interessen zerschellen kann, wie z.B. die Auseinandersetzung um die Hessischen Rahmenrichtlinien oder der Konflikt um die Koop-Schulen in Nordrhein-Westfalen gezeigt haben. Somit scheint das Programm der Institutionalisierung praktischer Diskurse berechtigten Zweifeln ausgesetzt – und das nicht nur im Bereich der Bildungspolitik. Ist also doch – wenn auch demokratisch geregelte – Macht die letzte entscheidende Instanz bei der Lösung von Normenkonflikten und Interessengegensätzen?

Angesichts dieser Umstände müssen zwei Fragen sorgfältig unterschieden werden: zum einen die Frage, ob sich eine philosophische Argumentation entwickeln läßt, die den konsistenten Nachweis führen kann, daß praktische Fragen wahrheitsfähig sind, d.h. daß Normenkonflikte im Prinzip eine richtige Lösung haben (bzw. eine Klasse äquivalenter Lösungen); zum anderen die Frage, welche Implikationen praktisch-politischer Art eine solche Argumentation im Rahmen nicht-diskursiver, macht- und herrschaftsgesteuerter Entscheidungsmechanismen, wie sie unser politisches System bereitstellt, haben kann. Ich will im folgenden einige Vorschläge skizzieren, die zumindest die erste Frage positiv beantworten, im Gegensatz etwa zu bestimmten Spielarten der sprachanalytischen Meta-Ethik (*Kaulbach* 1974; *Grewendorf/Meggle* 1974), dem Kritischen Rationalismus (etwa *Albert* 1968) und neueren Versuchen einer Rehabilitierung des Dezisionismus (*Lübbe* 1971; *Ilting* 1976). Um diesen Argumentationen nicht vorzugreifen und mich somit übermäßig zirkulär zu verhalten, versuche ich, hierfür eine möglichst schwache Begründung zu geben:

Tatsächlich geht in der Regel den meisten Abstimmungen und Entscheidungen über Normenkonflikte irgendeine Form der Aussprache voraus. So werden viele Eltern etwa, bevor sie ihren Kindern verbieten, eine bestimmte Fernsehsendung anzusehen, versuchen, dies den Kindern einsichtig zu machen. Parlamentarischen oder ministeriellen Entscheidungen z.B. über Schulbuchzulassungen gehen Aussprachen voraus. Jugendrichter oder Jugendämter versuchen, ihre Klienten, etwa einen 'verwahrlosten' Jugendlichen, erst mit Gründen vor dem Begehen weiterer Missetaten zu warnen; fruchten diese Verwarnungen nichts, so können härtere Maßnahmen erst nach eingehender jugendgerichtlicher Beratung und Begründung nach Maßgabe bestimmter Verfahrensordnungen verhängt werden. Dieses Phänomen der Aussprache kann unterschiedlich gedeutet werden: als ideologische Staffage interessegeleiteter Herrschaft, als ein komplexen Sozialsystemen angemessener Modus der Informationsverarbeitung mit dem Ziel der Verringerung von Unsicherheit, also als Entlastungsmechanismus und schließlich als Eigentümlichkeit unserer historisch entstandenen pluralistisch demokratischen Lebensform. Doch wie dem auch sei, offensichtlich scheint dies Phänomen so gewichtig zu sein, daß zumindest zur Zeit ein Verzicht der Teilhabe an institutionalisierten Argumentationen nur um den Preis des Legitimationsverlusts bzw. der Einflußlosigkeit zu realisieren wäre. Will man aber argumentativ an der Auseinandersetzung über pädagogische Normenkonflikte teilnehmen, so scheint es sinnvoll, zu überlegen, nach welchen Kriterien sie beurteilt und entschieden werden sollen.

Ich möchte drei typische derartige Konflikte, wie sie heute jederzeit entstehen können, beschreiben, um an ihnen die Leistungskraft von vier Ansätzen der Normbegründung bzw. Normenkonfliktentscheidung überprüfen zu können.

Konflikt 1: Kinder vs. Eltern: Die Diskussion um die Schädlichkeit gewalttätiger Fernsehserien für in der Entwicklung befindliche Kinder ist z.Zt. an einem Punkt der wissenschaftlichen Unentscheidbarkeit angelangt. Vertreter einer kathartisch-psychoanalytischen Betrachtungsweise unterscheiden sich diametral von Vertretern eines lerntheoretisch-humanistischen Ansatzes. Wie und mit welchen Gründen läßt sich gegenüber Kindern, die derartige Serien gerne sehen, eine Verbot – wenn überhaupt – sinnvoll durchsetzen?

Konflikt 2: Jugendlicher vs. Erziehungsinstanzen: Die positiven Effekte stationärer Maßnahmen im Bereich der "Behandlung" dissozialer Jugendlicher sind mehr als zweifelhaft. Gleichwohl: läßt es sich rechtfertigen, einen mehrfach straffällig gewordenen Jugendlichen gegen dessen Willen in Fürsorgeerziehung zu geben – und sei es auch nur darum, um ihn vor weiterem Straffälligwerden zu bewahren, d.h.

um zu verhindern, daß er sich eine offiziell registrierte Vorstrafe einhandelt?

Konflikt 3: Klassenkampf oder ausgleichende Gerechtigkeit: Eine einer maoistischen Sekte angehörige Lehrerin beschloß, in ihrer Klasse die Konsequenzen aus dem zu ziehen, was sie an der Universität über die systematische Benachteiligung von Unterschichtkindern durch ein an Mittelschichtnormen ausgerichtetes Schulwesen gelernt hatte. Sie gab allen Arbeiterkindern einen Bonus von einer Note nach oben und allen Angestellten- und Bürgerkindern einen Malus von einer Note nach unten. Einwendungen von seiten des Elternbeirats und der Schulleitung entgegnete sie, lediglich den im Grundgesetz postulierten Gleichheitsgrundsatz zu verwirklichen.

Daß derartige Konflikte im Prinzip eindeutig begründet entschieden werden können, behaupten, wenn ich recht sehe, die folgenden vier Ansätze: (1) der *sprachtranszendentale* Ansatz von *Apel* (1976); (2) der *konstruktivistische* Ansatz von *Lorenzen* und *Schwemmer* (*Lorenzen* 1969; *Schwemmer* 1971; *Lorenzen/Schwemmer* 1973); (3) der *entwicklungstheoretisch naturalistische* Ansatz von *Kohlberg* (1973) und *Habermas* (1976); (4) der *vertragstheoretische* Ansatz von *Rawls* (*Rawls* 1975; *Höffe* 1976).

Zu (1): Der sprachtranszendentale Ansatz

Auf ihn berufen sich für erziehungswissenschaftliche Fragestellungen vor allem *Mollenhauer* (1972) sowie *Mollenhauer/Rittelmeyer* (1977). Grob gesagt, geht es zunächst darum, skeptische Einwände gegen eine vernünftige Behandlung derartiger Fragen dadurch auszuräumen, daß (a) sowohl für alle wissenschaftlichen und alltäglichen Argumentationen und (b) insbesondere für alle ja immer auch sprachlich stattfindenden Prozesse sozialisatorischer Interaktion postuliert wird, daß die in ihnen befindlichen Sprecher und Hörer notwendigerweise Idealisierungen vornehmen müssen, d.h. gezwungen sind, kontrafaktisch zu unterstellen, daß sich Sprecher/Hörer stets gemäß den Kriterien von Wahrheit, Wahrhaftigkeit, Richtigkeit und Verständlichkeit gegenübertreten. Diese unvermeidlichen Präsuppositionen konstituieren Geltungsansprüche, die sowohl einen Grundbegriff "Emanzipation" erläutern als auch Kriterien zur Identifizierung und Charakterisierung gelingender pädagogischer Interaktion bereitstellen können. "Erziehung muß verstanden werden als ein kommunikatives Handeln, dessen Ziel darin liegt, eine Kommunikationsstruktur zu etablieren, die den Erwerb von Fähigkeit zum Diskurs ermöglicht. Unter konkreten, die Realisierungschancen dieses Postulats historisch einschränkenden Bedingungen kann das nichts anderes heißen als: Erwerb von Fähigkeiten einer kritischen Beteiligung am 'praktischen Fortschritt', des Kampfes gegen diskurseinschränkende Bedingungen" (*Mollenhauer* 1972, S. 68).

Bezüglich der drei Konfliktfelder schließt dieser Ansatz zunächst jede auf bloßer Macht beruhende Entscheidung aus und verpflichtet dazu, jede getroffene Entscheidung dem Betroffenen gegenüber zu rechtfertigen. Er schließt des weiteren jede Maßnahme aus, die nicht in der Lage ist, auszuweisen, daß sie die Diskursfähigkeiten der betroffenen Educandi stärkt. Für den ersten Fall wäre das Verbot also dann gerechtfertigt, wenn gezeigt werden könnte, daß das Betrachten der Sendung die kommunikative Kompetenz der Kinder ernsthaft beeinträchtigt, etwa so, daß die Neigung zu gewaltsamen, nicht argumentativen Konfliktlösungen hierdurch verstärkt wird.

Dies dürfte für den zweiten Fall – der straffällige Jugendliche – schwieriger sein. Denn zunächst müßte – was hier weit weniger leicht fällt als etwa bei einem Kind – gezeigt werden, daß Diskursfähigkeit noch nicht vorhanden bzw. gefährdet ist, und dann nachgewiesen werden, warum der Aufenthalt in einem Heim etwa alles in allem der Entwicklung der Diskursfähigkeit förderlicher ist. Es stellt sich überhaupt die Frage, ob der Indikator des Straffälligwerdens ein hinreichendes Kriterium zur Infragestellung von Diskursfähigkeit ist. Sollte dies der Fall sein, so stellt sich die Frage, wie man sich nicht voll diskursfähigen Partnern gegenüber zu verhalten hat, ob und in welchem Ausmaß es dann etwa erlaubt ist, gegen ihren Willen zu handeln bzw. ob und wieweit hier argumentiert werden muß. So könnte aus diesem Ansatz immerhin die Verpflichtung abgeleitet werden, sich dem nicht voll diskursfähigen Partner gegenüber so zu verhalten, *als ob* er voll diskursfähig sei. Damit ist freilich eine rein strafende Sanktion ausgeschlossen und Hilfe geboten. Paradoxerweise scheint dann aber vorhandene Diskursfähigkeit Strafmündigkeit zu implizieren.

Im dritten Fall wird man zunächst motivationspsychologisch überprüfen müssen – und zwar im Einzelfall –, ob eine derartige Notengebung sich auf die Entwicklung der diskursiven Fähigkeiten auch nur *eines* Kindes negativ auswirkt. Ist dies *nicht* der Fall, so ist die angestrengte Maßnahme zumindest nicht verboten, sondern erlaubt.

D.h. aber, daß der *nur* an Schichtkriterien orientierte Zugang als solcher unvereinbar ist mit dem so vertretenen Ansatz; denn er fordert offensichtlich zunächst und vor allem die Förderung eines jeden *einzelnen* Kindes als eines potentiellen Diskursteilnehmers unabhängig von seiner sozialen Herkunft.

Der keineswegs leicht zu nehmende Standardeinwand gegen dieses Verfahren einer sprachtranszendentalen Begründung von Erziehungsnormen besagt im wesentlichen, daß die Feststellung des faktischen Vorkommens derartiger Präsuppositionen der Rede noch nichts über ihre Normativität bzw. Anerkennungswürdigkeit aussagt, diese zumindest nicht selbstverständlich ist. Damit ist aber die Forderung aufgestellt, sie als anerkennungswürdige eigens zu begründen, d.h. Argumente dafür zu liefern, warum sie als Präsuppositionen nicht nur zur Kenntnis genommen werden können, sondern als regulative Maßstäbe anerkannt werden sollen. Ob das Argument, derartige Maßstäbe könnten ohne Selbstwiderspruch redend weder bestritten noch ohne *petitio principii* begründet werden, hinreichend ist, stellt z.Zt. eine offene Frage darf (*Oelmüller* 1977, darin *Apel*, S. 165).

Zu (2): Der konstruktivistische Ansatz

Diesen Schwierigkeiten scheint ein konstruktivistisches Verfahren, das auf eine transzendentale "je schon"-Begründung verzichtet, nicht ausgesetzt zu sein. Ausgangspunkt ist hier da jeweils vorliegende Bedürfnis, sich über kontroverse Punkte, Problem und Konflikte zu verständigen. Ausgehend vom Verständigungs*willen*, lassen sich schrittweise zwei Prinzipien, das Vernunftprinzip und das Moralprinzip, intersubjektiv etablieren, wobei deren Einführung je und je an die Zustimmung der Dialogpartner gebunden ist. "Das *Vernunftprinzip* können wir so lesen als die Forderung, keine bloß subjektiven (bloß faktischen) Meinungen oder Zwecksetzungen zu haben" (*Lorenzen/ Schwemmer* 1973, S. 117), sondern, so können wir ergänzen, nur solche, die widerspruchsfrei verallgemeinert werden können. Auf dieser Basis läßt sich dann ein *Moralprinzip* aufstellen: "Stelle in einer Konfliktsituation die miteinander verträglichen Supernormen zu den Normen fest, die als Gründe für die miteinander unverträglichen Zwecke benutzt werden, und stelle zu diesen Supernormen Subnormen auf, die miteinander verträglich sind" (ebd., S. 117).

Gegen eine derartige Strategie läßt sich (*Habermas* 1976, S. 338f.)

der Einwand eines voluntaristischen Restes sowie der Vorwurf der Preisgabe einer "unabhängigen" Basis moralischen Argumentierens erheben. Denn *per definitionem* ist eine solche Strategie nur dort anwendbar, wo Verständigungsbereitschaft bzw. Einigungswilligkeit prinzipiell besteht. Damit ist aber eine objektive Grundlage für die Beurteilung von Konflikten nicht mehr gegeben, ein situationsunabhängiger Begriff vernünftigen und moralischen Handelns nicht mehr formulierbar.

Diese Einwände schlagen besonders bei den hier zu betrachtenden pädagogischen Konfliktfällen durch. Denn erstens kann von einem *Willen* zur Verständigung wohl in keinem Fall gesprochen werden, sondern allenfalls von einem Zwang, und zweitens kann damit zumindest für die beiden ersten Fälle bezweifelt werden, ob ein mögliches Ergebnis den Ansprüchen einer echten konsensuellen "Beratung" genügt. Es zeigt sich, daß in diesen Fällen Kind und Jugendlicher gewissermaßen anwaltlich als Opponenten vertreten werden müssen und damit ein *echter* Dialog, wie eigentlich methodisch gefordert, nicht zustandekommt. Es sei denn, es gelingt, gewissermaßen "objektive" Supernormen zu etablieren, womit aber die Grenzen des konstruktivistischen Verfahrens m.E. überschritten wären. Im dritten Fall hingegen läßt sich fragen, ob das Mittel einer schichtspezifischen Notengebung mit dem Zweck der Durchsetzung des womöglich anerkannten Gleichheitsgrundsatzes vereinbar ist. Hier, wo es um die begründete Einführung einer scheinbaren Ungerechtigkeit zur Durchsetzung größerer Gerechtigkeit geht, spiegelt das konstruktivistische Verfahren offenbar den Argumentationsgang wider, der bei Diskussionen dieses Typs, wenn es nämlich um eine Hierarchie von Gütern geht, *per definitionem* ablaufen muß.

Zu (3): Der entwicklungstheoretisch naturalistische Ansatz

Das Problem transzendentaler Begründung sowie die Schwierigkeit bezüglich der vorausgesetzten Gutwilligkeit der Dialogpartner im konstruktivistischen Verfahren lassen sich auf den ersten Blick umgehen, wenn man Genese, Entwicklung und Wirklichkeit moralischen Verhaltens empirisch-rekonstuktiv untersucht, wie dies vor allem *Kohlberg* (1974) im Anschluß an *Piaget* (1973) getan hat. Denn sogar interkulturelle Vergleiche scheinen gezeigt zu haben, daß die Entwicklung des moralischen Urteils überall einem gleichen Entwicklungsschema folgt, d.h. gut voneinander unterscheidbare Niveaus der

Beurteilung moralisch relevanter Umstände derart aufeinander folgen, daß (1) ein bestimmtes Niveau b (wenn es auftritt) stets ein ihm vorgeordnetes Niveau a faktisch zur Voraussetzung hatte; (2) der Rückfall von einem einmal erreichten Niveau b auf ein ihm vorangehendes Niveau a *zwangslos* nicht vorkommt; (3) daß der Übergang von einem Niveau zum anderen kontinuierlich erfolgt, d.h. kein Niveau b derart übersprungen werden kann, daß ein Übergang von a zu c direkt erfolgt, wenn nicht gar in einem gewissen Ausmaß wahrscheinlich macht, daß auch das hierauf folgende Niveau b erreicht wird.

Inhaltlich gesehen, lassen sich drei Stadien, nämlich ein präkonventionelles, konventionelles und postkonventionelles Stadium unterscheiden, die sich jeweils noch einmal in wenigstens zwei Unterstadien gliedern. Es handelt sich im Einzelnen um die folgenden Stufen (nach *Kohlberg* in *Döbert* et al. [1977], S. 233, vgl. *Habermas 1976*, S. 63f.):

Präkonventionelles Stadium
Stufe 0: Gut ist, was ich will und mag
Stufe 1: Strafe-Gehorsam-Orientierung
Stufe 2: instrumenteller Hedonismus und konkrete Reziprozität

Konventionelles Stadium
Stufe 3: Orientierung an interpersonellen Beziehungen der Gegenseitigkeit
Stufe 4: Aufrechterhaltung der sozialen Ordnung, unveränderbare Regeln und Autorität

Postkonventionelles Stadium
Stufe 5: A: Sozialer Vertrag, Aufstellen von Gesetzen nach dem Gesichtspunkt der Nützlichkeit
B: höhere Gesetzes- und Gewissensorientierung
Stufe 6: Orientierung an universellen ethischen Prinzipien
Stufe 7: universalistische Bedürfnisinterpretation

Die Beschreibung und 'Erklärung' von Genese und Vorkommen moralischer Urteilsstrukturen nun scheint selbst keinerlei moralische Kraft zu besitzen. Immerhin kann *wissenschaftlich* bekräftigt werden, daß wir uns, wenn auch nicht immer gemäß den gleichen Standards, kriteriengeleitet moralisch verhalten. Dem antinaturalistischen Standardeinwand, daß ein solches Faktum selbst keine Sollensforderung begründen kann (etwa sich so oder so zu verhalten), könnte immerhin zunächst entgegengehalten werden, daß eben die Prinzipien, die in einem solchen Einwand geltend gemacht werden, keineswegs willkürlich gewählt sind, sondern ihrerseits Resultate bestimmter Sozialisationsverläufe und somit Bestandteile der alltäglichen Lebenspraxis sind, d.h. selbst eine nachkonstruierbare Faktizität besitzen. Nun läßt sich hierzu schließlich ergänzen, daß jede Diskussion um die Anerkennungswürdigkeit dieser Faktizität von Normen sich bereits auf ihrem Boden befindet und sic mithin ein weiterer Zweifel an ihrer Gültigkeit zwar nicht im *logischen* Sinn in einen Widerspruch verstrickt, dafür aber seine eigenen Voraussetzungen *material* umstößt.

Für die Lösung der angegebenen pädagogischen Konflikte hält dieser Ansatz Vorteile bereit, über die alle anderen gerade für den pädagogischen Bereich nicht verfügen. Trägt er doch als einziger dem pädagogisch und nicht nur ethisch relevanten Phänomen der Ungleichheit von Erwachsenen, Jugendlichen und Kindern so Rechnung, daß weder die Frage moralischer Argumentation unter Hinweis auf den Generationenunterschied suspendiert noch das Faktum dieser Differenz unter Hinweis auf die notwendige Gleichheit aller vor dem Sittengesetz unterschlagen werden kann.

Bezüglich des ersten Konflikts wäre nun zumindest ein Instrument gewonnen, mit dem die Einsichtsfähigkeit eines Kindes erhoben werden kann, bzw. wann es, aufgrund empirischer Erkenntnisse über die Gefährlichkeit brutaler Filme, gestattet ist, den Diskurs mit dem Kind abzubrechen, da es aufgrund seiner Entwicklung weiterer Einsicht nicht fähig ist. Gleichwohl scheint es geboten, mit dem Kind nicht nur im Rahmen der ihm einsichtigen Argumente zu reden, sondern es auch mit solchen Gründen zu konfrontieren, die es z.Zt. noch nicht verstehen kann, mit denen es aber konfrontiert werden muß, wenn es die Stufe erreichen soll, auf der der Erwachsene sich bereits befindet. (Selbstverständlich kann jedoch dieser Ansatz nicht hinreichend begründen, warum ein Kind überhaupt von einer Stufe zur nächsten gelangen *soll*.)

Auch der zweite Konflikt ließe sich mit den Mitteln dieser Theorie womöglich sowohl prinzipiell als auch praktisch leichter lösen, nämlich dadurch, daß Sanktionsmaß und -weise an das ja eindeutig feststellbare moralische Entwicklungsniveau gebunden werden, und zwar derart, daß eine Strafmündigkeit, unabhängig vom biologischen Alter, erst dann vorliegt, wenn das konventionelle Stadium bereits überschritte ist. In allen anderen Fällen ist es dann nicht nur erlaubt, sondern sogar geboten, dem Delinquenten die Möglichkeit zu eröffnen, das Moralsystem, gegen das er verstoßen hat, zu verstehen. In diesem Sinn arbeiten etwa *Kohlberg, Kaufman, Scharf* und *Hickey* (1974) an einem *"Just community approach to corrections"* bzw. an einem *"Prison correction program" (Hickey* 1973), d.h. einer aufgrund staatlicher Macht durchgeführten Moralerziehung im Gefängnis.

Die Einwände gegen den Vorschlag einer Skalierung der sittlichen Reife bzw. ihrer moralpädagogischen Verwendung, sei sie nun stationär oder nicht, liegen auf der Hand: (1) Was geschieht mit Straftätern, die sich bereits im postkonventionellen Stadium befinden? Wird man ihnen volle Strafmündigkeit zubilligen und darf man sie dann auch bestrafen? (2) Ist wirklich der Verdacht unbegründet, daß es sich auch hierbei wieder um nichts anderes als eine an Mittelschichtnormen orientierte Sanktionierungspraxis handeln würde, die einseitig selektiv Unterschichtangehörige quasi entmündigt und kaserniert, um sie den Normen der bürgerlichen Gesellschaft anzupassen?

Für unser drittes Problem schließlich scheint dieser Ansatz unerheblich, da die in der Schule geforderten Leistungen in der Regel (sieht man einmal von den Kopfnoten ab) die Frage moralischer Verhaltensweisen zumindest explizit nicht berücksichtigen. Diese dritte Problematik kann noch am ehesten durch den nun vorzustellenden Ansatz von *Rawls* entschieden werden.

Zu (4): Der vertragstheoretische Ansatz

Im Gegensatz zu allen anderen Ansätzen setzt *Rawls* (1975) unmittelbar an einer ethisch-politischen und nicht nur moralphilosophischen Fragestellung ein. Er setzt also an einem Punkt ein, zu dem sich die anderen Ansätze erst mühsam vorarbeiten müssen: dem aktuellen Problem der Verteilungsgerechtigkeit und ihrer Institutionalisierung - einer Frage, die zumindest ein tragendes Motiv der Bildungsreform unter dem Schlagwort der Chancengleichheit gewesen ist.

Zunächst geht es *Rawls* darum, im Gegensatz zu utilitaristischen Kalkülen einen Begriff der Gerechtigkeit als Fairness einzuführen und zu zeigen, daß ein solcher Gerechtigkeitsbegriff allgemein akzeptiert werden würde und somit allgemeinverbindlich ist. Eine Gesellschaft, die gerecht geordnet zu sein beansprucht, müßte die beiden folgenden Grundsätze allgemein anerkannt und institutionalisiert bzw. ihre weitergehenden Institutionen auf der Basis dieser beiden

Grundsätze geregelt haben: "Jedermann soll gleiches Recht auf das umfangreichste System gleicher Grundfreiheiten haben, das mit dem gleichen System für alle anderen verträglich ist. Soziale und wirtschaftliche Ungleichheiten sind so zu gestalten, daß a) vernünftigerweise zu erwarten ist, daß sie zu jedermanns Vorteil dienen, und b) sie mit Positionen und Ämtern verbunden sind, die jedem offenstehen" *(Rawls 1975, S: 81).*

Bei den angesprochenen Grundfreiheiten handelt es sich im wesentlichen um die klassischen bürgerlichen Freiheiten wie Presse-, Versammlungs- und Redefreiheit, das Recht auf Unverletzlichkeit der Person, das Recht auf Eigentum, das Wahlrecht usw., während es sich bei den angesprochenen Ungleichheiten um Benachteiligungen bei der Teilhabe an gesellschaftlichen Gütern aufgrund schichtspezifischer, genetischer oder auch leistungsbedingter Umstände handelt. *Rawls* glaubt nun durch eine methodische Fiktion zeigen zu können, daß jeder vernünftige, mit Eigeninteresse versehene Mensch die beiden Grundsätze wählen würde. Diese methodische Fiktion besteht in der Annahme eines Urzustandes, in der kein Gesellschaftsmitglied weiß, welche gesellschaftliche Stellung (Besitz, Einkommen, Position, Alter) es selbst und seine Ko-Subjekte haben wird. Unter diesen Umständen würde jedermann angesichts der Möglichkeit, daß trotz aller Anstrengungen und vernünftigen Absprachen mit anderen, sämtliche Pläne sich, sei es auf Kosten der anderen, sei es mit ihnen gemeinsam, eine Existenz aufzubauen, scheitern könnten, genau diese Grundsätze wählen. "Als ob man gegen eine diabolische Natur spielt, soll man sich für eine Gesellschaftsordnung entscheiden, in der man in jedem Fall, das heißt auch dann noch große Vorteile erwarten kann, wenn einem der ausdrückliche Feind den Platz in der Gesellschaft festlegen würde und man am Boden der sozialen und ökonomischen Hierarchie leben müßte" *(Höffe 1977, S. 27).*

Aus der Fülle der möglichen Einwände gegen diesen Versuch, eben die Normen, die vor allem in den Verfassungen der westlichen Welt niedergelegt sind, zu begründen, seien nur einige genannt: (1) Selbst wenn es rational wäre, unter der Bedingung des fiktiven Urzustandes derartige Regelungen zu treffen, d.h. Gerechtigkeit als Fairness einzuführen, ist noch lange nicht einsichtig, warum unter Bedingungen, in denen den Subjekten ethischer Entscheidung ihre wirklichen Interessen bekannt sind, sie von diesen abstrahieren sollten zugunsten des Urzustandes. (2) Aber sogar wenn diese unwahrscheinliche Bedingung einlösbar wäre, stellt sich immer noch die Frage, ob die von *Rawls* als vernünftig ausgezeichnete Einstellung der Subjekte, notfalls auf größte Vorteile zu verzichten, um nicht mit größten Nachteilen konfrontiert zu werden, die einzig mögliche Wahl ist oder ob sie nicht nur die Extrapolation einer heute vorherrschenden Einstellung darstellt. Warum sollte sich nicht eine Gesellschaft von Freibeutern denken lassen, in der der Verzicht auf minimale Sicherung mit der freilich geringen Chance höchsten Gewinns kompensiert wird?

Bezüglich der drei genannten pädagogischen Konflikte gibt dieser Ansatz gleichwohl brauchbare Kriterien. Denn *Rawls'* Urzustand impliziert zugleich, daß die Individuen nicht wissen, in welcher Generation bzw. in welchem Alter sie in der Gesellschaft erscheinen werden, so daß auch die hierdurch entstehende Ungleichheit nach dem zweiten Grundsatz, wonach Ungleichheiten nur dann zugelassen werden dürfen, wenn sie den schwächsten Mitgliedern der Gesellschaft zugute kommen, geregelt werden sollen. Es stellt sich hier das Problem der Gerechtigkeit zwischen den Generationen, das sich aktuell in der Rentenkrise manifestiert: Welche Verpflichtung hat die vorhergehende Generation gegenüber der ihr folgenden (darf sie etwa die natürlichen Ressourcen für sich selbst beliebig ausschöpfen?), bzw. welche Verpflichtung hat eine nachfolgende Generation gegenüber der ihr vorangehenden, noch lebenden? Angesichts dessen, daß man nicht weiß, ob man als Kind, jüngerer oder älterer Mensch in der Gesellschaft erscheinen würde, scheint es sinnvoll, die Ungleichheit der Generationen durch die Forderung zu kompensieren, alles zu tun, damit diese Ungleichheit einmal abgebaut werden kann, d.h. jedem Kind die Chance einzuräumen, ein Staatsbürger zu werden, der aller Grundfreiheiten und aller Aufstiegschancen teilhaftig sein wird.

In diesem Sinn wäre bezüglich der ersten Konflikts empirisch zu überprüfen, ob das Ansehen einer Fernsehsendung dem abträglich ist, oder nicht. Für den zweiten Konflikt, nämlich ob ein Jugendlicher gegen seinen Willen unter Fürsorgeerziehung gestellt werden darf, wäre zu analysieren, ob und wieweit durch die Benachteiligung dieses Jugendlichen die Benachteiligung noch schwächerer Gesellschaftsmitglieder aufgehoben wird sowie ob und wieweit das System der Grundfreiheiten anderer hierdurch vor Verletzung geschützt werden kann. Im dritten Fall schließlich, nämlich der schichtspezifischen Notengebung, scheint mit *Rawls'* Ansatz eine eindeutige Verteidigung der getroffenen Maßnahme möglich. Die die Mittelschichtkinder treffende Ungerechtigkeit eröffnet nämlich gemäß dem zweiten Grundsatz den Unterschichtkindern als den insgesamt schlechter gestellten einen eindeutigen relativen Vorteil, in dem er ihnen größere Chancen beim Zugang zu hochbewerteten Positionen, etwa einem Studienplatz, einräumt.

Zusammenfassung

Es sollte das Thema "Ethische Argumentation und Handlungsziele" erörtert werden. Es wurden vier unterschiedliche Ansätze referiert, die zumindest darin übereinstimmen, daß Handlungsziele im Prinzip rational begründet und gerechtfertigt werden können. Unterhalb dieser Linie unterscheiden sich diese Ansätze durch ihren Unbedingtheitsanspruch und ihre Nähe zu pädagogischen Fragestellungen. Gewiß steht das Problem der Überprüfung ihrer Verträglichkeit, Hierarchisierung und wechselseitigen Übersetzbarkeit noch ungelöst im Raum. Gleichwohl möchte ich abschließend noch einige Argumente für die Übernahme des *Kohlbergschen* und *Rawlsschen* Ansatzes vortragen:

Beide können von dem *Dilthey*schen Einwand gegen überhistorische Ethiken nicht getroffen werden, da sie in einem sehr genauen Sinn unsere Erziehungs*wirklichkeit* treffen: *Kohlberg* thematisiert das jeder Erziehung *per definitionem* vorgegebene Macht- und Reifegefälle in einer ethisch folgenreichen Weise; *Rawls*' Ansatz erlaubt es, Pädagogik so zu thematisieren, wie sie in unserem Lebenszusammenhang einer spätkapitalistischen, pluralistisch und parlamentaristisch verfaßten Gesellschaft angemessen ist: nämlich als Sozialisations- und Bildungspolitik. Ob dies immer so sein wird oder immer so war, ist eine ganz andere Frage – m.E. kann von dem Faktum einer zunehmenden Veröffentlichung und Verstaatlichung von Bildung und Erziehung, von ihrer zunehmenden Institutionalisierung und Bürokratisierung sinnvoll nicht mehr abgesehen werden.

Wie unter solchen Lebensumständen Lernen so geschehen kann, daß die den pädagogischen Maßnahmen unterworfenen Kinder und Jugendlichen alle das Argumentationsniveau erreichen können, auf dem sie später mit ihren Erziehern über die an ihnen vollzogenen Maßnahmen sinnvoll rechten bzw. diese Maßnahmen sogar begründet zurückweisen – und im Sinne der Gerechtigkeit als Fairness aller relevanten Güter teilhaftig werden können, bleibt die Frage, bezüglich derer vorhandene Institutionen sich ausweisen müssen.

Der Nachweis, warum und in welchem Ausmaß sie hierzu *nicht* in der Lage sind, ist genau das, was anfangs unter der Bezeichnung "recht verstandene kritische Aufklärung" als begründete ethische Position behauptet wurde.

Literatur

Albert, H., Traktat über kritische Vernunft, Tübingen 1968.
Apel, K. O., Sprechakttheorie und transzendentale Sprachpragmatik zur Frage ethischer Normen, in: K. O. Apel (Hrsg.), Sprachpragmatik und Philosophie, Frankfurt 1976.
Arendt, H., Eichmann in Jerusalem, München 1964.
Ariès, Ph., Geschichte der Kindheit, München 1975.
Diamond, S., Kritik der Zivilisation, Frankfurt 1976.
Dilthey, W., Gesammelte Schriften, Bd. IX, Stuttgart 1960.
Döbert, R./Habermas, J./Nunner-Winkler, G. (Hrsg.), Die Entwicklung des Ichs, Köln/Berlin 1977.
Foucault, M., Überwachen und Strafen, Frankfurt 1976.
Grewendorf, G./Meggle, G. (Hrsg.), Sprache und Ethik, Frankfurt.
Habermas, J., Moralentwicklung und Ich-Identität, in: Habermas, J., Zur Rekonstruktion des Historischen Materialismus, Frankfurt 1976.
Hickey, J., Changes in a moral judgement through a prison intervention, in: Kohlberg/Turiel, 1973.
Höffe, O. (Hrsg.), Über John Rawls Theorie der Gerechtigkeit, Frankfurt 1977.
Ilting. K.-H., Geltung als Konsens, in: Neue Hefte für Philosophie 10, Göttingen 1976.
Kaulbach, F., Ethik und Metaethik, Darmstadt 1974.
Kohlberg, L., Stufe und Sequenz, in Kohlberg: Zur kognitiven Entwicklung des Kindes, Frankfurt 1974.
Kohlberg, L., et al., The just community approach to corrections: A manual, Parts I und II. Cambridge, Mass., Harvard university 1974.
Kohlberg/Turiel, E. (Hrsg.), Recent Research in Moral Development, New York 1973.
Lingelbach, K. C., Die Erziehungsphilosophie des Nationalsozialismus, Weinheim/Basel 1970.
Lorenzen, P., Normative Logic and Ethics, Mannheim 1969.
Lorenzen, P./Schwemmer, O., Konstruktive Logik, Ethik und Wissenschaftstheorie, Mannheim 1973.
Lübbe, H., Theorie und Entscheidung, Freiburg 1971.
Lübbe, H., Freiheit und Terror, in: Merkur 9/1977.
Mollenhauer, K., Theorien zum Erziehungsprozeß, München 1972.

Mollenhauer, K./Rittelmeyer, Ch., Methoden der Erziehungswissenschaft, München 1977.
Oelmüller, W. (Hrsg.), Transzendentalphilosophische Normenbegründungen, Paderborn 1978.
Piaget, J., Das moralische Urteil beim Kinde, Frankfurt 1973.
Platon, Sämtliche Werke, in der Übersetzung von F. Schleiermacher, Reinbek 1969.
Rawls, J., Eine Theorie der Gerechtigkeit, Frankfurt 1975.
Ritter, J., Metaphysik und Politik, Frankfurt 1969.
Rutschky, K., Schwarze Pädagogik, Frankfurt 1977.
Schiller, F., Theoretische Schriften, Dritter Teil, München 1966.
Schleiermacher, F. D. E., Pädagogische Schriften I, unter Mitwirkung von Th. Schulze herausgegeben von E. Wenige. Düsseldorf/München 1957.
Schwemmer, O., Philosophie der Praxis, Frankfurt 1971.
von Weizäcker, C. F., Das moralische Problem der Linken und das moralische Problem der Moral, in: C. F. von Weizäcker: Der Garten des Menschlichen, München 1977.

◆
Pflicht zu Dankbarkeit und Fortpflanzung? Zu einer Ethik des Generationenverhältnisses

> *"Ehre", so lautete das fünfte Gebot, das die Kinder Israel am Sinai empfangen haben, "deinen Vater und deine Mutter, damit du lange lebst in dem Lande, das der Herr, dein Gott, dir geben will." (Ex.20.12)*

1. Ehre Eltern und Kinder

Es handelt sich bei diesem Gebot um den Imperativ einer tribalistisch und patriarchalischen Nomadengesellschaft, die dabei ist, aus dem Stadium des Nomadisierens ins Stadium der Sesshaftigkeit überzugehen. Das Gebot, Vater und Mutter zu ehren, wird unmittelbar an eine dadurch erreichbare Folge geknüpft: Ehre sie, damit du lange lebst in dem versprochenen Lande. An einer anderen Passage der Hebräischen Bibel, im Buche Leviticus, das sich der Frage religiöser Gesetzgebung in einer systematischeren Weise zuwendet, tritt dies Gebot unbedingt auf: "Jeder ehre seine Mutter und seinen Vater und beobachte meine Sabbate. Ich bin der Herr, euer Gott." (Lev.19,3)

In dieser zweiten Formulierung wird die Ehrung von Vater und Mutter, d.h. von Gehorsam auch über den Tod hinaus – es geht auch um Grabpflege und Eingedenken – nicht mehr an eine mögliche vorteilhafte Wirkung geknüpft, sondern dem souveränen Willen Gottes unterstellt. Die Begründung für das Gebot lautet: "Ich bin der Herr, dein Gott".

Auch das Christentum – eine jüdische Sekte – hat sich diesem Sittenkodex angeschlossen. Der Apostel Paulus hat es rund 1500 Jahre nach dem Sinai so formuliert – in einer Gemeindeanweisung: "Ihr Kinder, gehorcht euren Eltern im Herrn; denn so gehört es sich. "Ehre deinen Vater und deine Mutter", das ist das erste Gebot mit einer

Verheißung "auf daß es dir wohl ergehe und du lange lebst auf Erden. Und ihr Väter – so fügt der Apostel hinzu – reizt eure Kinder nicht zum Zorn, sondern zieht sie auf in der Zucht und Weisung des Herrn." Epheser 6,1-4)

Es ist aufschlußreich zu sehen, wie der Apostel im Epheserbrief das fünfte Gebot uminterpretiert und erweitert. Zunächst stellt er deutlich fest, daß es sich bei diesem fünften Gebot in Wahrheit um das erste Gebot handelt, das in der ursprünglichen Fassung nicht nur ein Selbstzweck ist – sondern eben mit einer Verheißung verknüpft ist – und zweitens universaliert er die Verheißung der Hebräischen Bibel. War dort von dem Lande, das Gott den Kindern Israel geben will, also zweifelsohne von Kanaan die Rede, so deutet Paulus das Gebot in einer universalisierenden Weise um: nun ist von der ganzen Erde die Rede und die Adressaten sind nunmehr alle Christen und nicht mehr nur die Christen aus den Juden. Auffällig ist auch, daß Paulus nicht mehr nur die Kinder ermahnt, die Eltern, sondern ebenfalls die Eltern – oder besser gesagt nur den Vater – die Kinder nicht zum Zorne zu reizen. Bei beidem konnte Paulus an die jüdische Weisheitsliteratur anknüpfen, wie sie sich etwa im Buch der Sprüche oder im Buche Jesus Sirach finden. Dort wird als klug ausgewiesen, seinen Lehrern und Erziehern zuzuhören und seinen Eltern zu gehorchen: "Ich hörte nicht auf die Stimme meiner Erzieher und wandte das Ohr meinen Lehrern nicht zu. Fast wäre es mir ganz böse ergangen inmitten der versammelten Gemeinde (Spr.5,13). Wer, so der Tenor des Buches der Sprüche, auf seine Eltern, Lehrer und Erzieher hört, erwirbt das kostbarste und dienlichste, was es gibt, nämlich Weisheit: "Ihr Söhne, hört auf die Mahnung des Vaters und merket auf, um Einsicht zu lernen. Denn gute Lehre gebe ich euch: meine Weisung, verlaßt sie nicht. Als ich nämlich noch als Sohn war beim Vater, als sanftes und einziges Kind vor der Mutter, da belehrte er mich und sagte zu mir: "Halte fest meine Worte im Herzen, bewahre meine Gebote, dann lebst du glücklich ... Erwirb dir Weisheit ... laß nicht von ihr, so bewahrt sie dich, behalte sie liebt, dann behütet sie dich." (Spr.4,1-4,8) Der Gehorsam oder besser das Hören auf Vater und Mutter wird hier nicht mehr unmittelbar mit einer Verheißung verbunden, vielmehr wird den Kindern nahegelegt, deshalb auf Eltern, Lehrer und Erzieher zu hören, damit sie jenes kostbare Gut der Weisheit erwerben können, das ihnen ein glückliches und erfülltes Leben ermöglichen kann. Im Buche Jesus Sirach wird dies sogar noch breiter ausgemalt – der Gehorsam gegenüber dem eigenen Vater wird sich segensreich auch auf die eigene zukünftige Rolle als Elternteil auswirken: "Wer den Vater ehrt, sühnt Sünden und wie einer, der Schätze sammelt ist, wer seine Mutter achtet. Wer den Vater ehrt, wird selbst Freude an Kindern erleben, und wenn er betet, wird er erhört werden." (Sir.3,3-5)

Die biblischen Aussagen begründen also das Gebot des Gehorsams und der Ehre gegenüber den Eltern unterschiedlich:
(1) Aus dem souveränen, kategorischen Willen Gottes, also gewissermaßen deontologisch
(2) teleologisch, indem diesem Gebot bzw. seiner Erfüllung eine Reihe von Konsequenzen zugesprochen werden:
2.1. Das lange Leben im verheißenen Lande
2.2. Das lange Leben und das Wohlergehen auf Erden
2.3. Der Erwerb von Weisheit als Bedingung eines erfüllten Lebens
2.4. Die Aussicht, später als Elternteil selbst geehrt zu werden.

Heutigen Menschen ist die kategorische Begründung dieses Gebotes aus unterschiedlichen Gründen nur mehr schwer zugänglich, wir sind legitimerweise daran interessiert, moralische Normen und Gebote im Hinblick auf ihre Konsequenzen erläutert zu bekommen, bevor wir sie einsehen, ganz zu schweigen davon, bevor wir sie befolgen. In diesem Sinne könnten wir dann die zweite Gruppe von Interpretationen des Gebotes daraufhin überprüfen, ob und wie realitätshaltig die implizierten Konsequenzen zu ihrer Zeit waren und ob sie noch für die heutige Zeit Gültigkeit haben. Unter diesen Umständen wären aber dann die Pflichten gegen die Eltern – so scheint es auf den ersten Blick – vor allem Pflichten gegenüber sich selbst, Maßnahmen eines klugen Eigeninteresses, die der Sicherung des eigenen langfristigen Wohlergehens dienen sollen. In dieser Hinsicht, so scheint es, sind Kinder ihren Eltern als Eltern gegenüber zu nichts verpflichtet. Und diese Auffassung scheint in der Tat auch die neuzeitliche Auffassung zu sein, die allen dumpfen und impliziten selbst psychoanalytisch und familientherapeutisch nur schwer entwirrbaren Delegationen, Loyalitätsbindungen und Gewissensverquickungen zum Trotz behauptet, daß zumindest die Kinder den Eltern gegenüber zu *nichts*, zu gar nichts verpflichtet sind. Es war Immanuel Kant, der dieser Meinung ihren unüberbietbar deutlichen Ausdruck verliehen hat. So heißt es in der Metaphysik der Sitten, §§ 28, 29, die sich mit dem Elternrecht befassen:

"Gleichwie aus der Pflicht des Menschen gegen sich selbst, d.i. gegen die Menschheit in seiner eigenen Person ein Recht beider

Geschlechter entsprang, sich, als Personen wechselseitig einander, auf *dingliche* Art, durch Ehe zu erwerben: so folgt, aus der *Zeugung* in dieser Gemeinschaft, eine Pflicht der Erhaltung und Versorgung in Absicht auf ihr *Erzeugnis*, d.i. Kinder, als Personen haben hiermit zugleich ein ursprünglich – angeborenes (nicht angeerbtes) Recht auf ihre Versorgung durch die Eltern, bis sie vermögend sind, sich selbst zu erhalten; und zwar durchs Gesetz (lege) unmittelbar, d.i. ohne daß ein besonderer rechtlicher Akt dazu erforderlich ist.

Denn daß das Erzeugte eine *Person* ist, und es unmöglich ist, sich von der Erzeugung eines mit Freiheit begabten Wesens durch eine physische Operation einen Begriff zu machen: so ist es in *praktischer Hinsicht* eine ganz richtige und auch notwendige Idee, den Akt der Zeugung als einen solchen anzusehen, wodurch wir eine Person ohne ihre Einwilligung auf die Welt gesetzt haben, und eigenmächtig in sie herüber gebracht haben; für welche Tat auf den Eltern nun auch eine Verbindlichkeit haftet, sie, so viel in ihren Kräften ist, mit diesem ihrem Zustand zufrieden zu machen. – Sie können ihr Kind nicht gleichsam als ihr Gemächsel (denn ein solches kann kein mit Freiheit begabtes Wesen sein) und als ihr Eigentum zerstören oder es auch nur dem Zufall überlassen, weil an ihm nicht bloß ein Weltwesen, sondern auch ein Weltbürger in einen Zustand herüber zogen, der ihnen nun auch nach Rechtsbegriffen nicht gleichgültig sein kann.

Aus dieser Pflicht entspringt auch notwendig das Recht der Eltern zur Handhabung und Bildung des Kindes, solange es des eigenen Gebrauchs seiner Gliedmaßen, imgleichen des Verstandesgebrauches, noch nicht mächtig ist, außer der Ernährung und Pflege es zu erziehen, und sowohl *pragmatisch*, damit es künftig sich selbst erhalten und fortbringen könne, als auch moralisch, weil sonst die Schuld der Verwahrlosung auf die Eltern fallen würde, – es zu bilden, alles bis zur Zeit der Entlassung (emancipatio), da diese, sowohl ihrem väterlichen Recht zu befehlen, als auch allem Anspruch auf Kostenerstattung für ihre bisherige Verpflegung und Mühe entsagen, wofür sie der Kinder ihre Verbindlichkeit (gegen die Eltern) nur als bloße Tugendpflicht, nämlich als Dankbarkeit, in Anschlag bringen können."

Im Unterschied zur Bibel kennt also Kant keinen kategorischen Imperativ an die Kinder, die Eltern zu ehren, ja noch nicht einmal eine durch ein reflektiertes Eigeninteresse gedeckte Norm, auf die Eltern zu hören, sondern lediglich die "Tugendpflicht der Dankbarkeit".

Damit will Kant zunächst klarstellen, daß es bei dem Gebot, den Eltern dankbar zu sein, nicht um eine rechtliche, positivierbare Vorschrift gehen kann im Unterschied zu der Verpflichtung der Eltern, für die Kinder zu sorgen und sie zu bilden. Mithin geht es bei der Tugendpflicht um eine Pflicht, die nicht aus äusserem, sondern aus innerem Zwang zu erfüllen ist, aus "freiem Selbstzwange", wie Kant sagt. Bei einer Tugendpflicht geht es nun aber keineswegs nur darum, lediglich aus formalen Gründen einer Maxime zu folgen, also einer beliebigen Zwecksetzung, von der sich jeder vernünftig Handelnde klarmachen kann, daß sie verallgemeinerbar ist. Vielmehr kommt es darauf an, diesen Zweck nicht nur als eine widerspruchsfreie Handlung, sondern selbst als Pflicht zu verstehen. Und somit läßt sich das oberste Prinzip einer Tugendlehre für Kant genau angeben: "handle nach einer Maxime der Zwecke, die zu haben für jedermann ein allgemeines Gesetz sein kann. – Nach diesem Prinzip ist der Mensch sowohl sich selbst als anderen Zweck und es ist nicht genug, daß er weder sich selbst noch andere bloß als Mittel zu brauchen befugt ist (dabei er doch gegen sie auch indifferent sein kann), sondern den Menschen überhaupt sich zum Zwecke zu machen, ist an sich selbst des Menschen Pflicht." (Einleitung zur Metaphysik der Sitten, IX, A 30)

Kinder sind also Eltern gegenüber durch einen freien Selbstzwang zur Dankbarkeit verpflichtet und zwar deshalb, weil sie als moralische Wesen einsehen, daß sie ihren Eltern als ebenfalls moralische Wesen nicht einfach als Bezugsperson, d.h. als Mittel zum Zweck ihres Erwachsenwerdens ansehen dürfen, daß sie auch ihre Eltern als Zwecke an sich selbst ansehen müssen. Nun könnte an dieser Stelle rückgefragt werden, warum sich dies ausgerechnet in Dankbarkeit, nicht aber in Achtung, Menschenliebe etc. ausdrückt. Doch selbst wenn – was später versucht werden soll – hierauf eine Antwort gegeben werden kann, bleibt ein sehr viel gravierenderes Problem übrig: Wie kann ein Mensch dazu verpflichtet sein, bzw. sich selbst dazu verpflichten, etwas so spontanes und unberechenbares wie ein Gefühl (hier Dankbarkeit) aufzubringen? Derlei Gefühle liegen nach Kant als subjektive Bedingungen dem Pflichtbegriff, nicht aber als objektive Bedingungen der Moralität zu Grunde. Kant löst das Problem, indem er unterstellt, daß jeder Mensch Anlagen zu solchen Gefühlen auch tatsächlich hat und kraft derer er zu moralischem Handeln und Empfinden verpflichtet werden kann. Wir sollen also aus freier Einsicht unseren Eltern gegenüber dankbar sein, weil wir die Anlage zur Dankbarkeit haben. Nun kann aber der Umstand, daß wir solcher Gefühle fähig sind, noch kein zureichender Grund dafür sein, sie auch bestimmten Personen gegenüber zu haben. Daß man auch den Eltern gegenüber eine positive moralische Einstellung haben soll, resultiert daraus, daß man sie, wie jeden anderen Menschen, auch als einen Zweck und nicht nur als ein Mittel ansehen soll. Daß man ihnen nun dankbar sein soll, scheint daraus zu resultieren, daß man es eben ihnen verdankt, überhaupt als Mensch – als vernünftige Person, als Zweck an sich selbst – auf der Welt zu leben. Ohne unsere Eltern könnten wir nicht leben. Und da wir sie nicht nur als Zeugungs- oder Gebärmaschinen ansehen sollen, müssen wir sie als Zwecke achten. Dies tun wir – nach Kant – indem wir ihnen gegenüber ein moralisches Gefühl evozieren, zudem wir unserer Konstitution gemäß fähig sind und indem wir jener Haltung Ausdruck verleihen können, die im Verhältnis zu den Eltern, denen wir unser Leben verdanken, angemessen ist: der Dankbarkeit. Diese Dankbarkeit kann nicht rechtlich erzwungen, sondern nur durch eine moralische Reflexion gewonnen werden. Und insofern hätte Kant die kategorische Variante des fünften Gebots: "Jeder ehre seine Mutter und seinen Vater – ich bin der Herr, dein Gott" in einer nicht teleologischen und nicht utilitaristischen Weise wenn schon nicht begründet, so doch expliziert – wenn auch um den Preis, den jede neuzeitliche Philosophie zu zahlen hat, nämlich darum, anstelle des absoluten Zwecks 'Gott' nun den absoluten Zweck 'Mensch' zu setzen.

Man kann und muß sich natürlich fragen, ob und wie sich eine solche Konstruktion mit den empirischen Ergebnissen von Psychoanalyse, Sozialisationstheorie und Entwicklungspsychologie, ganz zu schweigen von all der Forschung, die sich mit missglückenden Sozialisationsverläufen, Kindesmißhandlung etc. befaßt, vereinbaren läßt. Ich würde dazu neigen, die Formel 'Du sollst Mutter und Vater ehren' bzw. ihre Kantische Variante 'Sei deinen Eltern gegenüber dankbar' hermeneutisch zu erläutern, d.h. sie nicht unter dem Gesichtswinkel einer *Verpflichtung*, sondern unter der Perspektive eines angemessenen Selbst*verständnisses* zu thematisieren. Als Menschen sind wir konstitutionell dazu gehalten, die Umstände, unter denen wir leben, zu verstehen, d.h. zu ihnen bejahend oder ablehnend Stellung zu nehmen, sie zu klassifizieren, einzuordnen und zu bereits gemachten Erfahrungen in ein Verhältnis zu setzen. Wir können dies nicht jederzeit und schon gar nicht mit allen Erfahrungen, Relevanzbereichen und Erlebnissen, die als eine mehr oder minder opake Masse hinter unseren gegenwärtigen Erfahrungen stehen, die wir aber nur deshalb als die,

die sind, verstehen können, weil wir sie vor einem bestimmten Hintergrund und in einem bestimmten Kontext situieren. Hintergrund und Kontext müssen bereit stehen, ohne indessen jederzeit zum Bewußtsein zu drängen. Nun kann man sagen, daß ein erhöhter Deutungs- und Interpretationsbedarf und damit die Notwendigkeit zum Abruf solchen nicht bewußten Hintergrundwissens immer dann besteht, wenn bestimmte Deutungs- und Ordnungsmuster ihre orientierende Funktion verlieren, d.h. wenn sie problematisch werden. Situationen, Erwartungen und Pläne können aus den unterschiedlichsten Anlässen problematisch werden: so können tatsächlich bestimmte Orientierungen zusammenbrechen: jemand, dem man vertraut hat, hat einen belogen; wissenschaftliche Aufklärung führt dazu, daß man einen liebgewordenen Kinderglauben aufgeben muß; man lernt sich selbst in einer Situation kennen, wie man es von sich nicht erwartet hätte, kurzum das Zusammenbrechen von Orientierungen oder Erwartungen wird meist als Enttäuschung erlebt. Immer aber muß auf eine Enttäuschung oder Problematisierung eine Renormalisierung stattfinden, eine neue Einbettung des fragwürdig gewordenen in einen neuen Kontext. Ist es also sinnvoll und möglich, eine der zentralen Gegebenheiten der menschlichen Existenz, daß sie nämlich (*noch* – wie man angesichts der Gentechnologie, der künstlichen Befruchtung etc. sagen muß) durch sexuelle Reproduktion, sozialisatorische Interaktion und institutionelles Lehren und Lernen herangebildet wird, in Frage zu stellen? Wir können zumindest sagen – und davon zeugt nun in der Tat nicht zuletzt die antipädagogische Literatur, daß all diese Verhältnisse fragwürdig geworden sind, daß sie abgelehnt, kritisiert und in vielfältigen Utopien von der Kibbuzerziehung über die gänzliche Abschaffung der Familie bis hin zur Horrorvorstellung künstlich gezeugter Menschen zur Disposition gestellt worden sind. Unter diesen Bedingungen ist es nicht nur möglich, sondern auch sinnvoll, sich zu diesen Bedingungen in ein reflektiertes und das heißt vernünftiges, weil argumentativ ausweisbares Verhältnis zu setzen. Die Zumutung der Bibel und die säkularisierte Zumutung Kants, man sei sich selbst bzw. der Menschheit gegenüber verpflichtet, den Eltern dankbar zu sein, heißt, die Frage zu stellen: Was bedeutet es, uns selbst als Kinder zu verstehen, als Wesen also, die ihr Leben nicht sich selbst verdanken, die zwar in der Lage sind, sich selbst ihr Leben zu nehmen, aber nicht dazu, sich ihr Leben selbst zu geben, die also in einem ganz fundamentalen Sinne abhängig sind? Was kann es bedeuten, von Menschen gezeugt und aufgezogen worden zu sein, die wir mal lieben, mal hassen, die uns durch ihre Strenge oder ihre Fürsorglichkeit auf die Nerven gegangen sind, die uns Unrecht getan, unsere vitalsten Wünsche und Bedürfnisse unterdrückt und kontrolliert haben, die im Extremfall psychisch oder physisch grausam waren? Wie sollen wir mit diesem Umstand umgehen? Und vor allem – wie mit der Vorstellung umgehen, daß wir selbst auf unsere Kinder ganz genauso wirken könnten? Durch Vorsätze, alles ganz anders und sehr viel besser zu machen? Durch das resignierte Eingeständnis, es seien die Verhältnisse, bzw. die Struktur der sozialisatorischen Interaktion eben mal so, wofür in der Tat viel spricht? Wenn oben bemerkt, daß die Kantische Forderung, man solle seinen Eltern im Sinne des freiwilligen Zwangs einer Tugendpflicht dankbar sein, nicht im Sinne einer Pflicht, sondern im Sinne eines Selbstverständnisses geklärt werden soll, dann heißt das nichts anderes, als zu fragen, ob wir eben diese Umstände sexueller Reproduktion und sozialisatorischer Interaktion letztendlich bejahen, ob wir zu ihnen eine positive oder eine negative Stellungnahme einnehmen können? Gegen eine solche Stellung des Problems erheben sich sofort mehrere Einwände:

1. Die Frage ist sinnlos, weil es sich hierbei um eine ganz basale, nicht veränderbare Disposition der Gattung Mensch handelt.

Dagegen:

1.' Diesen Einwand habe ich schon durch meinen Hinweis auf Formen der Kollektiverziehung und durch den Hinweis auf künstliche Zeugung und Aufzucht zurückgewiesen.

2. Die Frage ist in dieser Form sinnlos, weil man nicht generell sexuelle Reproduktion und sozialisatorische Interaktion beurteilen kann, sondern nur deren spezifische - d.h. gute oder schlechte Formen.

Dagegen:

2.' Zum ersten Teil des zweiten Einwandes: siehe 1.' - man kann, weil es inzwischen Alternativen gibt und zum zweiten: Hier entsteht nun in der Tat das entscheidende Problem. Nämlich:

Wie und warum sollte einem Menschen, der unter seinen Erzeugern und Erziehern nur gelitten hat, zugemutet werden, sie zu ehren oder ihnen dankbar zu sein?

2. Die Rechte möglicher Menschen

Wenn wir uns an Kant und nicht an die Bibel halten, gewinnen wir zunächst eine wichtige Nuance: Dank und Ehre gebühren den Eltern nicht als den konkreten, womöglich irrenden und fehlenden Bezugspersonen, sondern als jenen, denen ein Vernunftwesen – unabhängig davon, ob es gut herangebildet worden ist, seine Existenz verdankt. Indem ein Vernunftwesen seinen Erzeugern und Erziehern Dankbarkeit entgegenbringt, bejaht es sich selbst und seine Existenz als Vernunftwesen und anerkennt alle anderen Menschen als Zwecke. Dann gilt offenbar, daß ein Bejahen der eigenen Existenz zumindest auch eine schwache Bejahung des Umstandes, gezeugt und erzogen worden zu sein, impliziert. Gilt auch die Umkehrung? Impliziert die Dankbarkeit Eltern und Erziehern gegenüber eine Bejahung der eigenen Existenz? Zumindest für einen bestimmten Zeitabschnitt! Zwar mag jemand vom Lebensüberdruß überfallen worden sein, vielleicht mag das Unglück ihn sogar ganz überfluten – sofern er einige wenige Abschnitte seines Lebens im Sinne einer glücklichen Erinnerung bejaht, muß er auch jenen Umständen positiv Rechnung tragen, die dazu geführt haben. Daß dem tatsächlich so ist, können wir uns an einer altertümlichen Redensart klarmachen.

"Oh wäre ich nur nie geboren worden!" ist einer der prägnantesten Ausdrücke für das Empfinden allergrößten Unglücks. Im Unglück wird offensichtlich das ganze Leben einschließlich jener Umstände, Bedingungen und Menschen, die zu ihm geführt haben, verworfen und negiert. Jemand, der von so tiefem Unglück erfasst ist, kann offensichtlich seinen Erzeugern und Erziehern in keiner Weise dankbar sein, mehr noch, vielleicht wird er sie sogar hassen. Unterstellen wir diesen Fall. Kants Tugendpflicht besagte, daß man den Menschen nie nur als Mittel, sondern stets auch als Zweck betrachten müssen. In welcher Beziehung stehen wir zu unseren Eltern, wenn wir sie hassen? Sehen wir sie als Mittel oder als Zweck an? Wir adressieren sie offensichtlich nicht als Naturgrößen, nicht als Randbedingungen, kurzum nicht als Mittel, sondern als Zwecke, als moralisch verantwortliche Akteure, denen wir etwas vorzuwerfen und zuzurechnen haben, nämlich genau das, daß sie uns nicht besser erzogen haben, obwohl sie das – deswegen hassen wir sie ja und schreiben sie nicht einfach ab – unserer Meinung hätten tun können. Mit anderen Worten: wenn man Vater und Mutter verachtet, wenn man ihnen keinen Dank entgegenbringt, sondern Wut, so anerkennt man sie mindestens als Zweck an sich selbst, als moralische Person. Damit gewinnen wir aber eine weitere Bestätigung für die Richtigkeit des Kantischen Ansatzes: Unser Selbstverständnis als Personen, das uns dazu disponiert, auch andere Menschen als Personen anzuerkennen und sie als Zwecke anzusehen, hängt nicht davon ab, ob wir unser Leben im einzelnen bejahen oder nicht, ob wir unglücklich oder glücklich sind, sondern einfach davon, ob wir ein positives Verhältnis zu der Tatsache gewinnen, daß wir nur durch unsere Erzeuger und Erzieher zu Personen geworden sind. Man könnte – und dies wäre eine *schwache* Bestätigung von Kants Begründung der Tugendpflicht, seinen Eltern dankbar zu sein, dies bejahende Verhältnis zu der eigenen Existenz als einer erzeugten und erzogenen Person als "Dankbarkeit" bezeichnen. Und damit wäre letztlich das Gebot "Ehre Vater und Mutter" bzw. "Sei deinen Eltern dankbar" weiter nichts als die Weiterung einer *existenziellen Grundnorm: Bejahe das eigene Leben als Person!*

Doch bleibt diese schwache Bestätigung von Kants Tugendpflicht unbefriedigend. Zunächst einmal spielt unser Sprachgefühl nicht mit: Wenn wir sagen, daß wir jemandem dankbar sind oder sein sollen, so meinen wir, daß die Person, der wir diesen Dank entgegenbringen oder schulden, diesen Dank auch tatsächlich verdient hat. Dem scheint nun die kantische Tugendpflicht zu widersprechen, die – wenn meine Rekonstruktion stimmig war – letzten Endes nur auf eine Selbstbejahung hinausläuft. Solche Selbstbejahung ist aber etwas anderes als ein berechtigtes Gefühl des Dankes, in dem wir ja gerade jemanden anderes dafür bejahen, daß er es uns ermöglicht hat, unsere eigene Selbstbejahung aufrechtzuerhalten oder überhaupt zu gewinnen. Kann man jemandem anderen nur für eine bewußt und beabsichtigte Leistung dankbar sein? Muß also seitens der Eltern und Erzieher eine bewußte Absicht vorgelegen haben, mich zu dem zu machen, was endlich aus mir geworden ist – oder kann man auch für Handlungen dankbar sein, die nicht beabsichtigt worden sind? Wie verhält sich ein Kind, das Jahre später erfährt, daß es lediglich eines Verhütungsfehlers wegen gezeugt und geboren wurde? Soll und kann es seinen Eltern gegenüber dankbar sein? Immerhin könnte es – trotz der narzißtischen Kränkung, die eine solche Erfahrung zweifelsfrei bedeutet – den Eltern und Erziehern für ihre Erziehung dankbar sein. Aber was, wenn auch diese, ganz unabsichtlich, nur so nebenher verlief, wenn etwa ein Kind durch Vernachlässigung zur Selbständigkeit förmlich gezwungen wurde? Dank für eine nicht als solche intendierte Autonomie, für eine Autonomie, die nur als vielleicht ungeplante Nebenfolge entstand? Andererseits: dankbar sind wir – unserem Sprachgefühl nach – für etwas, was wir nicht legitimerweise erwarten konnten, was uns in gewisser Weise als ein Geschenk zufiel – dankbar sind wir nicht für Leistungen, die in einem erwartbaren Rahmen erbracht und entsprechend honoriert wurden. Vielleicht hat die Dankbarkeit der Kinder den Eltern gegenüber etwas mit dem Geschenk des Lebens zu tun, auf das ja kein Ungezeugter einen Anspruch hat, weil es ihn als den, der Ansprüche haben könnte, vor seiner Zeugung noch gar nicht gegeben hat.

Ansprüche besitzen, vertreten lassen oder selbst haben, einklagen und durchsetzen können nur existente Menschen bzw. mündige Personen an ihrer statt. Und eine offensichtlich nicht triviale Minimalbedingung für diese Existenz ist es, als raumzeitlich lokalisierbares Wesen, das mit den Eigenschaften einer mindestens schmerzfähigen, wenn nicht gar handlungsfähigen Leiblichkeit ausgestattet ist, zu leben. Wir können uns natürlich auch Grenzfälle vorstellen, in denen z.B. Personen advokatorisch für noch nicht existente Menschen oder Personen deren Rechte wahrnehmen. So könnte etwa ein bevollmächtigter Erbeverwalter nahen Verwandten namens eines z.B. noch nicht einmal gezeugten Kindes untersagen, das Erbe zu verspielen. Ein solcher Einspruch würde die logische Form haben, daß ein einmal geborenes Kind, wenn es denn zur Welt kommt, in vollem Umfang über die und die Güter soll verfügen können. Das möglicherweise geborene Kind hat ein Anrecht auf ein Erbe, ein Anrecht, das umgekehrt mögliche oder wirkliche Nutznießer dazu verpflichtet, mit diesem Erbe pfleglich umzugehen. Es scheint sich hierbei um einen bedingten Anspruch zu handeln, ein Anspruch, der erst *dann* volle Gültigkeit erhält, *wenn* eine bestimmte Vorbedingung eingelöst ist, nämlich Zeugung und Geburt und – hierauf kommen wir noch, ein bestimmter Bildungsgang. Hat aber irgendjemand ein Anrecht darauf, daß ein Mensch überhaupt gezeugt und geboren wird? Wir können uns natürlich Fälle vorstellen, in denen – ein uns heute unmoralisch anmutender Vertrag geschlossen wird – wonach der Genuß bestimmter familialer Rechte vertraglich mit der Verpflichtung verbunden wird, einen Nachfolger in die Welt zu setzen – etwa um der Erhaltung einer Dynastie willen. In diesem Falle (man denke etwa an den ehemaligen Schah von Persien und seine Frauen Soraya und Farah Dibah) wären z.B. eingeheiratete Frauen im Gegenzug für bestimmte Privilegien dem Dynasten gegenüber verpflichtet, ein Kind zu gebären. Und in diesem Falle hätte dann der Dynast ein Recht darauf, einen Nachfolger zu erhalten.

Und ebenso wäre es dem Kronrat möglich, namens des noch nicht gezeugten oder geborenen Nachfolgers dessen Erbe zu verwahren. Es ist also offensichtlich möglich, nicht nur namens ungeborener, sondern sogar ungezeugter Menschen Ansprüche geltend zu machen. Auch mögliche Menschen scheinen paradoxerweise Rechte zu haben: ein großer Teil der ökologischen Propaganda, die mit Schlagworten argumentiert "Wir haben die Welt von unseren Kindern nur geliehen" zeugt davon und auch ernsthafte Argumente, die z.B. Kernkraft deshalb ablehnen, weil wir noch nicht existierenden Menschen keine Probleme aufbürden dürfen, die wir selbst nicht lösen können, gehen von diesem Gedanken möglicher und damit berechtigter Menschen aus. An dieser Stelle entsteht ein merkwürdiges Paradox: Mögliche Menschen scheinen alle Rechte zu haben: auf eine gesunde Umwelt, gesicherte Verhältnisse, auf ein unversehrtes Erbe – nur ein Recht scheinen sie nicht zu besitzen: auch tatsächlich in den Genuß dieses Erbes zu kommen. *So haben mögliche Menschen offensichtlich alle Rechte bis auf eines: aus möglichen Menschen zu wirklichen Menschen zu werden.* Niemand hat ein Recht darauf, gezeugt zu werden, weil es noch niemanden gibt, dem wir ein derartiges Recht konkret zuschreiben könnten. Doch vielleicht ist es möglich, ein derartiges Recht gleichwohl einzuführen und zwar über einen utilitaristischen Kalkül, gemäß dessen jedermann so handeln soll, daß die Gesamtsumme des Wohlergehens oder genauer des durchschnittlichen Gesamtnutzens gesteigert wird. Wenn man einmal hypothetisch diesen Kalkül akzeptiert, wäre zunächst eine prinzipielle Entscheidung darüber zu treffen, was besser ist – Sein oder Nicht-Sein! Befürworter eines Rechtes möglicher Menschen auf Existenz hätten dann zu argumentieren, daß Leben im Prinzip immer besser ist als Nicht-Leben oder genauer: daß für jedes Leben die Gesamtsumme möglicher Lustquanten größer ist als Null! Unter diesen Umständen wäre dann jede zeugungsfähige Person gehalten, sich fortzupflanzen. Doch scheint dies wenig überzeugend. Denn erstens wäre es dann, sollte man aus irgendwelchen Gründen zeugungsunwillig sein, ebenso möglich, Regenwürmer zu züchten und zweitens müßte denn doch begründet werden, warum denn auch ein durch und durch unglückliches und erbärmliches Leben, dessen Träger sich z.B. umbringen möchte, immer noch besser ist als gar kein Leben.

Der erste Einwand ist schwerwiegend – zumindest im Rahmen einer ökologischen Ethik: Will man nämlich mit utilitaristischen Mitteln ein Recht auf Gezeugtwerden ableiten, so wäre dies nur dann möglich, wenn man menschlichem Leben apriori die Fähigkeit zu größerem Glück und damit umgekehrt auch zu größerem Schmerz einräumt, womit die utilitaristische Grundlage der ökologischen Ethik, die ja gerade den Anthropozentrismus überwinden wollte, aufgegeben wäre.

Doch selbst wenn man sogar eine größere Glücksfähigkeit menschlicher Wesen im Vergleich zu nicht-menschlichen Wesen zugesteht: ist man dann nicht aus logischen Gründen reziprok gehalten, auch ein größeres Unglück zuzugestehen – so daß gerade nicht mehr a limine und prinzipiell behauptet werden kann, es sei unter allen Umständen besser, als Mensch zu leben denn nicht zu leben.

So erhalten wir als Ergebnis, daß auf der Basis eines utilitaristischen Kalküls zumindest nicht begründbar ist, warum denn ausgerechnet Menschen gezeugt werden sollen, wenn es darauf ankäme, das Gesamtdurchschnittsglücksempfinden zu steigern bzw. wenn es sich um Menschen handelt, die gezeugt werden sollen, warum dann deren Gesamtdurchschnittsglück unter allen Umständen größer als Null ist.

Doch womöglich kann das Recht möglicher Menschen, gezeugt zu werden, deontologisch begründet werden? Oberster Grundsatz jeder deontologischen Ethik ist nach Kant die Pflicht, andere Menschen nie nur als Mittel, sondern stets auch als Zweck zu behandeln. Dies Prinzip ist – sofern es andere Menschen gibt – mehr oder minder plausibel, wenn auch noch nicht stringent begründet. Gibt es auch möglichen Menschen gegenüber solche Pflichten? Wenn wir uns noch einmal der ökologischen Argumentation, in der es um die Rechte künftiger Generationen geht, zuwenden, so würde dies z.B. implizieren, daß wir nicht unsere Nachfahren so zeugen, gebären und aufziehen dürfen, daß dies alleine unseren gegenwärtigen Zwecken nutzt und sie damit zu Mitteln unserer Zwecke gemacht werden. So wäre es demnach etwa nicht zulässig, einen Nachkommen zu zeugen, nur um damit seiner persönlichen Eitelkeit zu schmeicheln, wenn gleichzeitig absehbar ist, daß sein Leben selbst nach aller vernünftigen Voraussicht nach von schwerstem Unglück und Leiden überschattet sein wird, bzw. wenn absehbar ist, daß sein Leben nicht nur in summa, sondern auch in jedem möglichen Abschnitt unglücklicher als glücklich sein wird. In der Ethik genetischer Beratung künftiger Eltern wird mit genau solchen Argumenten verfahren. Wenn es also Pflicht ist, existierende Personen als Zwecke in sich selbst zu behandeln – ist es dann ebenso Pflicht, derlei Zwecke zu ermöglichen, sie durch den Zeugungsakt – wie Kant sagt – von einer Welt in die andere herüberzuholen? Warum sollten mögliche Zwecke an sich selbst zu wirklichen Zwecken an sich selbst werden? Einen utilitaristischen Kalkül dürfen wir nun an dieser Stelle aus zwei Gründen nicht einführen: erstens soll ja die Antwortfähigkeit einer deontologischen Ethik auf diese Frage hin überprüft werden und zweitens hatte sich ja schon oben gezeigt, daß eine utilitaristische Ethik dies nicht begründen kann. (Es wäre natürlich möglich, auch den Umstand, daß Menschen einander als Zwecke behandeln können und wohl auch sich selbst als Zweck betrachten müssen, als ein Gut zu verstehen, das nach Möglichkeit gesteigert werden soll! Aber auch diese Erweiterung des Kalküls kann nicht a limine nachweisen, daß damit die Gesamtgüterdurchschnittsmenge über Null steigen muß) Dann bleibt als Möglichkeit nur noch die Behauptung, daß es ein Zweck an sich sei, daß es Wesen gibt, die einander als Zwecke behandeln sollen. Und würde dies nicht einfach dasselbe bedeuten wie das biblische Gebot 'Seid fruchtbar und mehret euch!'? Doch unterliegt diese Zwecksetzung dem souveränen Willen Gottes, der hier selbst als oberster Zweck dem Menschen ein Verhalten zuweist! Unter säkularen Bedingungen – unter denen man mit Gott als oberstem Zweck, der dann Unterzwecke setzt, nicht mehr ohne weiteres argumentieren kann – entfällt die Möglichkeit, die Fortexistenz der Menschheit noch einem anderen Zweck als sich selbst zu unterordnen und das Verfolgen dieses Zweckes auch noch als Tugendpflicht zu analysieren. In diesem Zusammenhang zeigt sich die Schwierigkeit von Kants Programm, darauf zu insistieren, daß Menschen einander als Zwecke behandeln sollen. Dies gilt für den Umstand, daß es Menschen gibt, und ist ohnehin schwierig genug. Aber selbst wenn dies begründbar wäre, ist damit noch nicht gezeigt, daß es Menschen geben soll. Auch Kants deontologisches Programm ist hypothetisch: *wenn* es Menschen (als Vernunftwesen) gibt, dann sollen sie einander als Zwecke behandeln. Aber warum soll es Menschen geben, warum Vernunftwesen? Kants transzendentalphilosophisches Vorgehen verbietet genaugenommen eine derartige Fragestellung: dies ist im Bereich der Erkenntnistheorie nicht anders: sofern nach Maßgabe unserer Alltagserfahrung bzw. der mit ihr vereinbaren Newtonschen Physik erkannt werden soll, dann gelten bestimmte Voraussetzungen wie Kausalität, Irreversibilität der Zeit, Räumlichkeit der Erfahrung etc. Aber ob es eine derartige Erkenntnis und eine derartige Erfahrung geben soll, darüber kann eine transzendental, also rekursiv verfahrende Theorie nichts sagen. Das ist in der Morallehre nicht anders: Sofern es Wesen wie die Menschen gibt, die sich als Menschen selbst Freiheit zuschreiben und als solche mit dem Faktum der Vernunft konfrontiert sind, müssen sie, um ihre Moralität verstehen zu können, den kategorischen Imperativ und die oberste Tugendpflicht akzeptieren. Jedoch: ob es solche Vernunftwesen überhaupt geben soll, darüber kann die rekursiv verfahrende Theorie wiederum nichts sagen. Wir müssen also den vorläufigen Schluß ziehen, daß es eine Pflicht zur Erzeugung von Vernunftwesen schon alleine deshalb nicht geben kann, weil es – im Rahmen einer rekursiv und reflexiv verfahrenden Transzendentalphilosophie – keinen zureichenden Grund dafür geben kann, daß es jene Wesen, die eine solche Reflexion als sinnvoll überhaupt erst ermöglichen, als solche geben soll. Wenn Vernunftwesen – und nur Vernunftwesen – als letzte Instanz von Erkenntnis und Moral angesetzt werden, können sie nicht selbst wiederum Grund dafür sein, daß es sie geben soll. In diesem Sinne scheint also eine deontologische Begründung dafür, daß es weiterhin Personen geben soll und diesen – was noch eigens zu klären wäre – hieraus auch ein Anspruch auf Existenz erwächst, unmöglich zu sein.

3. Der Sinn der Menschheit

So bestände auch zur Klärung dieser Frage – ähnlich wie bei der Frage, ob und warum Vater und Mutter zu ehren seien – nun die Möglichkeit, sie hermeneutisch anzugehen und das heißt, die Frage zu stellen, ob wir nicht zur Sicherung eines angemessenen Selbstverständnisses darauf angewiesen sind, zu unterstellen, es müsse die Gattung sich fortpflanzen. Hierbei können wir nun zwar nicht bei Kants erkenntnis- und moraltheoretischen Schriften anknüpfen, wohl aber bei seinen kleineren politischen und geschichtsphilosophischen Schriften. In seiner Schrift 'Idee zu einer allgemeinen Geschichte in weltbürgerlicher Absicht' aus dem Jahre 1784 heißt es in drei von neun Sätzen:
1. Alle Naturanlagen eines Geschöpfes sind bestimmt, sich einmal vollständig und zweckmäßig auszuwickeln.
2. Am Menschen sollten sich diejenigen Naturanlagen, die auf den Gebrauch seiner Vernunft abgezielt sind, nur in der Gattung, nicht aber im Individuum vollständig entwickeln.
3. Die Natur hat gewollt: daß er Mensch alles, was über die mechanische Anordnung seines tierischen Daseins geht, gänzlich aus sich selbst herausbringe, und keiner anderen Glückseligkeit oder Vollkom-

menheit teilhaftig werde, als die er sich selbst frei von Instinkt, durch eigene Vernunft, verschafft hat.

Diese Argumentation Kants scheint das Interesse an einem Fortbestehen der Gattung unter einer Prämisse zu fordern: unter der Prämisse, daß die Menschheit ihr Ziel, nämlich einer allgemeinen, vollkommenen bürgerlichen Vereinigung der Menschengattung, noch nicht erreicht hat. (Ob eine solche Ordnung, wenn sie denn einmal bestehen sollte, auch weiterexistieren soll, muß an dieser Stelle nicht beantwortet werden).

Mit anderen Worten: Die Menschheit muß alleine schon deshalb fortbestehen, weil sie ihre Anlagen nur kollektiv vervollkommnen kann und diese Vervollkommnung derzeit noch nicht erreicht ist. Unter diesen Umständen wäre es dann auch geboten, weiterhin Kinder zu zeugen, zu erziehen und zu bilden – wobei dieser Bildungsprozeß in und zur Freiheit verlaufen muß. Nun wirft sich aber die Frage auf, wie denn Kant, der doch stets der Auffassung war, daß nur die empirisch verfahrenden Naturwissenschaften mögliche wahre Erkenntnisse verschaffen können, dazu kommt, derart massive – letztlich wissenschaftlich nicht einholbare – Annahmen über den Verlauf der menschlichen Geschichte anzustellen.

Kant sieht ganz richtig, daß die Erscheinungen des menschlichen Willens im Unterschied zu ihrem Wesen nach allgemeinen Naturgesetzen bestimmt sind. Dem hält er aber andererseits ebenso richtig entgegen, daß die Erscheinungen eines einzelnen Willens wissenschaftlich nicht fassbar sind. Die Erfahrungen mit der damals beginnenden Statistik über Eheschließungen und Todesfällen schien freilich zu zeigen, daß der freie Wille, wird er nicht mehr als einzelner, sondern als Summation von vielen freien Willen betrachtet, Regelmäßigkeiten aufzuweisen scheint, die nun doch regelhaft verlaufen zu scheinen.

"Einzelne Menschen und selbst ganze Völker denken wenig daran, daß, indem sie, ein jedes nach seinem Sinne und einer oft wider den andern, ihre eigene Absicht verfolgen, sie unbemerkt an der Naturabsicht, die ihnen selbst unbekannt ist, als an einem Leitfaden fortgehen und an derselben Beförderung arbeiten, an welcher, selbst wenn sie ihnen bekannt würde, ihnen doch wenig gelegen sein würde." (A 387)

Es muß also in dieser populärwissenschaftlichen Schrift von 1784 der Begriff einer 'Naturabsicht' die Hauptlast des Beweisganges tragen – eines Beweisganges, der immerhin zwei problematische Konsequenzen hat: Zum ersten wird uns – nach der Kritik der reinen Vernunft – zugemutet, einen Leitfaden der Erkenntnis zu akzeptieren, der sich auf etwas nicht Beobachtbares bezieht – nämlich eine Naturabsicht – gerade so, als sei die Natur ein handelndes Wesen, das Absichten haben könne und zum zweiten naturalisiert Kant nun entgegen all seinen Einsichten aus der Moralphilosophie – wenn schon nicht als einzelnes Individuum, so doch als Gattung. Doch gibt Kant Gründe für seine teleologischen Annahmen: Die Meinung, es seien die Naturanlagen eines Geschöpfes dazu bestimmt, sich einmal vollständig zu entwickeln, begründet Kant – zumindest für das Tierreich – mit Beobachtung: "Ein Organ, das nicht gebraucht werden soll, eine Anordnung, die ihren Zweck nicht erreicht, ist ein Widerspruch in der teleologischen Naturlehre. Denn, wenn wir von jenem Grundsatze abgehen, so haben wir nicht mehr eine gesetzmäßige, sondern eine zwecklos spielende Natur; und das trostlose Ungefähr tritt an die Stelle des Leitfadens der Vernunft." (A 389)

Kant vertritt hier die bemerkenswerte Auffassung, daß eine vernünftige Betrachtung der Natur zugleich auf die Idee einer vernünftigen Natur hinauslaufen müsse, trennt also nicht zwischen der Vernunft des Verfahrens und der Vernunft des Ergebnisses eines Verfahrens. Für Kant scheint es ausgeschlossen, daß eine vernünftige Betrachtung der organischen Natur deren unvernünftiges Wesen zum Vorschein bringen könne.

Und daß der Mensch seine Naturanlagen vernünftigerweise nur als Gattung, nicht aber als Individuum vollständig entwickeln könne, wird durch die Endlichkeit des Menschen begründet:

"Die Vernunft in einem Geschöpfe ist ein Vermögen, die Regeln und Absichten des Gebrauchs aller seiner Kräfte weit über den Naturinstinkt zu erweitern und kennt keine Grenzen ihrer Entwürfe. Sie wirkt aber selbst nicht instinktmäßig, sondern bedarf Versuche, Übung und Unterricht, um von einer Stufe der Einsicht zur andern allmählich fortzuschreiten. Daher würde ein jeder Mensch unmäßig lange leben müssen, um zu lernen, wie er von allen seinen Naturanlagen einen vollständigen Gebrauch machen solle; oder, wenn die Natur seine Lebensfrist nur kurz angesetzt hat (wie es wirklich geschehen ist), so bedarf sie einer vielleicht unabsehlichen Reihe von Zeugungen, deren eine der anderen ihre Aufklärung überliefert, unendlich ihre Keime in

unserer Gattung zu derjenigen Stufe der Entwicklung zu treiben, welche ihrer Absicht vollständig angemessen ist." (A 389)

Unter der Voraussetzung, daß es tatsächlich so etwas wie eine Naturabsicht, einen Plan gibt, die im Menschen angelegte Dispositionen, die Kant als Vernunft expliziert, zu ihrer vollen Entfaltung zu bringen und angesichts des Umstandes, daß a. das einzelne menschliche Leben kurz und zweitens der angestrebte Zustand noch nicht erreicht ist, scheint es geboten, diesen Zustand auch dadurch zu befördern, daß die einzelnen menschlichen Individuen sich dazu entschließen, die Gattung fortzupflanzen. Der selbst kinderlose Kant muß zur Begründung hierfür eine Naturabsicht annehmen, von der er selbst weiß, daß sie streng wissenschaftlich nicht zu gewinnen ist, die ihm aber gleichwohl unabdingbar zu sein scheint, wenn man sich der Betrachtung lebender Organismen zuwendet. Systematisch hat Kant die in den in seinen Schriften auftretenden Inkonsistenzen und Schwierigkeiten erst in seiner 1790 in der ersten Auflage erschienenen 'Kritik der Urteilskraft' gelöst, in der er sich auch näher und kritischer mit der Vorstellung einer Naturabsicht bzw. eines Naturzweckes, wie er die dort nennt, auseinandersetzt. Hier hält Kant – ausführlich und lückenlos begründet – noch einmal fest,: Daß wir zwar niemals einen solchen Naturzweck werden erkennen können, aber ebensowenig umhin kommen, ihn zu unterstellen – und zwar einfach deshalb, weil wir ohne die Unterstellung von Zwecken organische Wesen nicht verstehen könnten. Mit anderen Worten: den Gedanken der Zweckmäßigkeit eines organischen Wesens können wir nicht diesem selbst entnehmen, der Gedanke von dessen Zweckmäßigkeit ist ein organisierendes Prinzip unserer Erkenntnis. Nun verfährt – wie schon Kant sieht – jede Naturwissenschaft abstrahierend und idealisierend, d.h. sie muß einzelne, scheinbar kontingent auftretende Ereignisse mit als allgemeingültig postulierten Gesetzesannahmen vereinbaren. Nun ist Kant der Auffassung, daß der Mensch bei der wissenschaftlichen Betrachtung der belebten Natur mit den allgemeinen Hypothesen des Verstandes – d.h. physikalischen Hypothesen – nicht auskommt und sich den spezifischen Unterschied zwischen belebter und unbelebter Natur durch ein Prinzip der Urteilskraft klarmachen muß, das genau darin besteht, diesen Dingen einen Zweck zu unterstellen, wodurch sie aus Aggregaten zu Organismen, aus Organismen zu Gattungen und aus Gattungen die belebte organische Welt, zu der endlich der Mensch mitsamt seiner noch zu vollendenden Geschichte hinzukommt. Es stellt sich die Frage, wie dieser Umstand einer stets notwendigerweise zu unterstellenden Zweckmäßigkeit zu beurteilen ist, ob es sich hierbei also um einen lästigen – quasi mythologischen Überrest handelt, oder ob es legitim ist, dieser Annahme doch eine gewisse sachliche Richtigkeit zuzubilligen. Kant löst das Problem, indem er zunächst nach dem Verhältnis der Dinge der Natur zu unserer Urteilskraft fragt und sich die Frage stellt, wie denn diese Form der Urteilskraft überhaupt auf die Dinge der Natur zutreffen kann – angesichts des Umstandes, daß die einzelnen Ereignisse der Natur gemessen an der Idee eines übergeordneten Zweckes doch als zufällig erscheinen. "Um nun gleichwohl die Möglichkeit einer solchen Zusammenstimmung der Dinge der Natur zur Urteilskraft (welche wir als zufällig, mithin nur durch einen darauf gerichteten Zweck als möglich vorstellen) wenigstens denken zu können, müssen wir uns zugleich einen andern Verstand denken, in Beziehung auf welchen, und zwar vor allem ihm beigelegten Zweck, wir jene Zusammenstimmung der Naturgesetze mit unserer Urteilskraft, die für unseren Verstand nur durch das Verbindungsmittel der Zwecke denkbar ist, als notwendig vorstellen zu können." (Kritik der Urteilskraft, B 349)

Kern dieses Arguments, das so etwas wie einen göttlichen Verstand postuliert, in dem die ganze Natur nun tatsächlich auch als zweckhaft erkannt und nicht nur unterstellt wird, ist die ganz richtige Einsicht, daß auch die menschliche Vernunft ein Teil eben jener als zweckhaft zu betrachtenden Natur ist. Wie ist das Verhältnis zwischen einer Urteilskraft, die Zwecke unterstellen muß und ebenfalls Teil der Natur ist zur restlichen Natur zu verstehen, die die Urteilskraft als zweckhaft annehmen muß? Nun fragt man sich, warum Kant für das selbst wiederum zweckhaft anzusehende Verhältnis zwischen Urteilskraft und Naturgegenstand nicht einfach die menschliche Urteilskraft hinzuzieht, warum er vor der Ansicht zurückschreckt, es könne die menschliche Urteilskraft ihre eigene zweckmäßige Beziehung auf die Natur auch nur wiederum sich selbst verdanken? Kant begründet dies mit der fehlenden Notwendigkeit der endlichen menschlichen Urteilskraft. Ihre Schemata sind zufällig, nicht verbindlich, sind zwar ihrer Existenz, nicht aber ihren inhaltlichen Bestimmungen nach notwendig. Oder anders: um überhaupt Organisches erkennen zu können, müssen wir es als zweckmäßig beurteilen, es ist aber nichts notwendiges daran, daß es uns und unsere Urteilskraft im Verhältnis zu den Naturdingen gibt. An dieser Stelle fügt Kant, um dem befürchteten Zirkelschluß zu entgehen, es sei das zweckmäßige Verhältnis zwischen Urteilskraft und organischer Natur letztlich wieder dem Umstand geschuldet, daß es eine zweckmäßig organisierte Menschengattung gibt, deren Zweckmäßigkeit ihrerseits ihrer eigenen Urteilskraft geschuldet ist etc., den Gedanken eines ursprünglichen, d.h. göttlichen Verstandes hinzu, für den hier strenge Notwendigkeit besteht. Diesen Beweis, der nicht recht überzeugen will, komplettiert Kant in einer abschließenden moralphilospohischen Überlegung, in der es um jene Annahmen geht, die ein sich selbst als Endzweck anerkennendes Wesen wie der Mensch, zu dessen Wesen das Streben nach Glückseligkeit unter der Bedingung der Sittlichkeit gehört, machen muß.

Warum sollte ein Atheist, der nicht an eine letzte Verbindlichkeit der Moral glaubt, das Sittengesetz um seiner selbst willen einhalten? Müßte ein solcher Mensch *nicht in seinen* eigenen Augen "ein Nichtswürdiger sein, wenn er darum die Gesetze der Pflicht für bloß eingebildet, ungültig, unverbindlich halten und ungescheut übertreten wollte." (B 426) Kant, der dies gute hundert Jahre vor Freud schrieb, wußte zwar wohl, daß auch das Gewissen eine empirisch erklärbare Tatsache ist, war sich aber ebenso gewiß, daß der Sinn der Verpflichtungen, die wir als Gewissensaufforderung wahrnehmen, nicht durch den Hinweis auf ihre Genese erläutert werden kann. Wer dem moralischen Gesetz folgt und einen höheren Zweck von Schöpfung, Welt und Weisung nicht zugesteht, müßte nach Kant verzweifeln, da ja alle seine Handlungen letzten Endes sinnlos sind, d.h. ohne letzte Garantie ihrer Gültigkeit und Angemessenheit.

Kant meint, daß so niemand leben kann, weswegen ein jeder, der zwar Atheist ist und gleichwohl moralisch-sittlich handelt, sich schließlich von der Möglichkeit des "ihm moralisch vorgeschriebenen Endzwecks einen Begriff machen wird", d.h. daß er "das Dasein eines moralischen Welturhebers d.i. Gottes" (B 429) annehmen wird. So ergeben also die Präsuppostionen einer theoretischen Naturbetrachtung, die mit der Vorstellung eines intuitiven Verstandes operieren muß, indem alle uns nur als kontingent erscheinenden Zweckbezüge notwendig erscheinen und die Präsuppostionen der Morallehre, gemäß derer ein sittliches Leben die Unterstellung eines moralischen Weltenurhebers fordert, *zusammen* ein starkes Argument für den Glauben an einen letzten Naturzweck bzw. den Glauben an einen moralischen Weltenurheber, d.h. für einen Glauben an Gott. Damit hat Kant eine neue Form des Gottesbeweises eingeführt, die Gott nicht mehr als Ding unter Dingen thematisiert, sondern als ein Prinzip, auf das wir, ohne es erkennen zu können, stoßen, wenn wir uns und unsere theoretischen und moralischen Fähigkeiten und Vermögen richtig verstehen wollen. Doch ist auch ein solcher Beweis letzten Endes nichts weiter als eine Glaubensangelegenheit in praktischer, d.h. moralischer Absicht: "Glaube (als Habitus, nicht als Actus) ist die moralische Denkungsart der Vernunft im Fürwahrhalten desjenigen, was für das theoretische Erkenntnis unzugänglich ist. Er ist also der beharrliche Grundsatz des Gemüts, das, was zur Möglichkeit des höchsten moralischen Endzwecks als Bedingung vorauszusetzen notwendig ist, wegen der Verbindlichkeit zu demselben als wahr anzunehmen (B 462), ob zwar die Möglichkeit desselben, aber eben so wohl auch die Unmöglichkeit, von uns nicht eingesehen werden kann. Der Glaube (schlechthin so genannt) ist ein Vertrauen zu der Erreichung einer Absicht, deren Beförderung Pflicht, die Möglichkeit derselben aber für uns nicht einzusehen ist." (B 462)

Ich möchte die Auseinandersetzung mit Kant hier einstellen und noch einmal zusammenfassen: Sowohl der Glaube an letzte Zwecke der Natur, die die biologischen und damit – nach Kant – auch menschheitsgeschichtlichen Wissenschaften ermöglichen, als auch der Glaube an einen letzten praktischen Zweck menschlichen Handelns – die eine Geschichte in weltbürgerlicher, d.h. moralischer Absicht – ermöglichen, sind notwendige Unterstellungen, ohne die – nach Kant – ent-sprechendes Erkennen oder Handeln unmöglich wäre. Freilich sind diese Unterstellungen ausdrücklich als *Glaube*, d.h. als Vertrauen zum Erreichen einer Absicht, deren Verfolgen Pflicht ist ausgewiesen. Mit anderen Worten: wenn wir uns moralisch verhalten (sollen), müssen wir auch darauf vertrauen dürfen, daß die Maximen dieses moralischen Handelns ultimat verbürgt sind. *Wenn also der Gedanke einer Menschheit, die sich erst noch gattungsmäßig entfalten soll, für uns verbindlich sein soll und wir aus diesem Gedanken die Motive schöpfen, die zu Zeugung, Bildung und Erziehung motivieren und verpflichten, dann unterliegt all dem nach Kant der aus praktischer Vernunft entstammende Glaube, daß eine solche Entfaltung erstens möglich und zweitens auch als solche geboten ist.*

Daß es weiterhin Menschen geben soll, ist mithin nach Kant ein Gebot des Glaubens, des notwendigen Glaubens an die moralische Sinnhaftigkeit unseres Handelns, eines Glaubens, der den letzten Sinn dieses Handelns in einem selbst Unbedingten, nämlich in Gott situiert. Hermeneutisch ist eine solche Begründung deshalb zu nennen, weil sie aus der Explikation der moralischen Situation, in der sich die Menschheit befindet, stammt – sie also von der Innenperspektive der Akteure her argumentiert.

Und damit können wir nun zu unserer ursprünglichen Überlegung zurückkehren.

4. Eine Pflicht zum Glück?

Offensichtlich ist es eine der notwendigen Sinnbedingungen unseres Handelns, daß unsere Handlungen zukünftig fortgesetzt, ausgeführt bzw. weitergetragen werden, daß es also eine zukünftige Menschheit geben wird. Dann ist auch plausibel, daß diese Menschheit, wenn es sie einmal geben wird, über bestimmte Rechte jetzt schon verfügt oder umgekehrt, daß wir jetzt schon verpflichtet sind, ihnen solche Lebensbedingungen zu garantieren, die ihnen ein angemessenes Leben garantieren. Aber läßt sich aus dem Umstand, daß eine zukünftige Menschheit eine der Sinnbedingungen unseres Handelns ist und daß diese zukünftige Menschheit jetzt schon bestimmte Rechte hat, eine *Pflicht* ableiten, die Menschheit fortzusetzen, d.h. Kinder zu zeugen? Haben mögliche Menschen also ein Recht darauf, zu wirklichen Menschen zu werden? Oder genauer: wenn die zukünftige Menschheit eine Sinnbedingung unseres eigenen Handelns sein sollte, sind *wir* dann dazu verpflichtet, unsere Sinnbedingungen insoweit sicherzustellen, daß wir – auch im einzelnen – Nachkommen zeugen? Damit sind wir aber wieder bei der Frage nach den Pflichten von Menschen gegen sich selbst. Hat es Sinn zu sagen, daß wir um unserer eigenen Sinnhaftigkeit willen dazu verpflichtet sind, jene Bedingungen zu schaffen, die unserem Handeln erst Sinn verleihen? Wenn wir – für unsere eingeschränkten pädagogischen Zwecke – einmal hypothetisch davon ausgehen, daß eine solche Pflicht bestehen könnte, die Menschen also um der Sinnhaftigkeit ihre eigenen Handelns willen dazu verpflichtet sind, sich fortzupflanzen, dann geraten wir, spätestens seit dem Entstehen der neuen Frauenbewegung, sofort an eine Schranke, eine Schranke, die ebenfalls dem neuzeitlichen Denken entstammt und das ich das Prinzip der Autonomie nennen möchte. Auch dies Prinzip findet sich bei Kant, und zwar in der Schrift "Was heißt Aufklärung", in der er den Ausgang aus der selbstverschuldeten Unmündigkeit postuliert, einer Unmündigkeit, die darin besteht, sich seines Verstandes nur mit Leitung anderer zu bedienen. Dies gilt auch für moralische, nicht nur für theoretische Probleme, und die neue Frauenbewegung hätte und hat gegen eine Argumentation, wie ich sie eben vorgeführt habe, eine Reihe höchst plausibler Einwände. Diese Einwände werden sich zunächst gegen eine Unterwerfung ihrer ganz eigenen Leiblichkeit unter ein allgemeines Sinnprinzip wie "Seid fruchtbar und mehret euch" wenden und zwar mit dem Hinweis, daß ein solches Prinzip allenfalls individuell realisiert werden kann und daß jeder Versuch, es auch nur philosophisch zu verallgemeinern, bereits einer männergesteuerten Verfügung über ihren Körper Vorschub leistet. Damit drückt sich in der neuen Frauenbewegung und ihrer Parole "Mein Bauch gehört mir" das Prinzip der modernen Individualität aus, das entgegen aller Normen, Werte und Moralen vom Gedanken radikaler Selbstbestimmung ausgeht und kein moralisches Prinzip will gelten lassen, das nicht die individuelle Zustimmung der Akteure je und je gefunden hat. Es zeigt sich sofort, daß der Gedanke einer advokatorischen Ethik mit diesem Prinzip radikaler Selbstbestimmung unverträglich ist – spätestens dann, wenn die advokatorische Ethik sich nicht mehr nur direkt den Belangen nicht personal organisierter Menschen zuwendet, sondern zugleich, um deren Belange zu garantieren, personal organisierten Menschen Pflichten auferlegt. In der Parole 'Mein Bauch gehört mir' sowie in der zur Zeit wieder heftig geführten Diskussion um die Abtreibung manifestieren sich eine ganze Reihe von Problemen, mit denen eine advokatorische Ethik befaßt ist.

In dieser Diskussion wird zum einen die Frage nach der Personalität des Menschen gestellt:

Ab wann, ab welchem Monat ist a. überhaupt von einem Fötus zu sagen, daß er ein Mensch ist und b. wann kann man von ihm, wenn er denn als ein Mensch gelten sollte, sagen, daß er eine Person ist, bzw. ein unverbrüchliches Lebensrecht hat? Desweiteren wird die Frage nach dem Verhältnis der Rechte von nicht geborenen Menschen und menschlichen Personen – in diesem Fall ihren Müttern – gestellt: sind sie verpflichtet, ihren Körper zur Verfügung zu stellen, also unter Umständen erhebliche, nicht immer zumutbare Belastungen auf sich zu nehmen, damit ein Mensch auf die Welt kommen kann? (Feinberg in Regan, 1978) Sind die Ansprüche auf die Hilfeleistung, die ein Fötus, der anders nicht überleben könnte, also der Anspruch darauf, ausgetragen zu werden, stärker als der Anspruch einer erwachsenen Person mit eigenen Lebensplänen, Wünschen und Bedürfnissen, auch Verpflichtungen und Aufgaben, die evtl. allesamt zu kurz kommen müßten, wenn ein Kind ausgetragen werden würde?

Und vor allem: Haben Föten, wenn sie denn überhaupt Rechte haben sollten, auch ein Recht darauf, wenn sie denn auf die Welt gekommen sind, a. erzogen zu werden b. so erzogen zu werden, daß ihr Leben aller Wahrscheinlichkeit nach glücklich verlaufen wird und c. eben von ihrer Mutter gut erzogen zu werden?

Ein in unserem pädagogischen Zusammenhang bedeutsames Argument zugunsten der Abtreibung besteht in der Behauptung, daß das Empfangen, gebären und Aufziehen eines Kindes keine unabhängig voneinander betrachtbaren Größen sind, sondern aufeinander bezogen sind. (O'Neill und Bolton in O'Neill/Ruddick 1979)

Dies gilt deshalb, weil es sich um entwicklungsfähige Wesen handelt, die nacheinander Stufen durchlaufen können, die sie zu einer Lebensform bringen, die unserem eigenen Zustand als selbstbestimmten, vernünftigen Personen immer höher kommt. Nun habe ich schon oben darauf hingewiesen, daß es schwierig ist, von möglichen Zuständen auch auf das Recht zum Erreichen dieser zu schließen, zugleich aber – in der Auseinandersetzung mit Kant – dargetan, daß zu den Sinnbedingungen des Handelns vernünftiger Personen auch der Glaube an eine weitere Vervollkommnung des Menschengeschlechts gehört, woraus man in einem schwachen, hermeneutischen Sinne eine Bestätigung des biblischen 'Seid fruchtbar und mehret euch' ableiten kann. Wenn es also schon kein Recht noch nicht personaler Menschen darauf gibt, zu Personen zu werden, so gibt es doch eine schwache Pflicht der erzeugenden Personen, sich zu den Sinnbedingungen ihres eigenen Handelns zu verhalten. (In diesem Zusammenhang sehe ich ganz von der utilitaristischen Position ab, gemäß derer eine Abtreibung dem Fötus selbst Angst und Schmerz bereiten könnte und deshalb zu unterlassen ist – und zwar einfach deshalb, weil wir hierüber nur wenig wissen.)

Wenn es sich nun aber beim Zeugen, Gebären und Erziehen um Tätigkeiten handelt, die allesamt systematisch aufeinander aufbauen und zudem noch im Rahmen der Zukünftigkeit der Menschheit in einem systematischen Zusammenhang stehen, Zeuger und Gebärer also sowohl aus hermeneutischen als auch – nach der Geburt aus utilitaristischen Gründen – dazu verpflichtet sind, ein Kind optimal aufzuziehen, dann stellt sich die Frage, ob überhaupt gezeugt und geboren werden soll, wenn nicht auch eine angemessene und ein glückliches oder mindestens nicht unglückliches Leben verheißende Erziehung garantiert werden kann.

Und so lautet auch eines der stärksten Argumente zugunsten der Abtreibung, daß jedes Kind ein Recht darauf hat, ein glückliches Kind zu werden und daß es deshalb unter Umständen moralischer ist, wenn schwierige Erziehungsumstände abzusehen sind, einen Fötus abzutreiben, als aus dem nichtpersonalen Fötus eine unglückliche Person werden zu lassen. Diese Argumentation kann sich noch zusätzlich auf unsere oben angestellten Überlegungen stützen, wonach es keinesfalls ausgemacht ist, daß als Mensch zu leben immer und unter allen Umständen besser ist, als nicht zu leben. Unter diesen Prämissen wäre eine Frau dann sogar verpflichtet, einen Fötus abzutreiben, wenn sie nicht sicherstellen kann, daß er allen vernünftigen Annahmen nach mehr Unglück als Glück erleben wird. Wohl bemerkt: nach dieser Argumentation handelt sie dann auch advokatorisch, da sie ja nicht nur um ihrer eigenen Interessen willen handelt, sondern um der Interessen eines möglichen unglücklichen Menschen willen. Unter der Voraussetzung – und nur unter der Voraussetzung – daß der Fötus ein Mensch ist, würde es sich dann bei der Abtreibung um eine Art präsumtiver Euthanasie handeln.

Für eine erziehungswissenschaftliche Überlegung hat dieses – durchaus nicht ganz überzeugende – pro Abtreibungsargument interessante Konsequenzen:

Wenn Abtreibung erlaubt ist, weil eine optimale Erziehung nicht garantiert werden kann, dann ist umgekehrt, wenn denn geboren wird, seitens der Erzeuger und Gebärer eine optimale Erziehung verlangt. Oder mit anderen Worten: wer erzeugt und gebärt – und damit kommen wir wieder auf Kant zurück – *verpflichtet* sich gegenüber dem Kind, es nach bestem Wissen und Gewissen so zu behandeln, daß aus ihm ein glücklicher Mensch und eine handlungsfähige Person wird.

Oder drastischer: die Personen, die erzeugen und gebären, schließen, indem sie zeugen und gebären, mit dem Menschen, der durch diese Handlungen auf die Welt kommt, gewissermaßen einen Kontrakt!

Nun scheint dieser Kontrakt allerdings nur unter der Bedingung zu funktionieren, daß Zeugen, Gebären und Erziehen systematisch zusammengehören und daß zudem jeder Mensch ein kategorisches Recht darauf hat, mindestens zu einer Person, wenn nicht gar glücklich zu werden.

Daß es ein Recht auf Personalität gibt, habe ich ganz zu Anfang zu zeigen versucht, Nicht-Personen haben gegenüber Personen einen

Anspruch auf Personwerdung, weil es in unserer Gesellschaft von erheblichem Nachteil ist, als Nicht-Person zu leben – das Recht auf Personwerdung gründete sich also letztlich in einem Gerechtigkeitsprinzip. Läßt sich in gleicher oder ähnlicher Weise begründen, daß jeder Mensch ein Recht auf Glück hat? Ich meine, daß sich so ein Recht begründen ließe, übergehe diese Frage jedoch hier und frage anstattdessen:

Gesetzt – es gäbe einen unverbrüchlichen Anspruch auf Glück: Ist es dann statthaft, werdenden Menschen, die aller Wahrscheinlichkeit nach nicht glücklich werden, deshalb ihr möglicherweise überwiegend unglückliches Leben zu verweigern? Oder mit anderen Worten: Gibt es eine Pflicht zum Glück – ist also jeder Mensch, der geboren wird, verpflichtet, glücklich zu werden und ist es deswegen statthaft, ihm sein Leben präsumtiv zu verweigern, wenn absehbar ist, daß er dieser Pflicht nicht wird genügen können – einfach deshalb, weil seine Erzeuger und Gebärer bzw. die Gesellschaft, der sie angehören, die Möglichkeiten nicht bereitstellen können, mit denen ein solcher möglicher Mensch seinen Pflichten nachkommen könnte. Und damit wäre zunächst zu klären, ob ein Recht auf Glück auch eine Pflicht zum Glück impliziert oder nicht und desweiteren, wie stark dies Recht auf Glück ist und wen es wozu verpflichtet?

Handelt es sich beim Glück um das Besitzen bestimmter Güter, um das Haben bestimmter körperlicher Reizzustände, die wir als Lust bezeichnen würden, oder gar um bestimmte flüchtige, etwa ästhetische Erfahrungen? Kann man also Glück mit dem Besitzen oder Verfügen über bestimmte Güter identifizieren? Dies scheint schon deshalb unangemessen, weil offensichtlich verschiedene Menschen über verschiedene Güter glücklich sind – was ja nichts anderen heißt, daß es offenbar keine intersubjektiv verbindlichen Kriterien dafür gibt, wann Glück vorliegt. Damit wissen wir aber jetzt nicht mehr, als daß das Besitzen oder Verfügen über ein bestimmtes Gut nicht mit 'Glück' identisch ist. Nun könnte es ja sein, daß es eine bestimmte Gefühlsqualität, eine subjektive Einstellung, eine Haltung ist, die als Glück bezeichnet werden kann – gleichviel, durch was diese Einstellung, dieses Gefühl hervorgerufen worden sind. Aber welcher Art ist nun dieses Glücksgefühl? Ist es dadurch ausgezeichnet, daß es besonders intensiv empfunden wird; oder dadurch, daß es dauernd empfunden wird?

Doch welche Art von Intensität ist hier gemeint und welche Art von Dauer?

Offenbar ist die Intensität des Glücks von anderer Art als etwa die Intensität körperlicher Lust – die Intensität des Glücks kann – so scheint es – nicht im gleichen Maß *direkt* empfunden werden. Und davon, daß Glück etwas mit Dauer zu tun hat, daß es gar ein dauernder Zustand ist, kann schon gar keine Rede sein. Gemäß unserer Lebenserfahrung sind Zustände des Glücks eher selten gestreut – im Unterschied zu Phasen des Unglücks, bzw. Phasen emotionaler Indifferenz. Glück scheint mithin der Name für eine Erfahrung zu sein, die weder direkt noch auf Dauer gemacht wird. Glück wird erfahren anläßlich bestimmter anderer Erfahrungen – etwa anläßlich einer ästhetischen Erfahrung – und kann – wie jeder andere Affekt auch – nach einer gewissen Zeit wieder vergehen.

Es scheint sich also bei jenem Zustand des Glücks – den doch alle Menschen anzustreben scheinen – um einen höchst seltenen, keineswegs selbstverständlichen und normalen Zustand zu handeln. Wir können bereits hier sehen, daß die Forderung, Menschen seien entweder dazu verpflichtet, andere oder gar sich selbst glücklich zu machen, nur schwer einzulösen sein dürfte – zumindest unter den obwaltenden gesellschaftlichen und politischen Umständen. Nun könnte immerhin eingewendet werden, daß die Schwierigkeit so vieler Menschen, sich selbst oder andere glücklich zu machen, eben diesen politischen Verhältnissen geschuldet ist und daß sich unter anderen Verhältnissen Glück sehr viel leichter befördern ließe. Dann muß aber gefragt werden, ob Glück überhaupt bewußt befördert oder gar hergestellt werden kann, ob also Glück ein Zustand ist, den man ebenso gezielt anstreben kann wie ein beliebiges Ziel, Sättigung, sexuelle Triebabfuhr, Erwerb von Reichtum etc. Dabei müssen wir zunächst unterscheiden, ob wir so unser eigenes Glück oder das Glück anderer herstellen wollen. Spontan scheint es leichter, jemanden anderes durch ein Geschenk, von dem wir wissen, daß er es mag, zu beglücken, als sich selbst glücklich zu machen. Offenbar ist es nur schwer möglich, sich selbst fest vorzunehmen, glücklich zu werden. Der Vorsatz 'Ich möchte glücklich werden und tue deshalb das und das' wirkt ebenso paradox wie die Aufforderung 'Sei spontan' – was offensichtlich damit zusammenhängt, daß wir mit dem Begriff des Glücks auch so etwas wie Mühelosigkeit, Freiheit von jedem auch selbstgesetzten Zwang assoziieren. Natürlich ist es möglich, sich einer ungeheueren Anstrengung zu unterziehen und dann darüber glücklich zu sein, daß man sie meistern konnte – etwa im Hochleistungssport. Aber ist es wirklich so, daß z.B. derartige Sportler ihre Anstrengungen mit dem bewußten Ziel unternehmen, um dabei glücklich zu werden? Doch sogar abgesehen von diesem Paradox einer bewußt angestrengten Bemühung um eine Erfahrung der Mühelosigkeit bleibt bei dem Versuch, Glück bewußt anzustreben, eine weitere Schwierigkeit – 'Glück' empfinden wir, so wurde oben gesagt, anläßlich bestimmter Erfahrungen, Handlungen und Tätigkeiten, die wir uns auch durchaus vornehmen können. Dabei mag dann zwar jenes Gefühl der Mühelosigkeit fehlen, das mit dem Glück auch assoziiert ist, gleichwohl könnten wir uns dann in einem anderen Sinne glücklich fühlen. Doch zeigt dies allenfalls, daß evtl. möglich ist, sich vorzunehmen, glücklich zu werden, indem man so und so handelt, aber noch lange nicht, daß es auch möglich ist, durch derlei Handlungen auch tatsächlich glücklich zu werden. Und dies liegt nun einfach daran, daß das menschliche Handeln intersubjektiv und kontingent – also doppelt kontingent ist. Mit anderen Worten: ob unsere Handlungen unseren Absichten entsprechend gelungen sind, können wir immer erst hinterher – nach dem Vollzug wissen. Nichts anderes bedeutet Meads Analyse des -'self' als eines Zusammenspiels von 'Me', also der Summe der gesellschaftlich generalisierten Verhaltenserwartungen und 'I', also jenem Impuls zu handeln, dessen Wesen wir immer erst hinterher – im Lichte – der gesellschaftlichen Kategorien beurteilen können. Handeln ist also kontingent – ob es sein Ziel erreichen wird, können wir nie mit letzter Sicherheit wissen, wer handelt, der läßt sich – wie Robert Spaemann sagt – los, überläßt sich Bedingungen, die er nicht mehr voll unter Kontrolle hat, ja er entschließt sich, wie Heidegger sagt, d.h. öffnet sich Möglichkeiten und Erfahrungen, die im Moment des Entschlusses noch nicht abzusehen sind. Diese Zufallsgeladenheit, d.h. Kontingenz des Handelns potenziert sich, wenn Menschen intersubjektiv handeln, wenn wir also als Handelnde wissen, daß nicht nur wir selbst dem Risiko der Kontingenz ausgesetzt sind, sondern daß wir selbst für unsere Interaktionspartner und unsere Interaktionspartner für uns derartige Kontingenzquellen darstellen. Mein Wissen, daß mein Interaktionspartner weiß, daß mein Handeln damit rechnet, daß sein Handeln davon ausgehen muß, daß ich für ihn nicht berechenbar bin, da er auch für mich ein Unsicherheitsfaktor ist etc., gibt unserem intersubjektiven Handeln zumindest soviel Instabilität, daß der Erfolg von Handlungen, auch und gerade von solchen, die mir selbst Glück bescheren sollen, nicht mit hundertprozentiger Sicherheit zu berechnen sind. Dies ist bei intersubjektiven Handlungen nur komplexer als bei monologischen – auch der Hochleistungssportler kann vorher nicht mit letzter Sicherheit wissen, ob er eine Leistung, über deren Erbringen er glücklich sein könnte, auch tatsächlich erbringen wird. Mehr noch: das mögliche Scheitern ist geradezu eine Bedingung möglichen Glücks. Wer sich seiner Leistungen absolut sicher sein kann, handelt genau genommen nicht mehr, sondern verhält sich und kann dann über sein sicherlich erwartbares Verhalten eine zutreffende Prognose abgehen. In dem Moment aber, in dem ein Akteur sein eigenes Verhalten mit Sicherheit prognostizieren kann, wird dieses Verhalten eben nicht mehr als frei, damit als Leistung und somit als Quelle möglichen Glücks angesehen. Mit anderen Worten: Sogar wenn man Glück als das Glück über eine angestrengte Leistung ansehen wollte, gehört das Wissen um das mögliche Scheitern zu den notwendigen Voraussetzungen zu den Bedingungen dieses Glücks. Ob wir aber scheitern oder nicht, können wir immer nur hinterher wissen. Aus all dem folgt zunächst lediglich, daß jedem Glück etwas notwendig zufälliges und unberechenbares eignet – woraus weiter folgt, daß Glück nicht erzwingbar oder gar sicherzustellen ist – weder für sich selbst noch für andere. Wenn aber Glück nicht sicherzustellen ist, kann auch niemand dazu verpflichtet werden, sich selbst oder andere Menschen glücklich zu machen. Angesichts dieser Einsicht scheint es dann auch eine mindestens überzogene, wenn nicht gar unannehmbare Forderung zu sein, daß nur solche Kinder gezeugt, geboren oder erzogen werden sollen, von denen mit Fug und Recht angenommen werden kann, daß sie glücklich werden. Wenn aber Glück weder vorhersagbar noch erzwingbar ist, es zudem – in actu – offensichtlich nur kurze Zeit andauert – hat es dann überhaupt noch Sinn, von so etwas wie einem glücklichen Leben zu sprechen, wie wir es ja offensichtlich tun. Um dieses Problem zu lösen, ist es sinnvoll, zwischen dem Glück eines Augenblicks und dem Glück eines ganzen Lebens zu unterscheiden. Ob ein Augenblick als glücklich empfunden wird oder wurde, vermag man noch während seiner Dauer, auf jeden Fall aber hinterher (kurz oder auch länger danach) empfinden, während das Urteil, ob ein ganzes Leben glücklich gewesen ist, erst an seinem Ende zu treffen ist. Diese Unterscheidung ist von Bedeutung, weil sie den reflexiven Charakter jeglichen Glücksempfindens deutlich herausstellt. Wenn Glück immer erst hinterher, also auf Grund einer interpretierenden Überlegung einer vergangenen Handlung oder vergangener Ereignisse als solches erfahren werden kann, dann gehört eben diese Überlegung oder Interpretation ebenso notwendig zu der Erfahrung von Glück wie ein beliebiger lustvoller oder schöner Anlaß. Mit anderen Worten: Im Unterschied zur Lust ist ein Glück ohne Reflexion nicht denkbar! Und diese Reflexion wird in dem Ausmaß anspruchsvoller und komplexer, in dem die Erfahrungen und Ereignisse, die beurteilt und bewertet werden sollen, komplexer und vielfältiger werden. Ein ganzes Leben als glücklich oder unglücklich zu beurteilen, ist eine voraussetzungsreichere und schwierigere Tätigkeit als die Beurteilung einer bestimmten situativen Erfahrung. Und trotzdem ist es nicht so, als sei das Eine ganz ohne das Andere möglich. Jeder als glücklich empfundene Augenblick wird stets vor dem Hintergrund des ganzen bereits gelebten Lebens als glücklich interpretiert wie auch umgekehrt ein ganzes Leben immer auch aus seinen einzelnen Augenblicken, Situationen, Kontexten und Momenten heraus konstruiert werden wird, ohne indessen lediglich die Summe dieser einzelnen Erfahrungen zu sein. Das Verhältnis von einzelnem Augenblick und gelebter Lebensspanne und ihre wechselseitige Verwiesenheit ist konstitutiv für die Erfahrung von Glück. Ich breche diesen Gedankengang an dieser Stelle ab, da wir die für eine erziehungswissenschaftliche Überlegung notwendigen Argumente nun besitzen.

Wenn es denn richtig ist, daß nur die ganze Lebensspanne letzten Endes das Beurteilungskriterium dafür abgibt, ob ein Leben glücklich gewesen ist oder nicht, dann verbietet sich die Anmaßung, ein Leben schon vor seiner Geburt oder vor Beginn seines Erziehungs- und Bildungsprozesses als nicht nur unglücklich, sondern lediglich als nicht-glücklich zu beurteilen, von selbst. Und damit wird dann zugleich die Forderung hinfällig, es hätte jedes Kind das Recht, als glückliches Kind zu leben – zumindest dann, wenn ein vermeintlich absehbares Unglück oder Nicht-Glück als Argument etwa für eine Abtreibung dienen soll. Zwar mag absehbar sein, daß ein Kind unglücklich leben wird – wir müssen uns aber fragen, ob hieraus bereits erschließbar ist, daß das ganze spätere Leben deshalb als unglücklich bezeichnet werden muß.

Wenn nun aber ein kurzfristig absehbares Glück als Kind keine notwendige Bedingung dafür darstellt, auf die Welt gebracht zu werden und wenn desweiteren Glück an die je eigene Interpretation gebunden und zudem nicht zwingend herstellbar ist, so folgert hieraus, daß auch Erzeuger und Erzieher ihren Kindern kein glückliches Leben schulden und umgekehrt, daß kein künftiger Erdenbürger gegenüber seinen Eltern und Erziehern einen Anspruch auf Glück hat. Mit anderen Worten: Eltern und Erzieher sind *nicht* dazu verpflichtet, ihre Kinder oder Zöglinge glücklich zu machen. Sie sind aber – und dies ist keineswegs dasselbe – dazu verpflichtet, ihre Kinder oder Zöglinge so zu erziehen und zu bilden, daß sie die Möglichkeit erringen, unter Umständen glücklich zu werden bzw. alles zu verhindern, was die Möglichkeit, unter Umständen glücklich zu werden, systematisch beeinträchtigt. Die Verhinderung möglichen Unglücks hat somit Vorrang vor der Herstellung von Glück. Auch hier stellt sich die Frage nach den Kriterien. Welche Umstände müssen eigentlich vorliegen, damit wir davon sprechen können, daß sie vermutlich massives und – darauf kommt es an – dauerhaftes und irreversibles Unglück befördern dürften? Materielle Armut? Ungenügende Bildungschancen? Eine ungewisse politische Zukunft? Ungeklärte familiale Verhältnisse? Schwere Behinderungen? Und welche dieser Umstände sind dennoch derart, daß sie geeignet sind, durch eine Erziehung kompensiert zu werden? Doch wie dem im Einzelnen auch sei: Wenn wir oben davon gesprochen haben, daß Zeuger, Gebärerinnen und Erzieher mit ihren Kindern quasi einen Kontrakt geschlossen haben, dann besteht dieser Kontrakt nicht im Herstellen von Glück, sondern im Verhindern von Unglück. Unter dieser Bedingung verlöre dann das pro Abtreibungsargument, daß Abtreibung erlaubt ist, weil eine optimale Erziehung nicht gewährleistet werden kann, seine Kraft und müßte in einer schwächeren Variante formuliert werden: Abtreibung ist dann erlaubt, wenn noch nicht einmal jene Bedingungen sichergestellt werden können, die systematisches und dauerndes Unglück überwinden helfen.

Damit sind nun einige Kriterien bezüglich der Verpflichtungen erläutert, die vorliegen, wenn sich Menschen entschließen, ein Kind auf die Welt zu bringen.

Dabei sind wir bis jetzt ohne weiteres davon ausgegangen, daß jeder Mensch das Recht hat, Kinder in die Welt zu setzen. Auf der Basis dieses Rechts haben wir dann einschränkende Bedingungen und Verpflichtungen formuliert, die mit diesem Entschluß verbunden sind. Hat aber jeder Mensch überhaupt das Recht, Kinder zu zeugen, in die Welt zu setzen und zu erziehen? Ich übergehe der Einfachheit halber die ganze bevölkerungspolitische und eugenische Diskussion und beschränke mich an dieser Stelle lediglich auf die Frage nach dem

Elternrecht auf Erziehung ihrer Kinder. Schon seit altersher – also etwa seit Platons Staat, Rousseaus Überlegungen zu einer Nationalerziehung in Polen bis hin zur Kibbuzerziehung haben Philosophen, Politiker und auch Erziehungswissenschaftler aus unterschiedlichen Gründen den Eltern und d.h. der Familie das Recht abgesprochen, ihre Kinder zu erziehen. Dabei wurde in allen Fällen davon ausgegangen, daß Eltern entweder unfähig oder unwillig seien, ihren Kindern die Erziehung angedeihen zu lassen, die sie in ihrem eigenen Interesse bzw. im Interesse des ganzen Gemeinwesens verdienten. Ich übergehe hier die totalitären Varianten, die der Familie das Recht zur Erziehung absprechen wollen, weil sie dem Ganzen schädliche Haltungen erzeugen könnte und interessiere mich für jene Varianten, die im Interesse des Wohles des Kindes den Eltern die Erziehung abnehmen und sie öffentlichen-staatlichen oder kommunalen Institutionen überantworten wollen. Das prominenteste Beispiel ist hier die israelische Kibbuzerziehung, die von den Einsichten der Psychoanalyse inspiriert, zu dem Schluß kam, daß die kleinfamiliale Sozialisation und Erziehung neurosenträchtig sei – zumal dann, wenn Eltern diese Einsichten nicht realisieren konnten, was freilich oft genug der Fall sein dürfte. Warum also nicht das riskante und problematische Geschäft der Erziehung geschulten, professionellen Fachkräften übereignen, die sowohl aufgrund ihrer wissenschaftlichen Ausbildung und ihrer professionellen Distanz in der Lage wären, diese neurotogenen Mechanismen zu vermeiden und somit eine optimale Erziehung zu gewährleisten? Moralisch gesehen stellt nun die Kibbuzerziehung kein Problem dar – da alle Eltern im Kibbuz sich freiwillig und damit einverstanden erklären, ihre Kinder von professionellen Erziehern im Rahmen einer Gemeinschaftserziehung aufwachsen zu lassen. Doch wirft dieses Modell – wenn denn seine theoretischen Grundlagen stimmig sein sollten – was ich hier einmal unterstellen möchte – die Frage auf, ob nicht jedes Kind ein obligatorisches Recht darauf hat, unter solchen Umständen aufzuwachsen, die systematisches Unglück unwahrscheinlich machen. Und müßten dementsprechend nicht in jeder Gesellschaft künftige Eltern nachweisen können, daß sie ihre Kinder so erziehen werden, daß dadurch nachhaltige Schäden erst gar nicht entstehen können? Sollten also nicht nur jene Eltern das Recht haben, Kinder aufzuziehen, die auch nachweisen können, daß sie wenn schon keine optimalen, so doch mindestens keine schädlichen Erzieher sein werden? Mit anderen Worten: sollte das generelle Elternrecht auf Erziehung nicht dahingehend eingeschränkt werden, daß nur diejenigen

Kinder aufziehen dürfen, die im Rahmen einer staatlichen Aufsicht nachweisen können, daß sie ihren Kindern nicht schaden werden? Brauchen wir also eine Art Erzieherschein, so wie wir ja auch im Straßenverkehr einen Führerschein brauchen?

Literatur

Bolton, M. B., Responsible Women and Abortion Decisions, in: Neill, O. O./Ruddick, W. (Eds.), Having Children, New York 1979, S. 39 - 51.

Feinberg, J., Abortion, in: Regan, T. (Ed.), Matters of Life and Death, New York 1980, S. 183-217.

Kant, I., Einleitung zur Metaphysik der Sitten, in: ders., Werke, Bd. 7, Darmstadt 1968.

Kant, I., Idee zu einer allgemeinen Geschichte in weltbürgerlicher Absicht, in: ders., Werke, Bd. 9, Darmstadt 1970.

Kant, I., Kritik der Urteilskraft, in: ders., Werke, Bd. 8, Darmstadt 1957.

Neill, O. O., Begetting, Bearing and Rearing, in: Neill, O.O./Ruddick, a.a.O., S. 25-28.

II.

Systematische Versuche

◆

Vom Leiden der Tiere und vom Zwang zur Personwerdung
Zwei Exempel advokatorischer Ethik

Helmut Peukert hat in seinem Werk den Versuch unternommen, die fundamentalen Gehalte theologischen Denkens im Rahmen einer Theorie innovativer Sprechakte unter profanen Bedingungen erneut zur Geltung zu bringen.[1]

Geheimes Zentrum seiner Bemühungen scheint mir eine Theorie des Mitleidens und der Fürbitte zu sein. Daran möchten die folgenden Überlegungen eine Anfrage richten: Kann eine pragmatische Theorie der Sprechakte die Kreatürlichkeit jener, für die wir beten, bitten und eintreten sollen, angemessen zur Sprache bringen?

I.

Unter einer advokatorischen Ethik möchte ich eine Theorie moralischen Handelns verstehen, die klärt, ob, unter welchen Umständen und aufgrund welcher Rechtstitel Personen das Recht haben, ohne das Wissen oder gegen den erklärten Willen anderer Menschen in eben ihrem Namen zu handeln. Damit übergehe ich vergleichsweise triviale Fälle wie das Recht auf Notwehr in bezug auf sich selbst oder in bezug auf einen bedeutsamen oder lieben Nächsten, schließe also all jene Fälle aus, in denen es um das Wahrnehmen legitimer Eigeninteressen, Ansprüche und Rechtstitel geht und beschränke mich auf jenen Bereich der Durchsetzung von Interessen und Ansprüchen bestimmter Menschen gegen sich selbst, die sie aufgrund beliebiger Umstände vernachlässigen. Mit solchen Problemen ist heute vor allem die Praxis kurativer, therapeutischer und edukativer Professionen konfrontiert: Ob und unter welchen Umständen ist es erlaubt, einen Suizidanten ins Leben zurückzuholen? Ist es einem Arzt erlaubt, Menschen beim Sterben aktiv zu unterstützen? In welchem Ausmaß ist das Eltern- und Erziehungsrecht gegenüber noch nicht volljährigen Kindern und Jugendlichen legitim? Dürfen staatliche Stellen, z.B. Jugendämter unter Rückgriff auf mehrdeutige und unscharfe Zuschreibungen wie »verwahrlost« eine öffentliche Ersatzerziehung anordnen? Besteht die Schulpflicht zu Recht? Und endlich: Ist es gerecht, im modernen Sozialstaat Menschen mit gesetzlichem Zwang dazu zu bringen, sich gegen beliebige Fährnisse zu versichern?

Es könnte sein, daß der einzige Grund, der solche Maßnahmen rechtfertigen könnte, in Pflichten von Personen bzw. Menschen gegen sich selbst besteht.

Ob solche Pflichten a) überhaupt und b), wenn sie dann bestehen sollten, von anderen wahrgenommen werden dürfen, ist das zentrale Rätsel einer advokatorischen Ethik. Für den Bereich der Erziehung habe ich dies an anderer Stelle abgehandelt. Das seit Kant[2] strittige und bis heute ungelöste Problem möglicher Pflichten gegen sich selbst soll jedoch an dieser Stelle nicht weiter verfolgt werden. Anstatt dessen nähere ich mich dem Problem einer advokatorischen Ethik über die einfache Frage, ob nicht ein kategorischer Imperativ zur Schmerzvermeidung besteht.

In einem weiteren Durchgang werde ich versuchen, den Geltungsbereich dieses Imperativs zu umreißen, um schließlich die Frage anzuschneiden, in welchem Verhältnis der universell inhaltliche Imperativ der Schmerzvermeidung zu den Prinzipien einer Diskursethik steht, gemäß welcher eine ethische Theorie keinerlei inhaltliche Vorgaben implizieren darf – außer eben jener, daß Menschen überhaupt dazu disponiert sein sollen, an Diskursen teilnehmen zu können.[3]

Der kategorische Imperativ der Schmerzvermeidung

Es war Jeremy Bentham, der Begründer des Utilitarismus, der als einer der ersten das heute vieldiskutierte Problem der Rechte von Tieren aufgeworfen hat. An prominenter Stelle[4] fragt Bentham in diesem Zusammenhang: »...the question is not, Can they *reason,* nor Can they *talk,* but, Can they *suffer*?«

In einem ähnlichen Zusammenhang greift Arthur Schopenhauer in der Begründung seiner Mitleidsethik das Problem tierischen Leidens auf.

»Da sollten am Ende gar die Thiere sich nicht von der Aussenwelt zu unterscheiden wissen und kein Bewusstseyn ihrer selbst, kein Ich haben! Gegen solche abgeschmackte Behauptungen darf man nur auf den jeden Thiere, selbst dem kleinsten und letzten innewohnenden gränzenlosen Egoismus hindeuten, der hinlänglich bezeugt, wie sehr die Thiere sich ihres Ichs, der Welt oder dem Nicht-Ich gegenüber bewußt sind. Wenn so ein Cartesianer sich zwischen den Klauen eines Tigers befände, würde er auf das deutlichste inne werden, welchen scharfen Unterschied ein solcher zwischen seinem Ich und Nicht-Ich setzt.«[5]

Die von Schopenhauer und Bentham angelegten Argumentationen bezüglich der Rechte von Tieren sind in letzter Zeit von dem australischen Philosophen Peter Singer in seiner bedeutenden Schrift »Animal Liberation« systematisch verarbeitet worden und sorgen seither in der moraltheoretischen Diskussion der angelsächsischen Länder für eine tiefgreifende Umorientierung in Richtung auf eine nicht mehr nur anthropozentrische, eine ökologische Ethik.[6] Dabei ist die Koinzidenz mit einigen liegengebliebenen und niemals systematisch entfalteten Theoremen der älteren Kritischen Theorie auffällig.[7]

Die Themen, um die es in dieser Diskussion geht, überschreiten bei weitem ihren nur scheinbar nebensächlichen Anlaß, nämlich die Frage, ob und in welchem Ausmaß Tiere von Menschen gefangen, gehalten, ausgebeutet, getötet, gegessen oder gequält werden dürfen. Vielmehr wird in all diesen Diskussionen auf eine außerordentlich radikale Weise ein Grundsatz Kants in Frage gestellt, der für die meisten Ethiken selbstverständlich ist, den aber schon Schopenhauer widerlegen wollte:[8] *»Der Mensch kann keine Pflicht gegen irgend ein Wesen haben, als bloß gegen den Menschen.«*[9]

Kant hatte dies unter anderem damit begründet, daß der Mensch und überhaupt jedes vernünftige Wesen als Zweck an sich selbst existiere und somit alles, was kein Mensch bzw. kein vernünftiges Wesen ist, diesem nur zum Mittel dienen und mithin auch keine Rechte besitzen könne.[10] Entsprechend begründete Kant das Verbot der Tierquälerei mit einer Pflicht des Menschen, sein anderen Menschen gegenüber bedeutsames Mitgefühl nicht abzustumpfen.[11]

Die nicht weiter begründete Voraussetzung Kants und aller ihm folgenden Entwürfe der Ethik ist in der Tat die Behauptung, daß der Mensch bzw. jedes vernünftige Wesen ein Zweck an sich selbst sei.

Aber was bedeutet diese Behauptung eigentlich und vor allem: *Warum gilt sie*, wenn überhaupt? Des weiteren: Wie geht eine Ethik, die auf diesem Grundsatz beruht, mit folgenden kritischen Fragen um?

(a) Wie ist es um Menschen bestellt, *die keine vernünftigen Wesen* sind, wie etwa Foeten, Babys, Kinder, psychisch und geistig Kranke?

(b) Warum gilt, daß *alle Personen* Zwecke an sich selbst sind und nicht etwa nur *eine einzelne Person* (so Stirner), *eine Gruppe oder ein Geschlecht von Menschen* (so Weininger), *eine Nation* (so Fichte) oder gar *eine Rasse* (so Hitler)?

(c) Selbst wenn nur Personen Zwecke an sich selbst sein sollten und somit nur Personen Rechte haben können, woher wissen wir eigentlich, *daß der funktionale Zustand der Personalität an die Zugehörigkeit zur Gattung Mensch gebunden ist?*

Da nun schlechthin nicht zu bezweifeln ist, daß die *Klasse aller Menschen und die Klasse aller Personen nicht koextensiv ist*, müssen sich diese Fragen in einer zureichenden Weise beantworten lassen. So wird etwa auf die erste Frage seit Hegel[12] folgendermaßen geantwortet:

(a') daß Menschen im Prinzip Personen sind und deshalb um *ihrer möglichen Personalität* willen geachtet werden sollen; während die zweite Frage meist mit dem Hinweis beantwortet wird,

(b') daß vernünftige Wesen sich selbst im Prinzip als vernünftige Wesen nur verstehen können, wenn sie alle anderen vernünftigen Wesen anerkennen bzw. sich von ihnen anerkennen lassen.[13]

Die dritte Frage wird schließlich meist mit der Behauptung beantwortet, daß

(c') menschliche Personen aufgrund ihrer sprachlichen Konstitution nur solche Wesen als Personen anerkennen können, die sich ebenfalls sprechsprachlich oder doch mindestens – wie die Taubstummen – sprechsprachanalog verhalten können.[14]

Doch halten alle diese Einwände einer radikalen Nachfrage nicht stand. So läßt sich gegen a' sofort der fragende Einwand erheben:

(a") warum denn der Zustand nicht faktisch gegebener, nur möglicher Personalität Achtung einfordern soll. *Unterliegt diesem Argument nicht ein teleologischer Fehlschluß, wonach alles, was einen bestimmten Zustand erreichen kann, ihn auch erreichen soll?*

Gegen (b') läßt sich einwenden, daß
(b") vernünftige Wesen, etwa Personen, sich zwar nicht allein aus sich selbst heraus verstehen können, daß aber eine partikulare Identität hierzu vollauf genügt.[15]

Schließlich läßt sich gegen (c') einwenden, daß
(c") der Begriff der Personalität 1. überhaupt mehr als ungeklärt ist und daß 2. vor allem die Behauptung, daß Personalität an Sprache gebunden ist, ganz offen läßt, ob es sich hierbei um eine *notwendige, wesentliche oder gar nur hinreichende Bedingung handelt.*

Aber selbst wenn all diese Einwände stichhaltig sein sollten, ist doch nicht mehr gewonnen als der Grundsatz, daß nur *Personen, (handle es sich bei ihnen nun um Menschen oder andere Wesen) Rechte haben können und mithin Pflichten übernehmen müssen.*

Es zeigen sich sogleich die hiermit verbundenen Schwierigkeiten:
(d) *Sind Rechte und Pflichten komplementär?* Unterliegt jede Person, die Rechte hat, komplementären Pflichten?[16]
(e) Was ist überhaupt eine Person,[17] wenn nicht ein *sprachfähiger, planender und verantwortlich handelnder Mensch? In welchem Sinn können wir positiv davon sprechen, daß Tiere Personen sind, daher Rechte haben und Pflichten unterliegen?*
(f) *Haben Nicht-Personen im vollen Sinn Rechte, oder haben lediglich Personen in bezug auf Nicht-Personen Pflichten?[18]* (Hat also ein unmündiger, minderjähriger Erbe im zivilrechtlichen Sinne ein *Recht* auf sein Erbteil oder sind lediglich seine Vormünder *verpflichtet*, ihm sein Erbteil zukommen zu lassen? Hat ein Tier, dem etwas hinterlassen wird, wirklich ein eigenes *Recht* auf diese Hinterlassenschaft?)

All diese Fragen sind keineswegs geklärt. Gleichwohl bleibt die Aufgabe unserer moralischen Intuition bestehen, dem Recht auf Leben und Freiheit von Schmerz auch nicht-menschlicher Personen bzw. nicht-personaler Menschen bzw. aller leidensfähigen Lebewesen eine rationale Begründung zu geben.

Ein erfolgversprechender Weg, diese Probleme anzugehen, scheint mir in dem von Bernard Gert vorgelegten Programm eines *Negativutilatarismus[19]* zu bestehen, wonach es in einem *materialen Sinn vernünftig ist, Übel zu vermeiden bzw. wonach die Vermeidung von Übeln systematischen Vorrang vor der Instandsetzung von Gütern hat.*

Gert hat sein Programm nicht in dem bis jetzt angeführten Zusammenhang einer radikalen Infragestellung einer anthropozentrischen bzw. personenzentrischen Moral entwickelt, sondern im Rahmen jener Diskussionen, die nach dem Scheitern des klassischen Regelutilitarismus den Versuch unternommen haben, auf der Basis einer Theorie des vernünftigen Eigeninteresses zu einer universalistischen Moral zu gelangen, die nicht nur – wie die älteren Utilitarismen – auf eine zumutbare Verteilung von Gütern abhebt, sondern den Versuch unternimmt, Prinzipien distributiver Gerechtigkeit rational zu begründen.[20]

In Gerts Begründungsversuch ist der Begriff der Rationalität fundamental. Gert führt den Begriff der Rationalität handlungstheoretisch ein und definiert rationale Handlungen als Handlungen, die nicht irrational sind. Damit gewinnt der Gedanke einer irrationalen Handlung eine Schlüsselfunktion. »Eine Handlung ist irrational in dem grundlegenden Sinn, wenn sie eine intentionale Handlung einer Person ist, die genügend Wissen und genügend Intelligenz hat, um die vorhersehbaren Konsequenzen dieser Handlungen zu erkennen, wenn diese ein bedeutend höheres Risiko einschließen, Tod, Schmerzen, Verstümmelung, Verlust von Freiheit, Chancen oder Lust zu erleiden, (sowie auch die Frustration derjenigen Bedürfnisse, die sie in einem Augenblick kühler Überlegungen als ihre wichtigen moralischen Bedürfnisse ansieht) und die Person keinen adäquaten Grund für ihre Handlungen hat.«[21]

Nun ist Gerts Theorie nur in einem sehr weiten Sinne eine Theorie aufgeklärten *Eigen*interesses, insofern dieses, wenn schon nicht ihm selbst, so doch ihm lieben oder teuren Nächsten zugute kommen soll. Unter diesen Bedingungen gilt dann folgendes:

Eine Handlung ist irrational, wenn sie sinnloses Leiden zur Folge hat, also dann, wenn durch diese Handlung ein weder für die handelnde Person noch für sie bedeutsame Andere nachvollziehbarer Zweck angestrebt wird, sie dem Handelnden aber gleichwohl Leiden einträgt.

Wenn sich dieser Grundsatz halten läßt, wäre ein materialer Begriff von Rationalität bzw. Irrationalität gewonnen.

Daß es sich hierbei tatsächlich um einen *materialen*, d.h. von semantischen Gehalten abhängigen Rationalitäts-/Irrationalitätsbegriff handelt, läßt sich an folgendem Beispiel zeigen:

Man kann offenbar umstandslos und widerspruchsfrei behaupten, daß es *irrational ist, sinnlos zu leiden*, während es im Rahmen der Intuitionen unserer Alltagssprache keineswegs umstandslos möglich ist zu behaupten, daß es *irrational sei, sinnlos Lust zu empfinden*. Durch diesen semantischen Test läßt sich auch der Verdacht ausräumen, daß es sich bei der Behauptung, es sei irrational, sinnlos zu leiden, um einen analytischen Satz handle, wonach alles als irrational zu gelten hat, was nicht der Realisierung eines vorgenommenen Zwecks dient.

Gerts Programm weist eine Reihe von Schwierigkeiten auf, die ich an dieser Stelle nur andeuten kann. Das erste Problem besteht in der für eine Theorie der Ethik geforderten Universalisierbarkeit der durch solche Grundsätze legitimierten Handlungen und das zweite in der Frage, inwieweit nicht Handlungen, die für eine Person oder eine Personengruppe rational sind, für eine andere Person/Personengruppe irrational sind. Gert will beide Probleme durch ein weiteres Postulat lösen, nämlich durch das Postulat, daß rationale Handlungen öffentlich vertretbar sein müssen. Dabei gerät er, wenn ich recht sehe, in die Gefahr des Subjektivismus, da er nun kein Kriterium mehr angeben kann, anhand dessen er zwischen der subjektiven Überzeugtheit bezüglich der Rationalität einer Handlung und ihrer objektiven Zumutbarkeit unterscheiden kann. Gert löst auch dieses Problem durch ein *Reziprozitätspostulat*, wonach der rationale Aktor überprüfen wird, ob ihm bestimmte Handlungen, die gemäß dieses Kriteriums irrational sind, selbst zumutbar wären. Am Beispiel des Tötungsverbotes würde dies folgendermaßen aussehen:

> *»Ich will, daß alle anderen Menschen der Regel: 'Du sollst nicht töten!' im Hinblick auf jeden gehorchen, der mir wichtig ist (einschließlich meiner selbst), es sei denn, sie haben einen guten Grund zur Annahme, daß ich einen rationalen Wunsch habe (oder haben würde, falls ich die Tatsachen kennen würde), daß der Regel im Hinblick auf ihn oder sie nicht gehorcht wird.«*[22]

Da nun der Begriff irrationalen Handelns bei Gert semantisch eingeführt wird, und zwar über eine Semantik universeller leiblicher Erfahrungen wie Schmerz und Lust, scheint es ihm auch erlaubt zu unterstellen, daß jeder rationale Aktor weiß, wie alle anderen rationalen Aktoren handeln würden. Diese Annahme erlaubt Gert zugleich eine materiale Universalisierung moralischer Regeln in dem Sinne, daß eine Handlung, die ein Aktor für sich als irrational ansehen würde, ihm zugleich verbietet, diese Handlungen anderen zuzufügen.

Gert versucht in seinem Werk, die Zehn Gebote der Bibel in diesem Sinne zu begründen. Ich möchte aber dieser Frage nicht nachgehen, sondern auf die ursprüngliche Frage zurückkommen, ob uns Gerts Kriterium des Verbots irrationaler Handlungen unter rationalen Personen zugleich ein Kriterium für den Umgang rationaler Personen mit nicht oder noch-nicht rationalen Menschen oder Tieren an die Hand gibt. Für den Fall des Zufügens von Tod und Schmerz scheint dies tatsächlich der Fall zu sein. Als Gesamtheit rationaler Aktoren wäre in diesem Fall die Klasse aller schmerzfähigen Wesen anzusetzen und Rationalität würde in diesem Falle lediglich darin bestehen, keine sinnlosen Schmerzen zuzufügen. Dies scheint mir in der Tat bei jenen der antizipierenden Planung und zweckrationalen Kalkulation nach unseren Kriterien nicht fähigen Tieren der Fall zu sein, nicht anders als bei Menschen. Es macht schlechthin keinen Sinn, sich vorzustellen, es könnten ein Baby oder ein Tier ein Bedürfnis nach Schmerzen um ihrer selbst willen haben. Da nun auch der rationale Aktor ein Bedürfnis nach Schmerzen rational nicht wollen kann, ist es ihm über die Reziprozitätsregel untersagt, Kindern oder Tieren Schmerzen zuzufügen. *Und damit wäre zum ersten Mal ein rational nachvollziehbares universell geltendes Kriterium gefunden, das im Sinne einer strengen, weil rationalen Verpflichtung die anthropozentrische Betrachtungsweise der cartesianisch-kantischen Tradition überwindet und auch nicht der Sprache fähigen, aber gleichwohl schmerzempfindlichen Lebewesen ein Recht auf Schmerzfreiheit und Leben einräumt.*

Für das Projekt der advokatorischen Ethik ist damit ein systematischer Ausgangspunkt gewonnen: Auch menschliche Nicht-Personen sowie nicht der Sprache fähige tierische Nicht- oder Eventualpersonen haben Rechte, bzw. Rechte gelten auch und gerade dann, wenn sie von den Inhabern der Rechtstitel nicht eigens reklamiert werden können.

Im advokatorischen Handeln maßt sich ein des Handelns und der Artikulation fähiger Aktor kraft seiner rationalen Einsicht das Recht an und mißt sich die Pflicht zu, namens der Artikulation nicht fähiger Lebewesen deren Rechte für sie wahrzunehmen. Damit ist freilich noch nicht geklärt, ob ein solches Kriterium des Verbots des Zufügens sinnloser Schmerzen dazu ermächtigen kann, einen Versuch der kurz- oder langfristig angelegten Selbstzerstörung zu unterbinden. Um hierzu rechtens ermächtigt zu sein, müßte sich der advokatorische

Helfer ja sicher sein, daß das von ihm unterbundene Verhalten im definierten Sinne irrational ist, also für den Handelnden subjektiv mit keinerlei Sinn verbunden ist, nicht einmal dem der langfristigen Schmerzvermeidung bzw. des kurz- oder mittelfristigen Lustgewinns. Eine solche Sicherheit wird in der Regel nicht zu erlangen sein. Eine advokatorische Ethik wird an dieser Stelle nicht umhin können, namens des artikulationsunfähigen oder -unwilligen Aktors, der im Verdacht irrationalen Handelns steht, eine stellvertretende Zweck-Mittel-Kalkulation bzw. -Hypothese anzustrengen und nach bestem Wissen und Gewissen zu beurteilen, ob der mögliche angestrebte Lustgewinn in einem für rationale Aktoren vertretbaren Verhältnis steht. In dem Ausmaß, in dem es hierbei auf kulturspezifisches Wissen ankommt, sinkt natürlich die Verbindlichkeit der Rationalitäts-/Irrationalitätsfeststellung und damit das Ausmaß des Rechts bzw. der Pflicht zur Intervention.

Gleichwohl: *Jede schmerzfähige Person scheint mir im Sinne der Reziprozitätsregel dazu verpflichtet zu sein, mindestens zu überprüfen, ob die beobachtbaren Schmerzen eines artikulationsunfähigen, aber trotzdem schmerzfähigen Wesens nicht unter Umständen sinnlos sind, und daraufhin entsprechend zu intervenieren. Aufgabe einer systematisch entfalteten advokatorischen Ethik wird es daher sein, ein abgestuftes System zu vermeidender Zustände bzw. zum Erreichen beliebiger Zustände eingesetzter Mittel und der diesen Zuständen jeweils entsprechenden Interventionspflichten aufzustellen.*

Zum Geltungsbereich einer advokatorischen Ethik

Sieht man von den immanenten Problemen der Entfaltung eines solchen Systems ab, so entstehen doch gewiß aus der ökologischen Variante advokatorischer Ethik, also aus jenem Teilbereich, der sich mit den Rechten faktisch oder prinzipiell nicht artikulationsfähiger Lebewesen befaßt, Anfragen an das Programm einer prozeduralistisch verfahrenden Diskursethik. Peter Singer hat sämtlichen Typen kantisch operierender Ethiken, die mit dem intrinsischen Wert (menschlicher) Personen operieren und nur ihnen Rechte zuschreiben, nachweisen wollen, daß sie nicht wahrhaft universalistisch und daher mindestens so beschränkt sind wie andere Moralsysteme, die wir heute als rassistisch oder sexistisch bezeichnen, weil sie nur beschränkte Teilgruppen von rechtsbedürftigen Wesen als Rechtsgenossen zulassen. *Die nur auf Menschen im Unterschied zu Tieren beschränkte Rechtsgenossenschaft der kantischen Ethiken bezeichnet Singer daher mit einer sprachlichen Analogie als speziesistisch.*[23]

Ist die Diskursethik spezisistisch und mithin entgegen ihrem eigenen Anspruch letzten Endes partikularistisch? Dies scheint nach Singers Definition eindeutig der Fall zu sein. Denn per definitionem sind zur Teilnahme – selbst oder gerade an einem kontrafaktischen Diskurs – nur jene befähigt, die einer Sprache fähig sind, welche den vier basalen Geltungsansprüchen der Universalpragmatik[24] Ausdruck zu verleihen vermag.

Damit sind aber schon aus analytischen Gründen all jene ausgeschlossen, die aus entwicklungsmäßigen oder physiologischen Ursachen einer solchen Sprechsprache nicht fähig sind.

Könnte man den Vorwurf des *Adultismus* – d.h. der systematischen Beschränkung der Diskursethik auf erwachsene kompetente Sprecher – noch mit dem Hinweis zurückweisen, daß in der Regel aus noch-nicht kompetenten kindlichen Sprechern einmal kompetente Sprecher werden, so ist dies bei dem größten Teil der Tierwelt kein zutreffendes Argument mehr. Im übrigen scheint mir der Hinweis, auch kindliche, noch-nicht kompetente Sprecher würden einmal erwachsene kompetente Sprecher werden, nur eine Variante des oben genannten teleologischen Fehlschlusses zu sein, wonach die Rechte eines Lebewesens aus dessen möglicher Höherentwicklung stammen.

Doch ist in bezug auf den größten Teil der Tierwelt – wie bereits bemerkt – noch nicht einmal dieser teleologische Fehlschluß möglich.

Daher stellt sich nun die Frage: Wie und unter welchen Bedingungen können in einer Diskursethik die Belange temporär oder chronisch nichtsprachfähiger Wesen thematisiert werden? Welches ist der Geltungsbereich einer Diskursethik?

Der Diskursethiker kann an dieser Stelle mit dem Hinweis antworten, daß der *Anspruchsbereich* der Diskursethik universell ist, daß ihre (quasi-)transzendentale Konstitution sich aber aus analytischen Gründen nur auf kompetente Sprecher beziehen kann; daß also eine systematische Differenz zwischen der idealen Konstitution und dem idealen Geltungsbereich einer Diskursethik klafft; dieser Geltungsbereich jedoch auch sämtliche nicht sprachfähigen Lebewesen umgreift.

Demgegenüber ist auch eine zweite, resignative Variante einer ökologisch orientierten Diskursethik denkbar, die den Vorwurf des Speziesismus akzeptiert und das Problem des Leidens nicht sprachfähiger und nicht menschlicher Lebewesen einfach in die Ästhetik abschiebt, also in den Bereich nicht weiter explizierbarer und positivierbarer Grundintuitionen.

Ich behaupte, daß jede Diskursethik, die sich *nicht* mit der resignativen Überweisung des Problems in die Ästhetik bzw. mit teleologischen Fehlschlüssen zufrieden gibt, systematisch über sich hinausgetrieben wird und dabei ihre idealistisch prozeduralistischen Voraussetzungen überwindet.

Ich deute dies, ohne es an dieser Stelle systematisch zu entfalten, in einigen Argumentationszügen an.[25]

Der Diskursethiker wird auf die hier gemachten Vorhaltungen zu Recht einräumen, daß es überhaupt keine Alternative dazu gibt, die Rechte und Belange nicht sprachfähiger Wesen im Hinblick auf einen idealen Diskurs zu erörtern. Denn schließlich ist es allemal vernünftiger, deren Belange vor dem Gerichtshof *aller* begründeter Argumentationen fähigen Sprecher zu verhandeln, als ihr Schicksal den Meinungen und Ansichten kontingenter, mit faktischen Interessen versehener Aktoren zu überlassen. Insofern führt – gerade dann, wenn man an der gerechten Regelung der Belange nicht sprachfähiger Lebewesen interessiert ist – gar kein Weg an einem idealen, d.h. vernünftigen Diskurs vorbei. Zumal, wenn es um die Begründung einer ökologischen Ethik geht.

Diesem Argument ist unbedingt zuzustimmen. Dann ist aber genau zu klären, was eigentlich vor sich geht, wenn die Belange nicht sprachfähiger Wesen durch eine ideale Gemeinschaft sprachfähiger Wesen behandelt werden sollen.

Schon die Rede davon, daß ihre Belange in irgendeiner Weise als schutzwürdig verstanden werden sollen, ohne daß indessen hierzu eine gemeinsame Sprechsprache vorliegt, verweist auf eine Gemeinsamkeit, die *unterhalb* artikulierbarer Sprechsprachen liegt. Zudem: Daß diese sprachlich nicht artikulierbaren Belange gleichwohl von (idealen) Sprechern vertreten werden sollen, stellt nichts anderes vor als eine advokatorische Ethik im oben erwähnten Sinne.

Und deshalb impliziert jede gerechte Verhandlung der Belange sprachunfähiger Wesen a. *eine unterhalb der Sprache liegende Ge-*

meinsamkeit von Sprechern und Nichtsprechern und b. eine Form des Handelns, die auf die faktische und die ideale Zustimmung aller Betroffenen gerade deshalb verzichtet, weil ein großer Teil der Betroffenen dieser Artikulation nicht fähig ist.

Die notwendige Geltungsbasis solcher advokatorischer Elemente im Rahmen einer sprechsprachlich angelegten Diskursethik scheint mir in der Gemeinsamkeit aller Beteiligten als sterblicher, schmerz- und lustfähiger Wesen zu liegen, eine Gemeinsamkeit, die Albert Schweitzer als die Solidarität alles Lebendigen bezeichnet hat. Vor dem Hintergrund dieser Solidarität wird die sprechsprachlich und kantisch orientierte Diskursethik in eine für sie fatale Alternative getrieben: *Ihre Vertreter werden sich zwischen Partikularismus und Paternalismus entscheiden müssen.*

Wenn sich die Diskursethik der Belange nicht sprachfähiger Lebewesen annimmt, *dann* durchbricht sie ihr prozeduralistisches Prinzip, darauf zu beharren, daß nur jene Normen Geltung beanspruchen dürfen, die die Zustimmung aller Betroffenen eines praktischen Diskurses finden oder finden könnten. Damit aber wird sie *paternalistisch.*

Möchten die Vertreter der Diskursethik diesen Preis *nicht* bezahlen, sondern das ganze Problem in den unverbindlichen Bereich der Ästhetik abschieben, so wird die Diskursethik *speziesistisch* und das heißt *partikularistisch.*

Es ist daher zu fragen, ob nicht schließlich doch die *Fundierung einer kritischen und materialistischen Theorie der Gesellschaft eher als bei Kant bei Schopenhauer anzusetzen hätte – eine Intuition, der sich jedenfalls Max Horkheimer stets verpflichtet wußte, ohne in der Lage gewesen zu sein, sie mit den systematischen Mitteln einer modernen Ethiktheorie entfalten zu können.*

»Das Werk des Philosophen Schopenhauer ist nicht überholt. Er bejaht die Wissenschaft als einzig verläßliche Erkenntnis. Sofern der gegenwärtige Gang der Gesellschaft den religiösen Glauben abzuschaffen tendiert, sind die Gedanken Schopenhauers nicht pessimistischer als die auf exakte Forschung sich beschränkende Erkenntnis. Schopenhauer hat die Liebe zum Nächsten, ja zur Kreatur philosophisch begründet, ohne die heute fragwürdigen Behauptungen und Vorschriften der Konfessionen auch nur zu berühren. Sein Denken ist nicht ganz so pessimistisch wie die Verabsolutierung der Wissenschaft.«[26]

II.

Die nächste Frage, um die es gehen soll, lautet: *Dürfen Menschen andere Menschen erziehen und wenn ja, warum?* Diese Frage erscheint im ersten Moment absurd. Denn ist nicht das Geschäft des Erziehens eine der selbstverständlichsten Tätigkeiten, die Tag für Tag in jeder Familie, jedem Kindergarten, jeder Schule und jeder Sozialstation ohnehin geschieht? Was für einen Sinn soll es haben, eine Tätigkeit, die so unabdingbar zum menschlichen Lebensvollzug gehört, daraufhin zu untersuchen, ob sie erlaubt sei? Ist diese Frage nicht ebenso sinnlos wie die Frage, ob es erlaubt ist, mit anderen Menschen zusammenzuleben, sexuelle Beziehungen einzugehen, sich zu nähren etc.? Die scheinbare Absurdität dieser Frage wird freilich in dem Ausmaß abnehmen, in dem man sich mit der neueren erziehungswissenschaftlichen Diskussion auseinandersetzt. Dort werden seit einigen Jahren eine Reihe von Argumenten dafür mobilisiert, daß Erziehung

1. keineswegs etwas Selbstverständliches, sondern vielmehr eine außerordentlich voraussetzungsreiche, historisch und gesellschaftlich vielfältig vermittelte Form der Beziehung zwischen den Generationen darstellt,[1]
2. nicht nur in ihren spezifischen Formen, sondern ihrem ganzen Wesen nach repressiv sei[2] und deshalb
3. aus moralischen, politischen und humanitären Erwägungen heraus abgeschafft gehöre.[3]

Die angegriffene Erziehungswissenschaft hat sich dieser Herausforderung gestellt und in einer Reihe von Beiträgen[4] auf die vermeintliche *Unsinnigkeit all dieser Argumente hingewiesen – das zentrale Gegenargument bestand hier meist in der Behauptung, daß das Aufziehen und Erziehen neugeborener und junger Menschen eine anthropologische Konstante sei, die man zwar sehr breit modifizieren, nicht aber abschaffen könne.*

Damit fragt sich natürlich zunächst, ob Pädagogen und Antipädagogen überhaupt von dem gleichen Phänomen sprechen, bzw. wie der strittige Begriff »Erziehung« überhaupt zu definieren ist. *Unstrittig ist zwischen Pädagogen und Antipädagogen, daß neugeborene oder nur wenige Jahre alte Menschen durch den Umgang mit älteren Menschen jene Fähigkeit erwerben, die es ihnen ermöglichen, mit einer gegebenen menschlichen Gesellschaft zu leben.* Ich habe bei der Formulierung dieser Grundannahme mit Bedacht darauf verzichtet, von »Kindern«, »Jugendlichen« oder »Erwachsenen« zu sprechen und trage damit der Fülle historischer Untersuchungen Rechnung, die gezeigt haben, daß diese Kategorien kultur-, epochen- und gesellschaftsspezifischer Art sind.

So läßt sich die Diskussion zwischen Pädagogen und Antipädagogen schließlich auf eine zwar semantische, aber gerade deshalb bedeutsame Frage reduzieren: Sind alle Formen des sozialisierenden Umgangs der Generationen miteinander in angemessener Weise als »Erziehung« zu bezeichnen, wie die »Pädagogen« meinen, oder bezeichnet der Begriff »Erziehung« – wie die Antipädagogen meinen – nur eine besonders repressive Teilklasse dieses Umgangs? Ich möchte den Begriff der Erziehung in zwei Schritten erläutern:

In einem ersten Schritt unterscheide ich *Erziehung* und *Sozialisation* danach, ob es sich bei den sozialisierenden Interaktionen um bewußt unternommene und angestrengte, ausdifferenzierte und eigens institutionalisierte Tätigkeiten oder um implizit verlaufende, in andere Handlungsketten kontingent eingelassene Ereignisse handelt.

In einem zweiten Schritt unterscheide ich innerhalb des Bereiches bewußt angestrengter sozialisatorischer Handlungen zwischen denjenigen, die *mit Einverständnis und Zustimmung* des zu Erziehenden vollzogen werden – diese nenne ich *therapeutische* – und jenen, die entweder *ohne das Wissen oder gegen den Willen* der zu Erziehenden vollzogen werden – diese bezeichne ich als *pädagogische* Handlungen.

Ich werde im folgenden den Versuch unternehmen, zu beweisen, daß derlei pädagogische Handlungen unter bestimmten Bedingungen nicht nur nicht verboten, sondern mindestens erlaubt, wenn nicht gar *geboten* sind. Damit erhebe ich den Anspruch, das antipädagogische Programm in einer *starken* Weise widerlegen zu können. Eine *schwache* Weise der Widerlegung würde im Beharren auf einer semantischen Konvention bestehen: nämlich jenen Umgang zwischen den Generationen, insofern er bewußt geschieht, einfach als Erziehung zu bezeichnen.

Eine *starke* Widerlegung der Antipädagogik, wie ich sie darlegen möchte, weicht *nicht* auf semantische Konventionen aus, sondern übernimmt den von der Antipädagogik vorgeschlagenen und kritisierten Begriff der Erziehung, versucht aber gleichwohl zu zeigen, daß derlei Handlungen in einer nicht geringen Anzahl von Fällen *moralisch geboten* sind.

Ich behaupte, daß eine noch zu spezifizierende Anzahl pädagogischer Handlungen unter einer Bedingung *zwingend* geboten sind: *nämlich unter der Bedingung, daß Menschen als Personen leben sollen.* Der Begriff der Person gehört zu den Grundkategorien der praktischen Philosophie und hat somit eine reiche Begriffsgeschichte, die vom römischen Recht über die Scholastik bis hin zum Dialogismus und schließlich zur sprachanalytischen Philosophie reicht. Ein neueres Lexikon zur Ethik verzeichnet unter dem Stichwort Person folgendes:

»*Person heißt die psychophysische Einheit des Menschen, die sich in seinem Erleben und Handeln als identischer Bezugspunkt durchhält. Aufgrund der ihr eigentümlichen Bedürfnisse greift sie in die gesellschaftlichen Beziehungen ein und beansprucht, in ihrer Besonderheit von den anderen anerkannt zu sein. Die Person ist die letzte Instanz aller wertenden Stellungnahmen und sittlichen Entscheidungen, für die sie die Verantwortung trägt.*«[5]

Diese sehr reiche und auslegbare, daher auch sehr bestreitbare Definition möchte ich mit einer etwas eingeschränkten Definition konfrontieren, die ich der neueren Diskussion in der analytischen Philosophie entnehme:

»The idea of a person is the idea of an unified center of action and choice, the unit of legal and theological responsibility.«[6] Die analytische Philosophie unterscheidet bei der Explikation des Begriffs der Person vor allem zwei Komponenten:

- zum einen die Komponente selbstbewußter Einmaligkeit und mentaler Einheit (nicht anders als schon Kant),
- zum anderen die Komponente des rationalen und verantwortungsvollen Aktors,

zwei Komponenten, die miteinander zusammenhängen, aber nicht aufeinander reduzierbar sind. So kann verantwortlich nur handeln, wer *weiß*, wer er ist, während ein Selbstbewußtsein nur entwickeln und ausbilden kann, wer von anderen als einzigartiger anerkannt wird bzw. selbst andere als einzigartige anerkennt. Damit sind selbstbewußte Einmaligkeit und mentale Einheit sowie individuelle Verantwortlichkeit die basalen Bestandteile von Personalität. Unklar ist die

Frage, inwieweit Personen auch eine zeitliche Komponente haben. Wie lange muß ein Lebewesen mit den Merkmalen einer Person existieren, um tatsächlich als Person anerkannt zu werden?

Eines dürfte aber klar geworden sein: Personen sind nicht einfach Dinge oder Lebewesen, sondern ein (funktionaler) Zustand, in dem sich Dinge oder Lebewesen befinden können. *Person nenne ich dasjenige Ding oder Lebewesen, das sich im Zustand der Personalität befindet.* Damit enthalte ich mich zunächst der schwierigen Debatte, ob auch nicht-lebendige Wesen, etwa informationsverarbeitende Maschinen Personen werden können. Ob und mit welcher Notwendigkeit sich nun Dinge oder Lebewesen im Zustand der Personalität befinden können, läßt sich rein begrifflich nicht klären.

Ich gehe daher für die weitere Analyse davon aus, daß Dinge oder Lebewesen sich unter bestimmten Bedingungen im Zustande der Personalität befinden können oder nicht, daß es also Personen und Nicht-Personen geben kann. In diesem Zusammenhang möchte ich abschließend folgende Definition des Begriffs der Person vorschlagen:

Person sei dasjenige männliche oder weibliche, der Gattung Mensch angehörige Individuum genannt, dem wir die prinzipiell vorhandene Fähigkeit zuschreiben, Bedürfnisse und Wünsche zu haben, über ein biographisch kontinuierliches Selbstbewußtsein zu verfügen und sich zu sich selbst und zu anderen so verhalten zu können, daß dies Verhalten sowie dessen mögliche Folgen als das eigene anerkannt wird, für das unter gegebenen Umständen auch die Verantwortung zu übernehmen ist.

Die Fragen, die sich dann stellen, sind 1. die Frage, welche Lebewesen oder Dinge den Zustand der Personalität erwerben können, bzw. welchen Lebewesen, Dingen oder sonstigen Entitäten dieser Zustand rechtens zugeschrieben werden kann und 2. die Frage danach, ob es klar explizierbare *notwendige und hinreichende* Bedingungen dafür gibt, festzustellen, wann der Zustand der Personalität vorliegt.

Für unsere Zwecke schließe ich – wie schon aus der Definition deutlich wird – alle nicht-menschlichen Lebewesen oder sonstigen Entitäten wie Marsmännchen, Delphine, Roboter, Dämonen und Götter aus. Dann ist die Frage zu beantworten, ob *alle* Menschen Personen sind, und, wenn ja, zu welchem Zeitpunkt ihres Lebenslaufes? Wenn die oben gegebene Definition angemessen ist, wird deutlich, daß die

Klasse aller Menschen und die Klasse aller Personen keineswegs deckungsgleich sind, daß es also eine beträchtliche Anzahl von Menschen (etwa Babies, mental retardierte Erwachsene und psychisch Kranke) gibt, die sich weder selbst als biographisch einzigartig oder als mental einheitlich wahrnehmen können, noch dazu in der Lage sind, sich zu ihren Handlungen verantwortlich zu verhalten. In diesem Sinne können wir, je nachdem, welche Lebensphase wir betrachten, von *Niemals-, Nochnicht- oder Nichtmehrpersonen* sprechen.

Und zwar je nachdem, ob das betreffende menschliche Individuum niemals den Zustand der Personalität wird erreichen können, ob es ihn aller Wahrscheinlichkeit nach erreichen wird oder ob es diesen Zustand schon einmal erreicht und zu einem gegebenen Zeitpunkt temporär oder für immer verloren hat.

Auch diese Frage, wann dies im einzelnen jeweils der Fall ist, kann nicht begrifflich, sondern nur empirisch beantwortet werden. Ich halte freilich dafür, daß wir die *notwendigen Kriterien* für Personalität angeben können, nämlich selbstbewußte Einzigartigkeit, mentale Einheit und Verantwortlichkeit, möchte aber an dieser Stelle die Frage offen lassen, ob diese notwendigen Kriterien schon hinreichend sind. Immerhin lassen sich ja Fälle denken, bei denen jemand im vollsten Bewußtsein seiner Verantwortlichkeit bei Fehlen jeglicher Affekte die grauenhaftesten Verbrechen begeht – wobei dann die Frage entsteht, ob der Begriff Person mit dem Zustand völliger Gefühlskälte kompatibel ist.

Dies hängt schließlich davon ab, ob der Begriff *Verantwortlichkeit*, der ja für die Bestimmung von Personalität ein notwendiges Kriterium darstellt, im Sinne *individueller Zurechenbarkeit* oder im Sinne *sorgender Solidarität* mit anderen gefaßt wird. Ich lasse deshalb die Frage nach den hinreichenden Kriterien an dieser Stelle offen.

Nun können, wie wir alle wissen, Menschen Personen sein und Noch-Nicht-Personen zu Personen werden. Für eine pädagogische Ethik stellt sich nun freilich die Frage, ob und warum Menschen überhaupt als Personen leben sollen bzw. menschliche Nicht-Personen einen moralisch vertretbaren Anspruch darauf haben, zu Personen zu werden, und wer der Adressat dieses Anspruches ist. Anders gefragt: Korrespondiert dem möglichen Anspruch menschlicher Nicht-Personen eine Pflicht menschlicher Personen, menschlichen Nicht-Personen dabei zu helfen, zu Personen zu werden?

Ist es denn überhaupt erstrebenswert, als Person zu leben? Hegen wir nicht alle Erinnerungen an jene Phasen der Kindheit da wir zwar bewußt, aber nicht verantwortlich gelebt haben und sehnen wir uns nicht alle – wenigstens temporär – nach jenen rauschhaften Zuständen, in denen wir das individuelle Bewußtsein, die Last der Verantwortung los werden?

Ist also nicht schon der Gedanke der Personalität selbst repressiv? Selbst wenn dem so wäre, besteht aber meines Erachtens ein Anspruch menschlicher Nicht-Personen auf den Erwerb von Personalität und zwar einfach deshalb, *weil unter den obwaltenden gesellschaftlichen und politischen Zuständen all jene Menschen, die nicht als Personen leben, erheblichen Nachteilen ausgesetzt sind, sowie deshalb, weil die Menschen in der Regel als Personen behandelt werden – bzw. ihnen Personalität zugemutet wird – bei Strafe erheblicher Nachteile.*

Menschliche Nicht-Personen haben also einen Anspruch auf Personalität auf der Basis eines Gerechtigkeitspostulates, *daß kein Lebewesen Nachteile erleiden soll, sofern dies anderen Lebewesen keine für sie selbst unzumutbaren Nachteile auferlegt.* (Die überaus schwierige Frage, ob sich ein solches Gerechtigkeitspostulat utilitaristisch oder deontisch begründen läßt, muß ich an dieser Stelle auf sich beruhen lassen.)[7]

Eine solche Begründung des Anspruchs auf Personalität trägt dem Umstand Rechnung, daß sich unter gegebenen Umständen *Menschen bei Strafe von Nachteilen als Personen verhalten sollen und leitet daraus auf der Basis eines Gerechtigkeitspostulates die Forderung ab, daß sie hierzu auch in die Lage versetzt werden sollen.*

Da nun – und dies ist zunächst eine empirische Behauptung – nur Personen dazu in der Lage sind, menschliche Noch-Nicht-Personen dabei zu unterstützen, zu Personen zu werden, haben diese einen Anspruch auf Hilfe gegenüber denen, die schon Personen sind. Dieser Anspruch würde dann hinfällig, wenn die allgemeine Zumutung an Menschen, sich als Personen zu verhalten, entfiele. Ob solche gesellschaftlichen Zustände auch nur denkbar sind, muß ich hier offen lassen. Immerhin wird aus diesen Überlegungen deutlich, daß das Recht von Menschen, zu Personen zu werden, keinen Selbstzweck darstellen und mithin auch keinen kategorischen Anspruch begründen kann.

In dieser Perspektive stellt dann der Zustand »Personalität« bestenfalls ein Ideal menschlicher Verwirklichung dar, welches zwar in einer

Güterethik an oberster Stelle stehen mag, dem aber jeder zwingende Charakter fehlt.

Doch läßt sich womöglich doch unter Rückgriff auf Kants kategorischen Imperativ, wonach die Maxime einer Handlung, soll sie auch nur erlaubt sein, zum Prinzip einer allgemeinen Gesetzgebung tauglich sein muß,[8] eine stärkere Begründung des Anspruchs auf Personwerdung entwickeln.

Nach Kants kategorischem Imperativ sind alle jene Handlungen unzulässig, deren Maximen zu einem formalen Widerspruch führen würden. Demnach wäre z.B. ein Diebstahl zum Zweck des Erwerbs von Eigentum schon alleine deshalb unzulässig, weil die Universalisierung dieser Handlung das Institut des Eigentums in Frage stellen würde und mithin den Sinn des Diebstahl in sein Gegenteil verkehrte. Wie stellt sich nun das bewußte Unterlassen bzw. das wißbare Unterlassen jener Handlungen, die zur Personwerdung beitragen können, in dieser Perspektive dar?

Verallgemeinert man etwa die Maxime, man müsse menschlichen Nicht-Personen *nicht* bei der Personwerdung helfen, so erhielten wir die verallgemeinernde Formel, daß keine Nicht- oder Noch-Nicht-Person künftighin zu einer Person werden soll. Überführt diese Verallgemeinerung eine Hilfe unterlassende Person eines Widerspruchs? Doch nur dann, wenn die unterlassene Hilfeleistung die Generalisierung einschlösse, es solle bereits jetzt keine handelnden Personen mehr geben. Bezieht sich aber die unterlassene Hilfeleistung *nur* auf Noch-Nicht-Personen, so entsteht ein Selbstwiderspruch im kantischen Sinne *nicht* und zwar deshalb, weil auf der Basis kantischer Prämissen ein Argument dafür, daß eine personal geprägte Menschheit auch in aller Zukunft existieren soll, nicht begründbar ist.[9]

Eine andere mögliche Strategie, die ich an dieser Stelle ebenfalls nicht entfalten kann, könnte in einer traszendental-hermeneutischen Besinnung auf die Stellung des Menschen in der Welt bestehen. Sie hätte sinnfällig zu machen, daß ein angemessenes Selbstverständnis auch der jetzigen Situation des Menschen ohne den Gedanken einer möglichen Zukunft des Menschengeschlechtes und damit einer Erinnerbarkeit auch der Handlungen der jetzigen Menschen unmöglich ist.[10] Leider muß ich auch diese sicher zentrale und angesichts der atomaren Hochrüstung auch politisch aktuelle Frage hier auf sich beruhen lassen und kehre zu meiner ursprünglichen Fragestellung zurück.

Pädagogen und Antipädagogen dürfen sich darin einig sein, daß – wie auch immer man dies im einzelnen begründen mag – Noch-Nicht-Personen einen Anspruch darauf haben, aufgrund des Umstandes der Nichtpersonalität keinerlei Nachteile zu erleiden. Pädagogen aller Art dürften sich von Antipädagogen dadurch unterscheiden, daß für sie Personalität in irgendeiner Weise auch ein erstrebenswerter Zustand ist, während Antipädagogen womöglich die gesellschaftlichen Umstände, die Menschen bei der Strafe von Nachteilen dazu zwingen, als Personen zu leben, abschaffen möchten. Doch könnten auf jeden Fall auch die Antipädagogen zugeben, daß unter eben solchen Umständen, Personalität erworben werden soll, freilich unter genau angebbaren Bedingungen: *daß nämlich die gegenwärtigen oder zukünftigen Glücksmöglichkeiten des educandus durch entsprechende therapeutische oder pädagogische Maßnahmen nicht beeinträchtigt werden dürfen, daß also derartige Interventionen auf keinen Fall gegen den gegenwärtigen Willen und somit das aktuelle Wohlbefinden der zu erziehenden Person verstößt.*

In der Regel verbinden antipädagogische Positionen dieser Art dieses Postulat mit einer anthropologischen Prämisse, daß nämlich derlei möglicherweise repressive Handlungen auch gar nicht nötig seien, da auch und gerade unterlassene erzieherische Eingriffe einer Selbstregulation Raum geben, die in der Regel zur zwanglosen Ausbildung vernünftiger Personen führen wird.

Ich möchte abschließend diese Selbstregulationshypothese einer prinzipiellen Kritik unterziehen und daraus das moralische Gebot pädagogischer Handlungen auch dann, wenn sie gegen den aktuellen Willen einer Noch-Nicht-Person verstoßen, rechtfertigen.

Die Tradition des erziehungswissenschaftlichen Denkens kennt zwei in allen Theorien implizit oder explizit vorfindliche radikal unterschiedliche Anthropologien: eine optimistische und eine pessimistische.

Die pessimistischen Anthropologie geht von der Prämisse aus, daß das Wissen eines Kindes oder eines Heranwachsenden bezüglich seiner selbst, seiner künftigen Zustände und Wünsche, auch und gerade bezüglich der Folgen seiner Handlungen unzureichend ausgebildet ist, also davon, daß bei Noch-Nicht-Personen weder von einem impliziten noch von einem expliziten Wissen bezüglich ihrer Personwerdung gesprochen werden kann. Optimistische Anthropologien – etwa bestimmte Varianten der antiautoritären Erziehung[11] – gegen demgegenüber von einem *Selbstregulationstheorem* aus, wonach Noch-Nicht-Personen, wenn auch implizit, am besten wissen, was ihnen zu einem gegebenen Zeitpunkt not tut oder was langfristig ihrer Personwerdung dient. Da in diesem Zusammenhang unmöglich das letztere gemeint sein kann – es fällt uns schwer davon zu sprechen, *daß jemand ein implizites Wissen bezüglich eigener Zustände haben kann, die für ihn in keiner Weise bedeutsam sind* –, *kann allenfalls gelten, daß Noch-Nicht-Personen implizit am besten wissen, was ihnen gegenwärtig (!) nützt oder schadet, und daß das Stattgeben dieser Willenskundgebungen je und je Veränderungen dieser Noch-Nicht-Person und damit eine gerichtete Veränderung auf personale Zustände hin zur Folge haben wird.*[12]

In normativer Hinsicht drückt dies etwa Korczak mit seiner Forderung nach dem Recht des Kindes auf den eigenen Tag aus, während diesem Konzept in wissenschaftlicher Hinsicht eine fallible Hypothese über gerichtete Veränderungen korrespondieren müßte.

Auf einer rein begrifflichen Ebene scheinen pessimistische Anthropologien weniger Beweislasten tragen zu müssen als optimistische Anthropologien, die ja stets auch *positiv* nachweisen müssen, daß Selbstregulation nicht nur möglich, sondern auch wirklich ist.

Dabei ist nun der Fairness halber zu fragen, ob nicht auch den pessimistischen Anthropologien der Nachweis aufgebürdet werden müßte, daß das Behindern möglicher Selbstregulation nicht das Ausbilden von Personalität behindert. Denn soviel gilt auf jeden Fall: Ein apriorisches Bestreiten von Selbstregulation, sei sie nun im gesellschen Sinn individuell gedacht oder wie in der Piaget-Wygotykischen Tradition als die Selbstregulation von Kindergenerationen, dürfte kaum möglich sein.

Auf diesen Einwand wird die pessimistische Anthropologie folgendermaßen antworten: Sie wird zunächst zugeben, daß der Gedanke einer selbstregulativen Personwerdung selbstverständlich widerspruchsfrei konzipierbar ist, hingegen bestreiten, daß a. derlei Mechanismen überhaupt *nachweisbar* sind und b. mit dem Selbstverständnis handelnder Personen vereinbar sind.

Und zwar kann sie dies mit dem realistischen und gar nicht pessimistischen Argument tun, daß Menschen als intersubjektiv konstituierte, der Wahrnehmung, Sprache und Kommunikation fähige, schwache und hilfsbedürftige Lebewesen einander bei Strafe des Untergangs beeinflussen müssen, es also Selbstregulation im *strengen Sinne* nicht geben kann, wenn anders es die Selbstregulation wirklicher Menschen und nicht irgendwelcher menschenähnlicher Wesen sein soll.

Der Verweis darauf, daß es ja gar nicht um monologische Selbstregulation im Sinne Gesells gehen soll, sondern um die Selbstregulation etwa von Kinderkollektiven, verschlägt hier auch nicht. Kein Kind würde ein Kinderkollektiv erreichen, würde es nicht vorher von Erwachsenen geschützt, genährt, im Laufen unterrichtet etc.

Will man gleichwohl an der Selbstregulationshypothese festhalten, so müßte man schließen – und ein Teil der politisch ganz anders interessierten Soziobiologie[13] tut dies ja –, daß die handlungskoordinierenden Mechanismen von Sprache und Kommunikation, ja, daß Gesellschaft und Geschichte und schließlich Bildung und Erziehung lediglich Epiphänomene sind, die mit der Ausbildung von reifen Individuen der Gattung Mensch nur wenig zu tun haben oder mindestens nichts Wesentliches hierzu beitragen. Im übrigen wird man sich dann fragen müssen, ob sich überhaupt noch sinnvoll von Personen sprechen läßt, von denen wir ja annehmen, daß sie sich in verantwortungsvoller, d.h. in freier Weise zu sich selbst und zu anderen verhalten können. Läßt der Gedanke reiner Selbstregulation überhaupt noch Raum für den Gedanken eines verantwortlich handelnden Individuums?

Wir kommen also – wenn wir uns selbst als Personen verstehen wollen – gar nicht umhin, das Faktum wechselseitiger Beeinflussung zuzugeben und damit auch den ganzen Bereich der Personwerdung nicht als Naturprozeß, sondern als *Handlungsfeld* zu konzipieren. Damit wissen wir aber, daß Personen sich zu Nicht- oder Noch-Nicht-Personen handelnd verhalten und daß diese Handlungen – daß Handlungen stets rechtfertigungsfähig und -bedürftig sind und daher normierbar sein müssen – darauf hinzuzielen haben, daß den Noch-Nicht-Personen ihre Personwerdung ermöglicht wird.

Ist es in diesem Handlungsfeld erlaubt, gegen den aktuellen Willen der Noch-Nicht-Personen zu verstoßen? Mehr noch: Ist ein solcher Verstoß am Ende gar geboten? Unter der Bedingung, daß unter den obwaltenden Umständen Noch-Nicht-Personen einen moralisch begründeten Anspruch auf Personwerdung haben, sind umgekehrt die jeweils zuständigen Personen dazu verpflichtet, alles zu tun, was diesem Anspruch dient, bzw. alles zu verhindern, was diesem Anspruch entgegensteht. Wiederum läßt sich apriori nicht ausschließen, daß der aktuelle Wille einer Noch-Nicht-Person – nach bestem Wissen und Gewissen der erziehenden Person – diesem langfristigen Ziel entgegensteht: *Unter diesen Umständen ist die erziehende zuständige Person dazu verpflichtet, gegen den Willen der Noch-Nicht-Person zu verstoßen.*

Damit ist das antipädagogische Generalargument auch nach Maßgabe seines eigenen Erziehungsbegriffes widerlegt – unter der Annahme, daß Noch-Nicht-Personen überhaupt einen aktuellen Willen artikulieren, der den Einschätzungen der erziehenden Personen zuwiderläuft. Womöglich lassen sich aber von einsichtigen Eltern oder Erziehern Zustände einrichten, in denen ein solcher Antagonismus der Willen erst gar nicht entsteht. Dann würde Erziehung überflüssig – nicht weil Selbstregulation herrscht, sondern weil die sozialisatorischen Interaktionen harmonisch aufeinander abgestimmt sind.

Diesem allerletzten Argument, das die Antipädagogik ins Feld führen kann, läßt sich auf der begrifflichen Ebene nur noch mit einem zwar spekulativen, aber wohl noch realitätshaltigen Argument entgegnen. Ich möchte in der Logik der bisherigen Argumentation postulieren, daß die erziehenden Personen, sofern sie das Recht der Noch-Nicht-Person auf Personwerdung als für sich verbindlichen Anspruch anerkennen, geradezu verpflichtet sind, in einem bestimmten Ausmaß dem aktuellen Willen der Noch-Nicht-Person zu widersprechen bzw. ihm auch dann nicht zu willfahren, wenn die Wünsche im Prinzip akzeptabel sind.

Personen sind unter anderem dadurch charakterisiert, daß sie ein Bewußtsein von sich im Unterschied zu anderen Personen haben, sie also zwischen sich als einzigartigen, begrenzten und endlichen Wesen und anderen ebenso beschaffenen Wesen unterscheiden können.

Könnte es sein, daß zur Einsicht in diese Einzigartigkeit auch die Erfahrung der Endlichkeit, d.h. auch der *Bestimmtheit des Willens* gehört und könnte es gar sein, daß diese *Bestimmtheit* des Willens nur in seiner Versagung erfahren wird?[14] Und wären unter diesen Umständen erziehende Personen nicht geradezu aufgefordert, ein konfliktfreies Aufwachsen zu verhindern, bzw. gehalten, sich selbst als *bestimmte Personen* mit einem bestimmten Willen dem noch ungebildeten Willen der Noch-Nicht-Personen entgegenzustellen?

Anmerkungen

I.

1 Dies hat nicht nur die Theologie, sondern auch eine bildungstheoretisch angelegte Erziehungswissenschaft in die Lage versetzt, sich in der technisch wissenschaftlichen Welt als rational und damit als allgemein akzeptabel zu erweisen. Vgl. M. Brumlik/W. Keckeisen, »Etwas fehlt« – Zur Kritik und Bestimmung von »Hilfsbedürftigkeit« für die Sozialpädagogik, in: Kriminologisches Journal, 4/1976, 241-262; M. Brumlik, Normative Grundlagen der Sozialpädagogik, in: Neue Praxis 4/1978, 321-325; M. Brumlik, Zum Verhältnis von Pädagogik und Ethik, in: 15. Beiheft der Zeitschrift für Pädagogik, 1978, 103-115; M. Brumlik, Verstehen oder Kolonialisieren. Überlegungen zu einem aktuellen Thema, in: S. Müller/H.U. Otto (Hg.), Verstehen oder Kolonialisieren. Grundprobleme sozialpädagogischen Handelns und Forschens, Bielefeld 1984, 31-62.
2 Vgl. I. Kant, Metaphysische Anfangsgründe der Tugendlehre, A. 105-115.
3 Vgl. J. Habermas, Diskursethik – Notizen zu einem Begründungsprogramm, in: ders., Moralbewußtsein und kommunikatives Handeln, Ffm. 1983, 53-125.
4 J. Bentham, The Principles of Morals and Legislation, in: E.A. Burtt (Ed.), The english philosophers from Bacon to Mill, New York 1939, 847.
5 A. Schopenhauer, Preisschrift über die Grundlage der Moral, in: ders., Zürcher Ausgabe, Bd. VI, Zürich 1977, 279.
6 Vgl. P. Singer, Animal Liberation, New York 1975; P. Singer, Animals and the valie of life, in: T. Regan (Ed.), Matters of life and death, New York 1980; T. Regan/P. Singer (Eds.), Animal rights and human obligations, Englewood Cliffs 1976.
7 Vgl. unter anderem: M. Horkheimer/Th. W. Adorno, Mensch und Tier, in: dies., Dialektik der Aufklärung, Ffm. [8]1981, 219-227.
8 Vgl. A. Schopenhauer, a.a.O., 201-209.
9 Kant, a.a.O., A. 105.
10 Vgl. Kant, a.a.O., A. 107.
11 Vgl. Kant. a.a.O., A. 109.
12 Vgl. G.W.F. Hegel, Grundlinien der Philosophie des Rechts. Auf der Grundlage der Werke von 1832-1845 neu edierte Ausgabe, Ffm. 1970, 327. Dort ist die Rede davon, daß die Kinder »an sich« Freie seien.
13 Vgl. G.W.F. Hegel, a.a.O., 95, wo es heißt: »Das Rechtsgebot sei daher: sei eine Person und respektiere die anderen als Personen«. Grundsätzlicher formuliert Hegel in der »Phänomenologie des Geistes«, Ffm., 147, wo es heißt: »Sie anerkennen sich als gegenseitig sich anerkennend.«
14 Vgl. E. Tugendhat, Selbstbewußtsein und Selbstbestimmung, Ffm. 1979; Hierzu kritisch: D. Henrich, Selbstbewußtsein und spekulatives Denken, in: ders., Fluchtlinien, Ffm. 1982, 125-181.
15 Vgl. C.G. Hegemann, Identität und Selbst-Zerstörung, Ffm. 1982.
16 Vgl. J. Feinberg, Die Rechte der Tiere und künftiger Generationen, in: D. Birnbacher (Hg.), Ökologie und Ethik, 140-179.

17 Vgl. dazu unter anderem: A. Oksenberg Rorty, The identities of persons, Berkeley 1976, sowie etwa B. Williams, Problems of the Self, Cambridge 1973.
18 Vgl. Feinberg, a.a.O., sowie Regan/Singer, a.a.O.
19 Vgl. B. Gert, Die moralischen Regeln – Eine neue rationale Begründung der Moral, Ffm. 1983.
20 Vgl. unter anderem: K. Baier, Der moralische Standpunkt, in: G. Grewendorf/G. Meggle (Hg.), Seminar: Sprache und Ethik, Ffm. 1974, 285-316; J. Rawls, Eine Theorie der Gerechtigkeit, Ffm. 1975; dazu kritisch: R. Nozick, Anarchie, Staat und Utopia, München o.J., und O. Höffe (Hg.) Über John Rawls Theorie der Gerechtigkeit, Ffm. 1977.
21 Gert, a.a.O., 68.
22 Gert, a.a.O., 121.
23 Vgl. P. Singer in Regan (Ed.), a.a.O. 233f.
24 Vgl. J. Habermas, Was heißt Universalpragmatik, in: K .O. Apel (Hg.), Sprachpragmatik und Philosophie, Ffm. 1976, 174-272.
25 Eine ausführliche Arbeit zum Thema »Das Verhältnis von advokatorischer Ethik und Diskursethik« habe ich in Vorbereitung.
26 M. Horkheimer, Zeugnisse zu Schopenhauer, in: G. Haffmans (Hg.), Über Arthur Schopenhauer, Zürich 1977, 262f.

II.

1 Vgl. Ph. Ariés, Geschichte der Kindheit, München/Wien 1975; N. Elias, Über den Prozeß der Zivilisation, Ffm. 1977; H. Hengst (Hg.), Kindheit als Fiktion, Ffm. 1981; L. de Mause, Hört ihr die Kinder weinen?, Ffm. 1977.
2 Vgl. K. Rutschky, Schwarze Pädagogik. Quellen zur Naturgeschichte der bürgerlichen Erziehung, Ffm./Berlin/WWien 1977; E. v. Braunmühl, Antipädagogik, Weinheim 1975; A. Miller, Am Anfang war Erziehung, Ffm. 1981.
3 Vgl. Fußnote 2.
4 Unter vielen Publikationen ragen hervor: M. Winkler, Stichworte zur Antipädagogik, Stuttgart 1982, sowie A. Flitner, Konrad sprach die Frau Mama ... Über Erziehung und Nicht-Erziehung, Berlin 1982.
5 O. Höffe (Hg.), Lexikon der Ethik, München 1977, 180.
6 A. Oksenberg Rorty, The identities of persons, Berkeley 1976, 309.
7 Vgl. Anmerkungen zu Kapitel I, Fußnote 25.
8 Vgl. I. Kant, Kritik der praktischen Vernunft, A. 54.
9 Pflichten aller Art, auch kategorische Imperative, können nur unter der Bedingung gelten, daß es handelnde Menschen gibt. Die gleiche Theorie kann nicht ebenfalls die Frage beantworten, ob es überhaupt Handelnde geben soll.
10 So verstehe ich jedenfalls Helmut Peukerts Versuch, den Gedanken einer anamnetischen Solidarität plausibel zu machen; so in: H. Peukert, Wissenschaftstheorie – Handlungstheorie – Fundamentale Theologie, Ffm. ²1978, 300-310.
11 Vgl. A. S. Neill, Das Prinzip Summerhill, Reinbek 1971.

12 Damit ist natürlich eine anthropologische Feststellung getroffen. Ich sehe aber nicht, daß es eine wissenschaftlich anschlußfähige Theorie der Menschen als selbstgenügsamer Wesen gibt. Die hier beanspruchte Anthropologie hat den Vorteil, an wissenschaftliche Forschungen menschlichen Verhaltens anknüpfen zu können.
13 Vgl. H. Hemminger, Der Mensch – eine Marionette der Evolution, Ffm. 1983.
14 G. W. F. Hegel, Grundlinien der Philosophie des Rechts, Ffm. 1970, 93: »Die Allgemeinheit dieses für sich freien Willens ist die formelle, die selbstbewußte, sonst inhaltlose einfache Beziehung auf sich in seiner Einzelheit – das Subjekt ist insofern Person. In der Persönlichkeit liegt, daß ich als Dieser vollkommen nach allen Seiten (in innerlicher Willkür, Trieb und Begierde, sowie nach unmittelbarem äußerlichem Dasein) bestimmte und endliche, doch schlechthin reine Beziehung auf mich bin und in der Endlichkeit mich so als das Unendliche, Allgemeine und Freie weiß.«

◆

Über die Ansprüche Ungeborener und Unmündiger
Wie advokatorisch ist die diskursive Ethik?

I

Ob ungeborene und unmündige Menschen rationale begründbare Rechte und Pflichten haben, ist ein Thema, das spätestens seit der Einsicht in eine sich abzeichnende ökologische Katastrophe, mit Sicherheit aber durch die Herausforderungen der Gentechnologie für die Philosophie unabweisbar geworden ist. Demgegenüber scheint die seit Platons »Staat« vertraute Frage, welche Rechte und Pflichten bereits existierende, aber als unvernünftig bezeichnete Menschen haben sollen, zurückzutreten. Gleichwohl hängen beide Fragen insofern zusammen, als es beide Male um das Wahrnehmen oder Durchsetzen von Ansprüchen gegenüber solchen Menschen geht, die aufgrund von Nichtpräsenz oder Unmündigkeit nicht dazu in der Lage sind, sich selbst mit vernünftigen Argumenten an ethisch-moralisch bedeutsamen Auseinandersetzungen zu beteiligen.

Ich möchte im folgenden zeigen, daß dies auf den ersten Blick so inhaltlich-sittlich erscheinende Problem erhebliche systematische Konsequenzen hat – genauer, daß eine nähere Untersuchung dieses Problems schon vor aller materialen Diskussion zur Belastung eines moralphilosophischen Projektes, nämlich einer universalpragmatisch oder transzendentalpragmatisch begründeten Diskursethik führt. Ich möchte zeigen, daß die ernstliche Berücksichtigung dieser Frage zu einem Typus der Ethik führt, der unabweislich sittlich ist und damit die frühestens seit Kant, spätestens seit der Diskursethik behauptete rein formale Behandlung moralischer Probleme als unmöglich erweist. Es gibt keine Form moralphilosophischen Argumentierens, die nicht massive inhaltliche Implikationen hat, mit anderen Worten: es gibt keine Moralität, die nicht zugleich sittlich ist. Ich möchte z.B. zeigen, daß aus den Grundannahmen der transzendental-pragmatischen und universalpragmatischen Diskursethik mit zwingender Kraft die biblische Forderung »Seid fruchtbar und mehret euch« sowie § 1 des bundesrepublikanischen Jugendwohlfahrtgesetzes »jedes deutsche Kind hat ein Recht auf Erziehung zur leiblichen, seelischen und gesellschaftlichen Tüchtigkeit« folgern – beides mit Sicherheit Paradebeispiele für Imperative bzw. Postulate der Sittlichkeit!

Ich werde zunächst die für meinen Argumentationsgang benötigten Begriffe einführen, sodann den § 1 des JWG und endlich die biblische Forderung universalpragmatisch/transzendentalpragmatisch ableiten, um schließlich nachzuweisen, daß die Diskursethik und mit ihr alle Moralitäten einem tiefsitzenden Selbstmißverständnis unterliegen und deshalb entweder aufzugeben bzw. als inhaltliche sittliche Postulatenlehren zu reformulieren sind.

II
Ethik

Unter einer Ethik verstehe ich ein System von Sätzen, d.h. von Aussagen, Imperativen und Empfehlungen, die menschliches Handeln im Hinblick auf das Zusammenleben mit anderen Menschen sowie im Hinblick auf die individuelle Zukunft der Handelnden normieren. Dabei vernachlässige ich an dieser Stelle die oft gebrauchte Unterscheidung zwischen Moral und Ethik und schlage anstatt dessen vor, von einer moralischen bzw. sittlichen Ethik zu sprechen:

Moralität

Eine Ethik ist als moralisch zu bezeichnen, wenn sich ihre Imperative und Empfehlungen auf das Handeln und/oder Leiden aller möglichen Vernunftwesen beziehen, ganz unabhängig von den kontingenten Randbedingungen, aufgrund derer diese Vernunft sich manifestiert. Vernunft soll in diesem Zusammenhang die Disposition bedeuten, sich argumentativ mit der Normierung von Handlungen auseinanderzusetzen.

Sittlichkeit

Eine Ethik ist als sittlich zu bezeichnen, wenn sich ihre Imperative und Empfehlungen auf das Handeln und Leiden wirklicher, u.a. mit Vernunft begabter oder zur Vernunft disponierter Wesen beziehen, und zwar unter systematischer Berücksichtigung der kontingenten und konkreten Bedingungen, unter denen diese u.a. mit Vernunft begabten Wesen leben oder leben werden. In diesem Zusammenhang bedeutet Vernunft nicht nur, sich argumentativ mit der Normierung von Handlungen auseinanderzusetzen, sondern auch, derlei Handlungen tatsächlich auf der Basis von als richtig erkannten Argumenten zu normieren.

Advokatorische Ethik

Advokatorisch ist eine Ethik, wenn sie die Gültigkeit ihrer Normierungsvorschläge nicht an die Zustimmung oder Ablehnung der von diesen Normierungsvorschlägen betroffenen Individuen bindet. Demnach ist die Richtigkeit von Empfehlungen oder Imperativen bezüglich des Handelns bestimmter Personen nicht von deren faktischer Einsicht, sondern von der Wahrheit des entsprechenden ethischen Systems abhängig. Damit verfahren advokatorische Ethiken, unabhängig davon, ob sie deontologisch oder teleologisch angelegt sind, kognitivistisch *und* theoretizistisch. Die wahrheitsadäquate Einsicht in die Angemessenheit einer nach Maßgabe der Umstände gebotenen bzw. zu unterlassenden Handlung ermächtigt im Prinzip zugleich dazu, diese Handlung auszuführen bzw. zu unterdrücken. Ob advokatorische Ethiken aber nicht wenigstens von der antizipierbaren, möglichen Zustimmung der betroffenen Individuen abhängen, ist das offene Problem, das hier verhandelt werden soll.

Diskursive Ethik

Diskursiv ist eine Ethik, wenn sie die Gültigkeit ihrer Normierungsvorschläge an die faktische oder idealiter antizipierbare Zustimmung der von diesen Normierungsvorschlägen betroffenen Individuen bindet. Demnach ist die Richtigkeit von Empfehlungen oder Imperativen bezüglich des Handelns bestimmter Personen von deren faktischer oder idealiter antizipierbaren Zustimmung zu diesen Handlungen abhängig. Damit verfahren diskursive Ethiken, gleichgültig, ob sie an der Begründung von Pflichten oder an der Bestimmung von Gütern ausgerichtet sind, letzten Ende praktizistisch oder pragmatisch. Die Wahrheit eines Imperativs oder einer Empfehlung ermächtigt in diesem Modell nur dann zum Handeln, wenn tatsächlich sichergestellt ist, daß jeder mögliche Betroffene dieser Handlung zustimmen würde. Ob diskursive Ethiken diese Zustimmung tatsächliche antizipieren können, ist das zweite offene Problem, das hier verhandelt werden soll.

Transzendentalpragmatische Diskursethik

Eine Diskursethik verfährt transzendentalpragmatisch, wenn sie als Kriterium der Wahrheit ihrer Sätze die Zustimmung aller möglichen, sich im Vollbesitz ihrer Vernunft befindlichen betroffenen Individuen postuliert. Da nach Maßgabe der transzendentalpragmatischen Bedeutungstheorie Bedeutungen sowohl an die Endlichkeit des einzelnen Individuums als auch an die Unbegrenztheit der Kommunikationsgemeinschaft einzelner Individuen gebunden sind, hängt der Sinn ethisch relevanter Ausdrücke und damit auch die Wahrheit ethischer Aussagen von der Unbegrenztheit dieser Kommunikationsgemeinschaft ab.[1]

Universalpragmatische Diskursethik

Eine Diskursethik verfährt universalpragmatisch, wenn sie als Kriterium der Wahrheit ihrer Sätze die für jede Argumentation de facto in Anspruch genommen bzw. als notwendig in Anspruch genommenen und daher wissenschaftlich rekonstruierbaren Präsuppositionen der Rede ausweist. Im Unterschied zur transzendentalpragmatischen Diskursethik beansprucht sie nicht, mit dem Ausweis dieser Präsuppositionen eine zureichende Begründung ihres Anspruches geliefert zu haben, sondern lediglich, auf de facto wirkende Mechanismen der Handlungskoordination hingewiesen zu haben, denen sich kein wirklich Handelnder entziehen kann. Anstelle eines Anspruchs auf zureichende Begründung praktischer Wahrheiten tritt hier eine fallible Hypothese über handlungskoordinierende Präsuppositionen, die nur bei Strafe von Suizid oder Wahnsinn übergangen werden können.[2]

Damit verfährt die universalpragmatische Diskursethik mit ihrer Auszeichnung der formalen Argumentationsregel letzten Endes *kon-*

sequentialistisch, während die transzendentalpragmatische Diskursethik mit ihrer strikten Reflexion auf die allgemeinen und notwendigen Geltungsbedingungen eines jeden Diskurses und der ihm immanenten Ethik *sinnkritisch* vorgeht.

Mensch und Vernunftwesen

Gegenstand und Anstoß ethischer Überlegungen sind hier endliche, des Leidens und der vernünftigen Rede oder Einsicht im Prinzip fähige Wesen. Damit werden die komplizierten Fragen einer Ethik von Göttern oder Engeln ebenso ausgeschlossen wie umgekehrt die Belange nichtmenschlicher, aber endlicher Vernunftwesen (wie etwa Delphine) bzw. die Belange menschlicher oder nichtmenschlicher, der vernünftigen Sprache oder Einsicht nicht fähiger Wesen – wie etwa Babies oder niedere Tiere – im Prinzip mit eingeschlossen werden. Nur aus Gründen der Ökonomie der Darstellung werde ich mich im folgenden auf Menschen beziehen – bitte aber zu berücksichtigen, daß im Prinzip die Klasse der Unmündigen alle leidensfähigen Wesen, unabhängig von ihrer wirklichen oder möglichen unvernünftigen Artikulationsfähigkeit umfaßt. Das Projekt einer advokatorischen Ethik ist *nicht* anthropozentrisch angelegt.[3]

Unmündig

Unmündig ist ein Mensch, der weder der Argumentation fähig, noch in der Lage ist, frei Überlegungen anzustellen. Daß jemand nicht der Argumentation fähig ist, kann zweierlei bedeuten:
1. daß sie/er – etwa Kleinkinder – noch keine kohärenten und voll ausgeformten Sätze bilden können und
2. daß sie/er – trotz der Fähigkeit zur regelrechten Artikulation von Sätzen aufgrund des Mangels von Informationen oder Urteilskraft – keine akzeptablen Argumente vorbringen kann.

Die schwierige Frage nach den empirischen Bedingungen für eine freie Überlegung übergehe ich hier. Wann jemand im zweiten Sinne mündig ist, ist ein Problem eigener Art. Seine Lösung würde eine metaargumentationstheoretische Klärung dessen voraussetzen, was als ein akzeptables Argument gelten kann. Da eine solche metaargumentationstheoretische Klärung aber selbst nur argumentativ verhandelt werden kann und sich damit in derzeit unübersehbare hermeneutische Schwierigkeiten verwickelt, muß das Kriterium für Unmündigkeit schwächer angelegt werden. Unmündig ist demnach jedes Wesen, das nicht dazu in der Lage ist, sprechsprachliche oder mehr oder minder sprechsprachanaloge Sätze zu bilden und diese Sätze pragmatisch angemessen zu situieren.

(Ob die Ausbildung eines vernünftigen Willens eine notwendige Bedingung für die Feststellung von Mündigkeit und mithin seine Abwesenheit ein zureichendes Kriterium für das Feststellen von Unmündigkeit darstellt, hängt von der nicht geklärten Frage ab, *was* ein vernünftiger Wille ist, d.h. der Bestimmungsgrund eines Handelns, das sich an allgemein anerkannten Maximen orientiert, und wird daher an dieser Stelle übergangen.)

Ungeboren

Als Ungeborene sollen all die Menschen bezeichnet werden, die in naher oder ferner Zukunft geboren werden oder geboren werden könnten. Die Klasse der Ungeborenen umfaßt mithin noch nicht einmal gezeugte sowie bereits gezeugte, aber noch nicht geborene Menschen. Die Klasse der noch nicht einmal gezeugten Menschen läßt sich zudem in die Unterklasse jener zerlegen, von denen wir dem Umfang nach schon heute sagen können, daß sie einmal gezeugt werden, sowie in die Klasse jener, von denen wir dies heute noch nicht sagen können.

Immerhin läßt sich bezüglich der Berücksichtigung der Ungeborenen eine wichtige Feststellung treffen: Wenn wir vorläufig davon ausgehen, daß Ethiken universalistisch angelegt sein sollen, dann sind sie erst dann wirklich universalistisch, wenn sie alle möglichen Betroffenen umgreifen. Oder wie es G. Kavka formuliert hat: Die zeitliche Entfernung von Handelnden oder Leidenden darf ebensowenig ein Anlaß zur Ungleichbehandlung im Urteil sein wie räumliche Entfernung.[4] *Insofern ist die kontingent ontologische Privilegierung der heute existierenden Menschen im Rahmen ernsthaft universalistischer Ethiken aufzuheben.*

III

Transzendentalpragmatische und universalpragmatische Diskursethik postulieren beide quasi oberste Prinzipien, die sich freilich nach Status und Reichweite unterscheiden – ein Umstand, der ihrer unterschiedlichen sinnkritischen bzw. konsequentialistischen Grundhaltung geschuldet ist. Der transzendentalpragmatische Grundsatz lautet:

»Am Anfang der Ethik kann nicht nur die Berufung auf ein noch so universales Faktum stehen, sondern nur der – in reflexiver Argumentation zu erbringende – Nachweis, daß jeder mögliche Diskussionspartner (jeder also, der überhaupt die Frage nach einer möglichen Begründung der intersubjektiven Gültigkeit von Normen aufwerfen kann) die universalpragmatischen Normen der Ethik notwendigerweise (nämlich als Bedingung der Möglichkeit seines sinnvollen Argumentierens) schon anerkannt hat.«[5]

Die universalpragmatischen Prinzipien einer Diskursethik hingegen lauten:

»Eine strittige Norm kann Zustimmung finden nur, »wenn Folgen und Nebenwirkungen, die sich aus einer allgemeinen Befolgung der strittigen Norm für die Befriedigung der Interessen eines jeden Einzelnen voraussichtlich ergeben, von allen zwanglos akzeptiert werden können«,

sowie

»daß nur die Normen Geltung beanspruchen dürfen, die die Zustimmung aller Betroffenen als Teilnehmer eines praktischen Diskurses finden (oder finden könnten).«[6]

Ich möchte in einem ersten Schritt danach fragen, wer gemäß der Transzendentalpragmatik jeder »mögliche Diskussionspartner« ist bzw. wer gemäß der Universalpragmatik »alle Betroffenen« sind bzw. über welche Eigenschaften und/oder Dispositionen sie verfügen müssen. Da es hier um eine reflexive Begründung der Ethik aus der Situation des Argumentierens selbst und dort um die Geltungsprüfung im Rahmen eines praktischen Diskurses geht, ist es beinahe trivial, daß die möglichen Diskussionspartner bzw. Betroffenen der Argumentation, der Diskussion und das heißt mindestens des kompetenten Sprechens fähig sein müssen. Mit anderen Worten: Teilnehmer an Argumentationen und praktischen Diskursen müssen argumentieren bzw. kompetent sprechen können. Für die Begründung einer Ethik ergibt dieser analytische Satz noch gar nichts – man mag ihn zu Recht trivial nennen. Weniger trivial wird die Frage nach den Kompetenzen und Dispositionen der Diskursteilnehmer freilich, wenn man fragt, ob es überhaupt ethische Argumentationen bzw. praktische Diskurse geben soll. Auf diese Frage wird die Transzendentalpragmatik sinnkritisch zurückfragen, ob diese Frage nicht bereits selbst Geltungsansprüche und damit eine minimale Ethik beansprucht, während die Universalpragmatik nun entweder die *prinzipielle Unmöglichkeit* eines gesellschaftlichen Zusammenlebens ohne praktische Diskurse postulieren müßte (was sie aufgrund ihrer fallibilistischen Einstellung nicht darf) oder aber zuzugeben hätte, daß Moral kontingent ist und mithin die Frage zu beantworten hat, warum Menschen sich moralisch verhalten sollen. Wir wollen an dieser Stelle die naturalistische Antwort der Universalpragmatik akzeptieren und die Behauptung ernst nehmen, daß unter den gegebenen kontingenten Umständen praktische Diskurse überlebensnotwendig sind.

Nach dem Ausräumen des Trivialitätsverdachts können wir nun Transzendentalpragmatik und Universalpragmatik auf die Reichweite ihrer Grundsätze befragen und insbesondere die Frage stellen, ob ihre jeweiligen Grundsätze moralischer oder sittlicher Art sind. Die Frage nach der Reichweite der Grundsätze legt eine Unterscheidung zwischen dem *Geltungsbereich einer Norm* und ihrem *Erzeugungsbereich* nahe. So gilt etwa ein von einem Parlament verabschiedeten Gesetz für sämtliche Bürger eines Staates, ohne doch von ihnen in allen Fällen begründet, erörtert und beschlossen worden zu sein. Mediatisierung durch Repräsentanz, Exklusion vom Repräsentationsverfahren aufgrund mangelnden Alters, Nichtzustimmung der Repräsentanten aufgrund einer Minderheitsmeinung etc.: Die Klasse derjenigen, die ein Gesetz erzeugen und mehrheitlich in Kraft setzen, ist sehr viel kleiner als die Klasse derjenigen, die es befolgen müssen. Etwas ähnliches gilt für ethische Normen: Auch sie erheben einen Geltungsanspruch, der universelle Befolgung impliziert, ohne doch von allen möglichen Adressaten erzeugt worden zu sein. Im Extremfall ist es sogar der einsame Moralphilosoph, der alleine die Geltung von Normen für alle anderen empfiehlt. Nun scheint die Diskursethik in ihren beiden Varianten diese Asymmetrie zu vermeiden, indem sie die Geltung einer moralischen Norm von der virtuellen Zustimmung aller von ihr Betroffenen, so diese nur unter idealen Bedingungen urteilen, unabhängig macht. Fällt also bei der Diskursethik die Klasse der wirklichen oder möglichen Normerzeuger und die Klasse der Normbetroffenen zusammen? Die Antwort ist eindeutig, daß dem nicht so ist. Dies liegt an der linguistischen Konstitution der Diskursethik, die als Normerzeuger nur den kompetenten Sprecher zuläßt. Man wird jedoch nicht bezweifeln, daß auch diskursethisch erzeugte Normen solche Wesen betreffen können, die des kompetenten Sprechens noch nicht, nicht mehr oder niemals fähig sind oder fähig waren – wie z.B. Babies und Kleinkinder, bestimmte Gruppen von Alten und Kranken sowie fast alle Tiere –, ganz zu schweigen vom Rest der belebten Umwelt des Menschen. Diese im Prinzip von der Geltung einer diskursethisch erzeugten Norm betroffenen Wesen sind idealiter und systematisch von ihrer Erzeugung ausgeschlossen. Daß die Diskursethiken dieses Problem ernst nehmen und daß es sich dabei nicht lediglich um einen Kategorienfehler, d.h. um das Einschmuggeln einer letzten Endes trivialen Randbedingung in einen systematischen Gedankengang handelt, sollen zwei Zitate belegen:

> »*Ich möchte« – so führt etwa K.-O. Apel aus – »hiermit übrigens nicht sagen, daß die noch Unmündigen oder diejenigen, die durch nicht mehr legitimierbare Verhältnisse der gesellschaftlichen Institutionen an der argumentativen Vertretung ihrer Interessen gehindert sind, für die mögliche Konsensbildung im ›praktischen Diskurs‹ nicht zählen. Die Pointe einer transzendentalpragmatischen Begründung der ethischen Normen liegt vielmehr darin, daß alle Interessen - und d.h. die ›Ansprüche‹ aller potentiellen Diskurspartner – nur im Diskurs rational wahrgenommen werden können, – nur im Diskurs deshalb, weil er – im Unterschied zu beliebigen anderen Sprachspielen – seiner Idee nach die Institutionalisierung der rationalen Selbstreflexion des transzendentalen Sprachspiels der unbegrenzten Kommunikationsgemeinschaft darstellt.*«[7]

Das Problem der Asymmetrie zwischen universalistischem Geltungsanspruch und partikularer Geltungserzeugung ist hier deutlich gesehen, wird aber ebenso deutlich wieder vernachlässigt. Unter der für jede ethische Theoriebildung unabdingbaren Voraussetzung, daß früher oder später gehandelt werden muß, ist ein Warten darauf, bis alle möglichen Betroffenen mündig sind, ein Unding. Somit bleibt der Diskursethik nichts anderes übrig als eine Art advokatorischer Ersatzvornahme, d.h. die kontrafaktische Antizipation der möglichen Zustimmung der unmündigen Betroffenen zu den sie betreffenden Maßnahmen. In seiner universalpragmatischen Begründung der Argumentationsregel als Basis einer formalen Diskursethik, die keine inhaltlichen Festlegungen trifft, sieht auch J. Habermas dies Problem:

> »*Alle Inhalte, auch wenn sie noch so fundamentale Handlungsnormen berühren, müssen von realen (oder ersatzweise vorgenommenen, advokatorisch durchgeführten) Diskursen abhängig gemacht werden.*«[8]

Habermas und Apel lösen das Asymmetrieproblem also entweder – wie Apel – durch Abbruch der Argumentation oder durch das Postulieren eines ersatzweise vorgenommenen, advokatorischen Diskurses. Wie ist ein advokatorischer Diskurs im Rahmen der Diskursethik *begründbar*? Offensichtlich nur unter der Annahme, daß die jetzt Unmündigen Betroffenen den sie betreffenden Maßnahmen schlußendlich zustimmen würden. Aber woher wollen die advokatorisch Handelnden wissen, daß die jetzt Unmündigen auch tatsächlich zustimmen werden? Hierfür kommen zwei Möglichkeiten in Betracht:

a. Die jetzt Unmündigen müssen die Gelegenheit erhalten, mündig zu werden, um wenigstens ex post zu den sie betreffenden Maßnahmen zustimmend oder ablehnend Stellung zu nehmen.

b. Die jetzt advokatorisch Argumentierenden wissen, daß die von ihnen ersatzweise betriebene Beratung anhand interner Kriterien gültig ist, weswegen die faktische Zustimmung oder Ablehnung der unmündlichen Betroffenen vernachlässigt werden kann. Es zeigt sich sofort, daß die epistemische Festlegung interner Kriterien für die Gültigkeit eines advokatorischen Diskurses im Rahmen einer Diskursethik unzulässig ist. Das Verfügen über solche internen Gültigkeitskriterien reicht entweder nicht zu, weil es das wirkliche Interesse der unmündigen Betroffenen nicht trifft, oder es trifft deren Interessen – stellt dann aber das genaue Gegenteil einer diskursiven Lösung eines Problems dar. Denn advokatorisch wahrgenommene Interessen sind eben keine wirklich wahrgenommenen Interessen. Die Gleichsetzung beider stellt m.E. einen schwerwiegenden Kategorienfehler dar. Unter diesen Umständen können wir das Berufen auf interne Gründe für die Gültigkeit einer advokatorischen Beratung, die ja impliziert, daß die mündigen Berater die Interessen der unmündigen Betroffenen besser kennen als diese selbst, als dem Diskursprinzip widersprechend ausscheiden. Wer sowohl die Gültigkeit des Diskursprinzips als auch die Kenntnis der Interessen anderer behauptet, verwickelt sich in einen performativen Widerspruch zweiter Stufe.

Dem scheint die universalpragmatische Variante der Diskursethik zu entgehen, da sie – vor dem Hintergrund der rekonstruktiven Moralpsychologie Kohlbergs – über einen naturalistischen Begriff der Mündigkeit im Sinne postkonventioneller moralischer Urteilsfähigkeit verfügt. Ob jemand mündig ist oder nicht, ist dann letzten Endes eine empirische Frage und die advokatorische Wahrnehmung seiner Interessen auch kein prinzipielles Problem mehr. Das besagt aber, daß die aktualen Interessen von Unmündigen als solche im Diskurs erst gar nicht berücksichtigt werden müssen, womit die Diskursethik letzten Endes a limine den Vorrang der Einsichten und Interessen Mündiger gegenüber denen Unmündiger systematisch festschreibt. Damit befindet sie sich in der Tradition partikularistischer Ethiken, die die Gültigkeit ihrer Aussagen in androzentrischer, »ariozentrischer« oder eben anthropozentrischer bzw. hier adultozentrischer Hinsicht verengen und damit nicht wirklich universalistisch sind. Dies wäre an und für sich nicht weiter anstößig, wenn nicht zugleich und immer wieder der Universalismus der Diskursethik behauptet würde. Im Unterschied zur universalpragmatischen widersetzt sich die transzendentalpragmatische Diskursethik übrigens ausdrücklich einer naturalistischen Lösung dieses Problems.[9]

Unter dieser Bedingung verbleibt der philosophisch anspruchsvolleren Transzendentalpragmatik nur noch die Möglichkeit, wenigstens auf die spätere Einsicht der von advokatorischen Maßnahmen betroffenen Unmündigen zu hoffen – will sie nicht eine objektivistische Einsicht in deren Interessen in Anspruch nehmen. Dies ist ohnehin ein Argument, bei dem man sich fragen müßte, warum es überhaupt der Umstände einer Diskursethik bedarf. Daß der Philosoph über privilegierte Einsichten in die derzeitigen Befindlichkeiten und Interessen anderer verfügt, ist schließlich in der großen Tradition advokatorischer Ethiken seit Platons Staat nichts Neues. Der Preis für das Vermeiden des totalen Theoretizismus aber ist wenigstens die Hoffnung in die spätere Zustimmung der betroffenen Unmündigen.

An dieser Stelle ist nun einem sinnkritischen Einwand zu begegnen, dem sich das folgende Argument ausgesetzt sehen könnte. Einsatzpunkt meiner Argumentation war, daß eine advokatorisch legitimierte Maßnahme – wenn möglich – später durch den advokatorisch Vertretenen soll legitimiert werden können; mit anderen Worten: Die entsprechende Maßnahme soll nur dann als ethisch ausgewiesen gelten, wenn ihr auch seitens des Betroffenen hätte zugestimmt werden können.

Ist eine solche Forderung überhaupt sinnvoll angesichts des Umstandes, daß die fragliche Entscheidung ohnehin getroffen wurde – daß also die nachträgliche Zustimmung entweder nur affirmiert, was sowieso geschah, oder aber zu einem nur schwer lösbaren Dilemma führt. Es sei unterstellt, daß eine inzwischen mündig gewordene Person ex post den Maßnahmen, die ihr gemäß einer advokatorischen Überlegung angediehen, nicht zustimmt. In diesem Fall ist die Richtigkeit des advokatorischen Vorgriffs widerlegt – in einem praktischen Sinne falsifiziert –, die erwünschte oder vermutete Zustimmung der Betroffenen blieb aus. Das retrospektive Einholen der Stellungnahme der Betroffenen setzt sich damit dem Verdacht aus, dem Umstand der Unumkehrbarkeit getroffener Entscheidungen allenfalls in einer erbaulichen Weise gerecht zu werden. Denn die Entscheidung selbst ist nicht mehr umkehr- oder aufhebbar, und entsprechend kann die spätere Zustimmung die advokatorisch Handelnden entweder nur bestätigen oder ins Unrecht setzen, was in beiden Fällen zwar die advokatorisch Handelnden berührt, die Betroffenen aber unberücksichtigt läßt.

Wird man also sagen müssen, daß das nachträgliche Einholen der Meinung der Betroffenen sinn- weil folgenlos ist? Ist es folgenlos? Richtig ist, daß die Zustimmung hinsichtlich der damals getroffenen Maßnahmen folgenlos bleibt, da die Zeit nicht umkehrbar ist. Andererseits gilt trivialerweise, daß ein Diskurs – auch wenn er rückwärts gewandt ist – nicht folgenlos bleibt. In gewisser Weise bleibt kein Gespräch folgenlos. Aber auch jenseits dieser Trivialität können moralisch bedeutsame Folgen für die Handelnden aus einem retrospektiven Gespräch entstehen.

Die rückwärts gewandte Evaluation von Entscheidungen und Handlungen spielt bereits in der alltäglichen Interaktion eine bedeutsame Rolle, wie sich an den Sprechakten des Sich-Entschuldigens und Verzeihens zeigt. Die Referenzobjekte von Entschuldigungen und Verzeihungen sind vergangene Handlungen von Personen, die im Licht der gegenwärtigen evaluativen Normen der Akteure nicht mehr zu rechtfertigen sind. Entschuldigungen sind – wie Scott und Lyman[10] gezeigt haben – praktische Erklärungen, die entweder die moralische Unfähigkeit des Akteurs aus der Wirkung externer Ursachen erklären oder aber seine Einsicht in die interne Unrichtigkeit der Gründe seines

Handelns kundtun und damit zugleich eine in die Zukunft gerichtete Verpflichtung darstellen, unter ansonsten identischen Umständen anders zu handeln. Unter einer Verzeihung könnte man entsprechend das Akzeptieren der externalistischen Erklärung bzw. der internalistischen Einsicht, d.h. des stattgefundenen moralischen Lernprozesses verstehen – ein Akzeptieren, das zugleich die Bereitschaft und die Verpflichtung impliziert, dem schuldig Gewordenen seine Handlung in Zukunft nicht mehr vorzuwerfen bzw. ihn nicht mehr für die Folgen seiner Fehlhaltung zu belangen. In dieser Hinsicht spielen Entschuldigungen und Verzeihungen eine bedeutsame Rolle bei der Aufrechterhaltung der stets störungsanfälligen zwischenmenschlichen Interaktionen. Verzeihungen und Entschuldigungen stellen Renormalisierungsleistungen dar, die die Anschlußfähigkeit und Fortführbarkeit von Interaktionen ermöglichen.

Und trotzdem will es scheinen, als würde die funktionale Erklärung von Entschuldigungen und Verzeihungen ihrem internen Sinn nicht ganz gerecht; mit anderen Worten: Bei Entschuldigungen und Verzeihungen geht es nicht nur um die Regulierung und Koordination künftigen Verhaltens, sondern tatsächlich um eine veränderte Bewertung und rückwärts gewandte Änderung der Stellung der Beteiligten zueinander, und zwar so, daß ihnen ihre Handlungen nachgesehen werden. Verzeihungen implizieren eine Unterscheidung zwischen der Anerkennung bzw. Verwerfung von Handlungen und der Anerkennung bzw. Verwerfung von Personen. Anerkennungen implizieren die kognitive Kenntnisnahme einer Person und ihrer Handlung sowie eine noch näher zu bestimmende positive Bewertung von Personen und/ oder Handlungen. Indem wir jemandem sogar dann verzeihen, wenn er nicht in der Lage ist, eine praktische Erklärung für sein Fehlverhalten zu liefern, tun wir kund, daß wir seine Person höher schätzen als einen gegebenen moralischen Standard und wir mithin bereit sind, um der reziproken Anerkennung unserer Personen willen den unbedenklichen Geltungsanspruch eines moralischen Standards zu virtualisieren. Freilich wird durch die personenbezogene Virtualisierung des moralischen Standards dieser nicht im Prinzip aufgehoben, im Gegenteil: Verzeihungen verlören ihren Sinn, wenn es keinen moralischen Standard gäbe, dessen Übertreten im Prinzip zu ahnden wäre. Theologisch gesprochen geht es hier um die unaufhebbare Komplementarität von Weisung und Gnade, Gesetz und Evangelium. Ich kann die Erörterung des Verzeihens an dieser Stelle abbrechen, da es ja vor allem darum ging, die Faktizität und Sinnhaftigkeit von Stellungnahmen zu bereits vergangenen Ereignissen plausibel zu machen.

Wenn dies möglich, wirklich und sinnvoll ist, dann impliziert die universelle Betroffenenregel, daß diejenigen, die, da sie advokatorisch handelten, sich eines möglichen Fehlverhaltens in bezug auf die abhängig Betroffenen schuldig gemacht haben, sich vor ihnen auch verantworten sollen. Daß eine solche retrospektive Verantwortung sinnvoll konzipierbar ist, wurde am Beispiel des Verzeihens gezeigt. Da nun zwar das advokatorische Handeln geboten sein mag, eine advokatorische Bewertung der Auswirkung des Handelns auf die Betroffenen aber den Sinn der Betroffenheitsregel verletzt und zudem ja wirklich die Möglichkeit besteht, daß der Betroffene zu den auf ihn bezogenen Handlungen Stellung bezieht, ist nicht mehr einzusehen, was in sinnkritischer Hinsicht gegen die Realisierung dieser Möglichkeit in Anschlag gebracht werden soll. Wenn aber der sinnkritische Trivialitäts- und Redundanzverdacht entfällt, bleibt die Gültigkeit des Postulates, *wonach die betroffenen Unmündigen mindestens deshalb mündig werden sollen, um zu den sie betreffenden Maßnahmen Stellung beziehen zu können*, unvermindert bestehen. Und da de facto alle Unmündigen Betroffene sind, sollen eben alle betroffenen Unmündigen mündig werden.

Eine solche Forderung ist aber nur dann sinnvoll, wenn diese Stellungnahme auch tatsächlich erfolgen kann. Aus dieser Sinnbedingung advokatorischen Argumentierens folgt ein praktisches Postulat: Die Unmündigen sollen einmal mündig werden und das heißt ihren Entwicklungsmöglichkeiten und Bedingungen gemäß erzogen bzw. gebildet werden. Nichts anderes besagt der zu Anfang zitierte § 1 des bundesrepublikanischen JWG, wonach jedes deutsche Kind ein Recht auf Erziehung zur leiblichen, seelischen und gesellschaftlichen Tüchtigkeit hat. Die hermeneutischen Schwierigkeiten einer direkten Deduktion aus der angeführten Sinnbedingung der Transzendentalhermeneutik sind mir durchaus bewußt, ich halte sie aber nicht für wesentlich und übergehe sie hier daher.

Immerhin möchte ich anmerken, daß die vermeintliche Engführung auf »jedes deutsche Kind« lediglich ein Ausdruck der gesetzlichen Positivität dieses Postulates ist – es ist klar, daß ein in der Bundesrepublik erlassenes Gesetz zunächst nur für den Geltungsbereich dieses Gesetzes gilt –; daraus eine partikularistische Privilegierung deutscher Kinder abzuleiten, ist zwar möglich, scheint mir aber dem Geist dieses Gesetzes insofern zu widersprechen, als die Festschreibung auf deutsche Kinder ja keineswegs ausschließt, daß andere Kinder ebenfalls in den Genuß der hiermit empfehlbaren Maßnahmen kommen. Die Praxis der Jugendpflege jedenfalls läßt hier kaum eine nennenswerte Diskriminierung erkennen – sieht man von den menschenrechtswidrigen Abschiebepraktiken bei straffälligen, aber keineswegs immer strafmündigen jungen Türken ab.[11] Aber all das ist hier nebensächlich – ich hätte zum Erweis meiner These genausogut die »United Nations Declaration of the Rights of the Child« zitieren können, in der es heißt:

> *»Whereas the child, by reason of his physical and mental immaturity, needs special safeguards and carre, including appropriate legal protection, before as well as after birth...*
>
> *Whereas mankind owes to the child the best it has to give ... therefore the General Assembly proclaims this Declaration of the Rights of the child to the end that he may have a happy childhood and enjoy for his own good and for the good of society the rights and freedoms herein set forth and calls upon parents etc. ... to recognize these rights and strive for their observance by legislative and other measures progressively taken in accordance with the following principles...«*[12]

Auf jeden Fall:

Damit impliziert die diskursethische Moralität transzentalpragmatischer Spielart einen, da kontingente Verhältnisse verbindlich und zwingend regelnden, nicht anders als sittlich zu bezeichnenden Imperativ, womit bis jetzt an einem Beispiel gezeigt wäre, daß innerhalb dieser Variante von Diskursethik die Trennung von Moralität und Sittlichkeit sinnvollerweise nicht gezogen werden kann. Diese im Rahmen der trandzendentalpragmatischen Diskursethik zwingende Implikation scheint ihre universalpragmatische Variante zu vermeiden. Sie legt ja explizit fest, daß der Grundsatz D (daß nur die Normen Geltung beanspruchen dürfen, die die Zustimmung *aller* Betroffenen als Teilnehmer eines praktischen Diskurses finden – oder finden könnten)[13] sorgfältig unterschieden werden müsse »von irgendwelchen inhaltlichen Prinzipien oder Grundnormen, die nur den Gegenstand moralischer Argumentation bilden dürfen.«[14]

Um die Haltbarkeit dieser Unterscheidung zu überprüfen, muß jetzt gefragt werden, welcher Art die Norm M »Unmündige sollen zu Mündigen gebildet werden!« ist. Wenn wir den Grundsatz D als Inbegriff der Moralität, die nach Maßgabe von D erzeugten möglichen Normen dagegen als Manifestationen von Sittlichkeit bezeichnen, so kann M entweder Moralität oder der Sittlichkeit angehören.

Prima facie scheint M der Sittlichkeit anzugehören, da es sich ja hierbei eindeutig um ein inhaltliches Prinzip handelt. Inhaltliche Prinzipien aber sind in gewisser Weise kontingent, d.h. sie könnten als inhaltliche Prinzipien von allen Betroffenen zurückgewiesen werden. Ist diese Möglichkeit für M sinnvoll argumentierbar? Diese Frage läßt sich leicht dadurch überprüfen, daß man nach der Verträglichkeit der Negation von M (kein Unmündiger soll mündig werden) mit D fragt.

M ist ein kontingenter Imperativ. Der Prozeß des Mündigwerdens, des Erzogen- und Gebildetwerdens, des Sich-selbst-Bildens ist durchaus anstrengend, bisweilen schmerzhaft und mit Sicherheit reich an Frustrationen. Das Leben eines mündigen Erwachsenen fordert unter anderem Entsagung, die Last von Entscheidung und Verantwortung etc. Ein Leben, das anders als das Leben von mündigen Erwachsenen verläuft, ist eine reale Möglichkeit und widerspruchsfrei vorstellbar. Nun fordert D freilich, daß die negierte Norm M »kein Unmündiger soll mündig werden« von *allen Betroffenen* bestätigt werden soll. Zu dieser Gruppe gehören zweifelsfrei auch jene, die unter Umständen nie mündig werden. Damit sie dem advokatorischen Vorgriff auf ihre Unmündigkeit später zustimmen könnten, müßten sie aber zunächst mündig werden. Mit anderen Worten: Wenn M als kontingent gelten soll, muß der Universalitätsanspruch von D ermäßigt werden, die Gruppe der Betroffenen umfaßt dann lediglich die Gruppe der *derzeit betroffenen mündigen Menschen*. Die Trennung zwischen Moralität und Sittlichkeit ist also für die Universalpragmatik nur durch eine explizite Abschwächung ihres Universalitätsanspruchs möglich.

Will sie diesen Preis der Ermäßigung nicht zahlen, so muß sie die Unverträglichkeit der Negation von M mit D und darüber hinaus die sinnkritische Implikation von M durch D behaupten, was aber nichts anderes bedeutet, als daß die Rettung des Universalitätsanspruchs nur durch Aufgabe der Trennung von Moralität und Sittlichkeit möglich ist. Dies ist ein *erster symptomatischer Befund von höchster Bedeutung. Er besagt zunächst nicht weniger, als daß jede universalistische Diskursethik, die es mit ihren universalistischen Prämissen ernst meint, eine bestimmte Form der Sittlichkeit darstellt*. Ich werde im folgenden zeigen, daß es keineswegs nur ein zufälliger Umstand ist, daß universalistische Ethiken sittliche Implikationen haben, sondern daß es *vor allem und gerade ihr universalistischer Charakter ist, der eine eigene, sehr bestimmte Sittlichkeit impliziert.* Das Problem, das hier in Frage steht, wird durch den universalistischen, d.h. Unendlichkeit beanspruchenden Charakter der Diskursethik erzeugt. Es sind letzten Endes, wie sogleich zu zeigen sein wird, die Paradoxien des Unendlichen, die die Diskursethik in dieses Dilemma treiben.

VI

Es sind nicht nur die Schlagworte auf den Plakaten ökologisch orientierter Parteien, die auf die Bedeutsamkeit der heutigen Politik für künftige Generationen hinweisen. Ein Spruch wie »Wir haben die Erde von unseren Kindern nur geliehen« ist vielmehr typisch für ein Denken, das sich in politischer und philosophischer Hinsicht nicht mehr am »Prinzip Hoffnung«, sondern an Jonas' -»Prinzip Verantwortung«[15] orientiert.

Fragen der Alterssicherung, des Umweltschutzes und der Bevölkerungsentwicklung werden mehr und mehr unter dem Gesichtspunkt irreversibler Entwicklungen bzw. derzeit nicht völlig absehbarer Fernwirkungen auf künftige Generationen beurteilt. Dabei spielt die Frage nach der Zumutbarkeit dieser Fernwirkungen und somit nach den Rechten der heute noch nicht Geborenen eine besondere Rolle. In Frage steht insbesondere, ob und in welchem Ausmaß wir künftigen Generationen verpflichtet sind. Sind wir nur denjenigen Menschen gegenüber zu etwas verpflichtet, von denen wir genau wissen, daß sie existieren werden? Bestehen besondere Verpflichtungen jenen gegenüber, die uns in zeitlicher Hinsicht relativ nahe stehen? Gibt es so etwas wie einen Verpflichtungsdiskont gegenüber jenen, die uns zeitlich fernstehen? Kann es überhaupt Verpflichtungen in bezug auf Personen geben, die noch nicht existieren? Setzt nicht jede Verpflichtung eine faktische Reziprozität voraus? Und nicht zuletzt: Welcher Art sind die Rechte, die die Ungeborenen und Ungezeugten haben? Handelt es sich dabei um hypothetische Rechte und Ansprüche, die dann und nur dann gelten, *wenn* diese Menschen einmal existieren werden? Oder gibt es auch quasi kategorische Rechte und Ansprüche, etwa darauf, gezeugt und geboren zu werden? Die neuere philosophische Literatur verhandelt gerade die letzte Frage allen Ernstes und gibt – zum Teil auf der Basis des klassischen Utilitarismus – die Antwort, daß es ein Gut ist zu existieren und daß es mithin unter gegebenen Umständen geradezu geboten ist, weitere Menschen zu zeugen.[16] Unter welchen Bedingungen dies Gebot dann gilt, ist freilich eine Frage komplizierter Nutzenabwägungen, auf die ich hier nicht näher eingehen kann. Doch lohnt es sich, darauf hinzuweisen, daß diese Fragen bei einem bestimmten praktischen Problem auf ein auch für unsere Fragestellung bedeutsames Paradox hinauslaufen.

Dieses Paradox entsteht, wenn man auf der Basis der Annahme der Rechte und Ansprüche möglicher Menschen Fragen der Bevölkerungsentwicklung untersucht. Es sei unterstellt, daß die Förderung und der Ausbau einer bestimmten Technologie den allgemeinen Wohlstand in einem ähnlichen Ausmaß fördert, wie er die Umwelt belastet. es sei zudem unterstellt, daß das Einführen dieser Technologie die allgemeinen Lebensbedingungen so erleichtert, daß er eine Steigerung des Bevölkerungswachstums bewirkt. Die Folge des Einführens dieser Technologie wäre dann, daß später relativ mehr Menschen unter einer angebbaren Umweltbelastung leiden würden, als wenn diese Technologie nicht eingeführt würde. Wie läßt sich nun – unter Bezugnahme auf die Interessen künftiger Generationen – für oder wider die Einführung dieser Technologie argumentieren? *Ein* Gegenargument ist auf jeden Fall unzulässig: Nämlich, daß bei Einführung dieser Technologie mehr Menschen leiden würden. Wird dieses Argument nämlich als gültig akzeptiert, so folgt daraus, daß die nämliche Technologie erst gar nicht ein-geführt wird, das Bevölkerungswachstum ausbleibt und mithin Schaden von jemandem abgewendet wird, den es gar nicht gegeben hätte. Mit anderen Worten: In dem Augenblick, in dem das Argument als gültig anerkannt wird, verliert es zugleich seine Gültigkeit, da es die zusätzliche Anzahl Menschen, deren Leiden es ins Feld führt, gar nicht mehr geben wird. Das Argument, es möge eine umweltbelastende Technologie vermieden werden, um das Leben einer wachsenden Anzahl künftiger Menschen nicht zu belasten, ist mithin nur dann gültig, wenn sichergestellt ist, daß diese Technologie in *keinem kausalen* Zusammenhang mit dem Bevölkerungswachstum steht. Untersucht man nun in analoger Weise das Problem des Bevölkerungswachstums, so wird das in Frage stehende Paradox noch deutlicher: es sei unterstellt, daß P ein Bündel bevölkerungspolitischer Maßnahmen darstellt, das das Bevölkerungswachstum langfristig senkt und mithin die durchschnittliche Lebensqualität des einzelnen Bürgers – bei gleichbleibenden sonstigen Gütern – erhöht. Das setzt umgekehrt voraus, daß bei gleichbleibendem

Bevölkerungswachstum die durchschnittliche Lebensqualität künftiger Menschen sinken wird. Anhang welchen Kriteriums läßt sich nun wie beurteilen, ob dies Bündel bevölkerungspolitischer Maßnahmen ergriffen werden soll oder nicht? Unterbleiben die Maßnahmen, so wird es nicht mehr Menschen geben, womit auch das Argument des sinkenden Durchschnittsnutzens seine Kraft verliert.

Werden die Maßnahmen ergriffen, so wird es zwar mehr Menschen geben, das Argument des sinkenden Duchschnittsnutzens bleibt valide, muß sich dann aber der Frage stellen, ob und wie das Gut der Existenz künftiger Menschen selbst zu veranschlagen ist. Unter der durchaus verteidigbaren Annahme, daß es zwar *nicht besser ist zu existieren als nicht zu existieren, es aber durchaus gut sein kann zu existieren*,[17] stellt sich dann – wie Derek Parfit gezeigt hat – das Problem des Bevölkerungswachstums in einer ganz anderen Weise. Jetzt ist nämlich in allen utilitaristischen Kalkülen das Gut der Existenz als ein durchaus nicht niedrig anzusetzender Faktor einzubringen. Ich breche die Erörterung dieser Frage hier ab – ohnehin wird der kritische Leser vermutlich bereits gedacht haben, daß es sich bei diesen Erörterungen um eine typisch positivistische Melange von Planungswahn, Rechenhaftigkeit, ethischem Theoretizismus und einem über seine Grenzen nicht belehrten übersteigerten Philosophieren handelt, das nicht in der Lage ist, die professionstypischen, argumentationstypischen und wissenschafts-ethischen Limitationen der Philosophie gegenüber Politik und Wissenschaft einzuhalten. Daß dem nicht so ist und daß auch und gerade eine scheinbar bescheidener gewordene Diskursethik vor ähnlichen, wenn nicht gar schlimmeren Paradoxen steht, hoffe ich nun zu zeigen. Wie bereits im obigen Abschnitt behandele ich zunächst das transzendentalpragmatische Programm der Ethik der unbegrenzten Kommunikationsgemeinschaft und wende mich dann der Universalpragmatik zu.

In K.-O. Apels Beitrag zur Gedächtnisschrift für Wilhelm Kamlah, der im Jahre 1978 unter dem Titel »Ist der Tod eine Bedingung der Möglichkeit von Bedeutung?« erschien, heißt es abschließend:

»*Aber das Prinzip der Sache zwingt uns, unser Verstehen der Welt-Bedeutsamkeit von vornherhein mit einem Geltungsanspruch zu verknüpfen, der im Prinzip durch keine endliche Kommunikationsgemeinschaft in einer endlichen Zeitspanne eingelöst werden kann. Mit anderen Worten: das zu postulierende transzendentale Subjekt des Verstehens intersubjektiv gülti-*

ger Bedeutung hat die Endlichkeit des individuellen menschlichen Daseins nicht außer sich, denn die intersubjektive Geltung von Bedeutung hat keinen anderen Inhalt als die sprachlich artikulierte Bedeutsamkeit der Lebenswelt endlicher Menschen. Aber zugleich gilt doch, daß das transzendentale Subjekt der intersubjektiven Gültigkeit von Bedeutung durch kein endliches Subjekt, weder durch ein Individuum noch durch eine bestimmte Sprachgemeinschaft noch selbst durch die menschliche Gattung hinreichend repräsentiert wäre. Der Geltungsanspruch unserer Aussagen zwingt uns dazu, als transzendentales Subjekt des Verstehens intersubjektiv gültiger Bedeutung in einer transzendentalen Sprachpragmatik eine unbegrenzte Kommunikationsgemeinschaft endlicher Wesen zu postulieren (In ihr allein würde – wie Ch.S. Peirce meint – die Bedeutung von Zeichen hinreichend interpretiert und die Wahrheit durch Konsensbildung erreicht werden können.)«[18]

Nun muß sicherlich zwischen einer konstitutiven Theorie des Verstehens von Bedeutung und der Applikation dieser Bedeutungstheorie auf eine Ethik streng unterschieden werden. Gleichwohl ist nicht zu bezweifeln, daß auch die Gültigkeit bzw. die Bedeutung von in einer Ethik verwendeten Ausdrücken dem gleichen Grundsatz folgen müssen. Auch die Ethik folgt dem Prinzip der unbegrenzten Kommunikationsgemeinschaft. Dies gilt auch und gerade für die Situation des Menschen als ethisches Problem. Hier wird dann ein Spannungsverhältnis zwischen konsensualem Universalismus und strategischer Selbstbehauptung sichtbar, die zu eben dieser Grundsituation gehört und aus anthropologischen Gründen nicht aufhebbar ist. Doch soll auch hier gelten, daß aus der Spannung zwischen der Grundnorm der konsensualen Moral und der kontingenten conditio humana Verhältnisse folgen sollen, »die von der Grundnorm gefordert und im argumentativen Diskurs kontrafaktisch antizipiert werden müssen.«[19]

Diese Grundnorm aber lautet: »Ist er (ein Argumentierender) bereit, auf den impliziten Sinn seiner Argumentationsakte zu reflektieren, so muß er einsehen, daß er zugleich mit der Möglichkeit von sprachlichem Sinn und Wahrheit auch schon voraussetzt, daß alle Sinn- und Wahrheitsansprüche von Menschen im Prinzip in einer unbegrenzten Kommunikationsgemeinschaft durch Argumente – und nur durch Argumente – einlösbar sein müssen. Damit hat er aber auch bereits anerkannt, daß er als

Argumentierender eine ideale Kommunikationsgemeinschaft aller Menschen als gleichberechtigte Partner voraussetzt, eine Kommunikationsgemeinschaft, in der alle Meinungsverschiedenheiten – auch solche, die praktische Normen betreffen – im Prinzip nur durch konsensfähige Argumente aufgelöst werden sollten. Die ethische Grundnorm, die jeder Argumentierende - und das heißt: jeder ernsthaft Denkende – notwendigerweise anerkannt hat, besteht also in der Verpflichtung auf die Metanorm der argumentativen Konsensbildung über situationsbezogene Normen.«[20]

Nun sind zwei Fragen zu klären:
1. Welchen Status hat der sinnkritische Vorgriff auf die unbegrenzte Kommunikationsgemeinschaft und was impliziert er?
2. Wie läßt sich nach Maßgabe dieses Metakriterium das Problem des menschlichen Bevölkerungswachstums angehen?

Die herkömmliche Möglichkeit zur Erläuterung des Status des sinnkritischen Vorgriffs auf die unbegrenzte Kommunikationsgemeinschaft besteht in einem Hinweis auf deren transzendentalen Status, genauer auf ihren Status als regulative Idee, d.h. als zwingende Implikation der Argumentation, die aber gleichwohl nie als wirklich ausgewiesen werden kann. Ich halte diese Deutung des Prinzips der unbegrenzten Kommunikationsgemeinschaft – mindestens dann, wenn man auf Peirceschen Voraussetzungen argumentiert – für unhaltbar. Wenn es sich bei diesem Vorgriff tatsächlich nur um eine argumentationsnotwendige Präsupposition handelte, wäre es im Prinzip egal, ob die Kommunikationsgemeinschaft selbst in Wirklichkeit endlich, d.h. begrenzt oder aber unendlich, d.h. unbegrenzt wäre.

Da die transzendentale Pragmatik Unbegrenztheit ohnehin behauptet, muß lediglich überprüft werden, ob der Gedanke einer ontologischen Endlichkeit der Kommunikationsgemeinschaft mit dem impliziten Geltungsanspruch auf unbegrenzte Zustimmung vereinbar ist. Lassen sich, wie für die Behauptung der transzendentalen Gültigkeit des Metakriteriums der Kommunikationsgemeinschaft auch notwendig, tatsächlich strenge Trennungen zwischen Anspruch und Wirklichkeit, zwischen regulativer Idee und ontologischem Substrat ziehen?

Es sei unterstellt, eine heute aufgestellte ethische Norm N erhebe Gültigkeitsansprüche nach Maßgabe des Metakriteriums der Kommunikationsgemeinschaft, also nach Maßgabe der Behauptung, daß alle Widerstrebenden und alle möglichen zukünftigen Argumentationspartner ihr unter idealen Bedingungen zustimmen würden. Es sei zudem als gesichert unterstellt, daß die Menschheit bestenfalls noch dreihundert Jahre existiere. (Sei es aufgrund wachsender Wahrscheinlichkeit einer atomaren Katastrophe, ökologischer Zusammenbrüche, kosmischer Katastrophen wie Kometen etc.) Wie steht es dann um den antizipierenden Vorgriff? Spielt das Wissen um das sichere Ende der Kommunikationsgemeinschaft irgendeine Rolle? Das Beharren auf dem Prinzip der regulativen Idee würde diese Frage negieren und der transzendentale Pragmatiker könnte antworten: Die zukünftige Menschheit würde mir, so sie existieren würde, zustimmen. Auf diese Antwort kann dann aber zurückgefragt werden. Woher weiß der transzendentale Pragmatiker dies eigentlich – sofern er keine diskursungeprüfte Selbstprivilegierung seines Arguments beanspruchen will. Kraft welcher Einsicht läßt sich ein Argument als zustimmungsfähig auszeichnen, wenn bereits auch nur die Möglichkeit künftiger Zustimmung a limine ausscheidet? Und vor allem: Wenn doch bereits der einzelne, endliche Proponent antizipieren kann, was wahr und richtig ist, wozu bedarf es dann noch des Bezuges auf eine – gar unbegrenzte – Kommunikationsgemeinschaft? Das Beharren auf der transzendental regulativen Lesart des Prinzips der unbegrenzten Kommunikationsgemeinschaft unter Verzicht auf die auch nur erhoffte Wirklichkeit einer unbegrenzten Kommunikationsgemeinschaft impliziert notwendig die partikularistische Selbstprivilegierung des Proponenten und damit einen performativen Widerspruch zweiter Stufe. Soll das Prinzip der unendlichen Kommunikationsgemeinschaft widerspruchsfrei konzipiert werden, so impliziert es die praktisch-ethische Forderung, daß die menschliche Kommunikationsgemeinschaft in aller Zukunft weiterbestehen soll (was analog für alle Vernunftwesen gilt).

Dies stellt nun nichts anderes als eine transzendentalpragmatische Begründung des biblischen Gebotes »Seid fruchtbar und mehret euch!« dar. Der praktische Bezug auf eine unbegrenzte Kommunikationsgemeinschaft besteht dann darin, die Kommunikationsgemeinschaft nicht enden zu lassen; mit anderen Worten: zu den Sinnbedingungen unseres Redens und ethischen Argumentierens gehört, daß weiterhin Kinder geboren werden. Diese widerspruchsfreie Fassung des Prinzips der unbegrenzten Kommunikationsgemeinschaft hat freilich einen hohen Preis – den Preis der schlechten Unendlichkeit. Denn wie groß soll die unbegrenzte Kommunikationsgemeinschaft denn wirklich sein? Ist sie unendlich groß, so kann immer nur auf

Wahrheit gehofft werden – dann allerdings ist nicht einsehbar, warum um der Hoffnung auf Wahrheit willen ein so substantialistisches Prinzip wie die biblische Fruchtbarkeitsforderung anerkannt werden soll. Wenn nämlich für jede Anzahl kommunizierender Menschen gilt, daß womöglich erst der n+1 Mensch den bis dahin antizipierten Konsens erfüllen wird, und schließlich dann auch für ihn gilt, daß erst seine Sukzessoren die Wahrheit seiner Argumente erfüllen oder überprüfen können, dann impliziert der Gedanke der unbegrenzten Kommunikationsgemeinschaft, daß die Menschen (Vernunftwesen) genau deshalb, weil sie auf Unendlichkeit als Sinnbedingung angewiesen sind, nie (im strengen Sinne!) der Wahrheit teilhaftig sein können. Das bedeutet umgekehrt nichts anderes, als daß nicht nur die Endlichkeit des Einzelwesens, sondern auch und gerade die Endlichkeit der Gattung eine Sinnbedingung für Wahrheit ist. Der Gedanke einer wirklichen, d.h. erfüllten Wahrheit und der Gedanke einer als unbegrenzt angesetzten Kommunikationsgemeinschaft sind mithin miteinander unverträglich. Man mag sich dann – natürlich nach Maßgabe von Argumenten – entweder für die Unendlichkeit von Sinn und Gattung oder aber für erfüllte Wahrheit und kontingente Endlichkeit der Menschheit entscheiden. Die erste Option würde freilich endlich ein *Eingeständnis der Unmöglichkeit von Wahrheit erfordern*, während die zweite Option *mindestens kein diskursethisches Argument gegen das Aussterben der Gattung anführen dürfte*. Ist Endlichkeit als Bedingung der Möglichkeit von Wahrheit anerkannt, gibt es keine sinnkritischen Argumente gegen das Ende der Gattung, gleichgültig, ob dies heute, morgen oder erst in dreihundert Jahren bevorsteht. Ich kann in diesem Zusammenhang, ohne ihm in der Sache zuzustimmen, Ulrich Horstmann zitieren:

»>*Was geliebt werden kann am Menschen, das ist, daß er ein Übergang und ein Untergang ist*< *schreibt Nietzsche. Das antropofugale Denken hat seinen Traum vom Übermenschen aufgekündigt und hält die Aussicht auf das Ende, den Untergang, an sich schon für tröstlich genug. Ziel der Menscheitsentwicklung ist ihm nicht sein Nihilismus der Umwertung aller Werte, sondern der Annihilismus, d.h. die Selbstaufhebung des Untieres mit all seiner Gier nach Sinn und Wahrheit, nach jenem metaphysischen Opium, das ihn während Jahrtausenden der Vorbereitung so gnädig betäubte und unter glückverheißenden Halluzinationen hielt, derer wir Letztgeborene nun nicht mehr bedürfen.*«[21]

Der universalpragmatische Versuch einer Begründung der Ethik scheint einmal mehr all dem zu entgehen. Indem er den Vorgriff auf allgemeine Zustimmung bzw. Argumentierbarkeit quasi naturalistisch als Disposition ansetzt und Wahrheit jeder Art nur noch als »for the time being«, d.h. als hypothetisch postuliert, scheint auch die Begründung einer Ethik unter wesentlich schwächeren Ansprüchen zu stehen. Wir müssen uns daher auch nicht mit einer Verträglichkeitsprüfung transzendentaler Implikationen dieses Modells abmühen, sondern können sofort die Konsistenz dieser Ethik an einem bestimmten Problem überprüfen. Auch hier sind wieder zwei Fragen zu stellen:

1. Wer sind »alle Betroffenen«, die im Grundsatz D erwähnt werden?
2. Wie läßt sich mit diesem Grundsatz das Problem des Bevölkerungswachstums regeln?

Auch in einer nicht-transzendentalistischen Lesart beharrt die Diskursethik auf strenger Universalität. Sie muß darum, spricht sie von »allen Betroffenen«, ein Prinzip namhaft machen können, gemäß dem auch in diesem Fall zwischen Betroffenen und Nicht-Betroffenen unterschieden werden kann.

Wer sind im Falle einer diskursethischen Behandlung bevölkerungspolitischer Fragen die Betroffenen? Betroffen sind auf jeden Fall all jene, die durch ihr generatives Verhalten heute Einfluß auf das Bevölkerungswachstum morgen haben. Betroffen sind aber auch alle, die aufgrund dieses generativen Verhaltens unter Umständen später einmal in einer übervölkerten Welt leben werden. Mithin müßten in einem idealen Diskurs die faktischen Interessen der heute Lebenden und advokatorisch die Interessen der künftig Lebenden aufgenommen werden.

Wie ist es aber um die advokatorische Behandlung jener bestellt, *deren künftige Existenz von dem ideal und advokatorisch geführten Diskurs abhängt*? Ist also, wer unter Umständen geboren werden könnte, aber dann doch nicht geboren wird, betroffen? Kann man sinnvollerweise sagen, daß Sein oder Nichtsein, Existenz oder Nichtexistenz Güter sind, über die sich zu rechten lohnt? Jede Diskussion um die Todesstrafe und um die Unrechtmäßigkeit des Tötens bestätigt dies, oder zumindest: daß Existenz – so sie einmal besteht – für den Betreffenden ein Gut ist. Auch wir selbst sind, wenn wir unter gegebenen Bedingungen über unser Leben froh sind, damit implizit der Meinung, daß es gut war, gezeugt und geboren worden zu sein. Liegt dort, wo ein Gut *nicht* vorliegt, ein Übel vor? Kann man sagen, daß es

131

zwar ein Gut ist, gezeugt und geboten worden zu sein, aber keineswegs ein Übel, nicht gezeugt und geboren worden zu sein? Und scheidet mithin dieser Problemkreis nicht überhaupt aus dem ethisch Belang- und Regelbaren aus? Aber wie dem auch sei: Wenn es auch prinzipiell kein Übel ist, nicht gezeugt und geboren zu werden, wohl aber ein Gut ist, gezeugt und geboren zu werden, und es zudem *ein Übel sein kann, unter bestimmten Umständen gezeugt und geboren zu werden*, dann scheint mir die Aufnahme dieser nur möglichen Personen in den Kreis der Betroffenen und damit advokatorisch zu Vertretenden unumgänglich zu sein.

Gegen die hier ausgeführte Argumentation könnte – wie bereits oben gegen das Mündigkeitspostulat ein sinn- bzw. sprachkritischer Einwand erhoben werden, der allerdings sehr viel schwerwiegender ist, belastet er doch den Argumentationsgang nicht nur mit einem Trivialitäts- bzw. Redunanzverdacht, sondern mit dem Vorwurf des Unsinns, dem Vorwurf, die Regeln vernünftigen Redens willkürlich und systematisch zu verletzen.

Demnach ist es unzulässig, vom (möglichen) Interesse einer möglichen Person an ihrer Existenz zu sprechen, und zwar deshalb, weil das Haben von Interessen jemanden voraussetzt, der diese Interessen auch tatsächlich haben könnte. Mit anderen Worten: Das Reden von Interessen ist nur bei bereits unterstellter Existenz zulässig – von einem Interesse an Existenz selbst kann deshalb nicht gesprochen werden, weil dies seinerseits bereits jemand Existierenden voraussetzt, der ein Interesse an Existenz haben könnte etc. In der Tat: Unter der Bedingung, daß man von Interesse nur dann sprechen darf, wenn die Existenz des möglichen Interesseninhabers bereits unterstellt ist, führt die Rede von Interesse an Existenz in einen unendlichen Regreß. Die Frage ist freilich, ob man immer und in jedem Fall von *einem zeitlichen prius der Existenz vor dem Interesse an ihr ausgehen muß*. Dies führt letztlich zu der Frage, ob Existenz ein Gut ist. Es scheint, daß diese Frage unzulässig ist, da sich die soeben betrachtete Problematik einfach zu wiederholen scheint: Wenn Existenz ein Gut ist, dann ist sie ein Gut für jemanden, der bereits existiert ..., der mithin dies Gut bereits besitzt etc. ... Hier zeigt sich aber eine entscheidende Differenz zum oben erörterten infiniten Regreß: Setzt die Rede vom Interesse an Existenz Existenz immer schon voraus, so impliziert die Rede von Existenz als Gut eben nur, daß Existenz *immer* dann ein Gut ist, wenn sie denn ein Gut *für* jemanden ist. Die schlechte Unendlichkeit des obigen Regresses kann hier zumindest nicht als Einwand gegen diese Redeweise gelten – was freilich noch kein Grund für die Legitimität dieser Redeweise ist. An dieser Stelle liegt nun zweierlei nahe:

a) Phänomenologisch jene Erfahrungen und Sprechweisen sowie Handlungen aufzuklären, die im Alltag Existenz, d.h. Leben, so behandeln, als sei es ein Gut: Die Dankbarkeit darüber zu leben, Lebensüberdruß, Todesangst, aber auch Schlagworte wie jenes, daß jedes Kind ein Recht auf ein glückliches Leben hat, sowie die Entscheidung, ein aller Wahrscheinlichkeit später krankes oder behindertes Kind gar nicht erst zu zeugen, um ihm also ein späteres Krüppeldasein zu ersparen.

b) Weiterhin zu überprüfen, ob überhaupt ein evaluatives Sprechen von Existenz als solcher sinnvoll ist, ob über Existenz als solche überhaupt sinnvoll etwas ausgesagt werden kann und ob sie evaluierbar ist.

Ich wähle im folgenden den zweiten Weg, weil die phänomenologische Erläuterung alltäglicher Sprech- und Handlungsweisen sich dem Vorwurf ausgesetzt sehen könnte, philosophisch unüberprüfte Vorurteile zu reproduzieren. Allerdings wird auch das Begehen des zweiten Weges zeigen, daß früher oder später derartige Grunderfahrungen ins Spiel kommen. Wir können in diesem Zusammenhang den Begriff »Existenz« mindestens dreifach erläutern: als Leben, als bewußtes Leben und als selbstbewußtes Leben. Man hat zur Überprüfung der Frage, ob Bewußtheit als solche einen Wert, also etwas, für das man sich als solches gegen ein Anderes entscheiden würde, besitzt, ein Gedankenexperiment vorgeschlagen. Wenn wir die Wahl hätten zwischen einem bewußten, mit durchschnittlichen Glücks- und Unglückserfahrungen geprägtes Leben und der Möglichkeit, nach einer Gehirnoperation kein Selbstbewußtsein mehr zu besitzen, aber ununterbrochen mittels einer Sonde direkt in unseren Lustzentren stimuliert zu werden, so würden wir trotz der Verheißungen unendlicher Lust ein durchschnittliches, von Glück und Unglück geprägtes, bewußtes Leben vorziehen. Der Grund für diese Wahl scheint darin zu liegen, daß Bewußtheit als solche – jenseits aller Lustkalküle – ein höheres Ausmaß an Erfahrungs- und Befriedigungsmöglichkeiten bereitstellt als Unbewußtheit. Bewußtheit ermöglicht Referenzen, Hierarchisierungen und damit auch Entscheidungen, die eine Unterscheidung von Befriedigungsmöglichkeiten und damit auch eine Steigerung von möglichen Lusterfahrungen überhaupt mit sich bringen. Es soll hier nicht um Bewußtseinstheorie gehen, sondern lediglich um den Aufweis, daß ein bestimmter Modus von Existenz als solcher als ein in sich präferierbares Gut erläutert werden kann, und zwar genau deshalb, weil dieser Modus überhaupt erst weitere und höhere Präferenzen ermöglicht. Nun gibt es – und dies war eines der Ergebnisse des Gedankenexperiments – in diesem Fall immerhin die Wahl zwischen bewußtem und unbewußtem Leben; eine Wahl, die die irtrinsische Güte von Bewußtheit aufwies.

Läßt sich eine ähnliche Wahl zwischen Leben an sich und Nichtleben aufstellen, zwischen unbewußtem Leben und Nichtleben? Daß die Wahl zwischen bewußtem Leben und Nichtleben in der Regel, d.h. im Alltag, meist zugunsten bewußten Lebens ausgeht, bzw. daß diese Wahl – wie im Falle eines Suizids – auch anders getroffen werden könnte, weist zumindest auf eines hin: daß hier oft ein echtes Problem, ein echtes Dilemma vorliegt. Aber wir können die Auseinandersetzung, ob Leben ein intrinsisches Gut ist, auf der Ebene der Frage nach der intrinsischen Güte bewußten Lebens belassen, und zwar deshalb, *weil menschliche Existenz als päferierbares Gut bewußtes Leben* ist: Ein menschliches Bewußtsein ohne Leben ist nicht denkbar, und bewußt zu leben ist intrinsisch besser als unbewußt zu leben.

Mithin ist die Bedingung des Habens und Erfahrens von Gütern selbst ein Gut – mit anderen Worten: *Wenn bewußtes Leben für die bewußt Lebenden ein intrinsisches Gut ist und Existenz als bewußtes Leben zureichend analysiert ist, dann ist Existenz für die Existierenden ein Gut in sich.*

Nun kann durchaus eingeräumt werden, daß sie dann natürlich für die Nichtexistierenden kein intrinsisches Gut ist – aber: für die Existierenden gilt doch, daß ein intrinsisches Gut prima facie et ceterus paribus gemehrt werden soll. Dies ist zumindest plausibler als die anderen Möglichkeiten, daß nämlich ein intrinsisches Gut *nicht* vermehrt werden soll bzw. daß es *freigestellt* ist, es zu mehren oder nicht. Die Rede von intrinsischen Gütern impliziert einfach, daß sie eher gemehrt als verknappt bzw. konstant gehalten werden sollen. (Dies gilt freilich nur für solche intrinsische Güter, die per definitionem durch Mehrung keine inflationäre Minderung erfahren.)

Nun bedeutet die Mehrung des intrinsischen Gutes bewußten Lebens die Erzeugung von Personen, die zu den Umständen, unter denen sie leben würden, zustimmend oder ablehnend Stellung nehmen könnten, die also potentielle Betroffene sind, deren Belange mindestens advokatorisch zur Geltung gebracht werden müssen. Da nun, wie bereits im Falle von Mündigkeit, allgemein gilt, daß alle, die als potentiell Betroffene gelten, auch gehört werden sollen, folgt aus der verteidigbaren Annahme, daß bewußtes Leben prima facie ein intrinsisches Gut ist, *und* der universellen Betroffenenregel, daß bewußtes Leben, das gezeugt werden könnte, hierzu gehört und deswegen auch gezeugt werden sollte.

Damit zeichnen sich nun eine Reihe von Paradoxen ab: Wie lassen sich die Interessen von jemandem advokatorisch vertreten, von dem überhaupt nicht oder allenfalls hypothetisch bekannt ist, daß er an einem Diskurs teilnehmen würde? Unter diesen Bedingungen müßte ein idealer Diskurs zunächst doppelt geführt werden:

a) Der Diskurs wird inklusive der advokatorischen Wahrnehmung der Interessen der möglichen Person geführt.

b) Der Diskurs wird ohne die advokatorische Wahrnehmung der Interessen der möglichen Personen geführt.

Im ersten Fall wird tentativ unterstellt, daß es die mögliche Person auch wirklich geben wird, im zweiten Fall wird dies negiert. Läßt sich ein Kriterium angeben, welche Form des Diskurses hier zu bevorzugen ist?

Wir unterstellen nun, daß es in diesem Diskurs darum und nur darum gehen soll, ob diese mögliche Person erzeugt und geboren werden soll oder nicht. Dann zeigt sich sofort, daß die zweite Möglichkeit, die von der Nichtexistenz der möglichen Person ausgeht, entfällt. Denn von wem sich mit Sicherheit sagen läßt, daß es ihn nicht geben wird, dessen Belange müssen auch nicht advokatorisch vertreten werden.

Denn es soll ja im Diskurs gerade um die Möglichkeit dieser Person gehen, weswegen sie auch advokatorisch an den Beratungen über ihre Existenz zu beteiligen ist. Nun ergeben sich wiederum – ungeachtet der oben benannten Schwierigkeiten eines jeden advokatorischen Argumentierens im Geltungsbereich des Diskursprinzips – drei Möglichkeiten:

a) Die mögliche Person würde für ihre Existenz optieren.

b) Die mögliche Person würde gegen ihre Existenz optieren.

c) Die mögliche Person enthält sich ihrer Meinung.

Wir können hier die letzte Möglichkeit vernachlässigen und überprüfen die Konsequenzen a) und b).

Dann zeigt sich, daß die philosophisch interessanten Fälle genau diejenigen sind, in denen die Interessen der Erzeuger und Gebärer und die Interessen der möglichen Person divergieren – sei es, daß z.B. die mögliche Person für Existenz optieren, Erzeuger und Gebärer aber dagegen votieren würden. Es scheint auf den ersten Blick, als ob ein solcher Konflikt rational, nach Maßgabe und Gewichtung von Interessen und Bedürfnissen entschieden werden könnte. Im Rahmen eines irgendwie gearteten utilitaristischen Kalküls dürfte dies auch – wenngleich unter erheblichen Schwierigkeiten – noch möglich sein. Unter Bedingungen der Gültigkeit einer sogar nur universalpragmatisch konzipierten Diskursethik wird dies unmöglich. Wir erinnern uns: Der Diskurs, der über die Existenz oder Nichtexistenz einer mög-lichen Person geführt wird, sei ein wirklicher, kein virtueller Diskurs. In diesem Diskurs werden freilich die Belange einer virtuellen Person von wirklichen Diskursteilnehmern vertreten. Kommt die Beratung nun nach Maßgabe aller Pro- und Contraargumente zu dem Schluß, daß die virtuelle Person keine wirkliche Person werden soll, dann wird deren virtuelle Betroffenheit in eine faktische Nichtbetroffenheit umgewandelt. Bzw.: die Klasse »aller Betroffenen« ist in diesem Fall ihrem Umfang nach vom Ergebnis der Beratung abhängig – ein Ausgang, der um so erstaunlicher ist, als doch herkömmlicherweise die Betroffenen vor der Beratung bekannt und benannt sein sollten. Oder anders: In diesem Fall legt der Diskurs fest, wer die Betroffenen sind. Das ist im Falle, daß die virtuelle Person wirklich werden soll, nicht anders. Auch hier kooptiert der Diskurs kraft seiner Beratungen die von seinen Beratungen abhängigen Betroffenen, ja erzeugt sie geradezu.

Lehrreich ist auf jeden Fall das erste Beispiel, d.h. der Fall, daß sich das advokatorische Argument zwar für die Existenz der virtuellen Person ausspricht, die faktischen Interessen und Bedürfnisse jedoch über das advokatorisch-virtuelle Argument siegen. In diesem Fall liegt, obzwar die formalen Bedingungen eines Diskurses erfüllt sind, da ja alle möglichen Betroffenen gehört werden, ein schwerer Verstoß gegen die Diskursregel bzw. ein noch ungelöstes Problem vor. Denn: eine Bedingung der Möglichkeit des Führens von Diskursen scheint in einer quasi ontologischen Präsupposition zu liegen: nämlich der Existenz der Diskursteilnehmer. Das klingt zwar trivial, ist es aber genauso viel oder wenig wie die Behauptung, daß in jede Rede Geltungsansprüche erhoben werden. Ohnehin hat es ja die Philosophie mit der Reflexion, Kritik und auch wiederum Affirmation des Trivialen zu tun.

Wenn nun aber die Existenz der (betroffenen) Diskursteilnehmer eine Bedingung der Möglichkeit des Sinns solcher Diskurse ist, dann muß der Diskurs bzw. müssen die Diskursteilnehmer auch dafür Sorge tragen, daß die von ihren Beratungen Betroffenen auch tatsächlich früher oder später am Diskurs teilnehmen können, womit sie sich in diesem Fall auf eine *sittliche Norm des Generierens von Diskursteilnehmern qua umfassender Betroffenenregel verpflichten*. Das heißt aber in diesem Zusammenhang nichts anderes, als daß die Universalität der Diskursregel bzw. der Betroffenenregel im Falle einer ethisch verantworteten Bevölkerungspolitik zu gar keinem anderen Ergebnis kommen kann, als daß alle möglichen Betroffenen auch tatsächlich existieren sollen. Man mag dies mit guten Gründen ablehnen, ist dann aber logischerweise auch gezwungen, die universale Betroffenenregel und damit die Diskursethik selbst fahren zu lassen.

Ich erinnere daran, daß diese paradoxe Konsequenz auch für eine nicht transzendental, sondern naturalistisch begründete Universalpragmatik entsteht. Es ist also offensichtlich egal, wie eine mit universalistischem Anspruch operierende Diskursethik begründet wird – bei bestimmten moralischen Streitfragen, und das sind vorzüglich solche, die den Umfang der Klasse der Diskursteilnehmer betreffen, resultieren aus der diskursethisch angesetzten Moralität massive sittliche Konsequenzen. Es scheint sich hierbei um ein aus der Philosophie bekanntes Selbstbezüglichkeitsparadox zu handeln, das aber deshalb um nichts weniger gravierend ist. Selbstverständlich könnte hier eingewandt werden, daß es sich um Grenzfälle handelt, daß es derlei Grenzfälle immer gibt und daß eine tragfähige Begründung der Ethik nicht von untypischen Grenzfällen, sondern von typischen und vertrauten Normalfällen auszugehen habe, zu denen Selbstbezüglichkeiten gerade nicht gehören. Diesem Verharmlosungsargument steht nun freilich die gesellschaftliche und philosophiehistorische Evidenz entgegen, daß die gegenwärtige materiale Ethik sich angesichts neuer gesellschaftlicher Entwicklungen wie Gentechnologien, Reproduktionstechnologien etc. beziehungsweise angesichts globaler Herausforderungen wir dem weltweiten Hunger und einer drohenden Überbevölkerung mit diesen und genau diesen Fragen auseinandersetzt – mit Fragen also, ob und warum und in welchem Umfang es überhaupt jene Wesen geben soll, die Subjekt und Objekt ethischer Theorie sind.

Hier noch weiter davon zu sprechen, daß es sich nur um untypische Grenzfälle handelt, wäre nun in der Tat kontraintuitiv. *Wenn die Dis-*

kursethik sich bewähren will, so muß sie sich auch gerade angesichts solcher Phänomene behaupten können. Und wenn sie sich angesichts solcher Phänomene bewährt, so führt sie, wie ich hoffe gezeigt zu haben, zu der paradoxalen Konsequenz, daß sie, die doch vor allem als formal-prozedurale Moralität angelegt war, denkt man sie nur stringent zu Ende, in eine normative Sittlichkeit umschlägt, die ihrer scheinbar demokratischen Offenheit ins Gesicht schlägt.

Die Quelle für diese paradoxalen Konsequenzen läßt sich schnell angeben. Sie besteht in der *eigentümlichen Verbindung von universalistischem Anspruch (den ja jede moderne Ethik erhebt) und demokratisch-diskursivem Betroffenen Prinzip*. Für sich genommen würde weder das eine noch das andere zu derlei paradoxalen Konsequenzen führen: Erst ihre Verbindung schafft einen Inklusionszwang, der zutiefst sittlich, weil indisponibel normativ verbindlich ist. *Wenn die diskursive Ethik ihren Anspruch, alle möglichen Betroffenen zu berücksichtigen, ernst nimmt und zugleich feststeht, daß die derzeitige Existenz von Diskursteilnehmern in Zeit und Raum kontingent ist, daß also derzeitiges Leben als mündiger Mensch keine ontologische Privilegierung darstellen darf (Entfernung in die Zeit ist für ein moralisches Urteil ebenso unerheblich wie Entfernung im Raum),*[22] *dann wird die diskursive Ethik zunächst zwangsläufig advokatorisch, schließlich paradox und verliert dabei zudem Zug um Zug ihren nichtsittlichen, rein prozeduralen Charakter.*

Dieser scheinbar so erstaunliche, geradezu dialektische Umschlag der diskursethischen Moralität in eine Diskursteilnehmer generierende und sich selbst affirmierende Sittlichkeit verdankt sich m.E. einer ungenügenden Reflexion auf die Endlichkeit und Sterblichkeit auch und gerade der praktischen Vernunft. Das Operieren mit universalen Geltungsansprüchen und einer als unbegrenzt unterstellten Kommunikationsgemeinschaft will zwar eine Ethik für Menschen begründen, geht aber letztlich von einer idealiter unendlichen Gattung von Vernunftwesen aus, die zwar im Einzelnen endlich sein mögen, in ihrer Summe aber unendlich sein sollen – gerade so, als sei die Endlichkeit und Sterblichkeit der Menschen nur eine letzten Endes ungenügende Inkorporation von Vernunftwesen. Dem mag immerhin so sein, nur gelingt es auf der Basis dieser Voraussetzung gerade nicht, das durchzuhalten, was eine an Kant orientierte universalistische Ethik freier Vernunftwesen sein soll, nämlich eine mehr oder weniger *voraussetzungsfreie* Basis für das konsensuelle – und nur das konsensuelle – Festlegen von Normen. Mit anderen Worten: *Die demokratietheore-*

tisch begründete Moralität übersieht, daß sie selbst auch nur der Ausdruck einer Lebensform ist. Dem möchte ich eine abschließende Überlegung widmen.

Den Umstand, daß ein wahrhaft universalistischer und demokratietheoretischer Zugang zur Ethik mehr darstellt als eine bloße Prozedur, nämlich eine Lebensform, anders gesagt eine Form der Sittlichkeit, hat niemand genauer gesehen als der christliche, dem Pragmatismus verpflichtete Hegelianer Josiah Royce.

In seinem im Jahre 1918 erstmals erschienenen Werk >The Problem of Christianity< führt Royce in dem zentralen Kapitel >The World of Interpretation< folgendes aus:

»*Any conversation with other men, any process of that inner conversation whereof, as we have seen, our individual selfconsiousness consists, any scientific investigation, is carried on under the influence of the generally subconscious belief that we all are members of a community of interpretation. When such enterprises are at once serious and resonable and truth-loving, the general form of any such community, as we have already observed, is that of the ideal Pauline Church. For there ist the member whose office it is to edify. There is the brother who is to be edified. And there is the spirit of the community, who is in one aspect the interpreter, and in another aspect the being who is interpreted.*«[23]

Josiah Royce hat das Geheimnis der Diskursethik avant la lettre ausgeplaudert. Ihr Telos ist die Paulinische Kirche, d.h. die Verkörperung des im Johannesevangelium verkündeten Geistes, in dem der Anspruch des griechischen Logos mit dem Geist der Gemeinde identifiziert wird.[24] Dieser Geist, der für Royce kein anderer als der den Menschen natürlich gegebene Gemeinschaftsgeist ist und der sich im Laufe der Geschichte je und je als solcher manifestiert, stellt, wenn er denn eine Gemeinschaft wahrhaft eint, eine außerordentlich konkrete und weniger geheimnisvolle Einheit dar als etwa die liebender Gatten. Die Kirche ist gemäß des Nicäanischen Bekenntnisses – una, sancta, catholica und apostolica – sie ist eine, sie ist heilig, allumfassend und mit einer Sendung beauftragt. Ähnliches gilt für diskursive Ethik: Sie ist – qua anthropologisch vorausgesetzter Sprachkompetenz und universeller Kommunikationsgemeinschaft – eine und einig – sie bezieht sich ja auf die gesamte menschliche Gattung! Sie ist als mit werbenden Argumenten auftretende Theorie apostolisch und sie ist, insofern sie sich als transzendental unwiderlegbar bzw. in den aus ihr implizierten Lebensformen selbst affirmiert, in einem säkularisierten Sinne auch heilig. Hegel, von dem in einer Auseinandersetzung über das Verhältnis von Moralität und Sittlichkeit sehr viel mehr die Rede hätte sein müssen und dessen Ehrgeiz darauf ging, die Wahrheit der Religion ernst zu nehmen und sie zu erkennen, hat sich in der Religionsphilosophie zum Thema Kirche und Gemeinde ausgiebig geäußert.

»In der bestehenden Gemeinde ist nun die Kirche die Veranstaltung überhaupt, daß die Subjekte zu der Wahrheit kommen, die Wahrheit sich aneignen und dadurch der Heilige Geist in ihnen auch real, wirklich, gegenwärtig werde, in ihnen seine Stätte habe, daß die Wahrheit in ihnen sei und sie im Genusse, in der Betätigung der Wahrheit, des Geistes seien, daß sie als Subjekte die Betätigenden des Geistes seien.

Das Allgemeine der Kirche ist, daß die Wahrheit hier vorausgesetzt ist, nicht wie im Entstehen der Heilige Geist erst ausgegossen, erst erzeugt wird, sondern daß sie Wahrheit als vorhandene Wahrheit ist. Das ist ein verändertes Verhältnis des Anfangs für das Subjekt.«[25]

Die im folgenden nur angedeutete, erst noch zu entfaltende Einordnung des normativen Universalismus von Transzendentalpragmatik und Universalpragmatik in den Bereich der Religionsphilosophie geschieht ohne jede Häme und ohne jede denunziatorische Absicht, sondern in der festen Überzeugung, daß die Verortung des normativen Universalismus der Diskursethik im Spannungsfeld von Moralität und Sittlichkeit unangemessen plaziert ist und deshalb zu politischen Mißverständnissen Anlaß gibt.

Worum es dem normativen Universalismus meines Erachtens geht, ist eine der profanen Welt angemessene, vorpolitische, allgemein verbindliche und die Risse der Moderne überwindende Ethik, eine Einheit im Geiste – eine in Gottes Namen universalistische, aufklärerische Belange vertretende Zivilreligion. Nachzuweisen, daß auch diese Zivilreligion – wie alle anderen Religionen auch – schließlich stärkere Forderungen an das Subjekt stellt, als ihre zivile und moderne Form einzugestehen bereit ist, war Ziel der obigen Darlegungen.

Anmerkungen

1 Vgl. K.O. Apel, »Ist der Tod eine Bedingung der Möglichkeit von Bedeutung?«, in: J. Mittelstraß/M. Riedel (Hg.), *Vernünftiges Denken*, Berlin/New York 1978, 407-419.
2 J. Habermas, »Diskursethik – Notiven zu einem Begründungsprogramm«, in: ders., *Moralbewußtsein und kommunikatives Handeln*, Ffm 1983, hier: 110.
3 Vgl. meinen Aufsatz »Vom Leiden der Tiere und vom Zwang zur Personwerdung. Zwei Kapitel advokatorischer Ethik«, in: H.U. v. Brachel/N. Mette (Hg.), *Kommunikation und Solidarität*, Münster 1985, 300-322, in diesem Band S. 82 f..
4 So stellt G. Kavka fest: »The most obvious difference between present and future people is that the latter do not yet exist. Does this difference in temporal location in itself constitute a reason for favoring the interests of present over future persons? It does not seem so. Location in space is not a morally relevant feature of a person, determining his worthiness for consideration or aid. Why should location in time be any different?« (G. Kavka, »The Futurity Problem«, in: R. I. Sikora/B. Barry (Hg.), *Obligations to future generations*, Philadelphia 1978, hier: 188.)
R. I. Sikora spricht sogar vom Problem einer »ontologischen Präferenz«. Räumt der Umstand, daß bestimmte Personen (ontologisch gesehen) bereits existieren, ihnen im Prinzip einen moralischen Vorteil gegenüber jenen ein, die nicht existieren? (R. I. Sikora, »Is it Wrong to Prevent the Existence of Future Generations?«, in: R. I. Sikora/B. Barry (Hg.), a.a.O., 112-166).
5 K.O. Apel, »Sprechakttheorie und transzendentale Sprachpragmatik zur Frage ethischer NormenJ, in: ders. (Hg.), *Sprechpragmatik und Philosophie*, Ffm. 1976, hier: 122.
6 J. Habermas, a.a.O., 103.
7 K.O. Apel, a.a.O., 126.
8 J. Habermas, a.a.O., 104.
9 K.O. Apel, a.a.O., 121 f.: »Da im Kontext der vorliegenden Untersuchung alles davon abhängt, daß tatsächlich eine zwingende Begründung der intersubjektiven Gültigkeit ethischer Normen als möglich erwiesen wird, so möchte ich an dieser Stelle noch einmal eigens die Frage aufwerfen, ob nicht die Berufung auf so etwas wie die >kommunikative Kompetenz< des Menschen (bze. aller mündigen Menschen) und das in ihr implizierte intiutive Kennen und faktische Anerkannthaben von ethischen Normen letzten Endes doch als Berufung auf eine Tatsache angesehen werden muß und insofern auch die universalpragmatische Begründung ethischer Normen auf eine >naturalistic fallacy< hinausläuft.«
10 M.B. Scott/S.M. Lyman, »Praktische Erklärungen«, in: M. Auwärter u.a. (Hg.), *Seminar Kommunikation, Interaktion, Identität*, Ffm. 1977, 73-114.
11 P.A. Albrecht/C. Pfeiffer, *Die Kriminalisierung junger Ausländer*, München 1979, 93 ff.

12 »United Nations Declaration of the Riughts of the Child«, in: W. Aikin/H. La Follewtte (Hg.), *Whose child, Chrildrens Rights, Parental Authority, and State Power,* Totowa 1980, 79 f.
13 J. Habermas, a.a.O., 103.
14 J. Habermas, a.a.O., 103.
15 H. Jonas, *Das Prinzip Verantwortung. Versuch einer Ethik für die technologische Zivilisation,* Ffm. 1984.
16 Vgl. D. Parfit, *Reasons and Persons,* Oxford 1984, 487-490; W. Angglin, in: »Defense of the Potentiality Principle«, in: R. I. Sikora/B. Barry (Hg.), a.a.O., 31-37.
17 D. Parfit, a.a.O.
18 K. O. Apel (1978), 418 f.
19 K. O. Apel, »Die Situation des Menschen als ethisches Problem«, in: *Zeitschrift für Pädagogik,* 5/1982, 692.
20 K. O. Apel, a.a.O., 679 f.
21 U. Horstmann, *Das Untier. Konturen einer Philosophie der Menschenflucht,* Wien/Berlin 1983, 58.
22 Vgl. Anmerkung 4.
23 J. Royce, *The Problem of Christianity – With a new introduction by John E. Smith,* Chicago 1968, 333.
24 A.a.O., 234 f.
25 G. W. F. Hegel, *Vorlesungen über die Philosophie der Religion II,* Ffm. 1969, 320.

◆
Diskurs- und Mitleidsethik in Begründung und Anwendung

0. Vorbemerkung

Die Debatte zwischen Carol Gilligan und Lawrence Kohlberg (Gilligan 1984), der sich seit längerem auch Vertreter der Diskursethik angenommen haben, (Habermas 1983), gilt nicht nur der Validität eines psychologischen Konstrukts, sondern zugleich der Frage der Begründung einer Moral. Obwohl Kohlbergs Theorie der Entwicklung moralischer Urteilskompetenz über die Geltung moralischer Prinzipien nichts aussagen kann, sind doch Moraltheorie und Moralpsychologie so miteinander verknüpft, daß die faktische Fähigkeit, moralische Urteile zu fällen, an bestimmte psychische Entwicklungen gebunden ist und daß die entsprechende Entwicklung dieser Fähigkeit von der Teilnahme an sachlich geführten Diskursen über Moralprobleme wesentlich abhängt.

Die Differenzen zwischen Kohlberg und Gilligan scheinen in weiten Teilen parallel zu der Differenz von kantianischer und aristotelischer Ethik, von deontologischen und teleologischen, von prinzipialistischen und kontextualistischen, von Gesinnungs- und Verantwortungsethiken zu verlaufen. Ob es sich bei diesen Differenzen um eine Implikation von Kohlbergs Forschungsmethode, d.h. um eine Artefakt oder um eine nicht zufällige Differenz in der Frage der Begründung von Moralen handelt, ließe sich erst dann entscheiden, wenn gezeigt werden könnte, daß Kohlbergs Methode notwendigerweise auf fiktiven lebensfremden und in keine Lebensform eingebetteten Dilemmata beruht. Die letzte Phase von Kohlbergs Denken, nämlich seine Theorie moralischer Erziehung, revidierte jedoch implizit die Methode künstlicher Dilemmata und führt auch die Moralpsychologen als Teilnehmer in reale Entscheidungssituationen ein (Kohlberg 1986). Damit hat Kohlberg den wesentlichen Einwänden, die ihm vor allem von feministischer Seite entgegenschlugen, Rechnung getragen und zuletzt eine Theorie der "konkreten Anderen" im

Blick gehabt (Benhabib 1987).

Im folgenden soll nun die These untermauert werden, daß die bei Kohlberg und Gilligan beanspruchten moralphilosophischen Argumentationsmuster der Unterscheidung von Prinzipien- und Mitleidsethiken folgen. Freilich haben die prinzipialistischen Ethiken kantianischen Zuschnitts durch den "linguistic turn" eine derart veränderte Form angenommen, daß auch mitleidsethische Argumentationen ihnen nicht mehr unvermittelt gegenübergestellt werden können, sondern ihrerseits einer Reformulierung harren. Immerhin jedoch gingen und gehen Mitleidsethiken schon immer von dem aus, was Prinzipienethiken nach dem "linguistic turn" erst umständlich errungen haben: nämlich Intersubjektivität als Geltungsgrund.

Im folgenden sollen nun die Leistungen und Grenzen von Diskurs- und Mitleidsethik in vier unterschiedlichen Dimensionen untersucht werden. Moralische Urteile und Handlungen kann man bezüglich der *Motivation*, die zu ihnen führt, den *Modi, nach denen sie begründet* werden und den *Regeln, gemäß derer sie angewendet und durchgesetzt werden,* unterscheiden. Diesen immanent ethischen Überlegungen liegt freilich eine Sphäre *ontologischer Konstitution ethischer Fragestellungen und Phänomene* voraus.

Die generelle These, die ich im folgenden begründen möchte, lautet, daß es zwischen Diskurs- und Mitleidsethik eine sinnvolle, irreduzible Arbeitsteilung gibt derart, daß Diskurs- und Mitleidsethik in diesen Dimensionen exklusiv je eine Funktion wahrnehmen, die das andere Ethikparadigma nicht erfüllen kann. So irreduzibel jedoch diese Arbeitsteilung ist, so komplementär sind beide Paradigmata miteinander verzahnt. Diskurs- und Mitleidsethik sind keine Konkurrenten, sondern Partnerinnen beim Explizieren einer unverkürzten ethischen Theorie. Bei dieser Arbeitsteilung übernimmt die Diskursethik die Funktion der Geltungsbegründung ethischer Argumente, während die Mitleidsethik das Motivations- und Applikationsproblem löst. Nicht zuletzt kann alleine eine Mitleidsethik das Konstitutions- bzw. Erschließungsproblem ethischer Phänomene lösen. Pointiert könnte man sagen: Diskursethiken ohne Mitleid sind blind – während Mitleidsethiken ohne Argumentationsprinzip keinen Boden haben!

Im folgenden sollen noch einmal in aller Kürze die Positionen einer Diskurs- bzw. Mitleidsethik erinnert werden, um dann die behaupteten funktionalen Differenzen beiden Paradigmata zu erörtern.

1.0. Noch einmal: Die Diskursethiken

Mit den herkömmlichen Prinzipienethiken, zumal den kantianischen, verzichtet die Diskursethik als formale Ethik auf das Auszeichnen von Gütern und versteht moralisches Handeln nicht als das Verwirklichen eines Worumwillens bzw. als das Vermeiden eines Übels. Vielmehr geht sie – ganz wie die kantianische Ethik – von einem Konsistenzkriterium zur Überprüfung der moralischen Zulässigkeit von Handlungsmaximen aus. Im Unterschied zu Kant freilich sehen die Diskursethiken das Kriterium der Konsistenz moralischer Urteile nicht in einer semantischen Widerspruchsfreiheit, die eine einzelne Person im Prinzip einsam feststellen könnte, sondern in einem pragmatischen Prinzip, gemäß dessen nur solche Handlungen und deren Folgen als moralisch akzeptabel gelten, denen alle Beteiligten und Betroffenen müßten zwangfrei zustimmen können.

Dieses Moralprinzip wird durch eine aus der Teilnehmerperspektive rekonstruierte Minimalethik ernsthaften Argumentierens begründet. Im ernsthaften Argumentieren gehen die Teilnehmer eines Gesprächs wechselseitig bestimmte Verpflichtungen ein, die in den Basishandlungen vernünftigen Sprechens je schon präsupponiert sind. Vernünftige Sprecher müssen um der Konsistenz der intersubjektiven Handlung "Sprechen" willen das vermeiden, was die Sprechakttheorie als "performativen Widerspruch" bezeichnet. Performative Widersprüche zeichnen sich dadurch aus, daß die propositionalen Gehalte und die illokutionären, ebenfalls semantisch markierbaren Rollen eines Sprechaktes zueinander in Widerspruch treten. Aus diesem zu vermeidenden performativen Widerspruch der ernsthaft Argumentierenden folgern dann die starken Programme der Diskursethik eine positive Minimalethik je schon stattgehabter intersubjektiver Anerkennung, während die schwächeren Programme hieraus lediglich glauben ableiten zu können, daß moralische Fragen überhaupt zwangfrei und intersubjektiv mit dem Anspruch auf universelle Zustimmung hin debattiert werden sollten. Im Unterschied zu den schwächeren Varianten (vgl. Habermas 1983) haben die stärkeren Varianten somit unversehens minimale inhaltliche Normen und Zustände positiv sanktioniert und damit das Prinzip strikt deontologischer Ethiken durchbrochen. Hierauf komme ich bei der Frage der Konstitution moralischer Phänomene zurück.

2.0. Was heißt "Mitleidsethik"?

Es war der Utilitarist Jeremy Bentham, der in einer Passage der "Principles of Morals and Legislation" von 1789 auch auf das Problem der Rechte von Tieren eingeht und dabei die klassische Frage stellt: "...the question is not, Can they reason?, nor, Can they talk? but, Can they suffer?" (Bentham in Burtt (ed) 1939, S.847)

Schließlich lehrte Arthur Schopenhauer, daß im Mitleid Moralität und Triebfeder der Moralität zusammenschiessen und daß alleine das Mitleid als Grundlage der Moral eine "reale, ja, ausgedehnte Wirksamkeit" (Schopenhauer 1977 S. 273) besitze.

Sowohl Bentham als auch Schopenhauer argumentieren teleologisch, insofern sie zwar nicht von einer Ethik als einer Lehre des Erstrebens des höchsten Gutes ausgehen, aber doch eine Ethik der Vermeidung größter Übel zu begründen versuchen. Diese Begründung verläuft bei Bentham gleichsam naiv und intentione recta, während Schopenhauer den anspruchsvolleren Weg einer immanenten Widerlegung der kantischen Prinzipienethik geht. Auf Schopenhauers Kritik an Kant komme ich bei der Erörterung der Begründungsprobleme von Diskurs- und Mitleidsethik zurück.

Ein klassischer Einwand gegen die herkömmlichen Mitleidsethiken besteht im Aufbieten des sog. "naturalistischen Fehlschlusses", d.h. in dem Hinweis, daß aus der deskriptiven Feststellung eines Zustandes keinerlei zwingende Gründe zu präskriptiven Sätzen, etwa zu Aufforderungen resultieren können. Nun sind freilich an dem Argument vom naturalistischen Fehlschluß aus verschiedenster Hinsicht Kritiken geübt worden. So hat W. Frankena zu zeigen versucht, daß die immer wieder als natürlich und intuitiv angesehene Unüberbrückbarkeit von Sein und Sollen letztlich einer Definitionsfrage sehr nahe kommt (Frankena 1974), während W. Stegmüller nachweisen konnte, daß – rein formallogisch gesehen – sehr wohl präskriptive Sätze aus deskriptiven Sätzen wahrheitswerterhaltend deduziert werden können (Stegmüller 1974, S. XX). J. R. Searle hat schließlich im Rahmen seiner Theorie der Sprechakte zu zeigen versucht, daß die Gleichsetzung von Bedeutung und des Gebrauchs von Begriffen Ursache einer falschen Analyse von illuktionären Äußerungen ist, in denen "deskriptive" Begriffe vorkommen (Searle 1971).

Searle zog damals aus dieser Kritik des Fehlschlusses des naturalistischen Fehlschlusses die Konsequenz, daß normative Ableitungen aus "deskriptiven" Äußerungen sehr wohl möglich seien. Diesem Argument hat K. O. Apel schon bald entgegengehalten, daß erst die normative Aufladung deskriptiver Begriffe eine solche Ableitung ermögliche, was wiederum die Kluft zwischen Sein und Sollen eindrücklich bestätige. Denn dann folgerten aus normativ gehaltvollen "Beschreibungen" normativ gehaltvolle Aufforderungen, was genau der Trennung von Sein und Sollen entspreche (Apel 1976).

Nun hat schon Wilhelm Kamlah 1973 in einer sprachlichen Grundlegung und ethischen Weiterführung philosophischer Anthropologie nachweisen wollen, daß bestimmte basale Begriffe der philosophischen Anthropologie, wie etwa "Bedürfnis" zwar deskriptiv verwendet werden, aber letztlich ohnehin nur normativ verstanden werden können. Bezüglich der Searle/Apel Kontroverse ließe sich aus dieser Perspektive sagen: Der vorausgesetzte Regelfall von Sprechhandlungen besteht in ihrem illokutionären, d.h. normativ verbindlichen Charakter. Insofern ist auch der Regelfall der Verwendung von Prädikaten, die die Befindlichkeit von Menschen bezeichnen, normativ und nur ein speziell als solcher ausgezeichneter deskriptiver, propositionaler Kontext, in dem es alleine um die Wahrheit von Aussagen geht, überträgt seine normativ neutralisierte Haltung auch auf derlei Befindlichkeitsprädikate. Und wer – so Kamlah – als kompetenter Sprecher gelernt hat, wie Befindlichkeitsprädikate richtig verwendet werden können, sie somit versteht und damit *einsieht*, was mit ihnen bedeutet ist, wird dann auch keinerlei Schwierigkeiten haben, das, was als scheinbarer naturalistischer Fehlschluß erscheint, als eine legitime Konsequenz des Weltverständnisses unserer Umgangssprache zu akzeptieren.

Mit Kamlah und Searle haben die klassischen Mitleidsethiken nach Bentham und Schopenhauer *erstens* ebenfalls eine sprachphilosophische Transformation durchlaufen und *zweitens* den noch vorhandenen deskriptivistischen Schein abgestreift. Indem etwa Kamlah feststellt, daß die philosophische Anthropologie nicht in der Art der empirischen Wissenschaften an "den Menschen" herantreten könne, vollzieht er auch in der Grundlegung der Ethik eine Wendung von Zuschauer- zu Teilnehmerperspektiven. Die Realisierung einer solchen Teilnehmerperspektive, die sich ganz auf die *recht verstandene Bedeutung* von Befindlichkeitsprädikaten konzentriert, korrespondiert Searles Einsicht in die illokutionäre Prägung "deskriptiver" Begriffe.

Lassen sich also kantianische Prinzipienethiken nach der linguistischen Wende als teilnehmerperspektivenorientierte Explikation der Präsupposition ernsthaften Argumentierens rekonstruieren, so gilt ähnliches für die Mitleidsethiken, nur daß es bei ihnen nicht um die Explikation pragmatischer Präsuppositionen geht, sondern um die semantopragmatische Bedeutung basaler Begriffe.

Güterethiken bauen auf der u.U. handlungsmotivierenden und stets evaluativen Kraft einer bestimmten, auf die Befindlichkeit von Lebewesen zielenden Semantik auf. Dabei explizieren sie die Bedeutung dieser Semantik nicht aus der desengagierten Haltung von Beobachtern, die allenfalls überprüfen wollen, ob eine bestimmte Eigenschaft vorliegt oder nicht, sondern aus der Perspektive von Teilnehmern, die die Bedeutung von Befindlichkeitsprädikaten aus ihrer normalen Verwendung und nicht aus dem Spezialfall der Überprüfung von Propositionen kennen. Sie setzen also explizit an dem an, was Charles Taylor als jene "starken Wertungen" bezeichnet, die in der von uns verwendeten Sprache Gefühle, Ansprüche und persönliche Zustände prägen und miteinander verknüpfen (Taylor 1985). Mitleidsethiken scheinen auf den ersten Blick ein Sonderfall dieser Güterethiken zu sein, insofern sie dem sparsamen Prinzip folgen, nicht anzustrebende Güter, sondern zu vermeidende Übel in den Mittelpunkt ihrer Bestrebungen zu stellen (Vgl. Gert 1983). Im Unterschied zu allen herkömmlichen Güterethiken jedoch haben sich die sprachanalytisch orientierten Mitleidsethiken nicht mehr an den Befindlichkeiten prinzipiell einsamer Akteure, sondern an der verletzlichen Intersubjektivität nicht nur sprachlich aufeinander bezogener Interaktanten ausgerichtet. Schon seit jeher waren Mitleidsethiken intersubjektivistisch angelegt – ihre Fundierung in einer intersubjektivistischen Bedeutungstheorie basaler anthropologischer Prädikate erfüllt lediglich, was in diesen Ethiken je schon enthalten war: den Gedanken einer unversehrten Inter-Subjektivität. Anders Prinzipienethiken: Bei ihnen war es erst die linguistische Wende, die ihren bisher geltenden methodischen Solipsismus erlöst hat.

3.0. Diskurs- und Mitleidsethik im Vergleich
3.1. Zum Motivationsproblem

"Wie nun aber reine Vernunft, ohne andere Triebfedern, die irgend woher sonst genommen sein mögen, für sich selbst praktisch sein, d.i. wie das bloße Prinzip der Allgemeingültigkeit aller ihrer Maximen als Gesetze (welches freilich die Form einer reinen praktischen Vernunft sein würde), ohne alle Materie (Gegenstand) des Willens, woran man voraus irgend ein Interesse nehmen dürfe, für sich selbst eine Triebfeder abgeben, und ein Interesse, welches rein moralisch heißen würde, bewirken, oder mit anderen Worten: wie reine Vernunft praktisch sein könne, das zu erklären, dazu ist alle menschliche Vernunft gänzlich unvermögend, und alle Mühe und Arbeit, hiervon Erklärung zu suchen, ist verloren" (Kant 1968, S.99).

Kants Phänomenalismus, der ihn sowohl bezüglich des theoretischen Erkennens als auch des moralischen Handelns zu der Annahme eines selbst nicht erkennbaren Dinges an sich, einer strikten Trennung intelligibler und empirischer Gegenstände und somit zu einer Zweiweltentheorie zwingt, kann die Frage nach einer moralischen Motivation zu moralischem Handeln überhaupt nicht stellen, geschweige denn beantworten. Kant umgeht diese Schwierigkeit, indem er nicht die Frage nach der Bestimmung des empirischen Menschen durch das moralische Gesetz stellt, sondern davon ausgeht, daß es diese unerklärliche Bestimmung gibt und nun danach fragt, welches Gefühl sie in den Menschen auslöst. Dieses Gefühl nennt Kant "Achtung". Sein Auftreten erlaubt einen Rückschluß derart, daß überall, wo dieses Gefühl verspürt wird, das Wirken des moralischen Gesetzes festgestellt werden kann. Das durch das moralische Gesetz ausgelöste Gefühl der Achtung stellt dann aber eine empirisch feststellbare Gefühlsregung dar, eine Erscheinung unter Erscheinungen, die ihrerseits nun moralisches Handeln auch kausal begründen kann. "Achtung fürs moralische Gesetz ist also die einzige und zugleich unbezweifelte moralische Triebfeder..." (Kant 1968, S.199). In den diskursethischen Nachfolgeprogrammen Kants wird das bei Kant mit dem Gefühl der "Achtung" bzw. mit der Annahme eines "höchsten Gutes" beantwortete Motivationsproblem intersubjektivistisch umgedeutet.

Demnach müßte jede Universalisierungsforderung ohnmächtig bleiben, "wenn nicht auch noch aus der Zugehörigkeit zu einer idealen Kommunikationsgemeinschaft ein Bewußtsein unkündbarer Solidarität, die Gewißheit der Verschwisterung in einem gemeinsamen Lebenszusammenhang entspringen würde" (Habermas 1986,S.313).

Was bei Kant das "höchste Gut" und die Achtung vor dem Sittengesetz war, das wird nun zur "solidarischen Einfühlung eines jeden in die Lage aller anderen" (a.a.O.S.314), ohne die im Rahmen einer Diskursethik konsensfähige Lösungen von Konflikten nicht möglich waren. Motivierende Kraft gewinnt dieses Bewußtsein unkündbarer Solidarität aufgrund des sozialtheoretischen einsichtigen Umstandes, daß autonome Individuen mindestens ebensosehr der Lebensform einer solidarischen Gemeinschaft bedürfen, um ihre Autonomie zu gewinnen und zu bewahren, wie umgekehrt eine auf Reziprozität beruhende Gemeinschaft der Freiheit und Eigenständigkeit ihrer Mitglieder bedarf. Die Verletzung und Beeinträchtigung von Formen gemeinschaftlichen Lebens, d.h. von Solidarität wird so ebensosehr zum Anlaß ethischer Konfliktlösung wie die Verletzung der Integrität von Personen. Erst wenn eingespielte oder reflexiv-anerkannte Regeln gemeinschaftlichen Lebens verletzt sind, verspüren die Teilhabenden das Bedürfnis und die Notwendigkeit, in praktischen Diskursen Konflikte nach Prinzipien der Gerechtigkeit zu lösen. Erst wenn das Bestehen konkreter Lebensformen bzw. der Summe aller Lebensformen als solche bedroht ist, wenn also die faktischen Bedingungen dessen, was Diskursprinzipien ermöglicht, in ihrem Bestand gefährdet sind (Apel 1988), wird deutlich, daß die minimalethischen Prinzipien der Diskursethik auf ihre faktische Verwirklichung drängen. Der Aufweis kontrafaktischer Präsuppositionen im bedeutsamsten menschlichen Vergesellschaftungsmedium, der Sprache, läßt stets die Kluft zwischen den faktischen Asymmetrien zwischen Sprechern und Sprecherinnen und der vorausgesetzten Idealisierung einer durchgängigen Symmetrie deutlich werden. So ist es dann die kognitive Einsicht in einen zu vermeidenden performativen Widerspruch zwischen beanspruchter und anerkannter Symmetrie hier und wirklich erfahrener und gelebter Asymmetrie dort, die motivierend wirkt. Somit wird im Rahmen der Diskursethiken das Motivationsproblem auf zwei unterschiedliche Weisen gelöst. In ihren naturalistischen Varianten (etwa bei Habermas) sind es die gleichsam anthropologischen Bedingungen menschlichen Zusammenlebens, die sich fast reaktiv gegen ihre Verletzung wehren. In ihren transzendentalphilosophischen Lesarten (etwa bei Apel) ist es die Spannung zwischen Reflexen der Selbstbehauptung hier und der Wahrnehmung kognitiver Dissonanzen dort, die ethisches und moralisches Beraten und Handeln motivieren. Mit der Umstellung vom reinen, intelligiblen Bewußtsein auf Gemeinschaften kompetenter Sprecherinnen hat die Diskursethik das durch Kants Zweiweltenlehre hervorgerufene Problem der moralischen Motivation erheblich entschärft. Dafür ist sie jetzt *erstens* mit dem Problem des bösen Willens und *zweitens* mit dem empirisch beobachtbaren Faktum konfrontiert, daß richtige Einsichten noch lange nicht dazu motivieren, im Ernstfall auch entsprechend zu handeln. Diesen Problemen entgegnet die Diskursethik naturalistisch, indem sie böswillige Akteure als letztlich pathologische Grenzfälle, die schließlich auch ihr eigenes Selbstbehauptungsinteresse verletzen, darstellt (Habermas 1982, S.109). So ersetzt ein naturalistisches Sinnkriterium weitere Begründungen. Die Kluft zwischen Handeln und Erkennen wiederum wird sozialisations- und motivationspsychologisch geschlossen: Der Hinweis auf die Notwendigkeit der Verankerung jeder kognitivistischen Moral durch die Verinnerlichung von Autorität (a.a.O. S.191) geht hier mit Kants Vorstellungen über Pädagogik konform, hat freilich den Ballast der Zweiweltenlehre abgeworfen.

Die Antworten, die die Diskursethiken auf das Motivationsproblem gaben, entsprechen also in einer wichtigen Hinsicht dem mitleidsethischen Programm: die an sich selbst, an anderen und der gemeinsamen Lebensform verspürte Verletzung motiviert dazu, Maximen in praktischen Diskursen zu erörtern. In Frage steht nun allenfalls, ob das Potential der Mitleidsethiken in ihrer motivierenden Kraft ausgeschöpft ist, oder ob Mitleidsethiken auch etwas zur *Begründung* moralischen Handelns beizutragen haben.

3.2. Zum Begründungsproblem

Arthur Schopenhauer hielt Kant 1840 in seiner Preisschrift über die Grundlage der Moral nicht nur Leere seines Prinzips bzw. die Unhaltbarkeit seiner metaphysischen Annahmen vor, sondern vor allem eine Art von performativem Widerspruch in seiner Moralkonzeption:

"Eine gebietende Stimme, sie mag nun von innen oder von außen kommen, ist es schlechterdings unmöglich, sich anders als drohend oder versprechend zu denken: dann aber wird der Gehorsam gegen sie zwar, nach Umständen, klug oder dumm,

jedoch stets eigennützig, mithin ohne moralischen Wert sein."
(Schopenhauer 1977,S.163)

Dieses Argument, das sich gegen die Vorstellung eines kategorischen Imperativs in der Ethik richtete, enthält auch über die Kritik am historischen Kant hinaus einen gewichtigen Einwand gegen Prinzipienethiken, die an irgendeiner Stelle auf Selbstbehauptungspostulate Bezug nehmen – ein Einwand, der so auch die diskursethischen Programme trifft.

Schopenhauer erhebt seinen sinnkritischen Einwand. Er glaubt, die Bedeutung des Begriffs "Moral" bzw. "moralischer Wert" nicht unter Rückgriff auf heteronomes oder eigennütziges Handeln erläutern zu dürfen. Zudem glaubt Schopenhauer, daß der Charakter von Handlungsaufforderungen, die das Prädikat "moralisch" verdienen sollen, durch eine immanente, interne Motivation zum Handeln gekennzeichnet sein muß. Beide sinnkritischen Einwände lassen sich sprachphilosophisch reformulieren:
– In einem ersten Schritt kritisiert Schopenhauer die Semantik der Moral: für ihn bedeutet "moralisches Handeln" in erster Linie "uneigennütziges, freiwilliges Handeln".
– In einem zweiten Schritt kritisiert Schopenhauer die sprachpragmatische Funktion von Kants Moralphilosophie. Modern gesprochen erscheint Kants kategorischer Imperativ als ein perlokutionärer Sprechakt, dessen motivierende Kraft *nicht* in der immantenten Triftigkeit seiner Behauptungen besteht, sondern in seinem nicht weiter aufklärbaren externen Drohungspotential. Aus dieser Kritik an Kant läßt sich durch Umkehrschluß ermitteln, welche Eigenschaften mitleidsethische Aufforderungen haben müßten: *In ihrem Kern haben moralische Sätze den Charakter zwangsfreier Aufforderungen zu uneigennützigem Handeln.*

Unter der Bedingung, daß Schopenhauers Erläuterung des Sinns moralischer Sätze triftig ist, ist nun zu fragen, ob die Grundsätze der Diskursethik diesem Kriterium genügen.

Die zwei Gestalten der Diskursethik, nämlich die stärkere transzendentalpragmatische und die schwächere universalpragmatische Lesart können in diesem Zusammenhang auf ihre universalpragmatische Variante verkürzt werden: So sehr die Diskursethiken den Anspruch erheben, die monologischen und metaphysischen Elemente bei Kant überwunden zu haben, so sehr erhebt die universalpragmatische Lesart den Anspruch, dem philosophischen Absolutismus jeder Moralbegründung durch Übernahme eines strikten thematischen Fallibilismus entgangen zu sein. Damit stellt die universalpragmatische Diskursethik die am weitesten abgeschwächte und fortentwickelte Lesart des kantischen Programms zu sein.

Sollte auch diese Lesart Schopenhauers Verdikt unterliegen, so hätten – unter der Bedingung, daß Schopenhauers Einwand triftig ist – auch die Diskursethiken das Ziel der Moralbegründung verfehlt. Andererseits aber gilt: Sollte diese Variante der Diskursethik triftig sein, wäre jedenfalls eine Schopenhauersche Begründung der Ethik auf der Basis des Mitleids falsch. Gemäß der Universalpragmatik kann eine thematisch entmoralisierte Diskursethik nun auf den "sparsamen" Grundsatz D gebracht werden:

"– daß nur die Normen Geltung beanspruchen dürfen, die die Zustimmung aller Betroffenen als Teilnehmer eines praktischen Diskurses finden (oder finden könnten)" (Habermas 1983:103).

Der Grundsatz besitzt selbst – im Unterschied zum kategorischen Imperativ – keinen offensichtlich auffordernden Charakter. Freilich enthält er – ebenso wie der kategorische Imperativ – ein sinnexplikatives Prüfkriterium. Das Problem, auf das Schopenhauer aufmerksam machen wollte, schien ebenso weniger in der Etablierung eines rationalen Prüfkriteriums für die Ausscheidung unzulässiger Handlungen zu bestehen als in der unzureichenden Antwort auf die Frage, warum man diesem Kriterium folgen solle.

In der vorgelegten Form jedenfalls genügt D dem ersten Schopenhauerschen Einwand: moralische Geltung wird qua uneigennützige Einbeziehung aller möglichen Interessen und Bedürfnisse etabliert. Diese Geltungsbegründung appelliert – damit wäre einem weiteren Einwand Schopenhauers genügt – *nicht* einem unbegründeten Respekt vor einem nicht weiter einsichtigen Sittengesetz, sondern der Einsicht in die wahrheitsanaloge Struktur moralischer Sätze. Wenn aber der Begriff der "Wahrheit" selbst nur diskurstheoretisch, d.h. auf der Basis einer sprachpragmatisch begründeten Intersubjektivitätstheorie, geklärt werden kann, dann kann auch eine wahrheitsanaloge Moral nur intersubjektiv und egalitär, d.h. unter Absehung bestimmter Einzelinteressen und unter Einbeziehung aller möglichen individuellen Perspektiven begründet werden. Freilich ist damit noch keine Maßgabe für einen bestimmten Typus des Handelns gegeben, sondern allenfalls ein Kriterium, gemäß dessen moralische Diskurse geführt werden sollen.

So tritt an die Stelle eigennützigen Denkens die uneigennützige Bereitschaft, alle möglichen Interessen zu erörtern und an die Stelle eines bedingungslosen Gehorsams die aufgeklärte Einsicht in die Sinnbedingungen des Sprechens über Moral. Insoweit unterläge die Diskursethik Schopenhauers Einwänden nicht mehr – es sei denn, man wollte grundsätzlich auch an der Diskursethik bemängeln, daß sie überhaupt individuelle Perspektiven und Interessen mitberücksichtigt, bzw. von deren Divergieren als Ausgangspunkt jeder Moral ausgeht. Demgegenüber wäre dann eine Mitleidsethik nicht durch den Wunsch nach einem gerechten Regeln von Divergenzen gekennzeichnet, sondern durch einen unmittelbaren, natürlichen Impuls, Leiden und Ungerechtigkeit zu vermeiden.

Im Unterschied dazu wird dann jede kantianische Prinzipienethik darauf hinweisen müssen, daß eine *unmittelbare Erfahrung von Leid* erstens ohnehin unmöglich und zweitens das Problem ungerechter Verhältnisse nicht lösen kann.

Auch die Wahrnehmung körpergebundenen Schmerzausdrucks bei Tieren und Menschen ist nicht kontextfrei möglich und hängt von einem Netz bereits gemachter Erfahrungen und gesellschaftlich vermittelter Interpretationen ab. Zudem sind Angst und Schmerz von Individuen in komplexe Handlungskontexte eingebunden, in denen überhaupt erst einmal geklärt werden müßte, ob das Zufügen von Schmerz nicht unter bestimmten – verantwortungsethisch aufklärbaren – Bedingungen wenigstens dann legitimiert werden kann, wenn damit erreicht wird, daß Angst und Schmerz bei sehr vielen Menschen vermieden oder verhütet werden kann.

Schon die Problematik jeder Notwehr verweist auf den Umstand, daß die Vermeidung von Schmerz alleine weder eine zureichende Begründung zur Vermeidung noch gar zum Vollziehen bestimmter Handlungen liefern mag. Die Aufforderung "Neminem laede" übergeht die Frage, wie allen Gesichtspunkten in einem Konflikt Gerechtigkeit getan werden soll. Wird nämlich diese Forderung als unmittelbare Aufforderung zum Nichtstun verstanden, müssen sich ihre Befürworter der Frage stellen, ob sie damit nicht bestehenden Schmerz anderer sanktionieren und damit gerade im Befolgen des mitleidsethischen Grundsatzes zu seiner Verletzung beitragen.

Wird der mitleidsethische Grundsatz "Neminem laede" jedoch *nicht* als unmittelbare Handlungsanleitung genommen, sondern als allgemeines Prinzip derart, daß alle Handlungen und Verhältnisse so gestaltet werden sollen, daß schließlich alle Verhältnisse, unter denen Menschen leben, so beschaffen sein sollen, daß niemand mehr leidet und daß alle Handlungen, die zu einem solchen Zustand führen, so vollzogen werden sollen, daß dabei sowenig Schmerz wie möglich zugefügt werden soll, dann erhebt sich sofort die Frage, wer wann unter welchen Umständen zu welchem Zweck Schmerz zufügen darf - eine Frage, die die Mitleidsethik aus sich alleine heraus nicht mehr beantworten kann. Damit wäre erstens erwiesen, daß die Mitleidsethik eine alleine zureichende Theorie der Gerechtigkeit nicht begründen kann und zweitens, daß nur eine Mitleidsethik die Applikation und Kontextuierung von gerechtigkeitsorientiertem Handeln so anzuleiten vermag, daß nicht bei der Durchsetzung von Gerechtigkeit gegen sie verstoßen wird.

Hier scheint mir der rationale Kern der Gilligan/Kohlberg Debatte zu liegen: Alleine prinzipienorientierte Moralen mit ihrer zunächst distanzierten und dekontextualisierten Perspektive auf Konflikte vermögen auch das Problem der nicht sofort einsichtigen Spät- und Nebenfolgen von Handlungen und Zuständen sowie der nicht unmittelbaren Betroffenheit Dritter, Vierter und das heißt schließlich Aller überhaupt in sich aufzunehmen, derweil alleine eine mitleidsethische Moral in bescheidenen Ausmaßen einen Zustand angeben kann, auf das hin ethisches Handeln zu zielen hätte sowie materiale Verfahrensregeln, die auf dem Weg dorthin zu beachten sind. Sowenig also eine Mitleidsethik aufgrund des Mangels des Begriffs der Gerechtigkeit eine Moral begründen kann, sowenig darf doch eine prinzipien- und gerechtigkeitsorientierte Moral auf die Restriktion des "Neminem laede" verzichten. Im übrigen wäre zu klären, ob Diskursethiken tatsächlich so nicht-sittlich unthematisch sind, wie zu sein sie vorgeben. Es fragt sich nämlich, ob am Ende nicht doch Diskurs- und Mitleidsethik im Sinne einer regulativen Idee einem prinzipiell identischen Zustand nachstreben. Es scheint auf den ersten Blick widersinnig, sich einen Zustand vorzustellen, in dem zwar alle Individuen uneingeschränkte und symmetrische Chancen haben, ihre Interessen und Bedürfnisse in praktischen Diskursen zu erörtern, dafür oder dabei aber gleichwohl leiden. Ein solcher Zustand läßt sich nicht anders denn als "entfremdet" bezeichnen. Umgekehrt ist aber auch die Vorstellung einer zwar schmerzfreien, aber von keinerlei Teilhabechancen geprägten Lebensform unsinnig. Solches Leben bezeichnete die Tradition als die "Fleischtöpfe Ägyptens", während Herbert Marcuse in seinem Werk "Der eindimensionale Mensch" hier vom "glücklichen Bewußtsein" (Marcuse 1967:95) sprach. Sind die Individuen im Leiden von ihrem Leib entfremdet, so entfremdet sie die Unfreiheit ihrer autonomen Subjektivität. Indem beide Formen der Entfremdung auf einen Mangel oder verweisen, der als solcher auch verspürt wird, verweisen beide freilich auf eine tieferliegende Ebene unbeeinträchtigter Inter-Subjektivität, deren Verletzung der letzte Anlaß moralischen Argumentierens und ethischen Handelns ist. Das verweist auf eine nur mitleidsethische fassbare Dimension nicht der Begründung, sondern einer Erschließung von Ethik und Moral.

3.3. Zum Erschließungsproblem

Wenn also eine kantianische Prinzipienethik in der Lage ist, eine Moral über das Problem divergierender Interessen als solche zu thematisieren und über die Frage nach der Einbeziehung aller Interessen und Gesichtspunkte wahrheitsanalog prozedural zu begründen, so vermag sie doch nicht positiv anzugeben, *worum* es bei moralischen Diskursen geht, bzw. ob sie ein Ziel haben, das über ihre Institutionalisierung hinausgeht. Die rein prozeduralistischen Spielarten der Diskursethik sehen in jeder inhaltlichen Bestimmung einer Moral eine unzulässige Vermischung von Argumentationsebenen und bestreiten einer philosophischen Moral das Recht, selbst Prinzipien des guten bzw. zu überwindende Phänomene eines schlechten Lebens zu benennen. Damit würden die ebenso kontingenten wie nicht antizipierbaren Perspektiven der Individuen enteignet und der philosophischen Moral eine Normierungskraft zugestanden, die sie gemäß ihrer prozeduralistischen Voraussetzungen nicht mehr haben kann. Was moralisch vernünftig ist, läßt sich ausschließlich im Diskurs der Betroffenen entscheiden, aber nicht am Schreibtisch des Philosophen. Freilich könnten wir noch nicht einmal diesen Einwand formulieren, wenn wir nicht bereits wüßten, was wir unter "betroffen" verstehen sollten, wenn wir also nicht – mit anderen Worten – über ein vortheoretisches Wissen verfügten, das uns darüber informiert, *worum* es geht, wenn wir uns auf einen moralischen Diskurs einlassen. Dabei geht es wohlgemerkt nicht um die Frage nach der Motivation zu moralischen Handeln, sondern um die Quellen des Wissens, die uns erschließen, was überhaupt ein moralisches Phänomen ist.

Wenn das Wissen dessen, was "Gerechtigkeit" ist, mehr sein soll als lediglich das Wissen um die Konsistenz von Regeln, so bleibt keine andere Möglichkeit, als "Gerechtigkeit" als jenen vortheoretisch bekannten Zustand zu erläutern, in dem das Leiden von Tieren und Menschen beendet wird. Oben wurde gesagt, daß ein unmittelbares Mitleiden nicht denkbar sei, da alles Leiden stets als kontextuiertes verstanden werde. So richtig diese Aussage im Prinzip ist, so sehr muß sie doch auch die Erkenntnisse der modernen Wissenschaft hinnehmen, wonach es eine kultur- und geschichtsübergreifende Gebärdensprache gibt, die von allen Menschen, unabhängig von ihrer Sozialisation, ihrem Alter, Geschlecht und sonstigen Zugehörigkeit abhängt (Ekman 1980).

Faktisch-genetisch ist die Erfahrung ungestörter Intersubjektivität und unversehrter Subjektivität im nicht sprechsprachlichen Gebärdenspiel zwischen Mutter und Kind jene Basis, von der überhaupt Ungerechtigkeit *als* Ungerechtigkeit, d.h. als etwas, das schmerzt und entsprechende Gebärden hervorruft, verstanden werden kann. Systematisch verweist dies auf eine Phänomenologie des Leides, für das die prinzipiengeleitete Moralen kein eigenes Sensorium besitzen. Um zu wissen, worum es bei einer Moral überhaupt geht, muß uns die menschliche Welt als eine Welt verletzlicher, aufeinanderbezogener, mit- und aneinander leidender Wesen erschlossen sein. Es ist diese Erschließungsfunktion, in die die Mitleidsethik ihre besondere Rolle spielt. Erst vom Mitleid her kann es der Philosophie – wie besonders Emmanuel Levinas gezeigt hat – gelingen, ihre ontologischen und metaphysischen Irrgänge zu beenden und zu jenem Ausgangspunkt zurückzufinden, von dem auch die Idee der Wahrheit reformuliert werden mußte: nämlich zu jenem Punkt, an dem uns andere Menschen in ihrer Not und Nacktheit begegnen:

"Seiner Form entkleidet, ist das Antlitz durch und durch Nacktheit. Das Antlitz ist in Not und in der Direktheit, die auf mich zielt, ist es schon inständiges Flehen. Aber dieses Flehen fordert. In ihm vereinigt sich die Demut mit der Erhabenheit. Und dadurch kündigt sich die ethische Dimension der Heimsuchung an" (Levinas 1984:223).

Literatur

Apel, K.O., Sprechakttheorie und transzendentale Sprachpragmatik zur Frage ethischer Normen, in: Apel, K.O. (Hg.) Sprachpragmatik und Philosophie, Ffm. 1976, S. 10-173.

Apel, K.O., Diskurs und Verantwortung – Das Problem des Übergangs zur postkonvenionellen Moral, Ffm. 1988.

Benhabib, S., The generalized and the Concrete Other – The Kohlberg Gilligan Controversy and Feminist Theorie, in: Benhabib, S. & Cornell, D. (Eds.) Feminism as critique, Minneapolis 1986, p. 77-95.

Bentham, J., An introduction to the Principles of Morals and Legislation, in; Burtt, E.A. (Ed.) The english philosophers from Bacon to Mill, Toronto 1939, p.791-852.

Ekman, P., The face of Man, London/New York 1980.

Frankena, W., Der naturalistische Fehlschluß, in: Grewendorf, G./Meggle, G. (Hg.) Seminar: Sprache und Ethik, Ffm. 1974, S. 83-99.

Gert, B., Die moralischen Regeln, Ffm. 1983.

Gilligan, C., Die andere Stimme – Lebenskonflikte und Moral der Frau, München 1984.

Habermas, J., Moralbewußtsein und kommunikatives Handeln, Ffm. 1983.

Habermas, J., Gerechtigkeit und Solidarität, in: Edelstein, W./Nunner-Winkler, G. (Hg.) Zur Bestimmung der Moral, Ffm. 1986, S. 291-318.

Kamlah, W., Philosophische Anthropologie – Sprachliche Grundlegung und Ethik, Mannheim 1973.

Kant, I., Grundlegung zur Metaphysik der Sitten, in: Kant, I. Werke, Bd. 6, Darmstadt 1968, S. 11-102.

Kohlberg, L., Zur kognitiven Entwicklung des Kindes, Ffm. 1974.

Levinas, E., Die Spur des Anderen, Freiburg/München 1983.

Marcuse, H., Der eindimensionale Mensch, Neuwied/Berlin 1967.

Schopenhauer, A., Über die Grundlage der Moral, in: Arthur Schopenhauer, Zürcher Ausgabe VI, Zürich 1977, S. 147-315.

Searle, J.R., Sprechakte – Ein philosophischer Essay, Ffm. 1971.

Stegmüller, W., Resultate und Ergebnisse der Wissenschaftstheorie und analytischen Philosophie.

Taylor, C., Agency and the Self, in: Taylor, C. Human Agency and Language, Philosophical Papers 1, Cambridge 1985, p. 45-76.

◆
Integrität und Mündigkeit.
Ist eine advokatorische Ethik möglich?

Die Frage nach der Möglichkeit einer advokatorischen Ethik weist, wie die Frage nach einer jeden Ethik, auf eine Verunsicherung im Handeln hin. Die Frage nach dem, was wir tun sollen, entsteht in der Regel dann, wenn unsere alltäglichen oder traditionellen Handlungsorientierungen durch Zweifel, Mißerfolge oder Enttäuschungen brüchig geworden sind. Im Bereich der Pädagogik bezieht sich die Frage nach einer advokatorischen Ethik auf das Problem, ob und in welchem Ausmaß wir als Pädagogen dazu verpflichtet sind, anderen dazu zu verhelfen, sie selbst zu werden. Ob wir die anderen mit einer solchen Vorgabe nicht bereits unbefragt entmündigt haben und eine solche Ethik nur als Deckmäntelchen zum Durchsetzen eigener Interessen mißbrauchen, ist die Frage, der sich jede advokatorische Ethik zu stellen hat. Ist sie also wirklich mehr, als jener Pfadfinder, der die sprichwörtliche alte Dame auch dann auf die andere Seite der Straße bringt, wenn sie es gar nicht will?

Ich werde der Frage nach den Möglichkeiten einer advokatorischen Ethik in fünf Schritten nachgehen: Ich werde 1. versuchen, den Begriff der »advokatorischen Ethik« näher zu klären, 2. der Frage nachgehen, warum eine solche Ethik nötig zu sein scheint, 3. einige zentrale Einwände gegen die Idee einer solchen Ethik referieren, um schließlich 4. drei Begründungsmodelle für eine advokatorische Ethik zu skizzieren und endlich 5. die Frage beantworten, wozu uns eine advokatorische Ethik als Pädagogen verpflichtet.

1. Was heißt: Advokatorische Ethik?

Unter einer Ethik können wir ein System von Behauptungen und Aufforderungen verstehen, das uns darüber informiert, was für uns gut oder angenehm, schlecht oder unangenehm ist, was wir für verwerflich halten und was wir begrüßen und wie wir uns zu dem, was für uns akzeptabel oder inakzeptabel ist, verhalten sollen. Eine Ethik enthält somit in der Regel Werturteile und Verhaltensmaximen. In der traditionellen philosophischen Diskussion werden gemeinhin zwei Typen ethischer Systeme unterschieden, sogenannte Güterethiken und sogenannte Pflichtethiken. Sie unterscheiden sich danach, was sie als Kriterium für ein richtig und das heißt begründet gebotenes Handeln ansetzen: Eine Hierarchie von Dingen oder Zuständen, die für jeden einzelnen von uns oder für uns alle aus welchen Gründen auch immer erstrebenswert sind – dies wären die Kriterien einer *Güterethik* –, oder aber eine oberste, unbedingt, d.h. unabhängig von unseren Vorlieben und Wertschätzungen gültige Verhaltensmaßregel – dies wäre das Kriterium einer *Pflichtethik*.

Bei der Klärung des Begriffs »advokatorisch« können wir zunächst am alltagssprachlichen Begriff des Advokaten anknüpfen, also an dem durch diesen Begriff bezeichneten Vertreter eines Berufsstandes, der – durch einen Klienten beauftragt – dessen Interessen in einem juristischen Streit vertritt und zwar genau deshalb, weil er hierzu besser als der Klient in der Lage ist. Freilich gehört zum Mandat des Advokaten im Prinzip seine Bevollmächtigung durch den Klienten, ein Umstand, der schon in Vormundschaftsfällen oder etwa im Fall der Pflichtverteidigung nicht mehr gegeben ist. In diesen Fällen wird aus dem Advokaten, der eigentlich auf Geheiß der Klienten deren Interessen wahrnimmt, ein Anwalt, der die Interessen von Klienten auch und gerade dann wahrnimmt, wenn sie weder Willens noch dazu in der Lage sind, ihre Interessen selbst zu vertreten bzw. selbst einen Interessenvertreter zu benennen. Wir können dieser Veränderung in der Sache und der damit einhergehenden Bedeutungsverschiebung des Begriffs »Advokat« vielleicht dadurch Rechnung tragen, daß wir zwischen einem *anwaltlichen* und einem *vormundschaftlichen* Wahrnehmen von Interessen unterscheiden.

Anwaltliche und vormundschaftliche Beauftragung eines Advokaten unterscheiden sich dadurch, daß wir im ersten Fall dem Klienten eine aufgeklärte und verantwortete Kenntnis seiner Interessen zuschreiben, derweil wir im zweiten Fall davon ausgehen, daß der Klient diese aufgeklärte Kenntnis seiner Interessen nicht besitzt.

Für das hier zu verhandelnde Problem einer advokatorischen Ethik geht es nun vor allem um das *vormundschaftliche* Vertreten von Interessen, das mit einem systematischen Gefälle von Kenntnissen in bezug auf die Interessen des Klienten zwischen Anwalt und Klient rechnet. Damit ist eine vormundschaftliche Interessenvertretung auch stets eine stellvertretende Vertretung dessen, was doch das eigenste eines jeden Menschen zu sein scheint: seiner Interessen.

Ich möchte eine vorläufige Definition vorschlagen: *Eine advokatorische Ethik ist ein System von Behauptungen und Aufforderungen in bezug auf die Interessen von Menschen, die nicht dazu in der Lage sind, diesen selbst nachzugehen sowie jenen Handlungen, zu denen uns diese Unfähigkeit anderer verpflichtet.*

2. Wozu ist eine Advokatorische Ethik überhaupt nötig?

Wenn Eltern ihren kleinen Kindern verbieten, nach 21.00 Uhr fernzusehen, wenn die Pfleger einer psychiatrischen Anstalt einer als hilflos, aber unruhig bezeichneten Person den Ausgang unmöglich machen, wenn nach Maßgabe des Betäubungsmittelgesetzes ein Drogenabhängiger vor die Wahl Strafvollzug oder Therapie gestellt wird und wenn der Staat der Bundesrepublik Deutschland gesetzlich festlegt, daß alle Kinder nach der Vollendung des sechsten Lebensjahres bei Strafe von Sanktionen neun oder zehn Jahre lang dazu verpflichtet sind, eine Schule zu besuchen, dann haben wir es in allen Fällen mit dem vormundschaftlichen Handeln von Einzelnen oder Institutionen gegenüber meist jüngeren Menschen zu tun, denen aufgrund unterschiedlichster Kriterien die Fähigkeit, ihre wohlverstandenen Interessen selbst wahrzunehmen, abgesprochen wird. Insofern stellt advokatorisches Handeln durchaus eine normale und übliche gesellschaftliche, ja alltägliche Praxis dar. Wozu bedarf es also einer ausdrücklich als solchen entwickelten Ethik, wenn doch die Praxis ohnehin bereits genauso – wie beschrieben – verfährt?

Ein *erster* Anlaß zur ausdrücklichen Formulierung könnte in dem Umstand bestehen, daß weder die kleinen Kinder, noch die hilflosen Personen, die Drogenabhängigen oder Schüler dazu bereit sind, den Maßnahmen, die ihnen auferlegt werden, Folge zu leisten und somit ihnen und anderen gegenüber das Interesse besteht, die ihnen geltenden Maßnahmen als akzeptabel auszuweisen.

Ein *zweiter* Anlaß zur Formulierung einer advokatorischen Ethik könnte in dem wissenschaftlichen Interesse bestehen, herauszufinden, mit welchen Gründen Eltern, Pfleger, Richter und staatliche Gesetzgeber ihre eigenen Handlungen rechtfertigen. Ein *dritter* Anlaß könnte endlich darin bestehen, zu überprüfen, ob die Gründe, die Eltern und andere vorbringen, tatsächlich akzeptabel sind – was schließlich dazu führen muß, den Maßstab solcher Akzeptabilität festzulegen.

Im ersten Fall dient das Formulieren einer advokatorischen Ethik einfach der besseren Sanktionierung oder Durchsetzung vormundschaftlicher Handlungen gegenüber den Mündeln, während wir uns im zweiten Fall in beschreibender Hinsicht für das Selbstverständnis der Vormünder interessieren.

Erst im dritten Fall beginnen wir schließlich, die Gründe, die die Vormünder vorbringen, auf ihre Stichhaltigkeit hin zu prüfen, was uns endlich dazu zwingt, unsere eigenen Vorstellungen über die Angemessenheit vormundschaftlichen Handelns auszubuchstabieren. In dem Augenblick, in dem wir derartige Vorstellungen ausdrücklich benannt haben, haben wir bereits eine advokatorische Ethik in nuce entwickelt. Mit anderen Worten: Immer wenn wir uns kritisch zu den Begründungen verhalten, die für ein bestimmtes vormundschaftliches Handeln vorgebracht werden und zudem unseren eigenen Kriterien für solches Handeln ausformulieren, bewegen wir uns bereits in einem advokatischen Diskurs.

3. Was spricht gegen eine advokatorische Ethik?

In gewisser Weise könnte man sagen, daß eine jede Pädagogik bereits eine advokatorische Ethik beinhaltet, insofern sie es in der Regel mit Subjekten zu tun hat, die als unmündig angesehen werden. Damit hängen Begründungsbedarf und Begründungsleistung advokatorischer Ethiken von der Unterstellung ab, daß es in gegebenen Bereichen ein Gefälle an Mündigkeit gibt. In dem Augenblick, in dem aus welchen Gründen auch immer entweder dies Gefälle an Mündigkeit bestritten oder aber der Zuschreibung von Unmündigkeit unsachliche Motive nachgewiesen werden können, ist das Projekt einer jeden advokatorischen Ethik hinfällig.

Nicht erst seit dem geflügelten Song von »Pink Floyd«, der mit den Zeilen »We don't need no education, we don't need no thought control«

eine ganze Generation von Schülern und Pädagogen entflammte und verunsicherte; nicht erst seit der antiautoritären Erziehung und der Antipädagogik im Gefolge der Antipsychiatrie die Pädagogik abschaffen wollte und nicht erst seit M. Foucaults »Überwachen und Strafen«, in dem er mit der Formulierung »Die Seele – das Gefängnis des Körpers« sämtliche modernen Humanwissenschaften dem Herrschaftsverdacht unterzog, ist das pädagogische Bevormunden in Frage gestellt worden. Und in allen Fällen wird gleichsam unterstellt, daß die vermeintlich gut gemeinten bevormundenden Eingriffe deshalb unzulässig sind, weil sie ein substantielles Rechtsgut eines jeden Menschen, nämlich eine Selbstbestimmung sowie seine körperlich und geistige Integrität in nachhaltiger Weise beeinträchtigen.

Der klassische, pädagogisch-vormundschaftliche Einwand, daß bei den Objekten bevormundender Eingriffe weder eine voll entfaltete Selbstbestimmung gegeben noch deshalb eine nennenswerte Beeinträchtigung ihrer Integrität vorliege, da beides miteinander zusammenhänge, ist bereits im Jahre 1826 von Schleiermacher in Frage gestellt worden. Schleiermacher bestreitet in seinen Vorlesungen den Pädagogen das Recht, die Gegenwart eines Kindes bevormundend für dessen Zukunft aufzuopfern:

»Und noch schwieriger und bedeutender wird ja die Sache, wenn nicht bloß ein einzelner Moment, sondern eine ganze Reihe von Momenten, der ganze Zeitraum der Erziehung, zur Sprache kommt. Bei einer bedeutenden Anzahl der zu Erziehenden kommen die beabsichtigten Momente gar nicht zur Erscheinung. Denn es fällt in die Periode der Erziehung die größte Sterblichkeit, so daß die Aufopferung des früheren Moments für diejenigen, welche früh sterben, ohne Beziehung ist. Will man sich aber auch eine solche Weise helfen, daß man sagt, wenn auch die Kinder ein größeres oder geringeres Widerstreben äußerten gegen die pädagogische Einwirkung, insofern sie als solche auf die Zukunft gerichtet sei, so werde doch eine Zeit kommen, in der sie die Zustimmung geben würden; diese Zeit sei aber die vollkommenere, und darum sei das Widerstreben auf dem unvollkommenen Standpunkte der Kindheit zu ignorieren; ja ließe man die pädagogische Einwirkung infolge des Widerstrebens aufhören, so würde das Subjekt selbst in Zukunft dieses mißbilligen und der Erzieher dafür verantwortlich sein –: So würde diese die Aufopferung des Moments rechtfertigende Deduktion nur rich-

tig sein, wenn das Kind auch mit dem Material der pädagogischen Einwirkung zufrieden wäre; das aber kann man eben nicht wissen. Und für diejenigen, für welche die Zeit der Anerkennung nicht kommt, verschwindet doch die ganze Rechtfertigung des Verfahrens« (Schleiermacher 1957, S. 47).

Schleiermacher macht gegen das oft gehörte pädagogische Argument, daß ein Zögling, wenn er einmal die Härten der Erziehung um seiner späteren Mündigkeit willen durchlaufen habe, diese Härten auch akzeptieren, ja mehr noch, das Unterlassen pädagogischer Eingriffe mißbilligen würde, zweierlei geltend: Erstens könnte es sein, daß infolge der hohen Kindersterblichkeit der Zustand der Mündigkeit gar nicht einträfe, was den geplanten Kalkül gegenstandslos machen würde und zweitens läßt sich angesichts der Möglichkeit des vorzeitigen Ablebens und des möglichen Widerspruchs eines mündigen Subjekts dessen Zustimmung prinzipiell nicht antizipieren, da es sonst kein mündiges Subjekt wäre.

Schleiermachers Einwände gegen eine derart argumentierende advokatorische Ethik sind im übrigen prinzipieller Natur und hängen nicht von der vergleichsweise hohen Kindersterblichkeit im letzten Jahrhundert ab:

Der erste Einwand argumentiert mit der Endlichkeit des Menschen gegen das unbefragte Hantieren mit der so oder so endlich bemessenen Lebenszeit, derweil der zweite Einwand die Autonomie des mündigen Subjekts so ernst nimmt, daß es dessen Stellungnahmen zum eigenen Lebenslauf nicht glaubt wertend vorwegnehmen zu dürfen. Eine advokatorische Ethik, die das Säurebad von Schleiermachers Einwänden, die von der Endlichkeit und Mündigkeit der modernen Subjektivität ausgehen, nicht heil übersteht, verdient ihren Namen nicht.

4. Wie ist eine advokatorische Ethik möglich?

Im vormundschaftlichen, advokatorischen Handeln handeln wir, die wir Personen sind, anstelle anderer Menschen, die den Zustand, eine Person zu sein, d.h. sich selbstbewußt und verantwortlich verhalten zu können, noch nicht oder nicht mehr besitzen. *Pädagogisch* ist solch advokatorisches Handeln dann, wenn es um die Herstellung von

Personalität bzw. Mündigkeit geht; *caritativ*, wenn keinerlei Chancen mehr bestehen, daß die hilfsbedürftigen Menschen jemals den Zustand der Personalität erreichen werden. Im Unterschied zum caritativen Handeln, auf das ich hier nicht weiter eingehe, ist das advokatorisch-pädagogische Handeln dann offensichtlich dadurch ausgezeichnet, daß es einer obersten Wertsetzung, nämlich der Personwerdung von Menschen verpflichtet ist. Damit scheint die Frage nach der Möglichkeit einer advokatorischen Ethik in zwei Fragen zu zerfallen:
1. Wie läßt sich begründen, daß Mündigkeit und Personalität die obersten Ziele eines jeden pädagogischen Handelns sind?
2. Welche Mittel dürfen eingesetzt werden, um dieses Ziel zu erreichen?

Beide Fragen sollen zunächst getrennt voneinander behandelt werden, wobei sich zeigen wird, daß sie in gewisser Weise voneinander abhängig sind.

Wenn wir uns der anfangs getroffenen Unterscheidung von Güter- und Sollensethiken entsinnen, können wir das Hervorrufen von Personalität entweder als Mittel zum Erreichen eines höchsten Gutes – etwa von Lust oder Lebenschancen – oder aber als unbedingt verpflichtende Handlungsweise, die sich selbst Zweck genug ist, verstehen.

Im ersten Fall wäre Mündigkeit oder Personalität ein beliebiger, wenn auch in unserer Gesellschaft notwendiger psychischer Zustand, dessen Fehlen für die entsprechenden Menschen gravierende Nachteile mit sich brächte, während im zweiten Fall Mündigkeit und Personalität jene sinnvollerweise nicht dispensierbaren Bedingungen unseres Handelns und Denkens sind, also jene Voraussetzungen, ohne die wir überhaupt kein angemessenes Selbstverständis ausbilden könnten (vgl. Kant 1959, S. 81) und die wir deswegen auch bei anderen zu erwirken haben. Zumal dann, wenn wir, wie dies neuerdings üblich geworden ist, die Ausbildung von Mündigkeit und Personalität wörtlich nehmen und das heißt den Mündigen als den einer intersubjektiven Sprache fähigen, der Argumentation fähigen Sprecher begreifen (vgl. Apel 1973).

Es wird nun deutlich, daß ein großer Teil jener Einwände, die sich gegen eine advokatorische Ethik richten, Mündigkeit als psychischen Zustand im ersten Sinn begreifen und je nach Belieben mit Nietzsche und Foucault an ekstatische Zustände appellieren bzw. Mündigkeit und Personalität als verinnerlichte Machtbeziehung auffassen, die in einer anderen, verschwenderischen Gesellschaft überflüssig sein könnten. Aber sogar wenn man diesem subjektivitätskritischen Einwand vorläufig recht gäbe, könnte er die von ihm übernommene Beweislast, nämlich andere Erziehungsziele als das Hervorrufen von Mündigkeit zu propagieren, nicht durchhalten. Denn da pädagogisches Handeln politisches Handeln nicht ersetzen kann und wir in unserer Gesellschaft noch auf unabsehbar lange Zeit mit der relativen Privilegierung mündiger Menschen vor unmündigen Menschen werden zu rechnen haben, stellt der Verzicht auf das Hervorrufen von Mündigkeit eine schwere Benachteiligung der Menschen dar, die über diese psychische Eigenschaft nicht verfügen werden. Damit wäre das advokatorische Hervorrufen von Mündigkeit auch unter Gesichtspunkten einer *gerechtigkeitsorientierten* Güterethik strikt geboten.

Es stellt sich aber die Frage, ob wir überhaupt so weit gehen müssen und zuzugeben haben, daß Mündigkeit und Personalität nur beliebige psychische Zustände unter möglichen anderen sind. Die Schwierigkeit, die sich doch uns, die wir uns selbst als prinzipiell mündige und zurechnungsfähige Personen verstehen, stellt, besteht darin, uns psychische Zustände etwa rauschhafter oder neurotischer Art vorzustellen, die ihre Bedeutung nicht immer schon vor dem Hintergrund einer selbstbewußten und verantworteten Lebenspraxis gewonnen haben. Indem wir voller Unbehagen an unseren Zwängen leiden oder uns sehnsüchtig an Erfahrungen von Entgrenzung und Ekstase erinnern, tun wir das vom Standpunkt eines mündigen Subjekts aus, das sich *zeitweilig* oder *teilweise* seiner Mündigkeit begeben hat. Ohne die vorausgesetzte Folie selbstbewußten, mündigen Lebens gibt es weder ein Leiden an der Entfremdung noch eine Lust an der Entgrenzung, womit sich Mündigkeit und Personalität als Sinnbedingung derartiger Erfahrungen erweisen. Wenn dem so ist, dann sind Mündigkeit und Personalität aber keine beliebigen psychischen Zustände, sondern die unaufgebbaren Kerne unseres Selbstverständnisses, an deren Fortexistenz wir ein *alternativloses* Interesse haben (vgl. Kant 1959).

Es fragt sich zudem, ob sich dieses für uns alternativlose Interesse auch auf andere Menschen überträgt, bzw. ob sich aus diesem Interesse an uns selbst als mündigen Wesen auch die Verpflichtung ergibt, bei anderen Menschen, die sich noch nicht im Zustand der Mündigkeit befinden, diesen Zustand hervorzurufen. Warum sollte es denn nicht möglich sein, Mündigkeit und Personalität für uns zu beanspruchen, es im Hinblick auf andere Menschen aber mindestens offen zu lassen, ob sie diesen Zustand erreichen werden oder nicht?

Bevor ich mich dieser Frage zuwende, möchte ich noch ein drittes Modell advokatorischer Ethik mindestens benennen. Ich hatte angedeutet, daß im Rahmen einer Güterethik Mündigkeit als ein gesellschaftlich hochstehendes Gut gefaßt werden kann, dessen Abwesenheit Nachteile mit sich bringt und daß wir im Rahmen einer Pflichtethik dazu aufgefordert sein könnten, die Sinnbedingungen, unter denen wir stehen, auch bei anderen zu verwirklichen. Im Unterschied zu diesen beiden eher abstrakten, an Verteilungs- oder Selbstverständnisnormen bzw. -postulaten orientierten Ethiken läßt sich auch eine nicht nur situationsorientierte, an Haltungen wie Liebe, Mitleid und Wohlwollen ausgerichtete Ethik des »konkreten Anderen« postulieren, wie sie neuerdings vor allem in der US-amerikanischen feministischen Psychologie und Philosophie entworfen wird.

5. Wozu sind wir im Rahmen einer advokatorischen Ethik verpflichtet?

Es läßt sich nun zeigen, daß eine Theorie der Mündigkeit, die die mündige Person als eine Sprecherin/einen Sprecher unter anderen versteht, nicht ohne Selbstwiderspruch darauf verzichten kann, in denjenigen Unmündigen, mit denen sie verkehrt und spricht, Mündigkeit kontrafaktisch zu unterstellen und sich somit auch zu verpflichten, bei diesen Unmündigen Mündigkeit hervorzurufen - eine Einsicht, die in der bundesrepublikanischen Erziehungswissenschaft bereits 1972 gefaßt wurde (vgl. Mollenhauer 1972, S. 59ff.). Daß die Unmündigen mündig werden sollen, ist eine unabweisbare, geradezu kategorische Forderung, die aus jeder Diskursethik hervorgeht.

Ebenso korrespondiert aber einer diskursiv angelegten Ethik die Einsicht, daß die Bemündigung der Unmündigen deren Interessen als Mündige nicht vorwegnehmen kann, weswegen jede advokatorische Ethik nur provisorisch verfahren kann und deshalb unter allen Umständen darauf angewiesen ist, die Unmündigen zu bemündigen - schon alleine deshalb, damit ihnen Gelegenheit gegeben wird, zu den betreffenden Maßnahmen später einmal Stellung zu nehmen.

Insofern besteht eine am Diskursprinzip orientierte Pflichtethik mindestens den ersten Test Schleiermachers, als sie die künftige Subjektivität der Edukanden ernst nimmt und hieraus die Verpflichtung ableitet, sie am Leben zu erhalten und zu bemündigen.

Freilich ist damit die zweite Frage, ob es nämlich um dieses kategorischen Ziels willen zulässig ist, das Recht der Unmündigen auf ihre faktisch vorfindlichen Zustände, die eventuell diesem Ziel im Wege stehen, zu verletzen bzw. das Recht des Kindes auf den eigenen Tag, wie Janusz Korczak es nannte, zu beeinträchtigen, noch nicht beantwortet. Schleiermachers Einwand gegen ein allzu rigides advokatorisches Vorgehen operierte mit der wahrscheinlichen Kürze des menschlichen Lebens, also mit einem quasi empirischen Einwand, der heute wegen veränderter medizinischer und hygienischer Verhältnisse weniger gewichtig ist. Wir können diesen Einwand freilich auch als einen Hinweis auf die Endlichkeit des kindlichen Lebens, auf den möglichen Eigenwert dieses Tages, kurzum: als einen Hinweis auf die Integrität, ja die Würde der kindlichen, der unmündigen Existenz verstehen.

Schleiermacher selbst löste das damit aufgegebene Problem folgendermaßen: »Die Lebenstätigkeit, die ihre Beziehung auf die Zukunft hat, muß zugleich auch ihre Befriedigung in der Gegenwart haben; so muß auch jeder pädagogische Moment, der als solcher seine Beziehung auf die Zukunft hat, zugleich auch Befriedigung sein für den Menschen, wie er gerade ist« (Schleiermacher 1957, S. 48).

Mir scheint, daß in Schleiermachers Wertschätzung für den Menschen, wie er gerade ist, das zum Ausdruck kommt, was oben als Einstellung einer Ethik des »konkreten Anderen« bezeichnet wurde. Klaus Mollenhauer konnte jüngst zeigen (vgl. Mollenhauer 1986), daß der frühromantische Erzieher Schleiermacher einen anspruchsvollen Begriff der geistig/leiblichen Integrität von Menschen hatte, ja, daß das Aufmerksamwerden auf die Schmerzen des/der Anderen geradezu das Kriterium Schleiermachers für Bildung ist. So heißt es in dem von Schleiermacher verfassten Athenäumsfragment Nr. 351: »Hast du je einen ganzen Umfang eines anderen mit allen seinen Unebenheiten berühren können, ohne ihm Schmerzen zu machen? Ihr braucht beide keinen weiteren Beweis zu führen, daß ihr gebildete Menschen seid« (zit. nach Mollenhauer 1986, S. 141). Damit erweist sich das Vermeiden der Beeinträchtigung der körperlich/geistigen Integrität des/der Anderen, wer immer sie seien, als der zweite Imperativ einer advokatorischen Ethik neben dem kategorischen Imperativ der Bemündigung.

Daß die Unmündigen mündig werden sollen und daß hierbei ihre Integrität unbedingt schutzwürdig ist, sind jene Prinzipien, die advokatorisches Handeln in einem alle Mal fragilen Gleichgewicht anleiten. Dabei hat sich gezeigt, daß neben das Prinzip der Mündigkeit gleichberechtigt das Prinzip der zu schützenden Integrität tritt – ein Prinzip freilich, das ich in diesem Zusammenhang noch nicht begründet habe. Auf jeden Fall schiebt sich damit das Prinzip der Integrität eines Menschen beinahe vor das Prinzip der Mündigkeit einer Person!

Für Immanuel Kant noch schienen die Würde und die Mündigkeit menschlicher Personen zusammenzufallen, ja die Würde, d.h. die Integrität eines Vernunftwesens, schien gerade darin zu bestehen, sich in seiner Existenz selbst Zweck sein zu müssen und daher nach Maßgabe des kategorischen Imperativs diese Unbedingtheit ebenfalls allen anderen Vernunftwesen zubilligen zu müssen.

Die Erfahrungen dieses Jahrhunderts in Deutschland, indem unvernünftiges menschliches Leben kurzum zu »lebensunwertem« Leben erklärt und entsprechend »behandelt« wurde (vgl. Klee 1983), lassen uns dieser kantischen Position gegenüber skeptisch werden – so skeptisch, daß wir Willens sind, das Konzept von *Würde und Integrität eines Menschen von seiner Personenhaftigkeit bzw. Mündigkeit abzukoppeln.* Daß wir dennoch, soweit möglich, dazu verpflichtet sind, die Unmündigen unter Wahrung ihrer Integrität zu bemündigen, habe ich zu zeigen versucht. Das, wie gesagt, stets fragile Gleichgewicht, das zwischen diesen beiden Prinzipien angesichts der konkreten Existenz eines/einer unmündigen Anderen waltet, möchte ich als *Takt* bezeichnen. Takt war stets mehr als lediglich eine Form guten Benehmens. Takt stellt sich uns hier als die praktisch gewordene Urteilskraft dar, die zwischen zwei ansonsten möglicherweise widersprüchlichen Prinzipien zu vermitteln weiß (vgl. Bruneck 1986).

Literatur

Apel, K.-O., Transformation der Philosophie, Band 2: Das Apriori der Kommunikationsgemeinschaft, Frankfurt/M., 1973
Benhabib, S., The Generalized and the Concrete Other: The Kohlberg-Gilligan Controversy and Feminist Theory, in: Praxis international, January 1986, S. 402-424.
Brumlik, M., Emanzipation und Operationalisierung, in: Wege zum Menschen, Heft 8/9, 1974, S. 323f.
Brumlik, M., Normative Grundlagen der Sozialarbeit, in: Neue Praxis, Heft 4, 1978, S. 321-325.

Brumlik, M., Verstehen oder Kolonialisieren – Überlegungen zu einem aktuellen Thema, in: Müller, S./Otto, H.-U. (Hg.), Verstehen oder Kolonialisieren. Grundprobleme sozialpädagogischen Handelns und Forschens, Bielefeld, 1986, 2. Auflage, S. 37-73.

Gilligan, C., Die andere Stimme. Lebenskonflikte und Moral der Frau, München, 1984.

Kant, I., Grundlegung zur Metaphysik der Sitten, Stuttgart, 1959.

Klee, E., Euthanasie im NS-Staat – Die Vernichtung »lebensunwerten« Lebens, Frankfurt/M., 1983.

Mollenhauer, K., Theorien zum Erziehungsprozeß, München, 1972.

Mollenhauer, K., Der frühromantische Pädagogie F.D. Schleiermacher, in: Mollenhauer, K., Umwege – Über Bildung, Kunst und Interaktion, Weinheim und München, 1986, S. 137-159.

Schleiermacher, F., Pädagogische Schriften, Erster Band (unter Mitwirkung von Theodor Schulze herausgegeben von Erich Weniger), Düsseldorf und München, 1957.

◆

Allgemeine Menschenwürde und philosophisches Expertentum

Seit mehr als zwei Jahren erregt ein Streit die Öffentlichkeit, der durch ein philosophisches Buch ausgelöst wurde. Die Debatte um Peter Singers "Praktische Ethik" ließ der Philosophie angedeihen, was sie seit langem vermissen mußte: öffentliche Aufmerksamkeit, Schlagzeilen und unversöhnliche Fronten – Phänomene, die normalerweise niemand mit dem eher betulich-akademischen Gehabe dieser Disziplin in Verbindung bringen würde. Ursache und Grund dieser Erregung liegen darin, daß der utilitaristische Autor Peter Singer sich nicht scheut, philosophisch begründete Empfehlungen dafür auszugeben, nach welchen Kriterien bestimmte menschliche Grenzsituationen – wie etwa die Geburt eines als irreversibel behindert geltenden Babys, das aller Wahrscheinlichkeit nach nicht mehr aufhebbare Koma älterer Menschen oder das Austragen von bereits als krank diagnostizierten Föten entschieden werden sollen.

Die Einwände gegen Singer und seine Vorschläge bewegen sich dabei vor allem auf der thematischen Ebene: Singer Vorschläge werden in die Kontinuität des NS Sozialdarwinismus gerückt – zumindest aber wird ihm vorgehalten, mit seinen Überlegungen so allgemein anerkannte Güter und Prinzipien wie die Heiligkeit und Würde des menschlichen Lebens angetastet zu haben bzw. zu Konsequenzen zu gelangen, die menschliches Leben prinzipiell unter proviso stellen: wer nicht vorab den Wunsch unterschrieben hat, bei der Einlieferung in ein Krankenhaus auf jeden Fall am Leben erhalten zu werden, dessen Leben steht zur Disposition, unter einer Güterabwägung, also unter Vorbehalt. Niemand könnte unter diesen Maßgaben mehr sicher sein, auch nur zeitweise Ausfälle zu überleben, bzw. auch dann weiterzuleben, wenn bestimmte personale Züge verlorengingen oder gehen.

Auffälligerweise wurde von Singers Gegnern in der Sache die Frage, ob das, was er tut, überhaupt in der Kompetenz von Philosophen steht, nur selten erwogen. Denn immerhin wäre es ja – unbeschadet des Umstandes, daß Singer bestimmte Argumente vorbringt – denkbar, daß er in dem, was er tut, die Ansprüche und Möglichkeiten philosophischen Argumentierens überzieht, daß er in der ihm eigenen Konkretion mindestens einem Selbstmißverständnis, wenn nicht gar einem systematischen Fehlschluß unterliegt. Wenn dem so wäre, erwiese sich Singer zwar immer noch als ein politisches Ärgernis, aber nicht mehr als ein ernsthaftes philosophisches Problem – womöglich würde sich zeigen, daß derlei philosophische Handreichungen nicht mehr darstellen als eine gefährliche Pathologie systematischen Denkens, die durch Grundlagenreflexion therapiert werden kann.

Die zuletzt angestellten Vermutungen lassen sich auf der Basis einer ethischen Theorie, der von Apel und Habermas begründeten Diskursethik untermauern. Ich will im folgenden zunächst die entsprechenden Argumente der Diskursethik entfalten (1), um dann zu überprüfen, ob sie ihrerseits das einholen können, was sie systematisch voraussetzen. (2) Von der Überzeugung geleitet, daß dies der Diskursethik *nicht* gelingt, will ich endlich einen eigenen Vorschlag zum Verhältnis von philosophischem Expertentum und allgemeiner Menschenwürde unterbreiten (3), um schließlich einen Hinweis darauf zu geben, wie die von Singer angesprochenen Probleme in dieser Perspektive beurteilt werden können. (4)

1. Was vermag eine ethische Theorie?

Ethische Theorien stellen sich hier als Sonderfälle philosophischer Theorien dar, weswegen zuerst zu klären wäre, was eine philosophische Theorie im Unterschied etwa zu einer wissenschaftlichen Theorie ist, bzw. was Philosophen recht verstanden überhaupt tun können.

Einer weit verbreiteten – sich auf den späten Wittgenstein berufenden – Meinung gemäß besteht die wesentliche Aufgabe der Philosophie in einer genauen Klärung des sprachlichen Gebrauchs von Begriffen bzw. in der kritischen Destruktion alltagssprachlicher Termini in einer historisch entstandenen Bildungssprache deshalb, weil dort ganz harmlose Wendungen zur Erfindung neuer, unsinniger Entitäten führen. Wer etwa das Verbum "Denken" – nur weil es grammatisch transitiv verwendet werden kann und daher oberflächlich so klingt, als folge es der gleichen Verwendung wie Handlungsverben, etwa "gehen" oder "essen" – als Ausdruck einer Tätigkeit mißversteht, der wird aller Wahrscheinlichkeit nach auch ein Subjekt dieser Tätigkeit, dieser inneren Tätigkeit, also so etwas wie einen Geist, eine res cogitans im Gegensatz zum Leib, zur res extenso, konstruieren und sich damit eine Scheinwelt ersinnen.

Freilich besteht eine gesprochene Sprache nicht nur aus einzelnen Begriffen und ihren Verwendungsregeln, sondern aus dem ineinander verwobenen Netz ganzer Begriffsfamilien, das sowohl unser Wissen über das, was es in der Welt gibt oder geben kann, enthält, als auch unsere möglichen Stellungnahmen zur Welt vorzeichnet. Damit besteht dann die Tätigkeit des Philosophierens nicht nur im Klären einzelner Begriffe, sondern auch im ausdrücklichen Entfalten jener von uns sprechend in Anspruch genommenen Haltungen zur Welt. So geht Begriffsanalyse in das über, was man als transzendentale Reflexion bezeichnen könnte. Darüber, daß Begriffsanalyse und transzendentale Reflexion legitime Minima des Philosophierens darstellen, besteht, soweit ich sehe, heute unter Philosophen kein Dissens.

Der Dissens beginnt dort, wo es 1. um den Status dieser Klärungen geht; wo 2. die Möglichkeit erwogen wird, durch neue Begriffe und Sprechregeln neue Weltverhältnisse zu konstituieren oder zu entdecken und wo 3. geprüft wird, inwieweit die Annahme bestimmter Weltverhältnisse bindend die Annahme weiterer Weltverhältnisse nach sich zieht. Genauer ausgedrückt geht es im ersten Fall um die Kognitivität bzw. Wahrheitsfunktionalität philosophischer Sätze: erkennen wir durch sie tatsächlich die Welt wie sie ist, oder klären wir nicht lediglich, wie wir über die Welt sprechen? Zu klären, ob die Welt so oder anders beschaffen ist, wäre dann nicht mehr die Aufgabe der Philosophie, sondern einzig und alleine die Domäne empirisch überprüfbarer, methodisch generierter und theoretisch begründeter Hypothesen und Strukturkerne, also der Wissenschaft.

Im zweiten Fall geht es um die Frage, ob wir zu unserer Umgangssprache im Ganzen Alternativen erfinden können oder ob wir nicht lediglich dieses, jenes oder ein ganz anderes Sprachspiel austauschen können, aber niemals alle Sprachspiele, bzw. nicht einmal wenige *zentrale* Sprachspiele umbauen können – es geht m.a.W. um die Legitimität und Möglichkeit einer auch kontraintuitiven Spekulation.

Im dritten Problemkreis geht es dann nicht mehr um den Erkenntnischarakter philosophischer Sätze, auch nicht mehr um die Möglichkeit von Spekulationen, sondern darum, ob überhaupt und wenn, welche sozialen Konsequenzen wir auf uns laden, wenn wir bestimmte soziale Handlungen, nämlich Sprechakte, vollziehen.

Präzisiert man nun das bisher allgemein zu philosophischen Sätzen Ausgeführte auf ethische oder moralische Sätze, dann dürfte zunächst Übereinstimmung darin bestehen, daß wir die Verwendung einzelner moralischer relevanter Begriffe wie "Sollen", "Dürfen", "Können", "Müssen", "gut", "schlecht", "erlaubt" klären, ja mehr noch, daß wir ihr miteinander verwobenes Funktionieren erläutern können. Mit anderen Worten: über die Möglichkeit einer Metaethik besteht kein Dissens – Dissens besteht vielmehr über ihre Bedeutung bzw. darüber, ob 1. Sätze, in denen diese handlungsnormierenden Verben vorkommen, überhaupt argumentativ entscheidbar, also darüber, ob sie wahr sein können. Strittig ist 2. zudem, ob und inwieweit wir diese Begriffe entweder ganz eliminieren, umdeuten oder durch neue Begriffe ersetzen können, ob wir also auf den Begriff der "Freiheit", des "Guten" oder der "Schuld" verzichten und anstatt dessen etwa sinnvoll vom "Funktionieren", von der "Lust" oder "Zurechnung als Epiphänomen" sprechen.

Kein Konsens besteht endlich darüber, ob überhaupt, und wenn ja, warum, das soziale Handeln "Sprechen" bereits die Anerkennung der Bereitschaft zu weitergehenden Sprechhandlungen voraussetzt.

Methodisch gesehen besteht nun jene Moraltheorie, die oben als Diskursethik bezeichnet wurde, darin, 1. die Wahrheitsfähigkeit praktischer Sätze im Prinzip anzuerkennen – hierin unterschied sie sich *nicht* von utilitaristischen Programmen à la Singer. Sie beharrt aber im Gegensatz zu allen Reduktionismen 2. darauf, daß die Semantik unseres moralischen Sprechens mitsamt den hinter ihm stehenden Intuitionen im Prinzip unangetastet bleiben muß – hier trennt sie eine schroffe Kluft, sei es von utilitaristischen, sei es von ontologischen Ethiken. Endlich legt sie 3. eine Explikation des Gebrauchs moralischer Termini vor, die darauf abstellt, daß Sprechen als soziales Handeln gleichsam funktional ein Netz im Prinzip unkündbarer Sozialbeziehungen knüpft – eine Ansicht, die die utilitaristischen Ethiken als eine Spielart des sog. "naturalistischen Fehlschlusses" ansehen würden, wonach aus "Ist" Feststellungen nie und nimmer ein "Sollen" gefolgert werden kann. Die entscheidende methodische Differenz von Diskurs- und Güterethiken besteht also in der Einschätzung semantischer Reduktionen und tatsächlicher Sprechhandelns. Wo der Utilitarismus die Reduktion bejaht und die Rolle der Pragmatik ablehnt, bestreiten die Diskursethiken die Reduktion und befürworten die Bedeutung der Pragmatik.

Zu dieser Einstellung sind die Diskursethiken auf zwei, zunächst voneinander unabhängigen Wegen gekommen. Indem sie als Moraltheorien in der Tradition Kants und der rationalen Vertragstheorien stehen, beharren sie darauf, daß eine Moraltheorie ein formales und in seiner Formalität verpflichtendes Kriterium mindestens zur Ausscheidung falscher Handlungsmaximen zur Verfügung stellen muß. Damit stehen die Diskursethiken in einer Tradition, die die Aufgabe einer Ethik in erster Linie in der Entfaltung einer stets schon moralisch vorgeprägten Intuition, der Gerechtigkeit, sehen. Sie orientieren sich damit *nicht* an den möglichen Gütern oder Übeln, die Individuen oder Gruppen aus dem Befolgen oder Nichtbefolgen von Handlungen entstehen, sondern an der Entfaltung einer Perspektive, die von Anfang an eine bestimmte Gestaltung intersubjektiver Beziehungen im Blick hat. Anders die nichtmetaphysischen Güterethiken, die vor allem auf die Folgenabschätzung moralisch selbst nicht mehr intersubjektiv einlösbarer subjektiver Präferenzen abstellen: sie basieren auf den vermeintlich vormoralischen Größen von Lust oder Pein, Größen, die gleichsam aus der Position eines neutralen Beobachter gewichtet werden können.

Indem die Diskursethiken zudem auf der sog. "linguistischen" Wende der Philosophie beruhen und die Klärung philosophischer Probleme im wesentlichen von einer Explikation unseres Sprachgebrauchs in syntaktischen, semantischen und vor allem pragmatischen Dimensionen erwarten, stehen sie vor der Aufgabe, die kantianisch gewonnene Gerechtigkeitsintuition durch eine rekonstruktive Analyse alltäglichen Sprechens zu gewinnen. Anders auch hier wiederum die nichtmetaphysischen Güterethiken: sie sind, wenn überhaupt, allenfalls zu einer Klärung der Semantik von Moral bereit, nicht aber zu einer konstitutiven Übernahme der Regeln des Sprechens, die in dieser Tradition völlig kontingente soziale Bräuche sind. Die gemeinsame Betonung von wahrheitsfähigen kantianischen Gerechtigkeitsintuitionen hier und einer Grundlegung der Moral in der rekonstruktiven Entfaltung tiefsitzender pragmatischer Regeln dort führt so zu einer Position, die sich nicht für richtige oder falsche Güter bzw. Lebensformen interessiert, sondern nur noch dafür, wie ein von allen Sprechern immer schon angezielter Modus der Prüfung von praktischen Geltungsansprüchen auszusehen hätte. "Dem engen Begriff der

Moral muß", so hat Jürgen Habermas diese Position charakterisiert, "ein bescheidenes Selbstverständnis der Moraltheorie entsprechen. Ihr fällt die Aufgabe zu, den moral point of view zu erklären und zu begründen. Der Moraltheorie kann zugemutet und zugetraut werden, daß sie den universellen Kern unserer moralischen Intuitionen aufklärt und damit den Wertskeptizismus widerlegt. Darüber hinaus muß sie aber auf eine eigene substantielle Beiträge verzichten. Indem sie eine Prozedur der Willensbildung auszeichnet, macht sie Platz für die Betroffenen, die in eigener Regie Antworten auf moralisch-praktische Fragen finden müssen, welche mit geschichtlicher Objektivität auf sie zukommen. Der Moralphilosoph verfügt nicht über einen privilegierten Zugang zu moralischen Wahrheiten. Angesichts der ... großen moralisch-politischen Belastungen unserer eigenen Existenz ist meine restriktive Auffassung von der Leistungsfähigkeit der philosophischen Ethik vielleicht eine Enttäuschung; auf jeden Fall ist sie auch ein Stachel: die Philosophie nimmt niemandem die praktische Verantwortung ab." (1986, S. 32/33)

Diese auf den ersten Blick so luzide Position, die in sich schlüssig zu sein scheint, läßt freilich mindestens zwei – zunächst nur explikative – Fragen offen:

1. Was tun eigentlich Menschen - unter ihnen auch Philosophen - wenn sie mit Gründen darüber diskutieren, ob ein als irreversibel behindert geltendes Neugeborenes getötet werden darf oder nicht?

2. Ist es eine Frage der professionellen Ethik von Philosophen, also eine Frage ihrer recht verstandenen Berufsrolle, ob sie sich an diesen Debatten unter ihrer Berufsbezeichnung "Philosoph" oder nur als mehr oder minder betroffene Privatleute beteiligen?

Die Beantwortung dieser beiden Fragen, die eng miteinander zusammenhängen, muß erweisen, ob die Vorschläge von Singer und anderen schon alleine ihrer Unzuständigkeit wegen zurückgewiesen werden können.

2. Kann und darf sich die Philosophie um inhaltliche Wahrheit bemühen?

Wenn die Grundannahme der Diskursethik richtig ist, daß die Pragmatik unseres Sprechens um die Einlösung von Geltungsansprüchen auf Wahrheit, Wahrhaftigkeit, Richtigkeit und Verständlichkeit angelegt ist und die Einlösung dieser Geltungsansprüche in allen möglichen Dimensionen – nämlich theoretischen, praktischen und expressiven – vor sich geht und zudem so etwas wie eine minimale Ethik praktischer Verständigung beinhaltet: z.B. darauf, daß alle Diskursteilnehmer gleiche Chancen haben müssen, Gehör zu finden, dann stellt sich 1. die Frage, ob die Diskursethik nicht doch sehr viel stärkere inhaltliche Positionen beansprucht, als sie zu explizieren bereit ist und 2. ob die Argumente, die in derlei Diskursen fallen, ihrerseits noch einmal auf ihre Triftigkeit hin überprüft werden können. Ich stelle die Beantwortung der ersten Frage vorläufig zurück und versuche zu klären, wie weit die kognitiven Ansprüche der Diskursethik, bzw. der hinter ihr stehenden Konsensustheorie der Wahrheit gehen. Dabei übergehe ich ebenfalls die heikle Frage nach der Wahrheitsfähigkeit expressiv-evaluativer Urteile und frage lediglich, wieweit Philosophen die Richtigkeit theoretischer Propositionen oder praktischer Vorschläge als wahr oder falsch qualifizieren können. Ich vereinfache die Fragestellung weiter, indem ich annehme, daß komplexe Aussagen darüber, wie die physikalische und soziale Welt möglicherweise beschaffen ist, nur auf der Basis langjährig erworbenen Expertenwissens in Bezug auf Theorien, empirische Ergebnisse sowie Meß- und Überprüfungsmethoden getroffen werden können. Hier können Philosophen im Einzelnen nichts beitragen – strittig ist derzeit, ob eine normative Wissenschaftstheorie, die unabhängig vom tatsächlichen Verfahren der Wissenschaft glaubt sagen zu können, wie wissenschaftlich zu verfahren überhaupt möglich ist. Aber auch hier gilt zumindest: ohne präzise Kenntnis bestimmter Wissenschaftsgebiete dürfte auch jede normative Theorie unmöglich sein.

Wie ist es nun um die Klärung praktischer Sätze bestellt? Folgt sie der gleichen Logik derart, daß komplexe Aussagen darüber, wie die Welt beschaffen sein soll oder zu bewerten ist, nur in Bezug auf die tatsächliche Beschaffenheit der Welt sowie möglicher Überprüfungs- und Entscheidungsverfahren legitim ist? Und – gilt dies für alle praktischen Sätze oder nur für Teilklassen von ihnen?

Auf jeden Fall: wenn dem tatsächlich so wäre, hätten auch bei der Lösung praktischer Fragen – so scheint es – zunächst Experten einen Vorrang, weil nämlich etwa Änderungen des juristischen Status von Personen überhaupt nicht ohne eine genaue Kenntnis der entsprechenden Gesetze, Verordnungen und Gerichtsbeschlüsse möglich wären – Kenntnisse, die – wie das Institut des Rechtsanwaltes zeigt – billigerweise nicht mehr von allen Betroffenen erwartet werden können. Nun könnte die Rolle der Experten dadurch abgemildert werden, daß man ihnen lediglich einen Vorsprung bei dem Wissen um die sachlichen Voraussetzungen und Konsequenzen praktischer Urteilsbildung zuspricht, ihnen aber in der Frage der Urteilsbildung selbst keinen Vorsprung einräumt. Dann bleibt die Frage, was wir tatsächlich tun, wenn wir uns ein praktisches Urteil bilden und ob sich zeigen läßt, daß man diese Fähigkeit besser oder schlechter beherrschen kann.

Was tun wir, wenn wir uns moralische Urteile bilden – abgesehen davon, daß wir uns um genaueste Kenntnisse von empirischen Voraussetzungen und Konsequenzen bemühen?

In der Regel werden wir entweder versuchen, eine von den Opponenten gemeinsam akzeptierte Norm zu finden bzw. zu konstruieren und in deren Licht entscheiden, welche Handlung ihr mehr oder weniger entspricht oder aber jene Güter ausfindig zu machen, um die es allen Beteiligten geht und dann versuchen, Zumutbarkeiten zu begründen. Diese sehr grobe Einteilung ermöglicht immerhin die Frage, ob die hier genannten Tätigkeiten und die ihnen entsprechenden Fähigkeiten steigerbar sind. Vorausgesetzt, diese Frage ließe sich beantworten: was spräche dagegen, diejenigen Personen, die diese Fähigkeiten zum Auffinden oder Konstruieren von Normen bzw. zum Auswägen von Zumutbarkeiten besonders gut beherrschen, als moraltheoretische bzw. moralphilosophische Experten zu bezeichnen, die mit gutem Grund besonderes Gehör erwarten dürfen – mindestens jedoch ebensoviel Gehör wie jeder sonstige sachliche Experte?

Es kann hier *nicht* um die triviale Antwort gehen, daß jede kognitive Fähigkeit mindestens quantitativ steigerbar ist – zu beantworten ist die Frage, ob es qualitative Steigerungen dieser Fähigkeit gibt. Die Diskursethik jedenfalls, der es lediglich um die Entfaltung des "moral point of view" geht, ist gerade ihrer philosophischen Bescheidenheit wegen gehalten, die Fähigkeiten, den "moral point of view" zu verstehen, als eine zwar im Prinzip allen mögliche, de facto jedoch voraussetzungsreiche empirische Größe anzusehen: "Moralisches Handeln steht unter dem Anspruch, daß sich die Beilegung von Handlungskonflikten allein auf begründete Urteile stützt – es ist ein durch moralische Einsichten geleitetes Handeln. Dieser scharfe Begriff von Moralität kann sich erst auf postkonventioneller Stufe ausbilden." (Habermas 1983, S. 174)

Mit der Unterscheidung von präkonventioneller, konventioneller und postkonventioneller Kompetenz im Bereich moralischer Urteile, die sich daran bemessen, ob im Entwicklungsprozeß "Gerechtigkeit" schlicht als individueller Nutzen, unreflektiert übernommene Normierung oder als vertraglich bzw. prinzipiengeleitete Regelung sozialer Konflikte verstanden wurde, wird die herkömmliche Idee eines themenbezogenen philosophischen Expertentums durch den Gedanken eines formalen, nicht rollen- oder disziplingebundenen Expertentums ersetzt. Dieses formale Expertentum vermag indessen weder sachlich irgend einen Vorsprung vor den Laien darzustellen noch mit Gründen Privilegien des Urteilens oder doch mindestens des 'Gehörtwerdens' einklagen. Dies ist – jedenfalls in Habermas Modell der Diskursethik – auch ganz überflüssig, da die moralischen Intuitionen im Großen und Ganzen funktionieren und allenfalls durch zuviel und unzureichende professionelle philosophische Reflexion verdorben werden. "Die moralischen Alltagsintuitionen bedürfen der Aufklärung des Philosophen nicht. In diesem Falle scheint mir ein therapeutisches Selbstverständnis der Philosophie, wie es von Wittgenstein inauguriert worden ist, ausnahmsweise am Platz zu sein. Die philosophische Ethik hat eine aufklärende Funktion allenfalls gegenüber Verwirrungen, die sie selbst in Bewußtsein der Gebildeten angerichtet hat – also nur so weit, wie der Wertskeptizismus und der Rechtspositivismus sich als Professionsideologien festgesetzt haben und über das Bildungssystem ins Alltagsbewußtsein eingedrungen sind." (J. Habermas, a.a.O., S. 108)

Aus dieser Haltung läßt sich zu den Problemen, die Singer debattiert, nicht mehr sagen, als daß er als Philosoph in der Sache nicht zuständig ist. Die Folge: wenn sich unter Betroffenen die Meinung herausbilden würde, daß das Töten von als irreversibel behindert geltenden Neugeborenen angemessen sei, hat die Diskursethik sensu Habermas dann allenfalls darauf zu bestehen, daß die jeweilige Entscheidungsfindung allen Betroffenen symmetrische Partizipationschancen einräumt – was bei Neugeborenen trivialer Weise nicht möglich ist. Für diese und ähnliche Fälle sieht nun die Diskursethik vor, daß bei der Debatte fundamentaler Handlungsnormen reale oder "ersatzweise vorgenommene, advokatorisch geführte Diskurse" (a.a.O., S. 104) in Gang gesetzt werden. Das Führen advokatorischer Diskurse folgt – wie ich an anderer Stelle dargelegt habe – schlüssig aus dem universalistischen Grundsatz D, wonach nur die Normen Zustimmung finden dürfen, die die Zustimmung aller (möglichen) Betroffenen finden (könnten) (Brumlik 1986, S. 265-300). Auf die Paradoxien, die der Diskursethik widerfahren, wenn mögliche Menschen an der von ihr vorgesehenen Beratung teilnehmen sollen, gehe ich hier nicht en detail ein. Zur Verdeutlichung diene nur folgendes Gedankenexperiment: Da womöglich bei der Geburt medizinisch *nicht* zu unterscheiden ist, ob das Neugeborene später ein mündiges Wesen sein kann oder nicht, müssen seine Interessen entweder als die Interessen der künftigen Person oder als die Interessen eines nicht personalen Menschen in den Diskurs eingebracht werden. Wie läßt sich entscheiden, welche Interessen ein solcher Mensch in den Diskurs einbringen würde? Würde die mögliche Person – gleichsam in Kenntnis des schweren Lebens, das sie vor sich hat, gleichsam abwinken oder würde sie – mutig und zuversichtlich darauf bestehen, gleichwohl herangebildet zu werden? Im ersten Fall würden die Interessen einer Person vertreten, die es nie geben wird, während im zweiten Fall allein schon die advokatorische Option jede Tötung delegitimiert.

Mithin resultiert aus der Diskursethik – ganz unabhängig von jeder Beratung – ein eindeutiges Votum gegen alle Vorschläge im Sinne von Singer. Dies mag zwar Singers Gegner befriedigen, nicht aber die Diskursethik, deren ganzer Anspruch ja gerade darin besteht, inhaltlich philosophisch *keine* Position beziehen zu können oder beziehen zu müssen. Diese Anomalie liesse sich nur durch die Elimination des advokatorischen Diskurses erreichen, was aber unmittelbar den strikt universalistischen Charakter dieser Ethik berühren würde und sie gerade in ihrem formalen Charakter träfe.

3. Die sprachliche Nichteinholbarkeit der Menschenwürde

Die genannte Paradoxie hat ihre Ursache in dem beinahe trivialen Umstand, daß Sprechen, auch wenn es – wie in der Diskursethik - methodisch idealisiert wird, auf Voraussetzungen beruht, über die es einerseits nicht verfügt, die es aber andererseits affirmieren muß, will es seinen Sinn nicht verlieren. Das Sprachspiel "Sprechen", bzw. das semantische Feld, in dem wir diesen Begriff verwenden, impliziert, daß das Sprechen Sprecher und Hörer voraussetzt, die körperlich existieren, daß Sprechen selbst eine Basishandlung darstellt, die ihre Zeit und einen einigermaßen gesicherten sozialen Raum braucht. Diese – nicht kontrafaktisch, sondern faktisch-erheischten bzw. vorausgesetzten Bedingungen, nämlich körperliche Existenz, Leiblichkeit, ausreichend Zeit und die relative Sicherheit, ungestört, ohne gewaltsam unterbrochen zu werden, sprechen zu können und gehört zu werden, sind unbedingte, sinnvollerweise nicht weiter bezweifelbare minimale ethische Ziele, die wir schon bedingungslos affirmiert haben, sobald wir den Mund aufmachen – lange vor jedem wahrheitsprüfenden oder -beanspruchenden Argument. Diese Voraussetzungen stehen in keinem Diskurs zur Disposition und gleichwohl läßt sich auch mit diesen starken Affirmationen das oben demonstrierte advokatorische Dilemma nicht lösen, denn:

Bereits das Problem partiell oder zeitweise, gar irreversibel geistig behinderter Menschen stellt im Rahmen der Diskursethik ein unlösbares Rätsel dar. Und zwar aus dem einfachen Grund, daß die Diskursethik allen Beteuerungen zum Trotz denn doch auf einer Ontologie beruht, nämlich auf der Ontologie der vernünftig Sprechenden. Transzendentale Voraussetzung und normatives Minimalziel fallen in ihrer Wertschätzung der vernünftig Sprechenden derart zusammen, daß Wert und Recht all jener Wesen, die der vernünftigen Rede prinzipiell nicht teilhaftig werden können, entweder nur als derivative Formen des Werts und der Rechte vernünftiger Sprecher erläutert oder nur dann aufrecht erhalten werden können, wenn an der Möglichkeit einer vollgültigen advokatorischen Stellvertretung festgehalten wird, ein Ziel, das in Paradoxien zugrunde geht. Die Würde des Menschen, an die in den angesprochenen Zusammenhängen immer wieder appelliert wird, ist – jedenfalls in der Fassung, die sie in der Verfassungswirklichkeit der Bundesrepublik angenommen hat – nicht mit Würde und Wert von Personen als verantwortlichen, im Prinzip rational argumentierenden Wesen identisch. Im Gegenteil: Gerade die Erfahrungen des Nationalsozialismus haben dazu geführt, in der Würde des Menschen einen Wert zu sehen, der sich alleine aus der Zugehörigkeit zur Gattung Mensch und gerade nicht auf bestimmte, als wesentlich angesehene personale Eigenschaften.

Welche Möglichkeiten bestehen dann, dem Begriff der "Würde" des Menschen einen rational nachvollziehbaren, nicht-theologischen Sinn zu geben?

"Nach diesem Prinzip ist der Mensch sowohl sich selbst als auch anderen Zweck, und es ist nicht genug, daß er weder sich selbst noch andere bloß als Mittel zu brauchen befugt ist..., sondern den Menschen überhaupt sich zum Zwecke zu machen ist an sich selbst des Menschen Pflicht." heißt es in der "Metaphysik der Sitten", in der Kant den

Formalismus der eigenen praktischen Philosophie überwunden hat (A 30).

Das benannte Prinzip der Tugendlehre aber lautet: handle nach einer Maxime der Zwecke, die zu haben für jedermann ein allgemeines Gesetz sein kann! Kant meint, daß jedes verantwortliche moralische Subjekt, und wir kennen bisher nur *Menschen*, die diesem Kriterium genügen, dies vermag. Angehörige der Gattung Mensch – so dürfen wir Kant folgen – können alle Angehörigen der Gattung zu ihrem Zweck machen, d.h. jenen Zustand in seiner Ganzheit, den sie durch ihren Lebensvollzug immer schon affirmiert haben, auch bei allen anderen erzielen. Aber warum folgt aus diesem "Können" auch die Pflicht, dies zu tun?

Weil, so dürfen wir Kant verstehen, die Nichteinlösung dieser Pflicht zugleich die praktische Negation des eigenen Lebensvollzuges bedeutet. Denn wer die anthropologische Faktizität, Mitglied einer Gattung zu sein, praktisch – als moralischer Egoist – negierte, müßte nach dem formalen Verallgemeinerungsbegriff damit rechnen, daß auch alle anderen moralische Egoisten sind, was nichts anderes hieße, daß "gerade der Egoism, der es so weit bringt, gar keinen Probierstein des echten Pflichtbegriffs zu haben..." (Anthropologie, § 2, 8/9) M.a.W: Wer seine eigenen menschlichen Lebensvollzüge, die er oder sie bei sich je schon bejaht hat, nicht in ihren wesentlichen Zügen auch bei anderen Menschen heranbilden will, ließe es anderen frei, ihm selbst gegenüber ebenso zu handeln, d.h. er gäbe in einer Welt, die durch eine Pluralität von Menschen gekennzeichnet ist, nicht nur den Anspruch auf die Anerkennung als moralische Person durch andere auf, sondern würde zugleich sich selbst als moralische Person missachten. Da aber moralische Personen in ihrer ganzen Fülle nur als Menschen bekannt sind bzw. nur Menschen zu Personen werden können, genießt schon die Gattung als solche Würde und Achtung. Kants Schüler Fichte hat dem präzise Rechnung getragen, als er in der "Grundlage des Naturrechts" von 1796 postulierte: "...Dieses alles, nicht einzeln, wie es durch den Philosophen zersplittert wird, sondern in einer überraschenden und in einem Momente aufgefaßten Verbindung, in der es sich den Sinn gibt, ist es, was jeden, der menschliches Angesicht trägt, nötig, die menschliche Gestalt überall, sie sei bloß angedeutet, und werde erst durch ihn abermals, mit Notwendigkeit, darauf übertragen, oder sie stehe schon auf einer gewissen Stufe der Vollendung, anzuerkennen und zu respektieren. Menschengestalt ist dem Menschen heilig." (Fichte 1971, S. 84-85)

Indem die real existierenden moralischen Menschen, die Menschen, ihre Menschlichkeit als konstitutiv für ihre Moralität anerkennen, sich also der Illusion begeben haben, als Personen reine Geister zu sein, sind sie um ihrer selbst willen, um ihres Selbstverständnisses wegen gehalten, diesen konstitutiven Zug nicht nur hinzunehmen, sondern zu respektieren und fortzubilden.

4. Expertentum und allgemeine Menschenwürde

Aus diesen Überlegungen folgt, sofern sie schlüssig sind, zwanglos, daß die allgemeine menschliche Substanz moralischer Personen in jedem einzelnen Fall prima facie unantastbar ist, womit in der Auseinandersetzung mit Singer zumindest ein Rückgewinn von Terrain erzielt wäre: Durch die sinnkritische Abwehr des utilitaristischen Reduktionismus und den Nachweis, daß das menschliche Substrat moralischer Personen für ihr richtiges Selbstverständnis affirmiert werden muß, läßt sich ein gehaltvoller Begriff des "Menschen" als *philosophische*, nicht nur wissenschaftliche Kategorie gewinnen, eine Kategorie, die die prinzipielle Unantastbarkeit aller Mitglieder dieser Gattung jedenfalls soweit begründet, daß nicht beliebige Zwecksetzungen Experten oder Laien dazu legitimieren, dieses menschliche Substrat nur als Mittel zur Steigerung beliebiger, noch so komplexer Präferenzen zu kalkulieren. Die Ausdehnung des kantischen Vernutzungsverbots von der moralischen Person auf deren humanes Substrat weist utilitaristischen Moralen die Grenze. Die Diskursethik konnte diese Grenze deshalb nicht ziehen, weil sie – letztendlich zwar intersubjektiv, aber dennoch cartesisch – für die leibliche Gebundenheit sprachlicher Vernunft keinen Sinn hat.

Literatur

Brumlik, M., Über die Ansprüche Ungeborener und Unmündiger, in: Kuhlmann, W. (Hg.), Moralität und Sittlichkeit, Ffm. 1986, S. 265-300, in diesem Band S. 108 ff.

Fichte, J. G., Grundlage des Naturrechts, in: ders., Werke III, Berlin 1971.

Habermas, J., Moralbewußtsein und kommunikatives Handeln, Ffm. 1983.

Habermas, J., Moralität und Sittlichkeit, in: Kuhlmann, W. (Hg.), Moralität und Sittlichkeit, Ffm. 1986, S. 16-37.

◆

Advokatorische Ethik in Grenzsituationen
Zur Debatte um Peter Singer

Kapitel 1
Vorbemerkung

Wie sollen sich Menschen, die meinen, ihr Leben bewußt und verantwortlich zu führen, jenen Menschen gegenüber verhalten, von denen sie der Meinung sind, daß sie zum Führen eines solchen Lebens nicht in der Lage sind?

Die Frage nach dem Verhältnis von bewußt und verantwortlich lebenden und allen anderen Menschen steht nicht nur am Anfang der abendländischen Pädagogik in Platons Höhlengleichnis, sondern benennt zugleich eine Fülle von Problemen, denen der zur allgemeinen Daseinsfürsorge verpflichtete Rechts- und Sozialstaat ausgesetzt ist. Das in der Schulpolitik heftig umstrittene Elternrecht, die drogenpolitisch bedeutsame Frage nach der Legitimität von Zwangstherapien, das Einsetzen von Kinderbeauftragten in den Kommunen, Sorgerechtsentzüge von Eltern im Falle festgestellter "Gefährdung" und "Verwahrlosung" von Jugendlichen, das unter Kuratel-Stellen nicht mehr geschäftsfähiger Menschen, die Frage, ab wann Schüler dem Religionsunterricht fernbleiben bzw. sich versicherungsrechtlicher Gründe wegen vom Schulhof entfernen dürfen – all diese Rechtsansprüche, Pflichten, Verfügungen und Eingriffsmöglichkeiten beziehen sich auf die Differenz und das Gefälle zwischen sich für mündig und verantwortlich haltenden Menschen und jenen, die von diesen mindestens zeitweilig für unverantwortlich gehalten werden.

Die gegenwärtige Debatte um die Pflegeversicherung, die unserer aller ethische Intuitionen berührende Auseinandersetzung um die Abtreibung und die in letzter Zeit aufgeflammten schmerzlichen Debatten um die Zulässigkeit des Tötens – sei es von als schwerstbehindert geltenden Neugeborenen, sei es von unheilbar kranken Menschen, die dies wünschten, solange sie noch bei vollem Bewußtsein waren – sind Ausdruck einer Situation, in der moderne Medizin und die unaufhaltbare Verrechtlichung aller Lebensbereiche das, was Günther Anders als die "Antiquiertheit des Menschen" bezeichnet hat, deutlich zum Ausdruck bringen.

Die condition humaine stellt sich in einem Rechts- und Sozialstaat, in dem die moderne Medizin die Kontingenzen des menschlichen Lebens zu voraussehbaren, berechenbaren und bewertbaren Risiken hat werden lassen, in einer Art und Weise dar, der unser herkömmlich alteuropäisches, humanistisches oder religiöses, intuitives Wissen nicht mehr genügt. Philosophie und Ethik haben stets dann ihr Recht, wenn das praktische Orientierungswissen einer Gesellschaft in wesentlichen Bereichen, ohne daß dies von irgendjemandem bewußt angestrebt worden wäre, zusammenbricht. In solchen Situationen haben wir bei Strafe der destruktiven Erstarrung einer Gesellschaft keine andere Chance, als im Rückgang auf das uns bisher vertraute Orientierungswissen neues Orientierungswissen zu schaffen; eine Lage, die der von Seeleuten gleicht, die auf offener See, ohne Landkontakt zu haben, ihr leck geschlagenes Schiff umbauen müssen, um nicht unterzugehen. Sichere Erfolge sind dabei nicht absehbar.

Vor dem Hintergrund der industriellen Massenvernichtung, die von Hunderttausenden von Deutschen willentlich und wissentlich betrieben wurde und der Millionen von Juden, Sinti und Roma, sog. "Geisteskranken" und "Gemeinschaftsunfähigen", Kriegsgefangene und Angehörige des polnischen und russischen Volkes zum Opfer gefallen sind, läuft jede Debatte, die auch nur in den Verdacht gerät, Würde und Integrität eines einzigen Menschen zu beeinträchtigen, Gefahr, zu entgleisen.

Und dennoch läßt sich das für die ganze Pädagogik offensichtlich brennende Problem von Maßgaben für das Verhältnis zwischen Kindern und Erwachsenen, Kranken und Gesunden, Verrückten und Normalen, also das Problem einer advokatorischen Ethik erst gar nicht stellen, geschweige denn lösen, sofern nicht die Bereitschaft besteht, auf der begrifflichen Ebene eine schwerwiegende Unterscheidung einzuführen: die Unterscheidung von Menschen, die Personen sind, und von Menschen, die entweder einmal Personen sein werden, es einmal waren oder es nie sein werden.

Ich möchte im folgenden zunächst die Unterscheidung von Personen und Nicht-Personen als die Sinnbedingung allen pädagogischen und therapeutischen Handelns ausweisen (1), um dann die Frage zu erörtern, ob und welche Pflichten Personen gegenüber Nichtpersonen haben (2). In einem nächsten Schritt unterscheide ich drei Typen advokatorischer Ethik, je nachdem, ob diese Ethik Noch-nicht-Personen, Nicht-Mehr-Personen oder menschlichen Nie-Personen gilt (3). Die Probleme der Sonderpädagogik, aber auch bestimmter Bereiche der Sozialpädagogik, sind dadurch gekennzeichnet, daß in vielen Fällen nicht eindeutig zu ermitteln ist, ob es sich bei ihren Adressaten um Noch-nicht-Personen oder um menschliche Nie-Personen handelt. Indem ich mich frage, wie eine advokatorische Ethik für den seltenen Extremfall menschlicher Nie-Personen aussehen könnte, möchte ich ethische Kriterien für jene breiten Handlungsbereiche gewinnen, die bezüglich dieser Frage durch Uneindeutigkeit und Unsicherheit gekennzeichnet sind (4). Endlich deute ich an, daß – was die Frage der Begründung angeht – das Problem einer advokatorischen Ethik von modernen Ethiken, etwa der Diskursethik, nicht gelöst werden kann (5), um schließlich die Frage zu stellen, ob sich von den hier angeschnittenen Problemen aus die Begründung eine Ethik nicht überzeugender lösen läßt als bisher (6).

Kapitel 2

1. Die Inhalte der Begriffe "Bilden" und "Erziehen", "Lehren" und "Lernen" bezeichnen eine Reihe von individuellen oder auch intersubjektiven Handlungen, die wir automatisch mit Bildern des menschlichen Lebenslaufs verbinden.

Daß Menschen geboren werden, heranwachsen und sterben, daß ihr Leben begrenzt, ihre körperliche Gestalt ebenso wandelbar ist wie ihre psychischen und sozialen Eigenschaften, stellt eine Grunderfahrung unseres eigenen Lebens dar. Auch wir wissen, daß wir weder immer so waren, noch immer so sein werden, wie wir sind. Wir alle haben in unserem eigenen Leben erfahren, was es bedeutet, beim Vollzug bestimmter Handlungen zu scheitern, uns selbst nicht zu genügen, Schmerzen zu haben und Scham oder Schuld zu empfinden. Wir erfahren uns als bewußte, endliche und fehlbare Wesen, die auf die Unterstützung anderer angewiesen waren, oder versuchen, durch eigene Anstrengung auf diese Unterstützung nicht angewiesen zu sein. Wir erfahren uns als Angehörige nicht nur einer Familie, als Kind von Eltern, als Geschwister von Geschwistern, als Elternteil von Kindern, sondern auch als Teil einer Gemeinschaft ab, als Mitglied einer Vereinigung und als Verantwortlicher in bestimmten Arbeitsbereichen. Indem wir uns in einer Sprache verständigen, lernen wir uns als Teilhabende einer Sprachgemeinschaft kennen, und indem wir um uns sehen, stellen wir fest, daß all diejenigen, mit denen wir Umgang haben, uns selbst äußerlich in bedeutsamen Zügen gleichen, also Menschen sind – Menschen, die sich im Zug ihres Lebens, sowohl was ihr Aussehen als auch was ihr Verhalten angeht, verändern. Als bewußte Wesen wissen wir, was es heißt, sich zu erinnern, getragen vom täglichen Schlaf- und Wachrhythmus können wir zwischen Zuständen unterschiedlicher Bewußtseinsintensität hier und Zuständen weitgehender Bewußtseinsabsenz dort unterscheiden. Indem wir Gefühle wie Angst und Hoffnung hegen, wissen wir zugleich, daß sich unser bewußtes Leben in der Zeit abspielt, und indem wir handeln, erfahren wir, daß die Vergangenheit abgeschlossen, die Gegenwart undurchsichtig und die Zukunft offen ist. Wir sind bewußte, in der Zeit lebende Wesen, die entweder erfahren haben, was es heißt, in der Zeit und von anderen verändert worden zu sein oder sich selbst zu verändern.

Wir selbst, wir wissen, daß nicht alle Zustände, in denen wir uns befinden, genauso gut sind wie andere – wollten wir dieses intuitive Wissen außer Kraft setzen, müßten wir zudem einräumen, daß wir uns nicht in dieser Hoffnung getrogen haben, oder durch jene Angst getäuscht worden sind, sondern daß Hoffnung und Angst als bewertende Stellungnahmen zu unserem eigenen Leben überhaupt unsinnige Gefühle sind. Ebenso, wie wir uns als hilflose Wesen erfahren haben, denen geholfen wurde, und als heranwachsende Wesen, die sich aus eigener Kraft verändern können, wissen wir, daß wir im Prinzip anderen dabei helfen können, ihre Hilflosigkeit zu überwinden, und daß diese anderen auch von sich aus imstande sind, sich aufs Neue mit ihrer Umwelt auseinanderzusetzen, also zu lernen, im Laufe eines Lebens.

Wir sind bedürftige, bewußte, der Freude und des Leides, des Handelns und des Erleidens, der Erfahrung des Raumes und der Zeit, des Ausdrucks und der Kommunikation fähige Wesen, die an und durch ihre Gefühle erfahren, daß sie zu ihrem eigenen Leben Stellung nehmen und es damit auch in Einzelabschnitten und im ganzen bewerten müssen. All dies – ich wiederhole – konnten wir nicht immer. Wenigstens aber haben wir erfahren, daß die entsprechenden

Erfahrungen stärker oder schwächer, die entsprechenden Fähigkeiten besser oder schlechter ausgebildet sind.

Ohne den Wunsch oder die Pflicht, anderen bei der Ausbildung, Erhaltung oder Wiederherstellung solcher Fähigkeiten, ein bewußtes Leben zu führen, wüßten wir nicht, was Erziehen oder Heilen bedeuten sollte. Indem wir in diesen Zusammenhängen freiwillig oder auch gezwungenermaßen anderen helfen, lernen wir zugleich, wie andere zu ihrem Leben positiv oder negativ Stellung nehmen, welche Ansprüche sie an uns richten, um ihr Leben zu führen. Diese vermeintlichen Selbstverständlichkeiten enthalten – ganz und gar aus unserer eigenen Binnenperspektive heraus (und welche sollten wir sonst einnehmen?) – eine Erläuterung jenen Zustandes, den wir – an uns selbst – als Personalität fraglos voraussetzen. Mit diesen phänomenologischen Betrachtungen ist dreierlei deutlich geworden:

a) Affektives, bewußtes und damit verantwortliches Leben ist ein Zustand, dessen Menschen in ihrer Entwicklung in unterschiedlicher Weise teilhaftig sind.

b) Der so erläuterte Zustand von Personalität ist für uns in der Regel so selbstverständlich, daß wir ihn nur in Zeiten der Krise oder der Ekstase als jenes Gut begreifen, das all unser Selbst- und Weltverständnis und all unsere Handlungen überhaupt erst ermöglicht.

c) Dieser von uns selbst in der Regel akzeptierte Zustand –, der selbst dem Willen, ihn zu beenden, noch vorausgeht – ist, sowohl was sein Befördern als auch was sein Vermindern angeht, der Beeinflussung fähig.

Selbstbewußtes Leben – Personalität – ist damit in zweierlei Hinsichten eine transzendentale Bedingung aller Bildung und Erziehung: Ohne selbst des bewußten Lebens fähige, also ohne handlungsfähige Menschen, wäre an Erziehung und Bildung nicht zu denken.

Wollte man jene Phänomene, die Bildung und Erziehung beschreiben, ohne Bezug auf menschliches *Handeln* fassen, so wären wir gezwungen, diese Phänomene als automatisch gesteuerte, strikt instinktgebundene Aufzuchtformen biologischen Nachwuchses zu verstehen. Ohne den Bezug auf bewußtes Leben, also auch auf Handeln, würde unser ganzes pädagogisches Sprachspiel sofort zusammenbrechen.

Personalität ist sowohl die Voraussetzung aller Pädagogik als auch die Sinnbedingung des pädagogischen Diskurses und enthält als solche eine starke, weil unabdingbar affirmative, starke Wertung dieses Zustandes.

In bezug auf die Kritik an der Bedeutung dieses Begriffs in der Pädagogik läßt sich daher pointiert sagen:

Wer von "Personalität" als selbstbewußtem Leben nicht sprechen will, soll von "Bildung" und "Erziehung" schweigen.

Wer aber im Umgang der Generationen und der Menschen untereinander – um das Reden von Personalität zu vermeiden – von "Bildung" und "Erziehung" schweigt, öffnet genau jenem barbarischen Naturalismus Tür und Tor, um dessen Kritik es doch ursprünglich gehen sollte.

Kapitel 3

2. Menschen – so wurde gesagt – sind im Lauf ihres Lebens dieses Zustandes in unterschiedlichem Ausmaß teilhaftig. Umschreibt man die Abwesenheit dieses Zustandes vorläufig als die Inkompetenz, verantwortliche Entscheidungen für das eigene Leben zu treffen, so läßt sich mit den einleitenden Worten einer neueren amerikanischen Publikation zum Thema 'Entscheidung für andere' sagen: "Damit ist 'Inkompetenz' eine durchgehende Grunderfahrung aller Menschen, nicht nur in einer bestimmten Gruppe. Alle Leser dieses Buches waren in ihren frühesten Jahren inkompetent und die meisten werden es vor ihrem Tode sein. Die große Mehrheit von uns wird mit dem Problem des Treffens einer Entscheidung für eine geliebte Person konfrontiert sein." (Buchanan & Brock 1989, S. 2) Welche ethischen Konsequenzen resultieren aus dieser allgemeinen Erfahrung personaler Inkompetenz? Welche Pflichten haben Personen gegenüber menschlichen Nichtpersonen? Gibt es solche Pflichten, und lassen sie sich begründen?

Personalität erscheint uns als transzendentale Bedingung und hoch bewertetes Gut. Aus dem Umstand, daß Personalität eine transzendentale Bedingung unserer selbst ist, folgt freilich nicht zwingend, daß wir sie auch anderen zukommen lassen müßten. Hierzu bedürfte es eines Gerechtigkeitsprinzips, über das wir bis jetzt noch nicht verfügen. Ein möglicher Weg, die Pflicht von Personen, jenen Menschen, die des Personenseins nicht teilhaftig sind, bei der Entwicklung,

Erhaltung oder Wiederherstellung von Personalität behilflich zu sein, bestünde in der Anwendung von J. Rawls 'Theorie der Gerechtigkeit' (Rawls 1975) auf die Verteilung des transzendentalen Guts Personalität. Nach Rawls würden wir – sofern wir vorurteilsfrei und das heißt ohne Kenntnis unserer gegenwärtigen Vor- oder Nachteile urteilen würden – eine gesellschaftliche Struktur wählen, die die Unversehrtheit und Freiheit eines jeden einzelnen gewährleistet und Ungerechtigkeiten bei der Verteilung von Gütern nur dann hinnimmt, wenn sie mindestens auch den in einer Gesellschaft am schlechtesten Gestellten nützt. Wenn Menschen einen derartigen Gesellschaftsvertrag schließen würden, würden sie auch der Herstellung und Gewährleistung des Gutes "Personalität" durch die Gesellschaft zustimmen, also Eingriffen zustimmen, die gemeinhin mit dem Begriff "Paternalismus" belegt werden. Rawls erläutert die Legitimität paternalistischer Eingriffe folgendermaßen: "Die Grundsätze des Paternalismus sind also diejenigen, die die Parteien im Urzustand anerkennen würden, um sich gegen Schwäche und Versagen ihrer Vernunft und ihres Willens in der Gesellschaft zu schützen. Andere erhalten das Recht und sind manchmal verpflichtet, an unserer Stelle zu handeln und das zu tun, was wir für uns tun würden, wenn wir vernünftig wären; diese Regelung tritt nur in Kraft, wenn wir nicht selbst für unser Wohl sorgen können ... Je weniger wir über einen Menschen wissen, desto mehr handeln wir für ihn so, wie wir es für uns unter den Bedingungen des Urzustandes tun würden. Paternalistische Eingriffe müssen durch das offenbare Versagen oder Fehlen der Vernunft oder des Willens gerechtfertigt sein; und sie müssen geleitet sein von den Grundsätzen der Gerechtigkeit und den Kenntnissen der längerfristigen Bedürfnisse des Betroffenen oder der Theorie der Grundgüter ... Die Beteiligten möchten ihre Menschenwürde und ihre letztendlichen Ziele und Überzeugungen, gleich welcher Art, sichern. Paternalistische Grundsätze dienen zum Schutz gegen unsere eigene Unvernunft, sie sind keinerlei Erlaubnisse für Angriffe auf jemandes Überzeugungen und Charakter, auch wenn die Aussicht auf spätere Zustimmung besteht. Auch Erziehungsmethoden müssen diesen Bedingungen genügen." (Rawls 1975, S. 281-282)

Was bei einer Reihe von Moraltheoretikern, etwa bei Apel und Habermas als advokatorische Ethik in ihrer Möglichkeit fraglos vorausgesetzt wird und – wie ich an anderer Stelle gezeigt habe – in eine Reihe unlösbarer Paradoxien führt, erscheint bei Rawls als die Frage nach der Legitimität paternalistischer Eingriffe.

Mit Rawls Theorie liegt ein vielversprechender Weg vor, das Problem des Verhältnisses von Personen und menschlichen Nichtpersonen zu klären, ein Weg, der sowohl die Skylla einer Mitleids- als auch die Charybdis der Diskursethik vermeidet.

Eine Theorie moralischer Gefühle, die die Pflicht zur paternalistischen Intervention etwa an die motivierende Kraft des Mitleids binden würde, sähe sich der Frage ausgesetzt, ob das Mitleid es nicht viel mehr geböte, die Intervention zu unterlassen – schaffe sie doch nur noch mehr Leid. Oder mit anderen Worten: Wer Mitleid als Begründung einer (paternalistischen) Ethik zuläßt, hat dem ansonsten doch so verurteilten Utilitarismus schon Tür und Tor geöffnet.

Diskursethiken wiederum, die doch vorgeblich strikt auf der wenigstens prinzipiellen Beteiligung aller Betroffenen Beharren müssen, sehen sich im Fall paternalistischer Eingriffe immer dem Einwand ausgesetzt, daß derlei Eingriffe genau das repräsentieren, was das diskursethische Prinzip kategorisch ausschließt. Tatsächlich besteht nämlich die Crux paternalistischer Interventionen darin, daß sich die Betroffenen auch unter günstigsten Umständen nicht am Zustandekommen der für sie bedeutsamen Entscheidungen beteiligen können.

Im Rahmen einer Diskursethik ist das paternalistische Problem noch nicht einmal formulierbar, geschweige denn lösbar – was nichts anderes beweist als die Nichtuniversalität der Diskursethik.

Mit Rawls Theorie des Vertrages auf der Basis eines vernünftigen Eigeninteresses ist hingegen ein Weg gewiesen, dieses Problem zu lösen. In Überlegungen zur Begründung sozialstaatlicher Eingriffe habe ich darzulegen versucht, daß wir aus dem nicht dispensierbaren Interesse an einer eigenverantwortlichen Lebensführung sowohl ein Interesse daran haben müssen, in ein vernünftiges Leben eingeführt zu werden – also der Bildung und Emanzipation teilhaftig zu werden – als auch daran, zu einem vernünftigen Leben ggf. zurückgeführt zu werden, also die Möglichkeit von Therapie und Rehabilitation beanspruchen zu können. Und da wir zudem wissen, daß vernünftiges Leben auf entwicklungsbedingten psychischen und somatischen Bedingungen und einem Minimum körperlicher und seelischer Integrität aufruht, auf Zuständen, die auch in sich selbst wertvoll sind, wenn dauerhafte Vernünftigkeit nicht mehr gegeben ist, haben wir zugleich ein vitales Interesse an eben dieser Integrität. Dieses Interesse zielt darauf, auch unter Umständen der Nichtpersonalität von anderen in jenem unaufgebbaren Minimum seelischer und körperlicher Integrität gehalten zu werden, das durch größtmögliche Schmerzfreiheit und die Möglichkeit vitaler Lebensvollzüge gekennzeichnet ist.

Unter der Bedingung, daß Rawls Begründung des Paternalismus auf der Basis einer Vertragstheorie von interessierten Vernunftwesen stichhaltig ist, sind Personen menschlichen Nichtpersonen gegenüber zu Bildung und Emanzipation, zu Therapie und Rehabilitation sowie zu einer ihre Integrität wahrenden Pflege verpflichtet.

3. Ein differenzierter Blick auf all die Lebewesen, die sich nicht im Zustand der Personalität befinden, wird in diesem Zusammenhang zunächst eine Unterscheidung zwischen jenen treffen müssen, die sich wegen des paternalistischen Eingriffs später einmal zu ihm bewußt verhalten können, und diesen, denen dies trotz dieses Eingriffs wahrscheinlich oder sicher niemals möglich sein wird. Diese Unterscheidung bezieht sich auf die Klasse der Noch-nicht-Personen hier und der nicht-mehr- oder Niemals-Personen dort.

Alle Interventionen gegenüber Noch-nicht-Personen stehen unter dem eigentümlichen Vorbehalt, nach bestem Wissen und Gewissen so getroffen zu werden, daß sie nach Möglichkeit die Zustimmung der späteren Personen erhalten. Paternalistisches Handeln gegenüber Noch-nicht-Personen zielt gerade darauf, diese zu Personen heranzubilden, die u.U. jede einzelne oder viele dieser Handlungen zurückweisen können. Indem sie jedoch mit jedem Akt der Zurückweisung zugleich das bekräftigen, worauf die paternalistische Intervention zielte, ist diese – sobald sie von der herangebildeten Person erörtert wird – im Prinzip und nur für den Augenblick des Erörterns – gebilligt. Aus dieser impliziten Billigung für den Augenblick des Erörterns der paternalistischen Maßnahme folgt ansonsten keineswegs, daß sie insgesamt legitim war. Man denke nur an den aus der Suizidverhütung geläufigen Fall, daß eine wiederbelebte Person ihren Rettern heftige Vorwürfe macht, sie wieder – und gegen ihren Willen – in ein Leben zurückgeholt zu haben, das sie mit Bedacht und Willen aufgeben wollte.

Läßt sich denken, daß ältere Kinder und an der Schwelle des Erwachsenseins stehende Jugendliche ihren Eltern und Erziehern entsprechende Vorwürfe machen? Eine advokatorische Ethik im Spannungsfeld von Personen und Noch-nicht-Personen hat sich vor allem der Paradoxie dieses Rechtfertigungsproblems zu stellen.

Eine advokatorische Ethik dieses Typs unterscheidet sich von allen anderen advokatorischen Ethiken dadurch, daß in ihrem Fall ein realer Diskurs zwischen Betroffenen und Interventen jedenfalls hinterher möglich ist.

Davon zu unterscheiden ist z.B. das Problem einer advokatorischen Ethik für Nicht-mehr-Personen, also von Menschen, die in der Regel bezüglich ihres Lebens und Wollens begründete, explizite oder implizite Wünsche vorgetragen haben, diese aber aufgrund von Tod oder Demenz selbst nicht mehr vertreten können.

Damit sind nicht nur die vergleichsweise vertrauten Sachverhalte des bürgerlichen Erbrechts oder neuere klinische Fragen eines Patiententestaments im Falle von Bewußtlosigkeit, sondern auch Fragen einer Moral der Geschichte angeschnitten.

Mit welchem Recht dürfen Politiker nicht mehr lebenden Generationen einen Auftrag an sie selbst unterstellen, welches sind die legitimen Ansprüche der Abgeschiedenen an die Lebenden, existiert tatsächlich eine Pflicht zur anamnetischen Solidarität? (Peukert 1976; Leist 1990; Löw-Beer 1990; Wingert 1991)

Endlich stellt sich dann das Problem einer advokatorischen Ethik gegenüber Nie-Personen, also von Menschen, bei denen wir uns nach allem, was wir gegenwärtig und immer vorbehaltlich wissenschaftlich wissen können, sicher wähnen, daß sie niemals zu auch nur annähernd voll entwickelten Personen im definierten Sinne werden können. In diesem Zusammenhang hat die vor allem von utilitaristischer Seite vorgetragene Überlegung, wonach die wie auch immer vertretene Bevorzugung von Angehörigen der Gattung Mensch gegenüber anderen zentralnervös gesteuerten höheren Lebewesen, höheren Säugetieren und Primaten eine beinahe rassistische Einschränkung des moralischen Universalismus bedeutet, für erhebliche Verstörung gesorgt, weswegen im folgenden zu begründen ist, weswegen ein reflektierter Speziesmus sein gutes Recht hat.

Schließlich ist darauf hinzuweisen, daß die hier vorgetragene Typologie von Noch-nicht-, Nicht-mehr- und Niemals-Personen *nicht* mit den Grenzen der pädagogischen Disziplinen kongruent ist, etwa so, als habe es die Schulpädagogik mit Noch-nicht-, die Sozialpädagogik und die Sonderpädagogik aber mit Nicht-mehr- oder Niemals-Personen zu tun. Die durch diese Typologie bezeichneten Phänomene entstehen in ganz unterschiedlichen Formen in allen diesen Disziplinen. Sonder- und Heilpädagogik hat es überwiegend mit Noch-nicht-Personen zu tun, während etwa der ganze therapeutische Zweig der Sozialpädagogik mit nicht wenigen Problemen von Nicht-mehr-Personen im definierten Sinne befaßt ist.

Kapitel 4

4. Verhält sich, wer hochentwickelten Tieren Schmerz zufügt oder diesen Schmerz in Kauf nimmt und zugleich immense Anstrengungen unternimmt, menschlichen Niemals-Personen nach allen Kräften in ihrer Existenz zu helfen, diskriminatorisch oder nach Maßgabe überkommener, theologischer, rational nicht einholbarer Dogmen wie dem der 'Würde des Menschen'? Ist also die Würde des Menschen, die ja alleine eine Bevorzugung der Angehörigen dieser biologischen Gattung in irgendeiner unklaren Weise begründet, überhaupt rational einholbar?

Ohne Zweifel ist den Utilitaristen einzuräumen, daß sie auf der Basis *ihrer* Theorie, die Gerechtigkeitskriterien auf dem Prinzip der Luststeigerung oder Schmerzvermeidung entfaltet, uneingeschränkt recht haben. Wo das Mitleid mit der leidenden Kreatur das höchste Prinzip ist, stellt jede Bevorzugung von Menschen einen Bruch des moralischen Universalismus dar. Freilich weiß der weiterentwickelte Utilitarismus selbst, daß Schmerz nicht gleich Schmerz ist und daß ein über bewußte Erwartungen intensiviertes Leiderlebnis schlimmer ist als zwar im Wachzustand, aber ohne Zeitbewußtsein erlebte Schmerzen. Erst hier, wo nun wahrscheinlich dieser Reflexivität fähige Tiere unter einem gemeinsamen Kriterium mit Menschen beurteilt werden, kann der Speziesismusvorwurf in seiner ganzen Wucht treffen. Wie läßt sich das besondere Interesse der Menschen an Angehörigen ihrer eigenen Gattung oder Gruppe rechtfertigen (ohne damit Argumente für ein besonderes Interesse etwa der Serben gegenüber den Kroaten mitzuliefern, also auf zufälligen Gruppenegoismus zurückzufallen)?

Es ist eine unhintergehbare hermeneutische Voraussetzung, daß wir bisher nur eine einzige biologische Gattung kennen, die aufgrund ihrer Gattungseigenschaften in der Lage ist, sich reflektiert zu sich selbst zu verhalten und dem in argumentativer und ausdrücklicher Rede zu genügen: die Gattung Mensch. Darüber hinaus sind es alleine Angehörige der Gattung Mensch, die moralischen Argumenten und damit der Zuschreibung von Freiheit und Verantwortung fähig sind.

Im Unterschied zu allen anderen Gattungen sind alleine Angehörige dieser Gattung somit nicht nur Objekte, sondern auch Subjekte moralischer Argumentationen und ethischen Handelns. Aus diesem Umstand hat die philosophische Tradition seit Kant geschlossen, daß die Verletzung dieser Freiheit eine Verletzung besonderer Art darstellt, und hat das damit verbundene, schutzwürdige Gut als 'Würde des Menschen' bezeichnet – ein Gut, das zudem einem Instrumentalisierungsverbot unterliegt. Genau betrachtet handelt es sich jedoch bei der so bestimmten Würde des Menschen um die besondere Schutzwürdigkeit von Personen im definierten Sinn. Daß auch Noch-nicht-Personen in den Genuß dieses Schutzes kommen, läßt sich dann damit begründen, daß das menschliche Leben nicht nur eine Raum-, sondern auch eine Zeitgestalt hat und daß diejenigen Stufen, die zur Herausbildung einer Person führen, gleichermaßen zu achten sind. Daß diese Argumentation auch die Belange und die Überreste von Nicht-mehr-Personen schützt, die einen freien und artikulierten Willen äußerten, folgt hieraus a fortiori. Beides trifft indessen im Fall menschlicher Niemals-Personen nicht zu: Sie werden weder einen freien Willen und ein Selbstbewußtsein ausbilden noch verfügen sie über beides. Mit einer wie auch immer aus der Freiheitsfähigkeit abgeleiteten Würde läßt sich hier nicht weiterargumentieren. Der einzige nicht-utilitaristische und nicht-theologische Grund für die Würde auch solcher Menschen, die niemals Personen im definierten Sinn sein werden, besteht in dem Hinweis, daß – nach allem, was wir bisher wissen – eine bestimmte physisch-biologische Konstitution die notwendige Bedingung jener Freiheit ist, die wir in Personen achten, weswegen wir auch diese biologische Konstitution in besonderer Weise auch dann zu achten haben, wenn die volle Entwicklung zur Person aus welchen Gründen auch immer nicht erfolgt.

In der Metaphysik der Sitten spricht Immanuel Kant ausdrücklich von der, wenngleich nicht vornehmsten, so doch ersten Pflicht des Menschen gegen sich selbst, nämlich der Selbsterhaltung seiner animalischen Tierheit (Kant 1968, S. 553), und versteht darunter das Verbot von Suizid, Selbstbefriedigung und Selbstbetäubung.

Die Achtung der animalischen Natur des Menschen wird bei Kant freilich noch ganz funktional und nicht in ihrer Ausdrucksgestalt, als sichtbares Symbol der im Menschen verkörperten Freiheit gesehen. Ein entsprechendes Argument hat erst Kants Schüler Fichte in seiner

1796 erschienenen "Grundlage des Naturrechts" entwickelt: "Dies alles ... ist es, was jeden, der menschliches Angesicht trägt, nötigt, die menschliche Gestalt überall, sie sei bloß angedeutet ... oder sie stehe schon auf einer gewissen Stufe der Vollendung anzuerkennen und zu respektieren. Menschengestalt ist dem Menschen heilig" (Fichte 1971, 84-85). Es ist die sich in der äußeren Erscheinung des Menschen ausdrückende prinzipielle Bildbarkeit, die für Fichte die Heiligkeit all dessen, was ein menschliches Antlitz trägt, begründet.

Ein stärkeres positives Argument für einen begrenzten Speziesismus läßt sich jenseits der Theologie nicht finden – allenfalls ließe sich fragen, ob die beliebige Verfügbarkeit und Vernutzbarkeit der menschlichen Gestalt nicht auch jene Selbstachtung unterminieren würde, derer wir als moralische Wesen bedürfen. Und da die Selbstachtung von Menschen zugleich an die Achtung der körperlichen Integrität aller Mitglieder ihrer Gattung gebunden ist, liegt es auch im Interesse eines jeden einzelnen, daß keines Menschen Ausdrucksgestalt mißachtet wird.

Wenn diese Begründung mindestens plausibel ist, wissen wir jetzt, warum wir uns, ohne von den Einsprüchen von Tierschützern und Utilitaristen beirren lassen zu müssen, in ganz besonderer Weise in Bildung, Erziehung, in Pflege und Rehabilitation jenen *Menschen* zuwenden *müssen*, bei denen entweder nicht gewiß ist, ob sie jemals Personen im vollgültigen Sinne sein werden oder von denen absehbar ist, daß sie diesen Status nie erreichen werden.

Da unter der Bedingung, daß Personalität sowohl eine transzendentale Bedingung als auch ein nicht weiter bestreitbares Gut darstellt, menschliche Personen gegenüber Noch-nicht-Personen – wie oben gezeigt – eine prinzipielle Verpflichtung haben, sie zu Personen zu bilden, umfaßt diese Verpflichtung a fortiori auch all jene Fälle, in denen dies prima facie zwar ungewiß, aber nicht ausgeschlossen erscheint. Insofern entstehen für den größten Bereich der Sonder- und Heilpädagogik keine prinzipiell anderen Probleme als in anderen Pädagogiken auch, sondern allenfalls besondere technisch-didaktische Probleme.

Ein besonderes normatives Problem entsteht erst in jenen Fällen, in denen aufgrund unaufhebbarer zerebraler Schädigungen bzw. schlimmster, nach derzeitigem Wissen in absehbarer Zeit zum Tode führenden organischen Mißbildungen das Erreichen von Personalität ausgeschlossen ist bzw. die Wahrscheinlichkeit, jenes Alter zu erreichen, in dem sich Vorstufen zur Person entwickeln, extrem gering ist.

Die von Rawls vorgeschlagene Lösung des paternalistischen Problems bestand darin, zu überlegen, wie wir selbst behandelt werden wollten. Trägt dieses Verfahren in diesem Fall? Können wir uns sinnvollerweise vorstellen, was es *für uns* hieße, als geistig Behinderte mit Down-Syndrom geboren worden zu sein? Ganz zu schweigen von besonders schweren Fällen von Hyrozephalie, offenen Rücken, angeborenen Darmverschlüssen etc.? Da wir uns das – einfach aufgrund des Umstandes, daß wir bereits eine Lebensgeschichte als Personen hinter uns haben – *nicht* vorstellen können, müssen wir uns dieser Frage so nähern, daß wir uns vorstellen, was es jetzt für uns bedeuten würde, unsere kognitiven Fähigkeiten bis zu jenem Grad zu verlieren, an dem Kinder mit Down-Syndrom über sie verfügen bzw. schwerste körperliche, maligne und schmerzhafte Krankheiten zu erleiden, die symptomatisch an Fälle von offenen Rücken, von Hydrozephalie oder Darmverschlüssen auf Dauer erinnern.

Unter der Voraussetzung, daß es überhaupt möglich ist, Rawls Verfahren in diesen Bereichen durch die Übertragung der Erfahrungen oder Befürchtungen erwachsener Personen in Gang zu bringen, ergibt sich sofort die Unmöglichkeit eindeutiger, stellvertretender Antworten. Denn die Reaktion von Erwachsenen auf extrem schmerzhafte, wahrscheinlich tödliche Krankheiten sowie die Körperfunktionen und die Gestalt des Leibes extrem verändernde Unfälle sind so unterschiedlich und nicht-vorhersehbar wie die Lebensgeschichten, die psychischen Dispositionen und die sozialen Bezüge dieser Personen. Ob und inwieweit Erwachsene auch ein solches, körperlich und damit auch affektiv stark beeinträchtigtes Leben annehmen, liegt auch dann noch in ihrer Entscheidung, wenn alle sozialen ökonomischen und pflegerischen Randbedingungen weit über das hinaus optimiert wären, als das, was derzeit möglich ist. Die Freiheit, sich zu dem zu entscheiden, was ein glückliches oder weniger unglückliches Leben wäre, läßt sich advokatorisch im Sinne Rawls *nicht* in ein Verfahren überführen. Wir können nicht sagen, wie man sich unter Bedingungen unvorstellbaren, bewußt erfahrenen Leidens gegebenenfalls zu uns hätte verhalten sollen, jedenfalls nicht mit jener Gewißheit, die soziale Verpflichtungen begründen könnte.

Können wir uns im Unterschied dazu aber vorstellen, was es hieße, mehr oder minder schmerzfrei und nicht wesentlich körperlich behindert, aber doch im kognitiven Bereich stark eingeschränkt zu leben?

Auch hier läßt sich nicht mit letzter Gewißheit sagen, ob das von kognitiven Kontrollen entschränkte, durch intensivste Affekte wie extreme Angst, große Verliebtheit, durch Wut oder Apathie gekennzeichnete, mit Hilfe von Drogen oder im Traum regredierende Bewußtsein von Erwachsenen dem von kleinen Kindern mit geringer Intelligenz nun wirklich entspricht – gleichwohl haben wir keinen Anlaß, ein solches, vor allem durch affektive und nicht durch kognitive Kontrollen und Kompetenzen geprägtes bewußtes Leben auch als Dauerzustand so gering zu schätzen, daß wir darauf verzichten würden, im Falle des Verlustes unserer kognitiven Kompetenzen Pflege und Hilfe zu beanspruchen. Paternalistischen Eingriffen würden wir dann mit dem Wunsch zustimmen, in unseren vitalen und affektiven Vollzügen gesichert, in unserem Lebensweg, der durch den Wegfall kognitiver Kompetenzen gefährdet ist, beschützt zu werden und auch, was unsere äußere Gestalt angeht, so behandelt zu werden, daß unsere Würde erhalten bleibt. Daran zeigt sich, daß das, was wir als Personalität bezeichnen, vorzüglich in dem enthalten ist, was menschliche Affekte, als intensive, zeitbezogene Stellungnahmen zur Welt und zu den Mitmenschen zum Ausdruck bringen. So bleibt als letzter klärungswürdiger Problemfall jene Gruppe von Menschen, die auch solcher Affekte nicht fähig wären und zudem unter schlimmsten Schmerzen leiden. An diesen Fällen hat sich die erregte Debatte um Peter Singer entzündet, zumal an seinem Vorschlag, derartige menschliche Niemals-Personen den Eltern, so sie dies wollen, zur Tötung freizugeben. Die Gründe hierfür waren vor allem mitleidsethischer Art, während die Gegenargumente entweder von kognitiv nicht nachvollziehbaren Glaubensüberzeugungen oder konsequentialistischen Überlegungen ausgingen, dem sog. 'Dammbruchargument', wonach schon die Debatte über das Lebensrecht einzelner Menschen das Lebensrecht aller gefährde (Antor 1991).

Was läßt sich aus der Perspektive der hier vorgetragenen advokatorischen Ethik zu dieser Frage beitragen? Das Dammbruchargument scheidet meines Erachtens als starkes Gegenargument schon deshalb aus, weil sich – nur unter Hinblick auf die Folgen – genauso begründen läßt, daß ein Unterlassen dieser Debatte die sprachlosen Reaktionen in Kliniken, die heute schon tun, was die Gegner von Singer anprangern, so lassen wie sie sind und damit weitergehenden Übergriffen gerade wegen schweigender Nichtthematisierung Tür und Tor öffnen. (Die Frage danach, ob es überhaupt so etwas wie ein Lebensrecht gibt, läßt sich aus logischen und verantwortungsethischen Gründen nicht durch den Hinweis entkräften, daß schon die Frage danach dies Recht unterminiere.)

Kapitel 5

5. Wenn aber das Dammbruchargument ausscheidet, haben wir uns zunächst zu entscheiden, was wir beglaubigen wollen: Das prinzipielle Recht eines *jeden menschlichen Wesens* auf Leben und Würde, oder das Recht eines *jeden geborenen menschlichen Wesens* auf Leben und Würde, oder das Verbot, menschlichen Wesen deshalb ihr Lebensrecht abzuerkennen, weil sie *nach Maßgabe des verfügbaren Wissens niemals Personen sein werden und die für sie Verantwortlichen auch nicht bereit sind, für sie paternalistisch* zu sorgen. Es zeigt sich sofort, daß die Frage nach einem absoluten Lebensrecht aller Menschen, seien sie Personen oder nicht, von der ebenfalls hochproblematischen Debatte um die Abtreibung nur dann abgekoppelt werden kann, wenn man – wie etwa Norbert Hoerster in einer neuen Publikation (Hoerster 1991, S. 132) – die Geburt als jenen Einschnitt akzeptiert, vor dem mit Sicherheit ein personales Leben nicht gegeben ist. All denjenigen jedoch, die etwa unter Berufung auf das Recht von Frauen auf eigene Entscheidungen hier Hoerster zustimmen, sei gesagt, daß sich mit mindestens der gleichen Sicherheit bei einem schwerstbehinderten Neugeborenen feststellen läßt, daß es niemals zur Person werden wird. Wer also ein absolutes Lebensrecht für alle Menschen begründen will, kann sich in der Abtreibungsfrage nicht liberal verhalten und ist daher gezwungen, zu voraussetzungsreicheren Argumenten zu greifen. Die Diskursethik scheidet hier erst recht aus, da sie ohnehin nicht dazu in der Lage ist, materiale Normen zu begründen – aber sogar wenn sie das täte, könnte sie allenfalls das Lebensrecht möglicher Diskursteilnehmer begründen.

6. Wer ein Lebensrecht aller Menschen und die strikte Pflicht, ihnen unter allen Umständen dabei behilflich zu sein, ein menschenwürdiges Leben zu führen, unabhängig davon, ob sie aktual Personen sind oder nicht, begründen will, muß die menschliche Individualität als jene Einheit von sich von Anfang an entwickelnder Zeitgestalt und leiblich verankerter Ausdrucksgestalt verstehen, die ihrem Wesen nach darauf hinstrebt, vernünftiges Leben in einem ethisch geregelten Zusammenleben freier Individuen zu führen, die ihrer ganzen Exi-

stenz nach darauf angelegt sind, füreinander einstehen zu müssen. Indem Menschen als Menschen – in ihrer Ausdrucksgestalt – einander begegnen, sind sie auf einen absoluten ethischen Imperativ verwiesen. "Das Antlitz" – sagt der französische Phänomenologe Emanuel Levians – "bedeutet auf andere Weise. In ihm bestätigt sich der unendliche Widerstand des Seienden gegenüber unserer Macht; er bestätigt sich gerade gegen den mörderischen Willen, den er herausfordert; denn ganz nackt... bedeutet der unendliche Widerstand gegen sich selbst... Dem anderen von Angesicht zu Angesicht gegenüberstehen – das bedeutet, nicht töten zu können. Dies ist zugleich die Situation der Rede." (Levinas 1983, 116/117).

Dieses Antlitz ist das Antlitz eines jeden menschlichen Wesens.

7. Womöglich lassen sich mit einer derartigen Theorie der Ausdrucksqualitäten menschlichen Lebens im Rahmen ihrer zielgerichteten Zeitgestalt jene schwierigen ethischen Probleme, die die Heilpädagogik im Bereich von Schwerstbehinderungen zu meistern hat, überzeugender lösen als der Rückgriff auf religiöse Sicherheiten und in zudem größerer Übereinstimmung mit unseren Intuitionen als utilitaristische oder diskursive Ethiken. Es sei aber abschließend ausdrücklich darauf hingewiesen, daß sowohl der Voraussetzungsreichtum derartiger Überlegungen als auch ihre illiberalen Konsequenzen im Bereich des Abtreibungsproblems kaum große Akzeptanz finden werden.

Und so werden wir auf absehbare Zeit in einer schizophrenen Situation leben müssen, die sich dadurch auszeichnet, daß rationale Ethiken wir Utilitarismus und Diskursethik unseren Intuitionen nicht genügen und jene Theorien, die diese Intuitionen angemessen entfalten, ihres Rigorismus wegen nicht mehr lebbar sind.

Literatur

Antor, G., Die Förderung schwerstbehinderter Menschen – Ethische und pädagogische Fragen, Zeitschrift für Heilpädagogik, 4, 1991, 217-229.
Buchanan, A.E. & Brock, D.W., Deciding for Others - The Ethics of Surrogate Decision Making, Cambridge 1989.
Fichte, J.G., Grundlage des Naturrechts nach Principien der Wissenschaftslehre, in: ders. Werke III. Berlin 1971.
Hoerster, N., Abtreibung im säkularen Staat, Frankfurt a.M. 1991.
Kant, I., Metaphysik der Sitten, in: ders. Werke, Bd. 7. Darmstadt 1956.

Leist, A., Deutsche Geschichte und historische Verantwortung, Babylon 7, 1990, 41-60.
Levinas, E., Die Spur des Anderen, Freiburg/München 1983.
Löw-Beer, M., Die Verpflichtungen der unschuldigen Nachgeborenen, Babylon 7, 1990, 61-69.
Peukert, H., Wissenschaftstheorie, Handlungstheorie und fundamentale Theologie, Frankfurt a.M. 1978, 300 f.
Rawls, J., Eine Theorie der Gerechtigkeit, Frankfurt a.M. 1975.
Wingert, L., Haben wir moralische Verpflichtungen gegenüber früheren Generationen. Babylon 9, 1991, S. 78-94.

III.

Zu einer ethischen Berufswissenschaft

◆
Normative Grundlagen der Sozialarbeit

Welchen Sinn kann es heute haben, erneut über normative Grundlagen von Sozialarbeit und Sozialpädagogik zu verhandeln? Ist es nicht mühsam genug gewesen zu zeigen, daß und wie meist christlich inspirierte Hilfeideologien Ursachen und Ausmaß gewichtiger Probleme verniedlicht, individualisiert oder – schlimmer noch – überhaupt erst erzeugt haben? Zeigte sich nicht hinter Liebestätigkeit, Subsidiaritätsprinzip und Individualisierungsgrundsatz lediglich das Interesse an sozialer Kontrolle, möglichst billiger Reproduktion der Ware Arbeitskraft sowie schließlich das zähe Eigenleben obsolet gewordener Institutionen?[1]

Und vor allem: erweisen sich nicht erst recht für den Fall des systematischen Verzichts auf gesellschaftskritische Argumente normative Überlegungen als Grillen? Denn gerade dann muß doch gelten, daß die Ablösung kontingenter Hilfehandlungen Einzelner durch das konditional programmierte, verrechtlichte System einer modernen Leistungsverwaltung weltanschauliches Meinen erübrigt, bzw. daß die Inhalte dieses Meinens gegenüber ihren identitätsstiftenden und stabilisierenden Funktionen vernachlässigt werden können.[2] Nun sind wir aber mit dem Faktum konfrontiert, daß zumindest die die Sozialarbeit reflektierenden Wissenschaften mit deren Professionalisierung nicht zufrieden sind, d.h. feststellen müssen, daß diese Professionalisierung steckengeblieben ist.[3]

Worum geht es bei diesem Prozeß der Professionalisierung? Der Soziologe H. Wilensky gibt folgende Schilderung:

»Zunächst wird eine Tätigkeit zu einem Ganztagsberuf, der seinen spezifischen Arbeitsbereich abzustecken beginnt. Die ersten, die die neue Technik beherrschen oder der den Beruf tragenden Bewegung angehören beginnen, sich um den Nachwuchs zu kümmern und richten Ausbildungsschulen ein. Werden diese nicht gleich als Teil von Universitäten gegründet, so erreichen sie den akademischen Status in der Regel nach zwei

oder drei Dekaden. Die Lehrer dieser Schulen und andere Aktivisten des Berufs organisieren sich zunächst in lokalen, aber schon bald auch in nationalen Verbänden - entweder durch Umwandlung bereits bestehender Gruppierungen oder durch Neugründungen. Erst dann wird die staatliche Lizenzierung des Berufsmonopols erreicht; und am Ende des Prozesses kommt es zur Neuformulierung der Berufsregeln und deren Zusammenfassung zu einer förmlichen >Ethik<.«[4]

D.h. aber für unsere Fragestellung, daß ihre Beantwortung unabdingbar ist. Denn gleichgültig, ob man einem sogenannten weltanschaulich geprägten Verständnis von Sozialarbeit anhängt (für das eine normative Grundlage per definitionem unverzichtbar ist) oder einer berufssoziologisch-funktionalistischen Auffassung zuneigt: die Frage nach den normativen Komponenten läßt sich nicht hinwegreduzieren, sondern im besten Fall trivialisieren. Ob eine solche Trivialisierung, wie sie etwa von funktionalistischer oder marxistischer Seite mit unterschiedlichen Argumenten vertreten werden könnte, eine tragfähige Position darstellt, soll im folgenden untersucht werden.

Gegenüber einem funktionalistischen Argument, das nicht an der Wahrheit der normativen Grundlage, sondern allenfalls an ihrer motivierenden Kraft interessiert ist, müßte ein marxistisches Argument zwar an den »progressiven« Anteilen ideologischen Bewußtseins interessiert sein, sich aber gegen überzeitliche normative Fixierungen unter Hinweis auf sich je und je verändernde konkrete gesamtgesellschaftliche Lage wehren. Freilich bleiben hier zwei Einwände unbeantwortet:

a) eine normative Orientierung muß keineswegs überzeitlichen Rang beanspruchen, und vor allem

b) warum soll man sich als Marxist überhaupt im Sinne der Benachteiligten engagieren, wenn keine entsprechende Norm vorliegt?

Ich möchte darum als erste These vertreten:

Weder der Prozeß der Professionalisierung noch die durch kritische Sozialwissenschaft gewonnenen Einsichten in Funktionen und Wirkungsweisen von Sozialpädagogik und Sozialarbeit erübrigen die Frage nach deren normativer Grundlegung, sondern fordern sie geradezu heraus.

»Berufsethik bezeichnet den Teilbereich moralphilosophischer Theorien, der sich mit jenen Pflichten befaßt, die sich aus den spezifischen Aufgaben der verschiedenen Berufe einer arbeitsteiligen Gesellschaft ergeben. In einem umfassenden Sinn wird von Berufsethik dann gesprochen, wenn eine Theorie des guten Lebens die berufliche Tätigkeit als für die Sittlichkeit und Selbstentfaltung konstitutiv erachtet.«[5]

Das bekannteste Beispiel einer Berufsethik ist dem Anspruch nach der Hippokratische Eid des Ärztestandes. Doch soll zunächst zwischen expliziten und impliziten, privaten und öffentlich normierten Berufsethiken unterschieden werden, d.h. zwischen jenen theoretisch und offiziell angebotenen Deutungsmustern des beruflichen Handelns und den alltäglichen, mehr oder minder bewußten Schemata, mit denen der einzelne Berufstätige seinem beruflichen Handeln sowohl interne Kohärenz als auch biographische Stimmigkeit zu verleihen sucht. Eine solche Berufsethik besteht zunächst und vor allem darin, die soziale und biographische Identität von Professionals gegenüber Konflikten, Ambivalenzen etc. zu sichern. Doch bestimmt diese die Identität des Professionals sichernde kognitive Struktur zumindest partiell Identität und Zukunft der ihm durch Gesetz, also legitime Herrschaft zugeordneten Klienten mit. Darum die zweite These:

Die kognitive Struktur einer Berufsethik verklammert Identität und Lebensgeschichte von Professional und Klienten in einer in der Regel asymmetrischen Weise. Denn vermöge des gesetzlich geordneten Machtgefälles zwischen Sozialarbeiter und Klient verlaufen Deutungen und Definitionen de Beziehungen bzw. der Befindlichkeiten meist unkorrigiert von >unten< nach >oben<, so daß hier von einem Akt >symbolischer Gewalt< gesprochen werden kann.[6]

Die Frage, die sich damit stellt, lautet: Warum und wie muß die Ausübung symbolischer Gewalt eigens legitimiert werden, wenn sie doch bereits gesetzlich legitimiert ist? und weiter: Läßt sich ein Kriterium finden, anhand dessen eine derartige Ausübung kritisiert werden kann, sind verschiedene Ethiken hier äquivalent, oder: Ist diese Frage überhaupt wahrheitsfähig, d.h. argumentativ eindeutig entscheidbar?

Die sozialwissenschaftliche Kritik sozialarbeiterischen Handelns hat gezeigt, daß trotz bzw. wegen des breiten Ermessensspielraums, den Instanzen sozialer Kontrolle aufgrund einschlägiger Gesetze (BSHG, JGG) gegenüber ihren Klienten haben, also trotz der ausgeübten symbolischen Gewalt die Wirkung der Intervention oft hinter den im Gesetz angestrebten Zielen zurückbleibt, ja sie sogar systematisch verfälscht. Zu begründen ist also nicht eigens, daß symbolische Gewalt ausgeübt werden darf, sondern wie sie auf dieser Basis ausgeübt werden soll, d.h., auf welche Weise das berufliche Handeln der Sozialarbeiter der in 1 (2) BSHG gestellten Maxime gerecht werden kann. »Aufgabe der Sozialhilfe ist es, dem Empfänger der Hilfe die Führung eines Lebens zu ermöglichen, das der Würde des Menschen entspricht. Die Hilfe soll ihn soweit wie möglich befähigen, unabhängig von ihr zu leben; hierbei muß er nach seinen Kräften mitwirken.«

Freilich hat eine Intervention aufgrund dieses Paragraphen immer schon eine verschwiegene Entscheidung im Rücken: nämlich daß eine bestimmte Person hilfsbedürftig ist. Dies bemißt sich danach, ob dem Träger der Sozialhilfe bzw. den von ihm beauftragten Stellen bekanntgeworden ist, ob in einem Einzelfall nach pflichtgemäßem Ermessen ein Anspruch auf Sozialhilfe gegeben ist. Damit hat sich die Frage verschoben: Wann ist es geboten, erlaubt, verboten, jemand als hilfsbedürftig zu ermessen – eine Frage, die gesetzlich nicht mehr beantwortet ist und daher eigens beantwortet werden muß.

Der rechtspositivistische Hinweis auf die Überflüssigkeit dieses Problems (das Ermessen ist ja durch Gesetz von einer Begründung entlastet) könnte immerhin unter Hinweis auf die in 1 BSHG genannte Würde des Menschen zurückgewiesen werden. Demnach ist keine Maßnahme zugelassen, die die Würde des Menschen verletzt – wobei nicht a priori ausgeschlossen werden kann, daß die Einleitung einer Hilfemaßnahme das tut. Zunächst bleibt freilich festzustellen, daß dem Handeln von Sozialarbeitern immer schon eine normative Argumentation zugrunde liegt, und sei es auch nur in Form privater Überzeugungen bzw. durch den Umstand, daß sowohl durch die berufliche Sozialisation als auch durch die gesetzlichen Grundlagen Normen so oder so vorgegeben sind. Die Begründung, Explikation und Auszeichnung einer bestimmten Berufsethik geht also systematisch nicht über das hinaus, was jeder Sozialarbeit bereits inhärent ist. Nun muß freilich aus der Einsicht, daß eine nicht-normative, wertfreie Sozialarbeit unmöglich ist, noch lange nicht folgen, daß eine normative Theorie der Sozialarbeit hinreichend begründet werden kann – man könnte sich ja mit einer Pluralität oberster Maßgaben wie »Hilfe zur Selbsthilfe«, »Emanzipation«, »Deklassierung-Reklassierung« zufriedengeben. Es kann im folgenden gar nicht darum gehen, eine solche Theorie im Detail auszuführen. Es soll lediglich in drei Schritten 1. plausibel gemacht werden, daß die Grundzüge einer derartigen Berufsethik nicht willkürlich und beliebig gewählt werden können, 2. eine praktische Grundnorm vorgestellt und 3. eine Maxime zur Bestimmung von Hilfsbedürftigkeit vorgeschlagen werden.

1. Für unseren Kontext gilt zunächst, daß nicht jedes, sondern eben nur helfendes Handeln legitimiert werden soll und weiter, daß all das Handeln berücksichtigt werden muß, das durch den Rahmen von JWG, JGG und BSHG vorgeschrieben ist. Ein pluralistischer Ansatz könnte nun behaupten, daß es gleichgültig ist, von welcher Hintergrundsethik das Ermessen im Einzelfall gesteuert wird. D.H., daß es prinzipiell unentscheidbar ist, ob es z.B. richtig war, einen von zu Hause weggelaufenen Jugendlichen, wie ein progressiver Sozialarbeiter es wollte, in eine sich noch im Experimentalstadium befindliche Wohngemeinschaft zu überweisen oder aber ihn, wie ein streng christlicher Kollege vorschlug, in die Familie zurückzuschicken – verbunden mit der Anregung, die ganze Familie solle sich einer Familientherapie unterziehen. Oder krasser: es wäre im Prinzip unentscheidbar, ob – wie in manchen größeren Städten – ein Nichtseßhafter auch dann noch im Übergangsheim bleiben darf, wenn er nicht Willens ist, eine vorübergehende Beschäftigung anzunehmen, oder ob er, da er sichtlich nicht bereit ist, mitzuarbeiten, die Einrichtung auch nicht weiter benutzen darf. Die Annahme, daß derlei Fragen prinzipiell unentscheidbar seien, impliziert aber, daß es sich bei den getroffenen Maßnahmen eben nicht um Maßnahmen zur Erreichung eines Zwecks, sondern gewissermaßen um selbstgenügsame Vollzüge handelt. Dies kommt nun im routinemäßigen Handeln sicherlich oft vor, verkehrt aber den Sinn dieser Handlungen als Maßnahmen in ihr Gegenteil. Denn unterschiedliche Maßnahmen müssen sich eben an ihrer Tauglichkeit zur Erreichung eines Zwecks messen lassen, d.h. einen gemeinsamen Bezugspunkt haben. Vorausgesetzt nun, es ließe sich ein derartiger Bezugspunkt »Führung eines Lebens« entsprechend der »Würde eines Menschen« hinreichend explizieren, dann entsteht die Frage, nach welchem Kriterium unterschiedliche Maßnahmen als Mittel zur Erreichung dieses Zwecks miteinander verglichen werden können.

Nun dürften Interpretationen und Operationalisierung eines Begriffs wie »ein Leben der Würde des Menschen entsprechend« sicherlich davon abhängen, ob es sich bei dem Interpreten z.B. um einen Christen, Liberalen oder Marxisten handelt. Doch kann auch dies die Behauptung nicht stützen, daß die Grundzüge einer Berufsethik beliebig wählbar sind, denn

1. muß jede Hintergrundsethik mit den legalen Vorgaben kommensurabel sein,
2. kann man ja immerhin sinnvoll darüber diskutieren, ob eine bestimmte Maßnahme ihren Zweck erreicht hat, d.h., man bedient sich gemeinsamer, wenn auch impliziter Kriterien.

Wem dies nicht einleuchtet, der müßte die allerdings sehr starke These vertreten, daß es solche impliziten Kriterien nicht gibt – und dies noch bevor versucht worden ist, sie auszubuchstabieren.

2. Ein solches Ausbuchstabieren soll hier nicht vorgenommen, sondern lediglich ein Minimalkriterium eingeführt werden, das zugleich als oberste Maxime dienen kann. Durch Sozialarbeit und Sozialpädagogik soll überhaupt geholfen werden, und man wird nicht anders können, als solche Hilfe als Reaktion auf eine soziale Problemlage zu bezeichnen. Unabhängig von der Frage, ob bestimmte Problemlagen nicht vielleicht durch falsche Hilfevorstellungen erst geschaffen werden, erschiene es mir sinnlos, weil jeder Alltagserfahrung widersprechend, den Begriff und das Phänomen von Hilfsbedürftigkeit überhaupt in Frage zu stellen. Brumlik/Keckeisen (1976, S. 258) postulieren in diesem Zusammenhang zwei Maxime:

»a) Hilfsbedürftigkeit nicht hinwegzudefinieren; und
b) Hilfsbedürftigkeit nicht aufzuoktroyieren.«

Diese Maximen unterstellen die Möglichkeit eines begründeten und weitgehend sanktionsfreien Verhandelns über Ursachen, Folgen und eventuelle Lösungsperspektiven von gemeinhin als hilfsbedürftig gekennzeichneten Zuständen bzw. als abweichend bezeichnetem Verhalten und setzen somit beim ›Klienten‹ zunehmende Einsicht sowie beim ›Helfer‹ weitgehende Offenheit und Vorurteilsfreiheit voraus. Ob sich der Verdacht auf ›Hilfsbedürftigkeit‹ bestätigt, kann also nicht allein von einem ›Helfer‹ festgestellt werden, sondern kann nur das Ergebnis eines gemeinsam geführten Diskurses sein; wie auch die Mittel, mit denen, und die Ziele, auf die hin zu helfen sei, keineswegs von Anfang an festliegen, sondern ebenso als Ergebnis eines diskursiven Prozesses zu rechtfertigen sind.«[7]

Hilfsbedürftigkeit darf nun nicht nur deshalb nicht hinwegdefiniert werden, weil damit vielleicht die Professionen der Sozialarbeit hinfällig würden, sondern vor allem, weil damit eine entscheidende Komponente der menschlichen Verfassung, gewissermaßen eine anthropologische Grundkonstante unrealistischerweise einfach ausgeblendet würde. Nicht nur hat jeder von uns bereits erlebt, was es heißt, mit einer Situation konfrontiert zu sein, die man allein nicht lösen kann; mehr noch: die Möglichkeit einer prinzipiellen Eliminierung eines Begriffs von >Hilfsbedürftigkeit< implizierte die soziologisch sinnlose Annahme letztlich selbstgenügsamer Individuen, die mit anderen nur aus kontingenten Umständen zusammenleben.

Der Philosoph Wilhelm Kamlah leitete aus dieser Einsicht eine praktische Grundnorm ab: »Beachte, daß die anderen bedürftigen Menschen sind wie du selbst und handele demgemäß« (Kamlah 1973, S. 95).[8]

Kamlah führt aus, daß es sich hierbei nun in der Tat um ein Sollen handelt, das aus der Einsicht in ein (menschliches) Sein »abgeleitet« werden kann. Denn wer eingesehen hat, was es heißt, bedürftig zu sein, kann nicht mehr sinnvoll danach fragen, warum es denn nun geboten sein soll, sich anderen gegenüber entsprechend zu verhalten. Die Bezweifelung dieser Konsequenz aus jener Einsicht würde nämlich die Existenz des Zweiflers als Menschen wenn auch nicht logisch so doch pragmatisch im Prinzip aufheben. Man kann also die Inanspruchnahme der Leistungen anderer Menschen zur Bewältigung von Situationen, die man nicht selbst zu meistern vermag, als die Inanspruchnahme von Hilfe bezeichnen.

3. Wie kann nun aber festgestellt werden, daß und ob jemand hilfsbedürftig ist, und man ihm mithin helfen soll? Einzig und allein durch die Aussage bzw. die Befragung dessen, den man als hilfsbedürftig vermutet. Die entgegengesetzte Annahme müßte davon ausgehen, daß eine solche Feststellung im Prinzip auch durch Zweite und Dritte ohne Bestätigung des Betroffenen möglich sei. Dies impliziert die Annahme, daß handelnde Individuen in der Regel nicht dazu in der Lage sind, selbst festzustellen, ob ihre Handlungen geglückt, ihre Intentionen erfüllt, ihre Bedürfnisse befriedigt sind. Wenn die Individuen aber hierzu prinzipiell nicht selbst in der Lage sind, müssen es ihre Cosubjekte sein, die hierüber befinden können. D.H., sie müssen über Kriterien zur Anwendung der Prädikate »geglückte Handlung«, »erfüllte Intention«, »befriedigtes Bedürfnis« verfügen. Freilich:

kann man wissen, was eine geglückte Handlung, eine erfüllte Intention, ein befriedigtes Bedürfnis ist, wenn man sich nicht selbst als Handelnden, und d.h. immer auch als glücklich/unglücklich Handelnden erfahren hat? Da dies unmöglich ist, ist auch die Annahme, Hilfsbedürftigkeit könne prinzipiell von anderen festgestellt werden, sinnlos und damit untermauert, daß nur der als hilfsbedürftig Vermutete authentisch darüber befinden kann, ob er hilfsbedürftig ist oder nicht.

Die nun in der Praxis häufig vorkommende Annahme, jemand sei hilfsbedürftig, aber wisse es nicht, impliziert daher immer und notwendig eine Einschränkung des Personenstatus des Betreffenden als eines vollverantwortlichen Aktors noch vor aller näheren Diagnose. Da nun die Zuschreibung verminderter Handlungsfähigkeit in der Regel mit gewichtigen Folgen für die Würde der betreffenden Person verbunden ist, und bekanntlich die Verifikation von Behauptungen, in denen askriptive Prädikate wie »hilfsbedürftig« vorkommen, nie endgültig vorgenommen werden kann, gebietet es die Einsicht in die Wahrheitsbedingungen solcher Zuschreibungen, denjenigen, dem man etwas zuschreibt, zumindest gleichberechtigt zu hören.

Dann muß aber das der Sozialarbeit institutionell vorgegebene Machtgefälle durch eine Berufsethik korrigiert werden, deren oberste Maxime darin besteht, die Zuschreibung von Hilfsbedürftigkeit nur konsensuell mit dem der Hilfsbedürftigkeit Verdächtigen vorzunehmen bzw. keine Hilfsmaßnahme ohne die durch freie Einsicht gewonnene Zustimmung des Klienten einzuleiten. Diese Maxime steht in striktem Gegensatz zu allen Ansätzen, die – sei es aus marxistischer, christlicher, psychoanalytischer oder lernpsychologischer Sicht – meinen, »Hilfsbedürftigkeit« objektiv erkennen und aus solcher Erkenntnis heraus das Einleiten einer Maßnahme rechtfertigend ableiten zu können.

Anmerkungen

1 Autorenkollektiv, Gefesselte Jugend – Fürsorgeerziehung im Kapitalismus, Ffm., 1971; Barabas, F./Sachße, C., Bundessozialhilfegesetz: Sozialstaatliche Versorgung oder Armenpolizei, in: Kritische Justiz 4/1976, S. 359-376; Hollstein, W./Meinhold, M. (Hrsg.), Sozialarbeit unter kapitalistischen Produktionsbedingungen, Ffm., 1973; Lenhard, G./Offe, C., Staatstheorie und Sozialpolitik, Politisch-soziologische Erklärungsansätze für Funktionen und Innovationsprozesse der Sozialpolitik, in: C. v.

Ferber/F.-X. Kaufmann (Hrsg.), Sonderheft 19 der KZfSS, S. 98-127; Mückenberger, U., Thesen zur Funktion und Entwicklung des Sozialrechts, in: Kritische Justiz 4/1976, S. 341-358; Peters, H., Moderne Fürsorge und ihre Legitimation, Opladen 1968.

2 Luhmann, N., Formen des Helfens im Wandel gesellschaftlicher Bedingungen, in: H.-U. Otto/S. Schneider (Hrsg.), Gesellschaftliche Perspektiven der Sozialarbeit Bd. 1, Neuwied/Berlin, 1973, S. 21-43.

3 Otto, H.-U./Utermann, K. (Hrsg.), Sozialarbeit als Beruf – Auf dem Weg zur Professionalisierung, München 1973.

4 Wilensky, H., Jeder Beruf eine Profession, in: Th. Luckmann/W. Sprondel (Hrsg.), Berufssoziologie, Köln, 1972, S. 198-251, bes. S. 205.

5 Höffe, O. (Hrsg.), Lexikon der Ethik, München, 1977.

6 Bourdieu, P./Passeron, J. C., Grundlagen einer Theorie der symbolischen Gewalt, Ffm., 1973.

7 Brumlik, M./Keckeisen, W., »Etwas fehlt«. Zur Kritik und Bestimmung von Hilfsbedürftigkeit in der Sozialpädagogik, in: Kriminologisches Journal 4/76, S. 241-262.

8 Kamlah, W., Philosophische Anthropologie, Mannheim, 1973.

◆

Zur Sittlichkeit pädagogisch professioneller Interaktionen

Georg Wilhelm Friedrich *Hegel* hat bekanntlich in seinen Entwürfen zur Rechtsphilosophie eine Unterscheidung von Moralität und Sittlichkeit getroffen.[1]

Gemeinhin wird diese Unterscheidung von Moralität und Sittlichkeit als Unterscheidung zwischen einer nur appellativen, präskriptiven Moral und einem tatsächlich an Moral orientierten, durch Institutionen, Traditionen und Habitualisierungen vermittelten und getragenen Lebenszusammenhang verstanden. In den rechtsphilosophischen Vorlesungen von 1817/1818 charakterisiert *Hegel* die Unterscheidung folgendermaßen:

> *"Es wird hier ein Unterschied zwischen Moralität und Sittlichkeit gemacht. Moralität ist das Reflektierte; die Sittlichkeit aber ist die Durchdringung des Subjektiven und Objektiven ... Das Recht und die Moralität sind nur ideelle Momente; ihre Existenz ist erst die Sittlichkeit. Die wirkliche Moralität ist nur die Moralität des Ganzen in der Sittlichkeit ... Die Sittlichkeit ist die Wahrheit deswegen, weil hier die Wirklichkeit mit dem Begriff identisch ist ..."*[2]

Die neuere Diskussion zur Berufsethik der Sozialarbeit hat sich bis jetzt vornehmlich an dem orientiert, was *Hegel* als Moralität bezeichnet; m. a. W.: Bisher wurden vor allem normative Systeme unterschiedlicher Plausibilität und unterschiedlicher Konkretion aufgestellt, die alle in gewisser Weise daran kranken, wenig oder gar nichts über ihre Realitätsadäquanz aussagen zu können.[3]

Auch im folgenden kann es noch nicht darum gehen, diese Spannung aufzulösen, sondern allenfalls darum, einige vorbereitende Überlegungen darüber anzustellen, ob eine Rekonstruktion der Wirklichkeit sozialer Arbeit uns dabei helfen kann, eine nicht nur appellative Berufsethik darzulegen.

Eine solche Untersuchung muß sich im Prinzip an den Realitäten sozialpädagogischer Handlungsfelder erweisen – es gilt zu überprüfen, ob auch in den faktisch existierenden Strukturen sozialer Arbeit Handlungsmaximen auffindbar sind, die das Prädikat "moralisch gerechtfertigt" verdienen. Dabei entsteht sofort die Frage nach dem Kriterium für die Zuschreibung dieses Prädikats bzw. die Frage danach, woraufhin sozialpädagogische Interventionen denn nun zu zielen hätten. Läßt sich diese Frage beantworten, ohne selbst wiederum ein abstraktes moralisches Kriterium vorauszusetzen und somit den möglichen Gewinn einer an der Sittlichkeit ausgerichteten Untersuchung sogleich wieder zu verspielen? Dies wird sich zunächst nur durch ein Analyseraster vermeiden lassen, das die Beschreibung von Handlungsstrukturen stärker gewichtet als ihre Bewertung.

Dem schienen mir phänomenologische und hermeneutisch ausgerichtete Ansätze am ehesten zu genügen. Damit bewegt sich das hier vorgestellte Programm in einer doppelten Frontstellung:

Es wendet sich zum einen gegen sämtliche Ansätze einer Antipädagogik, in dem es nachweisen möchte, daß pädagogische Bezugnahmen in den meisten sozialisatorischen und therapeutischen Interaktionen notwendigerweise enthalten sind.

Es wendet sich aber auch gegen rein moralische (etwa diskursethische) Begründungen pädagogischen Handelns mit dem Hinweis, daß derlei Begründungen nicht nötig, da im Handeln ohnehin präsent sind. Die Moralität pädagogischen Handelns *kann* also nicht abgelehnt werden, weil sie zu seiner Struktur gehört und *muß* aus dem gleichen Grund auch nicht eigens begründet, sondern nur abgelesen und verdeutlicht werden.

Dieses Ablesen und Verdeutlichen der in pädagogischen und therapeutischen Interaktionen angelegten Moralität soll im Hinblick auf den pädagogischen Aktor im einzelnen sowie das pädagogische Handlungsfeld als ganzes geschehen.

Die Struktur des pädagogischen Handlungsfeldes im ganzen soll nach Maßgabe seiner objektiven Richtigkeit mit den Kategorien der von Ulrich *Oevermann* entwickelten "objektiven Hermeneutik" nachgezeichnet werden[4], wobei ich mich besonders auf die richtungsweisende Arbeit von Rita *Sahle*[5] stützen kann, während die Möglichkeiten und Befindlichkeiten der Akteure nach Maßgabe von *Heidegger*s in "Sein und Zeit" entwickelten hermeneutischen Fundamentalontologie dargestellt werden soll.

Ich werde also im folgenden
1) Handlungsstrukturen und Existenzialien im pädagogischen Feld unterscheiden, wobei es um die Differenz von Authentizität und Richtigkeit des Handelns geht,
2) auf der Basis dieser Unterscheidung zwischen einem phänomenologischen Begriff der Fürsorge und einem hermeneutischen Begriff der Intervention differenzieren, um
3) zwischen vorspringender und einspringender Fürsorge und
4) zwischen strikt intervenierenden und nur deutenden-mäeutischen Interventionen zu unterscheiden.

Schließlich werde ich
5) noch einmal auf zwei Mißverständnisse einer moralischen – hier diskursethisch angelegten – Theorie pädagogischen Handelns eingehen, um endlich
6) ansatzweise zu versuchen, meine Überlegungen mit professionalitätstheoretischen Überlegungen der Sozialpädagogik zu verbinden.

1. Die objektive Hermeneutik postuliert, daß im Bereich sozialen Handelns der Begriff des Sinns einer Handlung nur im Bezug auf intersubjektive Handlungen verwendet werden kann, mehr noch, daß sinnvolle Handlungen überhaupt nur intersubjektive Handlungen sein können. Die kriteriale Frage nach der Richtigkeit oder Unrichtigkeit läßt sich entsprechend nicht an diese Handlungsstrukturen selbst, sondern allenfalls an die mentalen Repräsentationen der Handlungsstrukturen im Bewußtsein/Unbewußten oder Vorbewußten der Akteure stellen. Daß die Theorie der objektiven Hermeneutik hier über ein Defizit gesellschaftskritischer Begrifflichkeit hinweggeht, ist oft vermerkt worden.

Dieses Defizit läßt sich korrigieren, wenn zwischen einem methodologischen Begriff der Richtigkeit von Deutungsmustern und einem gesellschaftstheoretischen Begriff der Angemessenheit von Handlungssystemen unterschieden wird. Demnach können die Handlungen von Individuen bzw. das Funktionieren von ganzen Handlungssystemen entweder deshalb mißglücken, weil die Akteure eine falsche Vorstellung von dem haben, was sie tun, bzw. in welchem Rahmen sie handeln oder weil diese Handlungssysteme selbst in bezug auf das ganze Gesellschaftssystem, innerhalb dessen sie verankert sind, unzureichende Leistungen erbringen.

Pathologien können also entweder durch falsche Selbst- und Weltverständnisse oder durch objektive Fehlentwicklungen ausgelöst werden. Damit ist der Vorwurf des gesellschaftskritischen Defizits der objektiven Hermeneutik um den vielleicht allzu hohen Preis behoben, objektiv angemessene Strukturen von Sozialität ohne Rückgriff auf die subjektiven Befindlichkeiten der Akteure auszeichnen zu müssen. An *Oevermanns* Analysen der ödipalen Triade als notwendiger Bedingung für die Ausbildung personaler Identität in Bezug auf Alters- und Geschlechtsrollen wird deutlich, wie eine solche Auszeichnung objektiver Strukturen aussehen könnte. Rita *Sahle* beschreibt in diesem Sinne die objektive Bedeutung von Professional-Klient-Interaktionen im Rahmen verberuflichter Sozialarbeit folgendermaßen:

"In den Professionen mit unmittelbarem Klientenbezug stellt der Klient oder Patient eigenverantwortlich und ausschließlich aufgrund von Leidensdruck die Beziehung zum professionalisierten Experten her. Er erteilt gleichsam einen Behandlungsauftrag und delegiert einen Teil seiner lebenspraktischen Autonomie und Entscheidungskompetenz. Diese Delegation bleibt jedoch an die regulative Funktion eines Leidensdrucks gebunden: die Behandlung einzugehen, fortzusetzen und, was strukturell gleichwertig ist, zu beenden. Der Leidensdruck sichert die Autonomie der Lebenspraxis und gewährleistet die Freiwilligkeit der Behandlung. Das Professionsmitglied handelt in Respekt vor dieser lebenspraktischen Autonomie stellvertretend deutend, d.h. unter konsequentem Verzicht auf die Entscheidungsübernahme, Empfehlungen oder Ratschläge. Seine Entscheidungen treffen zwar auf die Lebenspraxis selbst, sie bewegen sich aber im Rahmen der Behandlung oder des Mandats und müssen sich, auf die wissenschaftliche Basis bezogen, begründen lassen, gleichzeitig oder nachträglich z.B. durch den pathologischen Befund."[6]

Aus der Sicht der objektiven Hermeneutik wird also behauptet, daß tatsächlich in den Systemen institutionalisierter Hilfeleistung eine entsprechende Dialektik zwischen der Autonomie der Profession und der Autonomie des Leidensdrucks herrscht und daß diese Dialektik im Bereich der Sozialarbeit deren Nichtprofessionalisierbarkeit impliziert. Ich übergehe die Begründung der Nichtprofessionalisierbarkeitshypothese und halte lediglich fest, daß auf der Basis dieser Analyse zwei Pathologien möglich sind:

a) Die beteiligten Klienten oder Professionals können diese Nichtprofessionalisierbarkeit verkennen, die wechselseitige Autonomie anzweifeln bzw. überstrapazieren und somit die konstitutiven Strukturen helfender Beziehungen zerstören.

b) Die faktischen institutionellen Strukturen, d.h. Gesetze, Dienstvorschriften o.ä. werden weder der professionellen Autonomie noch der individuellen Autonomie der Leistungsnachfrager gerecht und geraten damit in Widerspruch zu modernen Gesellschaften, in denen die für jede Sozialität konstitutive Individualität der Akteure verwirklicht ist.

Gegenüber dieser Richtigkeit von Handlungen postuliert die Fundamentalontologie das Ergreifen oder Verfehlen individueller Möglichkeiten. Ob derlei individuelle Möglichkeiten ergriffen oder verfehlt werden, hängt nach *Heidegger*, auf den ich mich hier beziehe, davon ab, ob das Dasein sich seiner konstitutiven Einsamkeit und Freiheit, seiner möglichen Verfallenheit an die Unbewußtheit des "man", d.h. der habitualisierten Strukturen der Alltäglichkeit bewußt wird. Im diametralen Gegensatz zur objektiven Hermeneutik wird hier nicht die Vorrangigkeit von Strukturen der Intersubjektivität, sondern die Vorrangigkeit individueller Selbstvergewisserung im Rahmen einer zur Alltäglichkeit degenerierten Intersubjektivität behauptet. Diese Selbstvergewisserung wird ergeben, daß die Beziehung des Daseins zu sich selbst und zu anderen im Modus der Sorge ausgelegt ist, also eines auf die eigenen Möglichkeiten und Widerfahrnisse hin angelegten Lebens, das seiner Zukünftigkeit besondere Aufmerksamkeit zollt.

Heidegger bezeichnet die Sorge und andere Modi des Daseins als Existenzialien und nicht als Kategorien, da er – hierin noch der *Husserl*schen Phänomenologie nahe – von der Vorrangigkeit der Subjektivität ausgeht, einer Subjektivität, die als Quelle oder Ursprung der Kategorien natur- oder überhaupt wissenschaftlicher Erkenntnis nicht in den gleichen Begriffen verstanden werden kann, in denen sie die Natur versteht. Wenn man so will, stellen Existenzialien Begriffe einer Teilnehmerperspektive dar, während (wissenschaftliche) Kategorien hiervor abgeleitete und reifizierte Begriffe einer Zuschauerperspektive sind.

Ob nun ein Dasein seine eigenen Möglichkeiten ergreift oder nicht und sich somit seiner Freiheit und Entschlossenheit stellt, ist für *Heidegger* deshalb keine moralische Frage im engeren Sinn, weil er über keinerlei Kriterien darüber verfügt, wie und wozu diese Freiheit verwendet werden soll. Ebenso bestreitet er, daß es in einem moralisch relevanten Sinne besser sei, eigentlich als uneigentlich zu sein. Ein moralisch nicht weiter bewertbares angemessenes Selbstverhältnis, das vor allem auf die Stimmigkeit der Handlungen eines Aktors mit seinem Selbstverständnis abhebt, möchte ich als Authentizität bezeichnen.

Postuliert also die objektive Hermeneutik die Kongruenz mentaler Repräsentationen und individueller Handlungsstrukturen bzw. die Kongruenz eines Gesellschaftssystems und seiner Teilsysteme, so postuliert die Fundamentalontologie die Kongruenz eines Individuums mit seinen anthropologisch angelegten Möglichkeiten. Beide Male geht es also um existente Strukturen und deren Möglichkeiten. Schon alleine dieses Beharren auf existenten Strukturen rückt beide Ansätze in eine gewisse Nähe zu dem, was *Hegel* als Sittlichkeit bezeichnete – womit keineswegs gesagt ist, daß beide Ansätze auch inhaltlich dem korrespondieren, was *Hegel* unter Sittlichkeit versteht.

2. Damit komme ich zum zweiten Punkt. Wie bestimmen hermeneutische Fundamentalontologie und objektive Hermeneutik jenes Verhältnis der Hilfe, in dem mindestens zwei autonome Subjekte in ein asymmetrisches Verhältnis geraten und zwar so, daß ein Subjekt sich seiner Möglichkeiten begibt bzw. ihrer benommen wird und ein anderes Subjekt bemüht ist, ihm diese Möglichkeiten zurückzugeben.

"Die Fürsorge", so heißt es bei *Heidegger*, "hat hinsichtlich ihrer positiven Modi zwei extreme Möglichkeiten. Sie kann dem Anderen die 'Sorge' gleichsam abnehmen und im Besorgen sich an seine Stelle setzen, für ihn einspringen. Diese Fürsorge übernimmt das, was zu besorgen ist, für den Anderen. Dieser wird dabei aus seiner Stelle geworfen, er tritt zurück, um nachträglich das Besorgte als fertig Verfügbares zu übernehmen, bzw. sich ganz davon zu entlasten. In solcher Fürsorge kann der Andere zum Abhängigen und Beherrschten werden, mag diese Herrschaft auch eine stillschweigende sein und dem Beherrschten verborgen bleiben. Diese einspringende die 'Sorge' abnehmende Fürsorge bestimmt das Miteinandersein in weitem Umfang, und sie betrifft zumeist das Besorgen des Zuhandenen. Ihr gegenüber besteht die Möglichkeit einer Fürsorge, die für den Anderen nicht so sehr einspringt, als daß sie ihm in einem existenziellen Seinkönnen vorausspringt, nicht um ihm die 'Sorge' abzunehmen, sondern erst eigentlich als solche zurückzugeben. Diese Fürsorge, die wesentlich die eigentliche Sorge – das heißt die Existenz des Anderen betrifft und nicht ein Was, das er besorgt, verhilft dem Anderen dazu, in seiner Sorge sich durchsichtig und für sie frei zu werden."[7]

Diese beiden Formen sind für *Heidegger* zwei prinzipiell gleichmögliche, nicht auf jeden Fall gleichberechtigte Modi menschlichen Zusammenlebens. *Heidegger* bestimmt die menschliche Existenz, das Dasein als in das Leben mit und für andere Menschen eingebettet. Dies ist mehr und anderes als die heute geläufige, unter Rückgriff auf *Hegel* und *Mead* postulierte Intersubjektivität. "Die Welt des Daseins ist Mitwelt. Das In-Sein ist Mitsein mit Anderen. Das innerweltliche Ansichsein dieser ist Mitdasein."[8] An Stelle der Kategorie der Anerkennung, wie sie in den Intersubjektivitätstheorien zu finden ist, finden wir bei *Heidegger* das Existenzial der Fürsorge. Wenn die menschliche Existenz gleichermaßen auf Sorge (d.h. bewußte Stellungnahme zu ihrer eigenen Zukunft) und auf Mitsein (d.h. auf Cosubjektivität) hin ausgelegt ist, dann verschränken sich beide Modi zu einer Form der Cosubjektivität, in der die Individuen sich wechselseitig und bewußt sowohl zu ihren eigenen als auch darin zu den Zukünften ihrer Mitindividuen verhalten. Und hierbei handelt es sich *nicht* um eine wählbare Möglichkeit, sondern um eine nicht umgehbare Vorgegebenheit. Wählbar ist allein die Art und Weise, in der sich ein Dasein zur Sorge eines anderen Daseins verhält - wählbar ist also nicht die Intersubjektivität selbst, sondern allenfalls die Form der Intersubjektivität.

Ein solcher Begriff der Fürsorge entstammt dem Versuch, radikal und jenseits aller philosophischen Vorgegebenheit auf basale, als ahistorisch und kulturtranszendierend angesehene Universalien des Menschseins hinzuweisen und von ihnen aus ein neues Verständnis dessen zu gewinnen, was die Tradition als "Sein" zwar benannte, aber nach *Heidegger* in der Sache vergessen mußte. Auf die systematische Haltbarkeit von *Heidegger*s Vorschlägen gehe ich hier nicht weiter ein.

Der Begriff der "Intervention", wie er in *Oevermann*s objektiver Hermeneutik entwickelt wird, nimmt demgegenüber die historisch-gesellschaftliche Konstitution und Vermittlung wechselseitiger Hilfe zumal unter den Bedingungen einer modernen, durch die Ausprägung von Professionen charakterisierten Gesellschaftsstruktur ernst.

Unter Bedingungen einer funktional ausdifferenzierten, professionell organisierten und durch die Ausprägung moderner Individualität geprägten Gesellschaft nimmt die Autonomie von Handlungspraxen, seien sie nun "privater" oder "beruflicher" Art, eine Schlüsselrolle ein. Für eine Theorie und Praxis helfender Berufe spielt diese tiefliegende Sinnstruktur moderner Gesellschaften deshalb eine besondere Rolle, weil sie deren konstitutives Paradox weder aus psychologischen Unzulänglichkeiten der Akteure noch inkompatiblen Systemimperativen heraus bestimmt, sondern einzig aus den Prinzipien der Modernität selbst. Dem hermeneutischen Grundsatz, Geschichte und Gesellschaft bewußt von jenem Standpunkt aus zu beschreiben, an dem die erfahrende Individualität selbst steht, ist damit systematisch und offensichtlich fruchtbar Rechnung getragen. In dieser Variante objektiver Hermeneutik holt sich die moderne Gesellschaft selbst ein.

"Der objektive Hermeneut", so postuliert Oevermann, "geht dagegen prinzipiell von der Möglichkeit aus, daß die Lebenspraxis sich im Rahmen ihrer Autonomie, d.h. ohne die Beanspruchung von Wissenschaft, also selbständig, im Falle von Mißverständnissen zu helfen weiß."[9]

Systematisch entspricht *Oevermanns* "Autonomie" der (intersubjektiv) gefaßten Lebenspraxis in *Heideggers* Individualitäsontologie. Ob das Postulat einer Autonomie von Lebenspraxen als hermeneutische Vorgabe moderner Gesellschaftswissenschaft zwingend oder gar nur plausibel ist, lasse ich hier unerörtert.

Es dürfte aber deutlich geworden sein, daß die Einigkeit des Daseins bei *Heidegger* und die Autonomie der Lebenspraxis bei *Oevermann* nicht als Postulate, sondern als unumgehbare Grundstrukturen angesehen werden, die von den Individuen – jenseits aller Moral – in ihrer Praxis verfehlt werden können. Kann bei *Heidegger* das Dasein seine Eigentlichkeit verfehlen und das heißt inauthentisch werden, so können bei *Oevermann* einzelne oder mehrere Individuen die objektiven Sinnstrukturen ihres Handelns verfehlen. In Bezug auf die mitmenschliche Sorge wird die Möglichkeit der Authentizität verletzt, wenn anstelle der vorausspringenden die einspringende Fürsorge geübt wird, derweil im Bereich professionellen Helfens die Autonomie der Lebenspraxis verletzt wird, wenn anstelle vorausspringenden Deutens, d.h. antizipierender Interpretationen objektiver Sinnstrukturen eine ohnehin unmögliche Form omnipotenter Hilfe geübt und postuliert wird.

3. Einspringende und vorausspringende Fürsorge unterscheiden sich bei *Heidegger* danach, ob dem Anderen die Autonomie der Lebenspraxis einschließlich der Freiheit, über die eigenen Belange zu entscheiden, belassen wird oder nicht. Einspringende Fürsorge negiert genau genommen nicht nur die Autonomie der Lebenspraxis, sondern die Möglichkeit von Praxis überhaupt - insofern im Gedanken der Praxis die bewußte und willkürliche Stellungnahme zur eigenen Zukunft enthalten ist. Die Enteignung individueller Stellungnahmen zur eigenen Zukunft beinhaltet für *Heidegger* die Möglichkeit von Abhängigkeit und Herrschaft, die in Verkennung der Grundstruktur des Daseins dessen Authentizität beeinträchtigen. In der einspringenden Fürsorge wird dem Anderen das Besorge nachträglich als Verfügbares zugestellt, wobei er zugleich aus seiner Stelle geworfen sind. Das bedeutet nichts anderes, als daß durch einspringende Fürsorge dem Anderen die eigene Lebenspraxis bzw. die eigene Zukunft als ein technisch bewältigbares Problem zugestellt wird, so daß dem beholfenen Individuum die eigene Zukunft als ein ihm letzten Endes fremdes, nur noch instrumentell lösbares Problem erscheint. Die eigene Zukunft wird durch den instrumentellen Einsatz der Hilfeangebote anderer zum Gegenstand. In dem die einspringende Fürsorge den Anderen aus seiner unvertretbaren Individualität entläßt und sich auf das Besorgen des Zuhanden bezieht, wandelt sie Praxis in Technik, Zuhandenes in Vorhandenes, Existenzielles in Gegenständliches, Praktisches in Theoretisches um.

Die vorausspringende Fürsorge gibt demgegenüber dem Anderen die Sorge, d.h. die bewußte und willkürliche Stellungnahme zur eigenen Zukunft zurück und bezieht sich nicht auf die Mittel und Umstände von dessen Leben, d.h. um dingliche Defizite, sondern um Handlungspositionen. (Daß die Ablehnung des "Was des Besorgens" in einer schlechten Tradition der Hilfe zur Selbsthilfe steht und einer ideologiekritischen Überlegung unterzogen werden muß, ändert prinzipiell jedoch nichts an der Plausibilität von *Heideggers* Gedanken. Denn immerhin könnte es ja sein, daß auch und gerade materielle Lebensumstände zureichender Art notwendige Bedingungen autonomer Lebenspraxis sind.)

Heidegger führt nicht weiter aus, wie eine Fürsorge, die den Anderen in seinem existenziellen Seinkönnen vorausspringt, aussehen könnte. Ich habe an anderer Stelle[10] die Auffassung vertreten, daß die Lösung des Rätsels einer vorausspringenden Fürsorge in einer advokatorischen Ethik liege, deren Grundzüge ich in einem utilitaristischen Rahmen zu skizzieren versucht habe.[11]

Demnach sollen Menschen nicht deshalb zu Personen werden, weil das Personsein intrinsisch besser ist als das Nichtpersonsein, sondern weil das Nichtpersonsein in modernen Gesellschaften mit erheblichen Nachteilen verbunden ist. Daß eine solche utilitaristische Deutung des Prinzips vorausspringender Fürsorge *Heideggers* Intentionen mit Sicherheit verletzt und geradezu in ihr Gegenteil verkehrt, liegt auf der Hand. Ob eine diskursethische Variante, der gemäß ein advokatorischer Akt die mögliche Zustimmung des Betroffenen in einer idealiter gesetzten freien Beratung finden müßte, dieses Problem löst, ist eine derzeit offene Frage.[12]

4. *Oevermanns* Theorie der antizipierenden Interpretationen als des objektiven Sinns allen pädagogischen Handelns legt hier eine andere Lösung nahe:

"Bezogen darauf liegt es nahe, als Adäquatheitsbedingung pädagogischen Handelns einzuführen, daß der praktizierende Pädagoge, bei welchem konkreten Unterrichtsstoff auch immer, zunächst versuchen muß, das im Unterricht realisierte Interaktionshandeln der Kinder sowie das darin eingebettete sachbezogene Handeln des einzelnen Kindes in seiner latenten Sinnstruktur stellvertretend zu deuten, um die objektive, sinnstrukturelle Richtigkeit bemessen zu könne, die darin zum Ausdruck kommt."[13]

Oevermann gewinnt seine Theorie pädagogischen Handelns am Modell des schulischen Unterrichts, weswegen wir uns fragen müssen, ob dieses Grundmodell auch auf sozialpädagogische Interaktionen übertragbar ist. Die Theorie schulbezogenen pädagogischen Handelns postuliert einen strengen Primat der Sache, d.h. der mäeutischen Vorwegnahme dessen, was ein Kind ohne Wissen bereits vermag. Die Betonung der Sache tritt an die Stelle sozialtechnischer, intervenierender Maßnahmen, an die Stelle von Konditionierung, Dressur oder Indoktrination.

Der Pädagoge "verschafft sich damit einen kritischen Bezugspunkt für den pädagogisch angeleiteten Lehrprozeß, in dem es primär darauf ankommt, dem Kind das, was es objektiv ohnehin schon kann, auf einer höheren Stufe der Explikation und menta-

len Strukturierung durch Anleitung zum rekonstruktiven Lernen zugänglich zu machen."

Es stellt sich dann erstens die Frage, was "die Sache" der Sozialpädagogik wäre und zweitens, ob in sozialpädagogischen Beziehungen von einem ähnlichen oder vergleichbaren Gefälle zwischen Pädagogen und Klienten die Rede sein kann.

Wir können den hermeneutischen Bezugspunkt der Analyse, also der Grundstruktur autonomer Lebenspraxen, als "die Sache" der Sozialpädagogik ansehen und ihr Handeln als eine Rekonstruktion jener bereits erworbenen Fähigkeiten zum Meistern eines autonomen Lebens verstehen. Im Unterschied zur Situation des schulischen Unterrichts geht es dann nicht nur um eine Rekonstruktion dessen, was ein Kind oder Jugendlicher bereits an sozialen Kompetenzen erworben hat, sondern auch um ein In-Erinnerung-Bringen dessen, was Erwachsene bereits vermochten. Das Prinzip der stellvertretenden Deutung bezieht sich hier nicht nur auf bereits vorhandene, aber noch nicht bewußte Kompetenzen, sondern vor allem auf nicht mehr bewußte, evtl. bereits ausgebildete Fähigkeiten vor allem interaktioneller Art.

Eine ähnlich gelagerte Theorie stellvertretender bzw. begleitender Deutung unter besonderer Berücksichtigung des objektiven Gehalts der in abweichenden Verhalten enthaltenen Utopien hat W. *Keckeisen* schon 1976 unter systematischer Bezugnahme auf Ernst *Bloch* dargelegt.[14] *Treptow* hat jüngst diesen liegengebliebenen Faden sozialpädagogischer Theoriebildung wieder aufgenommen.[15] Ich merke an dieser Stelle an, ohne es näher auszuführen, daß in *Bloch*s und *Oevermann*s Ansätzen – bei aller sonstigen Unterschiedlichkeit – eine strukturelle Gemeinsamkeit herrscht: die Bezugnahme auf eine objektive Struktur, die bei *Oeverman* als Rechtshegelianer als bereits vorhanden gesetzt und bei dem utopisch-messianischen *Bloch* als wartend, latent, auf uns zukommend und sich durch unser Handeln verwirklichend angesehen wird.

Auf jeden Fall: Sowohl *Heidegger* als auch *Oevermann* glauben auf existente Strukturen zurückgreifen zu sollen, die die Individuen in ihrem Handeln verfehlen können. Weder *Heidegger* noch *Oevermann* verstehen ihre Ansätze als moraltheoretisch – beide Autoren teilen implizit oder explizit mit, daß es ihnen selbst nicht um Appelle, sondern allenfalls um den Hinweis auf verfehlte Möglichkeiten bzw. mißachtete Handlungsstrukturen geht. Gleichwohl beinhaltet sowohl

Heideggers als auch *Oevermanns* kulturkritische Semantik ganz eindeutige Wertungen derart, daß ein Verfehlen der objektiven Möglichkeiten oder Sinnstrukturen gesellschaftliche Pathologien zur Folge hat. An sie Stelle des moralischen Appells tritt der Hinweis auf die negativen Folgen mißachteter Handlungsstrukturen. Wo *Heidegger* zwar nicht Moral, aber doch Authentizität einfordert, beharrt *Oevermann* auf sachgesetzlichen Handlungsweisen. Beide gehen von nicht hintergehbaren Strukturen aus – *Heidegger* von der Struktur moderner Subjektivität, *Oevermann* von der Struktur moderner professioneller Praxis – und glauben damit, einer begründungstheoretisch angelegten Moralität zu entgehen. Der Bezug auf die Wirklichkeit scheint auf den ersten Blick kriterienfrei möglich zu sein, die Auszeichnung der Wirklichkeit alternativenlos. Hier treffen sich *Heidegger* und *Oevermann* mit dem *Hegel* der Rechtsphilosophien.[16] Ob sich hier freilich mit *Hegel* von einer durch Institutionen, Praxis und Traditionen vermittelten Sinnhaftigkeit des Handelns reden läßt, hängt letztlich davon ab, ob vorausspringende Fürsorge und antizipierende Interpretationen in Bezug auf die Autonomie von Lebenspraxen in der professionellen Sozialpädagogik auch nur prinzipiell angelegt sind. Dem möchte ich zwei abschließende Überlegungen widmen.

5. Die kritische Theorie der Gesellschaft bis hin zu *Habermas* zeichnet sich durch ein vornehmlich in negativistischer Kritik gehaltene Distanz zu fast sämtlichen existierenden gesellschaftlichen Verhältnissen aus. Bekanntlich hat *Habermas* den Versuch unternommen, dies linkshegelianische Motiv einer Denunziation des Bestehenden im Hinblick auf nicht weiter begründbare Erinnerungen an ein besseres Leben quasi rechtshegelianisch durch Rückgriff auf die tatsächlich im Sprechen wirksamen Präsuppositionen von Wahrheit, Wahrhaftigkeit, Richtigkeit und Verständnis zu korrigieren. Im Sprechen ist wenn schon nicht die Vernunft selbst, so doch wenigstens ihre Antizipation und damit ein Kriterium zur Beurteilung von Formen des Zusammenlebens *wirklich*.

Die Präsuppositionen des Sprechens geben zugleich die Kriterien für Situationen ab, in denen über praktische Fragen beraten wird – so entsteht die Diskursethik.[17]

Das diskursethische Prinzip einer faktischen oder advokatorischen Einbeziehung der Betroffenen stellt nun sozialpädagogische Handlungstheorien vor zwei Fragen:

1. Nehmen sie in ihrem Handeln die mögliche Mündigkeit ihrer Adressaten so ernst, daß sie diese gleichberechtigt in ihren praktischen Diskurs aufnehmen?
2. Wie lösen sie das Problem einer advokatorischen Wahrnehmung der Interessen der Betroffenen, wenn diese, aus welchen Gründen auch immer, *nicht* dazu in der Lage sind, an einem sie betreffenden Diskurs teilzunehmen?

Aus diesen beiden Fragen resultieren zwei mögliche Mißverständnisse sozialpädagogischen Handelns:

1. Sozialpädagogisches Handeln sollte idealiter die Form eines praktischen Diskurses annehmen bzw.: jedwedes Handeln, das nicht mindestens durch die Intention auf den praktischen Diskurs ausgezeichnet ist, verdient nicht einmal den Namen pädagogischen Handelns.
2. Sozialpädagogisches Handeln muß mindestens darauf zielen, die möglichen Interessen der möglichen Betroffenen advokatorisch in ihr Handeln aufzunehmen.

Mißverständlich sind diese Postulate wiederum aus mindestens zwei Gründen: Erstens, weil sie kriteriologische Postulate mit Institutionen verwechseln und zweitens, weil sie weder der Eigengesetzlichkeit sozialisatorischen Handelns, das allemal auch durch die *Verinnerlichung von Autorität und hermeneutische Anstrengung*[18] gekennzeichnet ist, noch der Strukturlogik institutionalisierter Hilfe gerecht werden. Das sogenannte Kolonialisierungstheorem, das sich gegen die Monetarisierung und Bürokratisierung von Hilfe wendet[19], darf ja nicht so verstanden werden, als ob es um die völlige Aufhebung von Professionalität und Institutionalität ginge. Die Stärke einer diskursethisch angelegten Theorie sozialpädagogischen Handelns wird sich letztendlich daran erweisen, wie sie ihre kriteriologischen Postulate in einer Theorie kritischer Berufspraxis rekonstruieren und in einer in praktischer Absicht geleiteten Lehre institutioneller Reform wird verwirklichen können.

6. Dabei bleibt nun freilich nicht nur die Frage offen, ob eine so weit gespannte Forderung überhaupt einlösbar ist, sondern auch das Problem, ob die bescheidenere Forderung nach einer sachgemäßen Professionalität überhaupt zu erfüllen ist. Rita *Sahle*, die die professionelle Sozialarbeit mit den Mitteln *Oevermann*s objektiver Hermeneutik untersucht hat, hegt hieran begründete Zweifel.

"Sozialarbeit schein vor ein – mit ihren Mitteln – unauflösbares Paradoxon gestellt, das bewirken zu sollen/wollen, was Voraussetzung für die Ausbildung und Institutionalisierung eines professionalisierten Handlungstypus wäre: den reziprozitätsfähigen Armen, der über die notwendigen Subsistenzmittel verfügt, um im Austausch mit den Professionen die Vereinseitigung seines individuellen Interesses gegenüber dem gesellschaftlichen Allgemeinen herbeizuführen. So betrachtet liegt das Handlungsproblem der Sozialarbeit quer zu denen der klassischen Professionen und wäre mit diesen unvergleichlich."[20]

Die jüngere Literatur zur Professionstheorie[21] ist sich bei aller sonstigen Differenz in der Diagnose dieser paradoxen Struktur einig, selbst wenn die Paradoxie jeweils anders gefaßt wird. Daraus folgt in der Regel die Einsicht in die Unmöglichkeit einer klassischen Professionalisierung und die Frage, ob die neuerliche Betonung der Handlungskompetenzen einzelner Sozialarbeit nicht bestenfalls eine der Not entsprungene Tugend sei.[22]

Nach *Heidegger* und *Oevermann* liegen im Bereich von Fürsorge und Hilfe Möglichkeiten, die von den Akteuren verfehlt werden können. Mindestens nach *Oevermann* müßte die Möglichkeit einer semiprofessionell gestützten Wiederherstellung der Lebenspraxis durch antizipatorische bzw. erinnernde Deutung bestehen. Von Sittlichkeit ließe sich sprechen, wenn tatsächlich unter den Bedingungen bürokratisierter, semiprofessioneller Hilfe Lebenspraxis rekonstruiert werden könnte. Empirische Forschung, die z.B. Sozialarbeit als letzten Endes nicht an den Interessen und Bedürfnissen der Klienten orientierte "Produktion von Fürsorglichkeit"[23] analysiert, d.h. als selbstgenügsame Konstruktion einer Spezialwelt, stützt den Verdacht, daß es hier um alles andere als die Institutionalisierung einer auch moralisch akzeptablen professionellen Tätigkeit geht.

Somit bleibt als Fazit dieser Überlegungen eine Frage. Wenn der appellative Ruf nach einer besseren professionellen Moral bzw. der Ruf nach einer radikal, ja revolutionär geänderten Praxis angesichts der Beharrlichkeit der Verhältnisse zunächst folgenlos bleiben muß; wenn eine genauere Untersuchung der faktischen Verhältnisse aber Zweifel an ihrem sittlichen Charakter entstehen läßt und allenfalls die gesetzlich kodifizierten Grundsätze des Grundgesetzes und des Bundessozialhilfegesetzes, die die Würde des Menschen und die Hilfe zur Selbsthilfe in ihren Mittelpunkt stellen, Hinweise auf eine Sittlichkeit im *Hegel*schen Sinne geben, dann muß die Möglichkeit erhalten bleiben, daß Sittlichkeit in diesem Bereich entweder gar nicht oder allenfalls in einem sehr beschränkten Ausmaß möglich ist.

Hegel zumindest könnte mit dieser Einsicht leben. Anders als wir verstand er unter Sittlichkeit den gesamten Vermittlungszusammenhang von Familie, Staat und Gesellschaft unter kapitalistischen Bedingungen. *Hegel* war sich des Umstandes bewußt, daß unter diesen Bedingungen Armut eine je und je notwendig wieder entstehende Erscheinung ist, eine Erscheinung, die die Würde der Armen und somit die Würde und Sittlichkeit des Staates im ganzen beeinträchtigte. Damit entsprechen sie all jenen Einsichten, die auf die Paradoxie und letztlich unfruchtbare Betriebsamkeit der Sozialarbeit/Sozialpädagogik hinweisen.

Sozialpädagogik und Sozialarbeit können, so scheint es, im Rahmen kapitalistischer Gesellschaften weder moralisiert werden noch als unversehrte Beispiele der Sittlichkeit gefaßt werden. Sie stellen in ihrer Paradoxie mehr als nur einen Hinweis auf die grundsätzlich verletzte Sittlichkeit solcher Gesellschaften dar, sie sind – mitsamt der Unwirklichkeit und das heißt Unvernunft – der auf sie bezogenen Berufspraxis geradezu ein Beweis dafür, daß sich ein System der Sittlichkeit unter kapitalistischen Bedingungen nicht herstellen läßt.

Hegel konnte seinerzeit noch auf einen Sozialstaat hoffen, der diese verletzte Sittlichkeit kompensieren sollte.[24]

Wir müssen mittlerweile erkennen, daß auch der Sozialstaat den Automatismen des Systems der Bedürfnisse, des Kapitalismus unterliegt und entweder abgebaut oder verunmöglicht wird. Unter analogen Umständen ist *Hegel* 1819 geradezu für die Revolution eingetreten:

"Wir haben früher das Notrecht betrachtet als sich auf ein momentanes Bedürfnis beziehend. Hier hat die Not nicht mehr bloß diesen momentanen Charakter. In dieser Entstehung der Armut kommt die Macht des Besonderen gegen die Realität des Freien zum Dasein ... Diese beiden Seiten, Armut und Reichtum, machen so das Verderben der bürgerlichen Gesellschaft aus. Es ist die Forderung, daß allen ihre Existenz gesichert sein."[25]

Und so bleibt uns die Frage, ob wir uns in einer in ihrer vollständigen Sittlichkeit versehrten Gesellschaft einrichten oder ob wir die Paradoxien sozialpädagogischen Handelns zum Anlaß nehmen wollen, uns der relativen Unzulänglichkeit aller mehr als nur moralischen

Ansprüche, die versehrte Sittlichkeit zu restituieren, je und je bewußt zu werden.

Die Mikrostruktur sozialpädagogischen Handelns spiegelt in ihrer paradoxalen Struktur letztlich nur die Paradoxie einer Gesellschaft wider, die zwar Armut bekämpfen möchte, sie aber ebenso immer wieder neu erzeugen muß. Vor diesem von *Hegel* genau gesehenen Paradox wird deutlich, daß es mit der Wirklichkeit der Vernunft nicht eben gut bestellt ist.

Anmerkungen

1) Hegel, G.W.F., Rechtsphilosophie, Ffm. 1970; Philosophie des Rechts/ Die Vorlesung von 1819/20 in einer Nachschrift, hg. von Henrich, D., Ffm. 1983; Die Philosophie des Rechts – Die Mitschriften Wannemann (Heidelberg 1817/18) und Homeyer (Berlin 1818/18) hg. von Ilting, K.-H., Stuttgart 1983.
2) Hegel, G.W.F., Stuttgart 1983, S. 89.
3) Dazu gehören meine eigenen Versuche:
Brumlik, M., Verstehen oder Kolonialisieren, in: Müller, S./Otto, H.-U. (Hg.), Verstehen oder Kolonialisieren. Grundprobleme sozialpädagogischen Handelns und Forschens, Bielefeld 1984, S. 31-62; aber auch – trotz eines erheblich größeren Konkretionsgrades: Müller, B., Die Last der großen Hoffnungen, München 1985; Müller, B., Kraft zum Handeln, in: Neue Praxis 2/1984, S. 114, 124. Auf die relativ naiven Versuche in der Methodenliteratur gehe ich nicht weiter ein, obwohl sich gerade hier eine bisher nicht beachtete Lösung des Problems abzeichnen könnte. Vgl. etwa: Friedländer, W./Pfaffenberger, H., Grundbegriffe und Methode der Sozialarbeit, Neuwied 1967.
4) Oevermann, U., Hermeneutische Sinnkonstruktion: als Therapie oder Pädagogik mißverstanden, in: Garz, D./Kraimer, K. (Hrsg.), Brauchen wir andere Forschungsmethoden, Ffm. 1983, S. 113-155.
5) Sahle, R., Professionalität oder Technokratie – Zur Mikrologie einer Beratungsbeziehung, in: Neue Praxis 2/3 1985, S. 151-170.
6) a.a.O., S. 153.
7) Heidegger, M., Sein und Zeit, Tübingen 1967, S. 122.
8) a.a.O., S. 118.
9) Oevermann, a.a.O., S. 150.
10) Brumlik, M., 1984, S. 62.
11) In diesem Bande S. 82 ff.
12) Brumlik, M.: Über die Ansprüche Ungeborener und Unmündiger – wie advokatorisch ist die diskursive Ethik, in diesem Bande.
13) Oevermann, a.a.O., S. 151.
14) Brumlik, M./Keckeisen, W., "Etwas fehlt" – Zur Kritik und Bestimmung

von "Hilfsbedürftigkeit" für die Sozialpädagogik, in: Kriminologisches Journal 4/1976, S. 241-262.
15) Treptow, R., Raub der Utopie, Bielefeld 1985.
16) Vgl. meinen 1986 auf dem Kongress der Deutschen Gesellschaft für Erziehungswissenschaft gehaltenen Vortrag "Bildungstheoretische Implikationen der Sozialpädagogik", Ms. Heidelberg.
17) Vgl. Fußnote 12.
18) Habermas, J.: Moralbewußtsein und kommunikatives Handeln, Ffm. 1983, S. 191.
19) Vgl. Fußnote 10.
20) Sahle, R., a.a.O., S. 158.
21) Gildemeister, R., Als Helfer überleben, Neuwied 1983. Wolff, S., Die Produktion der Fürsorglichkeit, Bielefeld 1983. Dewe, B./Ferchoff, W., Die Krise des Wohlfahrtsstaates oder die neue Chance für die Idee des Professionalismus, in: Olk, Th./Otto, H. (Hrsg.), Der Wohlfahrtsstaat in der Wende, München 1985, S. 152-175.
22) Dewe, B./Ferchoff, W., a.a.O., S. 169-172.
23) Wolff, S., 1983.
24) Hegel, G.W.F./Henrich, D., 1983, S. 192/193.
25) a.a.O., S. 196.

◆
Sind soziale Dienste legitimierbar?
Zur ethischen Begründung pädagogischer Intervention

I.

Die Diskussion der letzten Jahre um einen Umbau des Sozialstaates, verbunden mit Befürchtungen vor einer weitgehenden Pädagogisierung der Gesellschaft haben in radikaler Weise Anlaß zu einer Überprüfung pädagogischer Institutionen gegeben. Unter dem Einfluß der Überlegungen Michel Foucaults (M. Foucault 1976), anläßlich konservativer Philippiken gegen eine Gesellschaft betreuter Menschen (H. Schelsky 1978) und vor dem Hintergrund einer Kritischen Theorie (J. Habermas 1981, S. 489 f.; S. Müller/H.-U. Otto 1983), die die Lebenswelten der Menschen vor einer Kolonialisierung durch systemische Mechanismen, d.s. Geld und Recht, schützen möchte, hat auch in der wissenschaftlich betriebenen Sozialpädagogik ein intensiver Prozeß der Selbstkritik eingesetzt. Nicht erst seit kurzem fragen sich die theoretischen Vertreter der Disziplin, ob sie mit ihrem Professionalisierungs- und Wachstumsvorstellungen im Bereich sozialer Dienste nicht einem säkularen Prozeß Vorschub leisten, der endlich dazu führt, daß die Menschen ihrer Probleme enteignet und damit entmündigt werden (P. Gross 1983).

Verbunden mit praktischen Innovationsschüben im Bereich sozialer Dienste, zu nennen wäre etwa die Selbsthilfebewegung, verdichtet sich diese Kritik zu einer generellen Kritik am professionalisierten Expertentum und mahnt eine Wiederaneignung sozialer Probleme und ihrer Lösungen durch die Betroffenen an. Auf diese sachlich in der Tat gebotene Debatte fiel indessen von jeher ein Schatten: Von allem Anfang an war nämlich das Projekt einer Rückverlagerung sozialer Probleme aus dem Bereich bürokratischer Expertensysteme mit der interessierten Rückendeckung von Finanzbürokratien verbunden, die auf diesem Wege Möglichkeiten zu einer Entlastung öffentlicher

Haushalte sahen. Man konnte sich somit im weiteren Verlauf der Debatte nicht mehr sicher sein, ob die Befürworter einer Rückverlagerung sozialer Probleme in die Gesellschaft gleichsam sachfremd, instrumentell argumentierten oder ob es ihnen tatsächlich um das Wohl von Betroffenen ging. So sehr nämlich die Frage, ob und in welchem Ausmaß die öffentlichen Haushalte durch Neuverschuldung, wachsende Besteuerung und damit einhergehend der Belastung künftiger Generationen ausgeweitet werden dürfen, eine ethisch bedeutsame Frage ist (P. Koslowski 1983), so sehr ist umgekehrt die Frage, welche Ansprüche Bürgerinnen und Bürger prinzipiell an ihr Staatswesen haben, hiervon zunächst zu unterscheiden. Daher zerfällt die Frage, ob soziale Dienste legitimierbar sind, in einige Unterfragen: *Erstens* ist zu begründen, ob es überhaupt Bürgerinnen und Bürgern zumutbar ist, auf dem Wege der Besteuerung zur Unterstützung anderer Bürgerinnen und Bürger hinzugezogen zu werden, die selbst- oder fremdverschuldet nicht dazu in der Lage sind, ihr Leben durch ihre eigene Arbeit bzw. durch eigene psychische Kompetenzen zu meistern. Dies ist die Frage nach der prinzipiellen Legitimität des Sozial- oder Wohlfahrtsstaates, die mit interessanten und instruktiven Argumenten bestritten werden kann (P. Nozick o.J.). *Zweitens* ist – unter der Bedingung, daß der Sozialstaat im Prinzip legitim ist – zudem zu begründen, daß dieser Sozialstaat sich bei der Durchsetzung seiner Ziele interventorischer Strategien bedienen darf. Die Unterscheidung von Eingriffs- und Leistungsverwaltungen trägt schon terminologisch dem Umstand Rechnung, daß der Sozialstaat Kompensationen für ungünstige Lebenslagen nicht nur anbietet, sondern u.U. auch gegen den Willen bestimmter Betroffener durchsetzt.

Drittens ist – unter der Bedingung, daß hoheitliche Eingriffe zur Durchsetzung von Kompensationen im Prinzip legitim sind – endlich eigens zu begründen, daß derartige Interventionen auch dann legitim sind, wenn es nicht nur um das Sichern der Ansprüche und Interessen Betroffener gegenüber Dritten geht (wie etwa im Falle der Erzwingung von Alimentenzahlungen bzw. allen möglichen Scheidungsfolgenregelungen bezüglich der Kinder), sondern auch wenn es um die *Durchsetzung der evtl. künftigen Ansprüche einer Person gegen ihren jetzigen Zustand und ihren jetzigen Willen geht.*

Zu denken wäre hier z.B. an Überlappungszonen zwischen Straf- und Sozialrecht wie etwa 35 BtMG, der bei kleineren Vergehen gegen dieses Gesetz den Abgeurteilten die Wahl zwischen Haft und Therapie überläßt, oder an das ganze Strafvollzugsgesetz, bei dem sich ebenfalls Überschneidungen solcher Art finden (2) so daß u.U. die Bestimmtheit der Strafzumessung aufgeweicht wird. Entsprechende Kritik ist in toto am JGG geübt worden (S. Müller/H.-U. Otto 1986). Aber sogar dann, wenn man von derlei problematischen Maßgaben im Rahmen des Strafrechts absieht und sich auf den engeren Bereich etwa des Jugendwohlfahrtsrechts, des Jugendschutzgesetzes bzw. auf bestimmte Passagen des BSHG bezieht, wird deutlich, daß es hier starke Tendenzen zum sanktionierenden Durchsetzen der vermeintlichen objektiven Interessen einer Person gegen sie selbst gibt.

Paradigmatisch sind hierfür im Bereich des JWG die 62-65, bei denen es um die »Gewährung« von freiwilliger Erziehungshilfe bzw. um die Anordnung von Fürsorgeerziehung geht, sofern die »leibliche, geistige oder seelische Entwicklung« von Jugendlichen gefährdet oder geschädigt ist bzw. wenn »Verwahrlosung droht« (N. Herriger 1979). Aber auch im Bereich der Leistungserteilung an Volljährige nach Maßgaben des BSHG lassen sich derartige Tendenzen beobachten: Der 72 BSHG, der Hilfen zur Überwindung besonderer sozialer Schwierigkeiten etwa bei Obdachlosen, Alkoholikern, Nichtseßhaften, Drogenabhängigen und Strafentlassenen regelt, sieht zumal im Bereich der Beratung und persönlichen Betreuung durchaus die pädagogische Behandlung nicht entmündigter Erwachsener vor und läßt auch für die Vergabe sachlicher und finanzieller Mittel gemäß dem freien Ermessen der zuständigen Stelle Auflagen bezüglich der Lebensführung zu.

Es soll im folgenden nun im wesentlichen um die Frage nach der Legitimität pädagogischer Handlungen gegenüber Jugendlichen und Erwachsenen gehen, die keine Kinder mehr und auch nicht für unmündig erklärt worden sind.

Ich setze also hypothetisch sowohl die prinzipielle Legitimierbarkeit des Sozialstaates als auch die Legitimität einer advokatorischen Interessendurchsetzung von Betroffenen gegenüber Dritten voraus und beschränke mich alleine auf die Frage, ob ein hypothetisch legitimer Sozialstaat auch das Recht hat, seine Untertanen und Bürger notfalls auch gegen ihren Willen daran zu hindern, sich selbst zu schädigen bzw. sie in Richtung auf einen allgemein als wünschenswert erachteten Persönlichkeitszustand zu entwickeln.

II.

Die Frage nach der Legitimierbarkeit sozialer *Dienste* ist im Prinzip dann beantwortet, wenn die Frage nach der Legitimierbarkeit entsprechender sozialpädagogischer Handlungen positiv oder negativ beantwortet ist. Der Einfachheit halber sei angenommen, daß aggregierte Institutionen (»Soziale Dienste«) nichts anderes sind als zusammengefaßte, gesetzlich garantierte und mit den entsprechenden Mitteln ausgestattete Optionen, sozialpädagogische Handlungen auszuführen. Eine solche Unterstellung mag auf den ersten Blick soziologisch naiv erscheinen, ist aber in einer Untersuchung, in der es um die Legitimierbarkeit, d.h. die argumentative Begründung bestimmter Handlungen geht, unumgänglich. Im übrigen: sogar wenn sich tatsächlich zeigen ließe, daß gegenwärtige soziale Dienste nichts oder nur wenig mit der hier verhandelten Fragestellung zu tun hätten, wäre damit noch nicht das Problem einer prinzipiellen Legitimität solcher Dienste berührt.

Ich werde im folgenden Anfangs das gestellte Problem deutlich explizieren (1), um sodann an einige Antworten aus der philosophischen Tradition zu erinnern (2). Im Anschluß hieran wird die Wahl einer bestimmten Theorie sozialer Gerechtigkeit zur Beantwortung dieser Frage begründet: Rawl's Theorie der Gerechtigkeit (3). Endlich wird die Frage nach der Legitimität sozialer Dienste im Rahmen dieser Theorie im Prinzip positiv beantwortet (4), um schließlich eine Reihe von Einschränkungen zu postulieren, denen das Ausüben sozialpädagogischer Handlungen unterliegen sollte (5).

1.

Die neuere materiale angelsächsische Sozialphilosophie behandelt das in Frage stehende Thema in der Regel unter dem Begriff des »Paternalismus« und widmet sich dann der Beantwortung der Frage, wann paternalistisches Handeln erlaubt oder gar geboten ist. Unter paternalistischen Handlungen werden Handlungen verstanden, die unmittelbar in die Willkür- und Handlungsfreiheit eines Menschen eingreifen, so daß dieser Mensch sich hierdurch in seiner Handlungsfreiheit beeinträchtigt fühlt. Freilich müssen paternalistische Handlungen auch als solche beabsichtigt worden sein. Die klassische Definition des »Paternalismus« lautet folgendermaßen: »Paternalismus könnte als jener Gebrauch von Zwang verstanden werden, bei dem es um das Erwerben eines Gutes geht, das von der Person, für die dies Gut angestrebt wird, nicht als solches anerkannt wird« (G. Dworkin 1971, S. 112).

Hier wäre noch hinzuzufügen, daß dieses »Gut« in bestimmten Zuständen der Person, auf die bezogen paternalistisch gehandelt wird, besteht.

Die vorliegende Definition wirft eine Reihe von Fragen auf, die geklärt werden müssen, bevor über die mögliche Berechtigung paternalistischer Handlungen befunden werden kann.

Was heißt in diesem Zusammenhang »Person«? Über welche Rechte verfügen »Personen«? Ist der Bereich aller Menschen koextensiv mit dem Bereich aller Personen oder gibt es auch Menschen, die keine »Personen« sind? Haben »Menschen« und »Personen« unterschiedliche Rechte? Und wenn diese Rechte existieren sollten – korrespondieren ihnen Pflichten anderer Personen oder Institutionen? Gibt es »Personen« mit unterschiedlichen Rechten und Pflichten? Gemäß welcher Kriterien werden diese Rechte und Pflichten zugeschrieben? Können Personen ihre Rechte verwirklichen? Gemäß welcher Kriterien? Eine Eigenschaft von »Personen« scheint ihre Handlungs- und Willkürfreiheit zu sein – ist diese Willkürfreiheit ein schützenswertes Gut? Sind Handlungs- und Willkürfreiheit mit dem identisch, was man als vernünftige Handlungsfreiheit bezeichnen könnte, als Handlungsautonomie? Sollten jedoch beide nicht miteinander identisch sein – sind sie dann unterschiedlich schutzwürdig? Ist der Zustand der »Personalität« ein »Gut« in sich, das auf jeden Fall angestrebt und verwirklicht werden sollte? Aus welchen Gründen? Unter welchen Kosten? Und wenn dem so wäre – wer wäre legitimiert, diesen als in sich selbst »gut« gekennzeichneten Zustand der Personalität gegenüber Menschen, die ihn erwerben sollen, durchzusetzen? Die Eltern, Freunde und Verwandten - oder gar das im Staat verfaßte Gemeinwesen?

Ich gehe im folgenden davon aus, daß Menschen und »Personen« nicht in jedem Fall miteinander identisch sind, sondern daß »Personen« jene Angehörigen der Gattung Mensch sind, die sich in einem bestimmten funktionalen Zustand, nämlich dem Zustand der »Personalität« befinden. Dieser Zustand ist allen biologisch normal ausgestatteten Menschen dispositionell mitgegeben, bedarf aber zu seiner Ausbildung nicht beliebiger sozialer Umweltbedingungen. »Personalität« kann nur durch Lernen, Interaktion und Sozialisation von, mit und durch andere Personen entstehen.

Menschen, die sich im Zustand der »Personalität« befinden, sind in der Lage, sich selbst als in Raum und Zeit kontinuierliche und abgegrenzte Wesen wahrzunehmen, die eine Vergangenheit und Zukunft haben, Wünsche und Bedürfnisse zu artikulieren vermögen und überlegte, begründete Entscheidungen über ihr eigenes Leben bzw. die Beziehungen zu ihren Mitmenschen zu fällen in der Lage sind (A. O. Rorty 1976; D. Henrich 1982, S. 125-180; P. F. Strawson 1972, S. 111-172).

»Personen« sind Menschen, die auf der Basis überlegter Entscheidungen zu handeln vermögen und sich somit im Prinzip auch als Ursache ihrer Handlungen wahrnehmen und das heißt, ihr eigenes Handeln bezüglich seiner Folgen bewerten können. Damit sind Personen in der Lage, ihre Handlungen als begründet auszuweisen, d.h. zu verantworten. Sofern die Fähigkeit, Begründungen abzugeben, an die Fähigkeit zum argumentativen Sprechen gebunden ist (gleichgültig, ob diese Fähigkeit in einer Sprechsprache oder einem anderen Medium realisiert wird), gilt, daß Personen der Rede fähige, d.h. »mündige« Menschen sind.

Personen als mündige Menschen sind damit die Adressaten von Bewertungen ihrer begründeten Handlungs- und Lebensentscheidungen und somit moralische Subjekte, denen über die Fähigkeit zur begründeten Entscheidung zugleich moralische Autonomie zuerkannt wird.

Die Frage nach der »Legitimierbarkeit« sozialpädagogischer Interventionen unterstellt von vornherein die Möglichkeit konfligierender gleicher Rechte, während die Unterscheidung von Menschen und Personen mindestens theoretisch die Möglichkeit eröffnet, Menschen und Personen unterschiedliche Rechte zuzuschreiben. Zunächst ist vorläufig zu klären, was unter »Rechten« verstanden werden soll. *Unter einem »Recht« soll in diesem Kontext* eine im Rahmen eines Gemeinwesens allgemein akzeptable und anerkennbare sowie akzeptierte und anerkannte *Handlungsoption* von Gruppen oder Individuen verstanden werden. Dabei unterscheide ich zwischen Rechten, denen in jedem Fall *Pflichten* anderer entsprechen, und solchen Rechten, denen derartige Pflichten nicht entsprechen. So entspricht etwa dem Recht auf Leben die Pflicht anderer, alle Tötungshandlungen zu unterlassen, während dem Recht auf freie Entfaltung der Persönlichkeit keineswegs die Pflicht anderer korrespondiert, sämtliche Güter zu dieser Entfaltung bereitzustellen, sondern lediglich die Handlungen nicht zu unterbinden, die unter gegebenen Umständen zu dieser Persönlichkeitsentfaltung gehören.

Die oben getroffene Differenz zwischen einer allgemein akzeptablen und einer faktisch akzeptierten Handlungsoption soll dem Umstand Rechnung tragen, daß es vernünftig begründbare Rechte gibt, die aber gleichwohl aufgrund einer unvernünftigen Gesellschaftsverfassung nicht als Gesetze positiviert worden sind. Umgekehrt sind freilich positivierte Optionen denkbar, die einer vernünftigen Überprüfung nicht standhalten, aber gleichwohl positiviert worden sind. Für Gesellschaften vom Typ der unseren wird man indessen davon ausgehen dürfen, daß grosso modo – mit einem erheblichen Ausmaß an Ausnahmen – die faktisch anerkannten und akzeptierten Rechte auch einer vernünftigen Überprüfung standhalten.

Wenn Rechte vernünftig begründete Handlungsoptionen von Individuen oder Gruppen sind, so stellt sich zudem die Frage nach den Quellen, d.h. nach den Gründen für die Zuschreibung von Rechten. In unserem Zusammenhang geht es dann um die Quellen bzw. Gründe unterschiedlicher Gruppen von »Rechten«, nämlichen den »Menschenrechten«, die für alle Menschen, gleich welchen alters, Geschlechts, welcher Herkunft, Religion, Hautfarbe und mentaler Verfassung gelten, sowie den »Bürgerrechten«, also jenen Optionen, die zur Teilhabe an der politischen Verfassung eines Gemeinwesens bzw. zur Teilnahme am Erwerb und der Übertragung von Gütern disponieren.

Die komplexe und umfangreiche Debatte über die Begründung der Menschenrechte soll an dieser Stelle lediglich erwähnt werden. Festgehalten sei, daß eine Begründung von Menschenrechten auf der Basis von Personenrechten mit guten Gründen als unzureichend abgetan werden kann. Unter dieser Bedingung nämlich wären die Rechte von Menschen nur als abkünftige, d.h. indirekt abgeleitete Rechte von Personen eingeführt, mit der Folge, daß diese Menschenrechte *nicht wirklich universalistisch* wären: Eine partikulare Gruppe von Menschen (nämlich Personen) könnte dann *rechtens* darüber entscheiden, ob andere Gruppen von Menschen (solchen, denen aus welchen Gründen auch immer der Zustand der Personalität abgeht) derlei Rechte zugesprochen werden sollen oder nicht (R. Spaemann 1987, S. 77-106). Umgekehrt gilt freilich, daß universalistische Menschenrechte zwar nicht von Personenrechten abgeleitet, aber doch nur von Personen begründet und durchgesetzt werden können. *Damit gewinnt aber das Selbstverständnis von Personen als Personen mindestens die Rolle einer vernünftig nicht zu überspringenden Ausgangssituation bzw. eines vernünftig nicht bestreitbaren Gutes. Da nur Personen dazu in der Lage sind, Rechte zu begründen bzw. schützenswerte Güter festzusetzen, der Zustand der Personalität zugleich sinnvollerweise als Bedingung der Möglichkeit des Begründens von Rechten nicht revidiert werden kann, gewinnt dieser Zustand mindestens die Rolle eines Kriteriums, wenn nicht eines anstrebbaren Gutes.* Hierauf komme ich zurück.

Wenn »Personalität« ein funktionaler, mentaler Zustand ist, der den meisten Angehörigen der Gattung Mensch dispositionell mitgegeben ist, der aber nur in einem höchst voraussetzungsvollen Interaktions- und Sozialisationsprozeß ausgebildet werden kann, entsteht die Frage, ob und warum Menschen ein Recht haben, in diesen Zustand zu gelangen. Oben wurde »Personalität« u.a. als jener Zustand gekennzeichnet, in dem Menschen dazu in der Lage sind, Entscheidungen in bezug auf ihr eigenes Leben und ihre Mitmenschen begründet vorzutragen. Derartige Entscheidungen dienen der Durchsetzung artikulierter Wünsche und Bedürfnisse. Nun können Menschen Bedürfnisse spüren und artikulieren, ohne sie *als solche* zu verstehen (etwa Säuglinge), ebenso wie Menschen Bedürfnisse als Bedürfnisse verspüren können, ohne sie in einen vernünftigen und verantwortungsvollen Zusammenhang mit ihren übrigen Lebensvollzügen zu stellen (z.B. Neurotiker). Menschen können sich also durchaus in Zustände der Willensartikulation und -durchsetzung befinden, die des Merkmals der begründeten Entscheidung entbehren.

Das paternalistische Problem kann jetzt genauer gestellt werden:

Ist es legitimierbar, in nicht vernünftig begründete Willensartikulationen von Menschen einzugreifen mit dem Ziel, sie durch diese Intervention direkt oder indirekt, mittelfristig oder langfristig dazu zu disponieren, ihre Leben künftig nur nach begründeten Entscheidungen, d.h. vernünftig zu führen?

Um das paternalistische Problem lösen zu können, wäre zunächst zu klären, ob sog. vernünftige Entscheidungen in jedem Fall wertvoller sind als spontane Willensartikulationen, sodann, ob Menschen ein *Recht* darauf haben, zu Personen zu werden und ob diesem Recht die Pflicht anderer Menschen korrespondiert, sie zu Personen zu bilden.

Endlich wäre zu klären, ob Personalität überhaupt sinnvoll als »Gut« konzeptualisiert werden kann und sie nicht vielmehr (wie oben angedeutet) eine Sinnbedingung menschlichen Handelns darstellt, womit schließlich auch die Frage zur Entscheidung steht, im Rahmen welcher ethischen Theorie das paternalistische Problem überhaupt erfolgversprechend gelöst werden kann.

2.

Die philosophische Tradition der Antike hat Bildung und Erziehung im wesentlichen als jenen Prozeß verstanden, in dem Menschen dem Ziel näher kommen, sich dem höchsten Gut, dem Göttlichen anzuverwandeln, wobei dieser Weg keineswegs allen Menschen offenstehen sollte, obwohl mindestens Plato mit seiner Lehre von der Anamnesis zeitweise von egalitären Ausgangsbedingungen auszugehen schien – eine Einsicht, die dann im *Staat* widerrufen wird (Platon 1958, S. 67-310).

Die Philosophie der Neuzeit, beispielhaft im transzendentalen Idealismus Kants, sah ebenfalls in Bildung, Erziehung und geschichtlicher Entwicklung jenen Prozeß, in dem alleine die Menschheit jenen regulativen Ideen, die ihr moralisches Handeln anleiten sollen, faktisch nahe kommen kann. Bekanntermaßen steht und fällt Kants Philosophie mit der Annahme, daß die Menschen wenigstens im Prinzip als moralisch verantwortliche, autonome Aktoren ihr Handeln selbst vor dem Kriterium des als kategorischer Imperativ interpretierten Sittengesetzes ausrichten.

Aber auch Immanuel Kant war niemals so naiv, die transzendental erschlossene Eigenschaft sittlicher Handlungsfreiheit als unvermittelte, natürliche Gabe anzusehen. Im Gegenteil: Kant, der eine schroffe Trennung zwischen der empirischen Natur der Menschen und ihrer sittlichen Handlungsfreiheit zog, war sich stets darüber im klaren, daß die empirischen Korrelate zu einer intelligiblen moralischen Autonomie eher unwahrscheinliche Dispositionen sind, zu deren Erzeugung es voraussetzungsvoller Prozesse bedarf: nämlich die Erziehungsprozesse. Wenn es nämlich richtig ist, daß die Menschheit ihren regulativen Ideen nur in geschichtlicher Kollektivität genügen kann, so ist es unabdingbar, daß künftige Generationen im Verlauf des historischen Prozesses sukzessive zu autonomen moralischen Aktoren werden und als solche die Idee der Menschheit verwirklichen. Damit hängt die

Verwirklichung der Idee der Menschheit von jenen Erziehungsprozessen ab, die die Menschen zu autonomen moralischen Aktoren bilden. Anders als die heutigen Antipädagogen und in deutlicher Absetzung zu seinem Vorbild Rousseau erkannte Immanuel Kant illusionslos das unabdingbare Zwangsmoment, das jeder Erziehung *auch* eignet:

> *»Der Mensch ist das einzige Geschöpf, das erzogen werden muß. Unter der Erziehung verstehen wir die Wartung (Verpflegung, Unterhaltung), Disziplin (Zucht) und Unterweisung nebst der Bildung. Dem zufolge ist der Mensch Säugling, Zögling und Lehrling...*
> *Der Mensch kann nur Mensch werden durch Erziehung. Er ist nichts, als was die Erziehung aus ihm macht. Es ist zu bemerken, daß der Mensch nur durch Menschen erzogen wird, durch Menschen, die ebenfalls erzogen sind...*
> *Sich selbst besser machen, sich selbst kultivieren, und, wenn er böse ist, Moralität bei sich hervorbringen, das soll der Mensch. Wenn man das aber reiflich überdenkt, so findet man, daß dieses sehr schwer sei. Daher ist die Erziehung das größte Problem, und das schwerste, was dem Menschen kann aufgegeben werden. Denn Einsicht hängt von der Erziehung, und Erziehung hängt wieder von der Einsicht ab...«* (I. Kant 1970, S. 697, 699, 702)

Dabei ist sich Kant des paternalistischen Problems stets bewußt gewesen, glaubte freilich, daß ein argumentativer Umgang mit jenen Zwängen, die alle Erziehung begleiten, in den EdukandInnen jene Begabung zur Freiheit wecken und bilden könnte, die Ziel aller Erziehung ist:

> *»Eines der größten Probleme der Erziehung ist, wie man die Unterwerfung unter den gesetzlichen Zwang mit der Fähigkeit, sich seiner Freiheit zu bedienen, vereinigen könne. Denn Zwang ist nötig! Wie kultiviere ich die Freiheit bei dem Zwange? Ich soll meinen Zögling gewöhnen, einen Zwang seiner Freiheit zu dulden, und soll ihn selbst zugleich anführen, seine Freiheit gut zu gebrauchen. Ohne dies ist alles bloßer Mechanismus, und der der Erziehung Entlassene weiß sich selbst seiner Freiheit nicht zu bedienen. Er muß früh den unvermeidlichen Widerstand der Gesellschaft fühlen, um die Schwierigkeit, sich selbst zu erhalten, zu entbehren, und zu erwerben, um unabhängig zu sein, kennen zu lernen«* (I. Kant 1970, S. 711).

Wohlbemerkt: Kants Konzept der Erziehung zielt nicht auf das individuelle Erwerben von als wertvoll geltenden Persönlichkeitszuständen, sondern auf Bildungsprozesse, in denen die Menschheit als ganze sukzessive durch individuelle Verwirklichung der Begabung zur Freiheit ihrer Idee entspricht. Daher ist Kants Theorie der Erziehung auch keine Theorie der Erziehung zu Glück oder Glückseligkeit, auch nicht zu allseitiger Persönlichkeitsentfaltung, sondern einzig eine Theorie *moralischer* Bildung und ihrer *materiellen Vorbedingungen*. Vor allem aber gilt, daß der Prozeß der Erziehung dann abgeschlossen ist, wenn die Menschen soweit moralisch erzogen und materiell gebildet worden sind, daß sie als Staatsbürger an jenem Prozeß der Selbstaufklärung der Gattung teilhaben können, in dem die regulative Idee geschichtlichen Fortschritts verwirklicht wird. Die spätabsolutistischen Vorstellungen eines Staates, der auch seine moralisch schon autonomen Bürger zu glücklichen Menschen oder besseren Menschen nacherzieht, lehnt Kant als schieren Zwang ab. Indessen: die Ablehnung despotischen Zwangs gilt lediglich für den Bereich rechtlich geregelter Eingriffe gegen Erwachsene. Im Bereich rein moralischer, nicht legaler Regelungen sieht Kant dennoch einen (Selbst-)Erziehungsbedarf. Tatsächlich geht Kant von der problematischen Vermutung aus, daß jeder Mensch als empirisches Wesen moralische Pflichten gegen sich selbst hat, insofern in ihm als empirischem Wesen auch die Idee der Menschheit angelegt ist. Als Verletzung solcher Pflichten gegen die Menschheit in sich selbst sieht Kant etwa die Lüge, die wollüstige Selbstschändung, die Selbstentleibung und die Selbstbetäubung durch Unmäßigkeit im Gebrauch der Genießoder auch Nahrungsmittel an (I. Kant 1968, S. 549-583). Die Einführung in eine solche Tugendlehre ist für Kant wiederum Aufgabe einer moralischen Erziehung, die er als moralische Katechese bezeichnet. Doch gilt auch hier, im Bereich von Pflichten, die zugleich Zwecke sind, daß einzig und alleine durch Erziehung gebildeter Selbstzwang das menschliche Verhalten regulieren soll, nicht aber ein rechtlich vermittelter Fremdzwang. Hatte es nämlich die *Rechts*lehre, in der es um die Frage der Zusammenstimmung moralisch freier Wesen miteinander geht, darauf angelegt, die *formalen Bedingungen* äußerer Freiheit zu erläutern, so zielt die *Ethik* auf die *materialen Bedingungen* von Zwecken der reinen Vernunft. Und da Freiheit nur durch Freiheit verwirklicht werden kann, ist hier nur noch angebildeter moralischer Selbstzwang zulässig:

»Da aber der Mensch doch ein freies (moralisches) Wesen ist, so kann der Pflichtbegriff keinen anderen als den Selbstzwang (durch die Vorstellung des Gesetzes allein) enthalten, wenn es auf die innere Willensbestimmung (die Triebfeder) angesehen ist, denn dadurch allein wird es möglich, jene Nötigung (selbst wenn sie eine äußere wäre) mit der Freiheit der Willkür zu vereinigen, wobei aber alsdann der Pflichtbegriff ein ethischer sein wird« (I. Kant 1968, S. 509).

Kant lehnt mithin ein zwangsgedecktes, juristisches Exekutieren von Pflichten gegen sich selbst ab, bejaht hingegen eindeutig eine gewissensbildende moralische Erziehung. Dabei scheint Kant den Prozeß moralischer Erziehung vor allem auf die Bildung von Kindern und Jugendlichen zu beschränken und die Frage nach der zusätzlichen Bildung Erwachsener zu übergehen. Immerhin läßt sich schließen, daß pädagogische Maßnahmen mit Erwachsenen, die dem moralischen Niveau von Kindern entsprechen, jedenfalls dann nicht ausgeschlossen sind, wenn sie nicht bereits als Rechtssubjekte anerkannt sind.

Für die hier verhandelte Fragestellung dürfen wir daher davon ausgehen, daß pädagogische Maßnahmen, die der moralischen Qualifikation und der Durchsetzung von Pflichten der Menschen gegen sich selbst dienen, dann zulässig sind, so sie nicht der Erzwingung der Glückseligkeit der Bürger dienen und zudem auf die Deckung legalen Zwangs verzichten. Das Anbieten pädagogischer Maßnahmen und das argumentative Werben für die Teilnahme an ihnen wäre demnach ebenso zulässig wie geboten.

3.

Ob sich Kants prinzipielle Legitimation offerierender, nicht sanktionierender pädagogischer Dienste halten läßt, hängt von einer jetzt systematisch zu behandelnden, oben bereits angerissenen Frage ab. Auch Kant hatte ja keinen Zweifel daran gelassen, daß jede Erziehung mit einem erheblichen Ausmaß an Zwang einhergeht, und die Sensibilisierung durch Antipädagogik, Kritische Theorie der Schwarzen Pädagogik und die dekonstruktivistische Theorie der Macht hat uns nachhaltig darüber belehrt, daß jene von Kant »nur« als pädagogisch bezeichneten Bildungsprozesse sich immer und stets – beinahe ununterscheidbar – mit Prozessen und Strukturen gesellschaftlicher Macht verbunden haben, einer Macht, die vielleicht um so zwanghafter wirkt, je weniger sie als offen gesetzlicher Zwang auftritt. Und so wäre dann in der Tat die Frage anzumelden, ob der mögliche moralische Fortschritt, den die Individuen durch derartige Bildungs- und Erziehungsprozesse machen können, den Preis an Leiden, Triebunterdrükkung und Bedürfnisaufschub wert ist, den er kostet. Kritische Begleiter der abendländischen Pädagogik, von Schleiermacher über Korczak bis zu Neill, haben immer wieder auf das Paradox aufmerksam gemacht, daß die Konzentration auf die Zukunft der EdukandInnen im Horizont menschlicher Endlichkeit sie der Fülle des Tages und das heißt ihrer aktuellen Selbstverwirklichung benimmt, und zu einem abwägenden Ausgleich zwischen dem Recht des Tages und der Forderung der Zukunft aufgerufen. Damit stehen drei unterschiedliche ethische Theorien zur Auswahl:

1. Ethiken des kantianischen Typus – sogenannte deontologische Theorien – gehen vom systematischen Vorrang des geregelten Miteinanders von Vernunftwesen aus (W. Frankena 1972, S. 30-53).
2. Ethiken des konsequentialistisch-utilitaristischen Typus gehen von einer an Lustmaximierung bzw. Schmerzvermeidung orientierten Güterabwägung aus (W. Frankena 1972, S. 54-76).
3. Ethiken des aristotelischen Typus gehen von einer in Zeit, Raum und Sozialität geregelten und artikulierten gerichteten Entwicklung menschlichen Lebens aus, das in allen Phasen auch sein eigener Zweck ist (H. Jonas 1984; R. Spaemann 1987).

Wir können in einem ersten Schritt Ethiken des konsequentialistisch-utilitaristischen Typus als für die Behandlung dieser Frage ungenügende Theorien ausscheiden. Zwar weisen derartige Theorien *einerseits* ein hohes Sensibilisierungspotential gegenüber unterschiedlicher Formen von Leiden auf, verfügen daher *andererseits* über kein vernünftiges Kriterium, das individuelles Leiden – auch einer erheblichen Anzahl von Menschen – verbietet, sofern es einer noch größeren Anzahl zuträglich ist und somit den Gesamtnutzen einer gegebenen Population hebt. Ethiken dieses Typus müssen entweder mit der nicht einholbaren Fiktion eines objektiven, wohlwollenden Beobachters operieren, der in der Lage wäre, Schaden und Nutzen jeder einzelnen Person zu gewichten, oder aber die Ansprüche aller einzelnen Individuen, insofern sie Einzelne sind, prima Facie negieren (J. Rawls 1975, S. 19-73).

Mit dem Ausscheiden solcher Theorien ist indessen die Frage nach überflüssigem oder notwendigem Leiden an Bildungsprozessen nicht ebenfalls ausgeschieden, sondern lediglich postuliert worden, daß diese Frage im Rahmen einer Theorie begründbarer individueller Ansprüche beantwortet werden soll.

Ethiken des kantianischen Typus, die von der unüberholbaren regulativen Idee der Vernünftigkeit und moralischen Autonomie der Individuen ausgehen und daher als einziges materiales Ziel an einer onto- und phylogenetischen Bildung der Menschheit zur Vernunft interessiert sind, scheinen demgegenüber ein zu geringes Sensibilisierungspotential in bezug auf Zwang und Gewalt zu besitzen. Voller Respekt gebührt hier nur voll ausgebildeten Vernunftwesen, während nicht-vernünftige Angehörige der Gattung Mensch moralischen Respekt nur deshalb verdienen, weil sie einer Gattung potentieller Vernunftwesen angehören. Einzelne Lebensabschnitte oder gar ganze Lebensläufe, die einer vernünftigen Regelung nicht zugänglich sind, haben in dieser Perspektive kein Recht in sich und auf sich selbst und sind daher im Prinzip Zwangsmaßnahmen, regierenden Akten, unterworfen.

Demgegenüber stellen aristotelische, d.h. Güterethiken, den Prozeß einer gerichteten Entwicklung menschlicher Wesen in Phasen in den Mittelpunkt ihrer Überlegungen. Diese Entwicklung wird als in sich geschlossen und sinnvoll, als phasenweise gegliedert und in jede Phase in sich wertvoll angesehen. In diesen Theorien besitzen Menschen nicht nur eine Raum-, sondern auch eine Zeitgestalt. Im Verlauf der Gänze eines menschlichen Lebens sind alle einzelnen Abschnitte, so sehr sie auch Bedingungen weiter fortgeschrittener Phasen sein mögen, in sich selbst wertvoll und respektabel. Das in kantianischen und utilitaristischen Ethiken entstehende Problem, ob und in welchem Ausmaß gegenwärtige Zustände von Personen späteren geopfert werden dürfen, entsteht hier nicht (M. Brumlik 1992). Zweifelsohne wären solche aristotelischen Ethiken, die von einer gerichteten Entwicklung von Menschen als zu wertvoll angesehenen Persönlichkeitszuständen ausgehen, einer Theorie der Erziehung am angemessensten. Dabei ist freilich nicht ausgemacht, ob es solche Theorien an innerer Stringenz mit den formalen Pflichtethiken des kantianischen Typus aufnehmen können.

Die sachlichere Angemessenheit aristotelischer Ethiken und die sachliche Strenge kantianischer Ethiken lassen sich in einer transzendentalen Anthropologie der Menschen als vernünftiger *und* endlicher Wesen miteinander verbinden.

Eine Transzendentalphilosophie, die auf die schwer haltbare Theorie von Kants transzendentalem Idealismus verzichtet und anstelle der Strukturen eines körper- und weltlosen transzendentalen Subjekts die rekonstruktive Explikation der Genese von Handlungs-, Affekt- und Bewußtseinsstrukturen lebenszeitlich begrenzter Menschen setzt, genügt dieser Forderung (U. Oevermann 1976, S. 34-52).

Unter der so begründeten Voraussetzung, daß vernünftige Wesen immer auch endliche Wesen sind und sich in ihrer Endlichkeit als vernünftig *Gewordene* begreifen, haben Menschen ein unmittelbares Interesse an jenen Lebensprozessen, die sie zur Vernunft bilden (H. Ebeling 1982, S. 540-562). Aus der Einsicht in die Endlichkeit des eigenen Lebens gewinnen sie zudem ein Interesse daran, dieses endliche Leben vernünftig und gut zu führen, d.h. ihr Leben nach vernünftig begründeten Entscheidungen zu leben. Aus der weiteren Einsicht, daß ein vernünftiges Leben nur auf der Basis eines nicht immer schon vernünftig geregelten menschlichen Lebens entstehen kann, gewinnen vernünftige Wesen sodann ein Interesse auch an jenen noch-nicht vernünftigen Zuständen, die sie selbst bereits abgelegt haben, selbst u.U. vor sich haben bzw. bei anderen wahrnehmen. Damit erweist sich die Frage nach einer pädagogischen Ethik, die sowohl die Vernünftigkeit als auch die Endlichkeit (d.h. hier Entwicklungsgebundenheit) von Menschen berücksichtigt, als die Frage danach, welches Leben aktual vernünftige Menschen führen möchten, wenn sie der Gabe der Vernunft und Personalität verlustig gingen oder genauer: wie sie als nicht mehr oder noch nicht vernünftige Wesen von anderen behandelt werden wollten.

Mit der Frage, wie prinzipiell vernünftige Wesen, wenn sie denn unter bestimmten Umständen noch nicht oder nicht mehr vernünftig sein sollten, behandelt werden wollen, vollzieht die pädagogische Ethik mitsamt der paternalistischen Problematik eine entscheidende Wendung. *Stand bisher im Mittelpunkt der Überlegung die Frage, welches Verhalten man selbst als vernünftiges Wesen noch nicht oder nicht mehr vernünftigen Wesen angedeihen lassen dürfe, so geht es nunmehr um die Frage, welches die eigenen, vernünftig begründeten Ansprüche an andere sind, sofern man selbst nicht vernünftig ist.* Dieser Perspektivenwechsel, der die paternalistische Problematik nun aus der Sicht von eventuell Betroffenen angeht, entspricht der Logik und der Sache nach der kontraktualistischen Begründung einer gerechten Gesellschaft in John Rawls' »Theorie der Gerechtigkeit«.

Rawls unternimmt in seiner Theorie den Versuch, die formalen Kriterien einer kantianischen Ethik bzw. eines universalistischen »moral point of view« mit jenen moralischen Intuitionen in Einklang zu bringen, die wir als Mitglieder von Gesellschaften haben, die durch rechts-, sozialstaatliche und universalistische Verfassungen geregelt sind. Rawls schlägt hierfür ein rekonstruktives Verfahren vor, das mit einem fiktiven Urzustand operiert, in dem wir uns – vernünftig zwar – aber ohne jede Kenntnis von Alter, Geschlecht und sozialer Position befinden. Unter dieser Bedingung – so kann Rawls plausibel machen – würden wir für eben jene Verfassungen votieren, in denen wir faktisch leben. Rawls' rechts- und sozialstaatlich verfaßte Gesellschaften sockeln auf einer Gerechtigkeitsintuition, die Ungleichheiten nur zuläßt, wenn sie den am schlechtesten Gestellten einer Gesellschaft nützen und in denen der Zugang zu allen Institutionen für alle mündigen BürgerInnen egalitär geregelt ist (J. Rawls 1975, S. 74-220).

Dasselbe Verfahren einer fiktiv rekonstruktiven Begründung von Gerechtigkeitsgrundsätzen läßt sich prinzipiell auch für gerechte Regelungen im Bereich der Sozialisation angeben. In diesem Kontext unternimmt Rawls den Versuch einer Lösung des Paternalismusproblems:

»Die Grundsätze des Paternalismus sind also diejenigen, die die Parteien im Urzustand anerkennen würden, um sich gegen Schwäche und Versagen ihrer Vernunft und ihres Willens in der Gesellschaft zu schützen. Andere erhalten das Recht und sind manchmal verpflichtet, an unserer Stelle zu handeln und das zu tun, war wir für uns tun würden, wenn wir vernünftig wären; diese Regelung tritt nur in Kraft, wenn wir nicht selbst für unser Wohl sorgen können. Paternalistische Entscheidungen haben sich von den stabilen Bedürfnissen des Betroffenen selbst leiten zu lassen, soweit sie nicht unvernünftig sind, oder, wenn sie nicht bekannt sind, von der Theorie der Grundgüter. Je weniger wir über einen Menschen wissen, desto mehr handeln wir für ihn so, wie wir es für uns unter den Bedingungen des Urzustands tun würden.

... Paternalistische Eingriffe müssen – so Rawls – durch das offenbare Versagen oder Fehlen der Vernunft oder des Willens gerechtfertigt sein; und sie müssen geleitet sein von den Grundsätzen der Gerechtigkeit und den Kenntnissen der längerfristigen Bedürfnisse des Betroffenen oder der Theorie der Grundgüter. Diese Bedingungen für die Einleitung oder Zielsetzung paternalistischer Maßnahmen folgen aus den Bestimmungen des Grundzustandes. Die Beteiligten möchten ihre Menschenwürde und ihre letztendlichen Ziele und Überzeugungen, gleich welcher Art, sichern. Paternalistische Grundsätze dienen zum Schutz gegen unsere Unvernunft, sie sind keinerlei Erlaubnisse für Angriffe auf jemandes Überzeugungen und Charakter, auch wenn die Aussicht auf spätere Zustimmung besteht. Auch Erziehungsmethoden müssen diesen Bedingungen genügen« (J. Rawls 1975, S. 281/282).

4.

Sind soziale Dienste als aggregierte paternalistische Handlungen im Rahmen dieser Theorie legitimierbar? Dienen sie tatsächlich nur dem Schutz gegen die eigene Unvernunft, oder stellen sie faktisch doch in der Regel Angriffe auf Überzeugung und Charakter von Klientengruppen dar? Und vor allem: Ist Rawls' Argument nachvollziehbar? Würde jeder vernünftige Mensch unter Bedingungen möglicher Nichtvernünftigkeit paternalistischen Eingriffen zustimmen?

Unter der Voraussetzung, daß wir uns zwar glückhafte Zustände ohne Verantwortung und Sorge bzw. rauschhafte Zustände ohne Kontrolle vorstellen können, daß aber auch die Freude an solchen Zuständen den Hintergrund einer verantwortungsvollen und vernünftigen Lebensführung voraussetzt, können wir uns kein dauerhaftes Verbleiben in derlei Zuständen wünschen. Gerade wenn unvernünftige Zustände zumindest zeitweise ein anstrebbares Gut sind, setzen wir voraus, daß sie im Prinzip regelbar sind. Wenn also schon positiv empfundene, unvernünftige Persönlichkeitszustände die Folie verantwortungsvoller Lebensführung voraussetzen, um wieviel mehr gilt dies für negativ unvernünftige Persönlichkeitszustände, d.h. Zustände, in denen wir sowohl leiden als auch nicht Herren unserer Entschlüsse und Handlungen sind. Das prinzipiell nicht dispensierbare Interesse an einer eigenverantwortlichen vernünftigen Lebensführung, die auch noch die zeitweise aussetzende Aufgabe vernünftigen Lebens regelt, impliziert sowohl ein Interesse daran, *in ein vernünftiges Leben eingeführt zu werden (Bildung und Emanzipation),* als auch ein Interesse daran, *zu einem vernünftigen Leben gegebenenfalls zurückgeführt zu werden (Therapie oder Rehabilitation).*

Da wir zudem wissen, daß ein vernünftiges Leben auf entwicklungbedingten psychischen und somatischen Bedingungen aufbaut und somit einer gegebenen materiellen Untermauerung bedarf, impliziert das Interesse an einem vernünftigen Leben konsequenterweise auch das Interesse an diesen Voraussetzungen. Schließlich ruht vernünftiges Leben auf einem Minimum körperlicher und seelischer Integrität auf, die auch in sich selbst wertvolle Zustände sind – Zustände, die uns auch dann interessieren, wenn dauernde Vernünftigkeit nicht mehr gewährleistet sein kann. Dieses Interesse zielt darauf, auch *unter Umständen der Nicht-Vernünftigkeit von anderen in jenem unaufgebbaren Minimum seelischer und körperlicher Integrität gehalten zu werden, das durch größtmögliche Schmerzfreiheit und Ermöglichung vitaler Lebensvollzüge gekennzeichnet ist (Pflege)*.

Sofern also soziale Dienste nichts weiter sind als aggregierte Handlungssysteme zu einer so erläuterten *Einführung in vernünftiges Leben (Bildung), Rückführung in vernünftiges Leben (Therapie) und Bewahrung körperlicher und seelischer Integrität jenseits eines vernünftigen Lebens (Pflege)*, resultieren sie aus einem Interesse der Vernunft an sich selbst und sind damit legitimiert.

Schon vernünftiges Leben kann sich selbst und seine Vollzüge nicht alleine gewährleisten, sondern ist seiner Endlichkeit wegen konstitutiv auf die Kooperation mit anderen angewiesen. Hieraus resultieren Forderungen nach einer kontraktuellen vernünftigen Regelung menschlichen Zusammenlebens. Um so weniger ist nichtvernünftiges menschliches Leben dazu in der Lage, sich alleine zur Vernunft zu bringen, zu ihr zurückzufinden bzw. sich auch jenseits ihrer zu erhalten. Aus dieser Unmöglichkeit resultiert die Legitimität paternalistischer Handlungen, die wir mit Rawls als frei eingeräumte Ermächtigungen an anderen Vernünftige ansehen können, uns unter gegebenen Umständen in die Vernunft einzuführen, zu ihr zurückzubringen bzw. uns in unserer Integrität zu erhalten. Diese frei eingeräumten Ermächtigungen stehen als kontraktuelle indessen unter Bedingungen der Reziprozität: Im gleichen Ausmaß, in dem wir als prinzipiell Vernünftige andere ermächtigen, uns unter gegebenen Umständen zur Vernunft zu bringen, werden wir von anderen Vernünftigen dazu ermächtigt, und das heißt auch *verpflichtet*, sie unter gegebenen Umständen ebenfalls zu bilden, zu therapieren und zu pflegen. Es ist schlüssig, daß eine bloße Ermächtigung, der nicht zugleich eine Verpflichtung korrespondieren würde, dem Interesse vernünftiger endlicher Wesen nicht genügen kann.

Somit sind soziale Dienste als frei eingegangene, kontraktuelle Verpflichtungen vernünftiger Menschen nicht nur legitim zugelassen, sondern auch geboten! Soziale Dienste sind im Prinzip legitimierbar, und so bleibt in einem letzten Schritt nur noch die Aufgabe, die prima facie berechtigt wirkenden Einwände verschiedenster antipädagogischer Positionen zu entkräften bzw. angemessen zu berücksichtigen.

Die Einwände antipädagogischer Art beziehen sich alleine auf paternalistische *Handlungen* und lassen dabei die Berücksichtigung systemischer Effekte der Institutionen sozialer Kontrolle außer acht. Die bisherige Argumentation verfuhr so, einen bestimmten Typus paternalistischer *Handlungen* moralphilosophisch zu verteidigen. Dazu war es unumgänglich, die Systeme sozialer Dienste auf Aggregate helfender Handlungen herunterzurechnen. Ein solches Verfahren unterliegt freilich einer Reihe von Einwänden, die sowohl methodologischer als auch sachlicher Art sind. Die Schlüssigkeit der hier vorgetragenen Argumentation hängt in der Tat davon ab, daß es sinnvoll und möglich ist, eine sozialwissenschaftliche Theorie von Kontrollinstanzen und ihren Auswirkungen auf die von ihnen Betroffenen *handlungstheoretisch* zu rekonstruieren, zu kritisieren und gegebenenfalls zu legitimieren.

Historisch spricht gegen eine solche Reduktion das Entstehen, der Aus- und Aufbau sowie das ungebremste Fortexistieren sozialer Sicherungssysteme auch dann, wenn ein von ihnen reklamierter Bedarf bereits abgedeckt ist. Weder lassen sich die Existenz sozialer Sicherungssysteme oder karitativer Institutionen nur aus dem guten Willen ihrer Gründergestalten erklären, noch läßt sich ihre spezifische Form als wesentlich von den Ideen dieser Gründer geprägt erläutern. Vielmehr zeigt sich, daß sozialstaatliche Versicherungsleistungen, große und langlebige Wohlfahrtsverbände sowie die alltägliche Praxis helfenden Handelns ein Eigenleben führen, das als Ergebnis von Interessenkollisionen gesellschaftlicher Gruppen, des Eigensinns der eingesetzten Medien Recht und Geld sowie der nicht verfügbaren Strukturen alltäglicher Routinen zustandegekommen ist.

Methodologisch korrespondiert dem die Vermutung, daß eine Position des »methodischen Individualismus« nicht zureicht, soziale Institutionen oder Systeme zu erklären. Soziale Systeme und Institutionen sind emergente Größen, für die die intendierten Handlungen Einzelner vielleicht notwendige, gewiß aber keine hinreichenden Bedingungen darstellen. Auch eine Position des methodischen Individualismus muß mindestens, wenn sie nicht naiv argumentieren will, die Möglichkeit und Wirklichkeit der Aggregation nichtintendierter Nebenfolgen sogar wohlbegründeter Handlungen einräumen. A limine läßt sich mithin nicht ausschließen, daß die faktischen Effekte noch so gutgemeinter Handlungen im Verein mit anderen kontingenten Ereignissen und den faktischen Effekten der Handlungen Dritter sich zum Gegenteil der guten Absicht verkehren. Ein Beispiel hierfür ist das Ansteigen von Rauschmittelabhängigkeit unter Bedingungen verstärkter Rauschmittelkontrolle bzw. die unumgängliche Metamorphose von Moralunternehmern zu rein marktwirtschaftlich kalkulierenden Strategen, sobald sie ihre karitativen Unternehmen so weit gebracht haben, daß sie als Firmen konkurrenzfähig sind.

Erziehungswissenschaftlich korrespondiert dem die Erfahrung der Pädagogisierung bzw. der »Kolonialisierung der Lebenswelt«. Das Eindringen der Institutionen sozialer Kontrolle in die alltägliche Lebenswelt betroffener Bevölkerungsgruppen hängt nämlich, trotz des zugegebenermaßen relativ großen Ermessensspielraums der Agenten sozialer Kontrolle, nicht nur von deren Einschätzungen ab, sondern von den durch Recht, Geld und Satzung vorgegebenen Programmen, die nicht zur Disposition stehen. Lassen sich indessen für einzelne Institutionen noch mehr oder minder große Veränderungsspielräume angeben, so ist dies bei den basalen Programmen des modernen Wohlfahrtsstaates und der ihn begleitenden Bürokratie nicht mehr möglich. Gegenwärtige politische Praxen, den Wohlfahrtsstaat liberalistisch abzubauen und an die Stelle der großen Versorgungsbürokratien auf kleine Versorgungseinrichtungen zu setzen, d.h. an die Stelle des Steuerungsmediums »Recht« vor allem auf das Steuerungsmedium »Markt« zu setzen, lassen freilich Skepsis entstehen. Der Zustand der Caritas im Großbritannien etwa Margaret Thatchers oder im Kalifornien Ronald Reagans lädt nicht eben zu der Einsicht ein, daß eine »Entbürokratisierung« und das heißt »Entpädagogisierung« systemische Effekte außer Kraft gesetzt hat. An die Stelle von Entmündigung tritt Verarmung und das heißt noch mehr Entmündigung!

Solange kein Weg gewiesen ist, wie den entmündigenden Effekten wohlfahrtsstaatlicher Bürokratien so zu entgehen ist, daß nicht an ihre Stelle der blinde Zwang des Marktes tritt – und dies in Bereichen, wo es nicht um Luxus, sondern um so basale Güter wie körperliche Gesundheit und psychische Handlungsfähigkeit geht –, wird keine andere Wahl bleiben, als zwischen Recht und Markt in Institutionen sozialer Hilfe Spielräume offen zu halten, die ethisch legitimierbar sind und das heißt: den Betroffenen bei geringstmöglichker Kontrolle optimal nützen.

5.

Die Prinzipien *vernünftigen* Lebens und moralischer Autonomie implizieren die Fähigkeit zur abgwogenen Überlegung und das heißt zur Freiheit der Entscheidung vor dem Hintergrund der Kenntnis abstrakter moralischer Normen. Das Interesse vernünftigen *Lebens* an sich selbst impliziert zudem die Akzeptanz jener Kontingenzen, die im je individuellen Fall solches Leben als lebenswert erscheinen lassen. Daraus folgert als Materie für die oben dargelegte kontraktuelle, reziproke Ermächtigung zu wechselseitiger Hilfe, die soziale Dienste im Prinzip legitimieren, entweder die *Hinführung zu einer Fähigkeit freier Überlegung, nicht vorbestimmter Präferenzenwahl und Offenheit für Kontingenzen* bzw. die *Rückführung in den Status quo ante*, d.h. vor Verlust vernünftiger Selbstbestimmung. Nichts anderes meint Rawls, wenn er für paternalistisches Handeln die Legitimität der Veränderung von Überzeugungen und Charakterstrukturen ohne Einverständnis der Betroffenen ausschließt.

Im Bereich der Bildung, d.h. der Heranführung zur Vernunft ist zudem der aristotelische Grundsatz der Eigenwertigkeit bestimmter Lebensphasen (etwa von Kindheit und Jugend) ebenso zu berücksichtigen wie die unbedingte Wahrung der psychischen und somatischen Integrität möglicher Klienten. Da es hier vor allem um soziale Dienste, weniger um Bildungseinrichtungen geht, vernachlässige ich im folgenden die Probleme der Interaktion mit Kindern und Heranwachsenden (M. Brumlik 1992) und beschränke mich auf das Problem der Formulierung einschränkender Bedingungen im therapeutischen rehabilitativen und kurativen Bereich sozialer Dienste. Auf jeden Fall können wir hier voraussetzen, daß der Eigenwert beeinträchtigter Zustände anders zu betrachten ist als der Eigenwert entwicklungsbedingter Zustände. Defizienzen und Pathologien können nur schwerlich als Wert in sich selbst angesehen werden, wenn anders überhaupt noch sinnvoll von Beeinträchtigungen und Verletzungen soll gesprochen werden können.

Die restriktiven Bedingungen, denen kontraktuell legitimierte soziale Dienste unterliegen, beziehen sich indessen nicht nur auf die

Zielvorgaben (Vermeidung des Angriffs auf Überzeugung und Charakter), sondern auch auf die Methoden der Durchsetzung. Denn bei allen eingeräumten paternalistischen Maßnahmen gegen sich selbst haben vernünftige Menschen nicht nur ein Interesse an der Wiederherstellung ihrer Vernunft, sondern auch an der Bewahrung ihrer somatischen und psychischen Integrität, d.h. ihrer *Selbstachtung*, die auch dann respektiert werden muß, wenn Vernünftigkeit derzeit nicht gegeben ist. Rawls bestimmt »Selbstachtung« folgendermaßen:

»Einmal gehört zu ihr ... das Selbstwertgefühl, die sichere Überzeugung, daß die eigene Vorstellung vom Guten, der eigene Lebensplan, wert ist, verwirklicht zu werden. Zweitens gehört zur Selbstachtung ein Vertrauen in die eigene Fähigkeit, seine Absichten, soweit es einem eben möglich ist, auszuführen. Wenn man das Gefühl hat, die eigenen Pläne hätten wenig Wert, dann kann man ihnen nicht mit Befriedigung nachgehen oder sich über ihr Gelingen freuen. Auch wenn man von Mißerfolg und Selbstzweifeln verfolgt wird, werden die eigenen Anstrengungen gelähmt. Damit ist deutlich, warum die Selbstachtung ein Grundgut ist. Ohne sie scheint nichts der Mühe wert, oder wenn etwas als wertvoll erschient, dann fehlt der Wille, sich dafür einzusetzen. Alles Streben und alle Tätigkeit wird schal und leer, man versinkt in Teilnahmslosigkeit und Zynismus. Daher möchten die Menschen im Urzustand fast um jeden Preis die sozialen Verhältnisse vermeiden, die die Selbstachtung untergraben« (J. Rawls 1975, S. 479).

Insofern ein vernünftig geführtes Leben immer auch ein geplantes, geführtes und verantwortetes Leben mit Zukunftsbezug ist, unterliegt es nach Rawls der *vorgängigen Voraussetzung* der Selbstachtung, d.h. eines *Gefühls!*. Unabhängig davon, ob ein menschliches Leben vernünftig oder anders geführt wird, gilt: Damit es überhaupt geführt werden kann, müssen die Akteure mit einem Minimun an Selbstachtung ausgestattet sein. In dieser Überlegung kommt das zum Ausdruck, was oben als aristotelische Theorie bezeichnet wurde. Menschliche Lebensvollzüge sind, unter welchen Bedingungen auch immer, ein Wert in sich selbst und unterliegen damit immer der Voraussetzung der Selbstachtung. Daraus resultiert, daß niemand sinnvollerweise andere zu paternalistischen Maßnahmen ermächtigen und verpflichten kann, die zwar evtl. die Fähigkeit zu überlegtem Handeln und moralischer Autonomie wieder herstellen, dafür aber im gleichen Atemzug die Grundbedingung allen vernünftigen *menschlichen Le-*

bens, nämlich die Selbstachtung, zerstören. Ebenso wie Vernunft ein Wert in sich selbst ist, ist es auch die Selbstachtung!

Mit dem Verbot der Veränderung von Überzeugung und Charakter in der Zielbestimmung paternalistischen Handelns bzw. dem Verbot aller Maßnahmen, die die aktuelle oder potentielle Selbstachtung einer Person verletzen können, sind die restriktiven Bedingungen angegeben, denen jedes paternalistische Handeln, hier soziale Dienste, unterliegt. Damit ist zugleich deutlich geworden, daß die »antipädagogische« Kritik dort, wo sie sich wie Foucault gegen jede Form paternalistischen Handelns wendet, das transzendentale Prinzip eines vernunftgeleiteten Lebens *unbegründet* aufgegeben hat (W. Kuhlmann 1985) oder aber, wo sie sich – wie in der »Kritik schwarzer Pädagogik« – gegen grausame und entwürdigende Begleitumstände wendet, ihr eigenes Anliegen mißversteht. Denn tatsächlich geht es hier nicht um eine Kritik der Zielvorgaben vernünftigen Lebens, sondern lediglich um eine in jeder Hinsicht legitime Kritik an der Verletzung des Prinzips der Selbstachtung beim Vollziehen paternalistischer Handlungen.

Soziale Dienste sind im Prinzip legitim und dabei konstitutiv an die Wahrung der Selbstachtung der paternalistischen Handlungen unterliegenden Hilfsbedürftigen unterworfen. Unter dieser Bedingung erweist sich die hitzige Debatte um die Grenzen der Erziehung, der Pädagogisierung der Gesellschaft und der herrschaftlichen Betreuung im Sozialstaat als ein durch ungenügende Grundsatzreflexion erzeugtes Mißverständnis.

Literatur

Brumlik, M., »Ist eine advokatorische Ethik möglich?«, in diesem Bande S. 159ff..
Dworkin, G., »Paternalism«, in: R. Wasserstrom (Ed.), Morality in the Law, Belmont 1971.
Ebeling, H., »Das Faktum der Vernunft – die Basis-Fiktionen des Handelns«, in: W. Kuhlmann/D. Böhler (Hg.), Kommunikation und Reflexion, Ffm. 1982 S. 540-562.
Ebeling, H., Vernunft und Widerstand, Freiburg/München 1986.
Foucault, M., Überwachen und Strafen, Ffm 1976.
Frankena, W., Analytische Ethik, München, 1972.
Gross, P., Die Verheißungen der Dienstleistungsgesellschaft, Opladen 1983.
Habermas, J., Theorie des kommunikativen Handelns 2, Ffm 1981.

Henrich, D., »Selbstbewußtsein und spekulatives Denken«, in: Ders., Fluchtlinien, Ffm 1982.
Herriger, N., Verwahrlosung, München 1979.
Jonas, H., Das Prinzip Verantwortung, Ffm 1984.
Kant, I., Werke, Bd. 10, Darmstadt 1970.
Kant, I., »Die Metaphysik der Sitten«, in: Werke, Band 7, Darmstadt 1968.
Koslowski, P. u.a. (Hg.), Chancen und Grenzen des Sozialstaates, Tübingen 1983.
Kuhlmann, W., Reflexive Letztbegründung, Freiburg/München 1985.
Müller, S./Otto, H.-H. (Hg.) Damit Erziehung nicht zur Strafe wird, Bielefeld 1980.
Müller, S./Otto, H.-H. (Hg.), Verstehen oder Kolonialisieren, Bielefeld 1986.
Nozick, R., Anarchie, Staat, Utopia, München o.J.
Oevermann, U., »Programmatische Überlegungen zu einer Theorie der Bildungsprozesse«, in: K. Hurrelmann (Hg.), Sozialisation und Lebenslauf, Reinbek 1976, S. 34-52.
Platon »Menon«, in: Sämtliche Werke Bd. II, Reinbek 1958.
Platon »Politeia«, in: Sämtliche Werke Bd. III, Reinbek 1958.
Rawls, J., Eine Theorie der Gerechtigkeit, Ffm 1975.
Rorty, A. O. (Ed.), The identities of Persons, Berkley/Los Angeles/London 1976.
Schelsky, H., Der betreute Mensch, München 1978.
Spaemann, R. Über den Begriff der Menschenwürde, in: Ders., Das Natürliche und das Vernünftige, München 1987, S. 77-106.
Strawson, F., Einzelding und logisches Subjekt, Stuttgart 1972.

IV.
Bildung und Moral

◆
Kohlbergs »Just Community«-Ansatz als Grundlage einer Theorie der Sozialpädagogik

1. Zur Lage sozialpädagogischer Theoriebildung

Das Vorstellen oder Vorschlagen eines neuen Ansatzes in der sozialpädagogischen Theoriebildung läßt sich nur dann rechtfertigen, wenn die bisherigen Theorien bzw. die durch sie angeleiteten Praxen sich in einer internen Krise befinden bzw. der Durchsetzung und Reflexion einer veränderten Praxis nicht mehr gerecht werden. Darauf ist vor allem dann zu beharren, wenn als Vorschlag zur Neubesinnung eine Theorie ins Spiel gebracht wird, die hierzulande seit mindestens fünfzehn Jahren bekannt ist, aber gleichwohl nicht systematisch rezipiert wurde – jedenfalls nicht in sozialpädagogischer Hinsicht.

Die Krise, in der sich die sozialpädagogische Theoriebildung heute befindet, resultiert aus dem paradoxen Umstand, daß die sozialwissenschaftlichen und sozialhistorischen Analysen der sozialen Arbeit so erfolgreich waren, daß darüber das Geschäft einer sozialwissenschaftlichen Reformulierung oder Rekonstruktion der Sozialpädagogik entweder auf der Strecke oder den Erziehungsphilosophen überlassen blieb.[1] Die Vernachlässigung einer sozialwissenschaftlichen Rekonstruktion sozialpädagogischer Fragestellungen im engeren Sinne schien dann all jenen Recht zu geben, die schon seit längerem der Auffassung waren, daß die sozialwissenschaftliche Durchdringung der Pädagogik ins Abseits führe.[2] Als Ergebnis dieser Entwicklung ist die Sozialpädagogik heute, wo sie noch als solche betrieben wird, auf das Niveau individualpsychologischer Rezepte bzw. anspruchsvoller kulturtheoretischer, d.h. letzten Endes geisteswissenschaftlicher Reflexionen zurückgefallen.[3]

1.1. Gewinne sozialwissenschaftlicher Sozialarbeitstheorie

Seit den marxistischen Analysen von sozialer Arbeit als Rehabilitations- und Repressionsagentur, seit organisationssoziologischen Überlegungen zum eigendynamischen Wachstum karitativer Institutionen und einer Fülle kritischer Reflexionen zu den entmündigenden Wirkungen von Sozialarbeit, dem Leerlauf sozialarbeiterischen Handelns und Überlegungen zur professionellen Rolle und Identität von SozialarbeiterInnen sind die Objekte der Sozialarbeit, die Klienten, theoretisch verschwunden[4] bzw. zur Leerstelle einer utopischen oder negativistischen Hoffnung[5] geworden. Die ernüchterte Reaktion auf das Scheitern der großen Utopien in der Sozialarbeit gebar eine Alltagstheorie, deren letzte Bemühungen einer therapeutischen und moralphilosophischen Stärkung der SozialarbeiterInnen gelten.[6] All diese letztlich professionssoziologisch interessierten Theorien, die zudem noch durch eine ganze Reihe außerordentlich sorgfältig gearbeiteter sozialhistorischer Studien mehr oder minder belegt wurden, ließen als einzige, im engeren Sinne sozialpädagogische Reflexion eine theoretisch eher anspruchslose, revidierte Psychoanalyse zurück, die mit ihrer Beschränkung auf Interaktions- und Identitätsprobleme nicht dazu in der Lage ist, eine Theorie der Sozialpädagogik umfassend zu rekonstruieren.[8]

1.2. Sozialwissenschaftlich vernachlässigt: Bildung und Entwicklung

Es war ein Gewinn der oben genannten theoretischen Überlegungen, empirischen Arbeiten und historischen Untersuchungen, die an Ausbildungsplänen der Fachhochschulen und Eingruppierungsregeln der Träger orientierte Trennung von Sozialpädagogik und Sozialarbeit zu unterlaufen bzw. aufzuheben sowie in der akademischen Bildung auf den internen Zusammenhang von beidem hingewiesen zu haben. Das, was mit dieser Unterscheidung ursprünglich gemeint war, nämlich eine Ausbildung längs des Alters von Klientengruppen – nämlich Sozialpädagogik für Kinder und Jugendliche und Sozialarbeit für erwachsene Klienten – gewann in der akademischen Sozialpädagogik eine andere Richtung. Seit etwa zwanzig Jahren hat es Sozialarbeitswissenschaft eher mit Institutionen und Professionen der sozialen Arbeit zu tun, während Sozialpädagogik eher mit den Adressaten der sozialen Arbeit, den normativ gesetzten Zielen der sozialen Arbeit und den Interaktionen zwischen KlientInnen und SozialarbeiterInnen befaßt ist. Und auch hier gilt, daß die sozialwissenschaftliche Analyse dieser Interaktionen im Gefolge von Stigma-, Etikettierungs- und mikrophysikalischer Theorie der macht dort besonders erfolgreich war, wo sie auf die repressiven Mechanismen entsprechender Interaktionen[9] hinwies.

Naturgemäß mußten derartige Ansätze dort fehlschlagen, wo es nicht nur um die Aufdeckung von Repression, sondern um das Erwerben neuer Kompetenzen und das Lernen neuer Themen und Strukturen ging: so z.B. in Kindergärten, in welche Eltern ihre Kinder freiwillig schicken, um die außerschulische Jugendarbeit, an der Jungen und Mädchen von sich aus teilnehmen sollten, um eine Pädagogik der Freizeit, die sich mittlerweile ausdifferenziert hat und um jene Bereiche der Erwachsenenbildung, in denen es nicht nur um den Erwerb tertiärer Qualifikationen geht. Mit anderen Worten: Die Bereiche Entwicklung, Lernen und Bildung sind von einer vor allem professionssoziologisch und sozialhistorisch arbeitenden Sozialpädagogik vernachlässigt, bzw. wenn überhaupt, so lediglich in therapeutischer Hinsicht, berücksichtigt worden. Dort, wo freilich bildungstheoretische Grundlagenforschung betrieben wurde, geschah auch dies meist im Bann einer sozialwissenschaftlich nicht reformulierten Bildungsphilosophie in der Tradition Adornos und Heydorns, die bei aller Prägnanz ihrer Zeitdiagnosen und bei aller Leuchtkraft ihrer Parolen den Anschluß an die neuere Sozialisationstheorie nicht gefunden und damit ein weiteres Mal dazu beigetragen hat, Lernen, Entwicklung und Bildung Geisteswissenschaftlern, Psychologen und Philosophen zu überlassen.[10] Die theoretische Konkurrenzfähigkeit einer sozialwissenschaftlichen Erziehungswissenschaft im Bereich sozialer Arbeit wird sich zukünftig daran bemessen, ob es ihr gelingt, sich alle jene Bereiche, in denen es um Lernen, Entwicklung und Bildung geht, sozialwissenschaftlich anzueignen bzw. zu rekonstruieren. Ohne eine sozialwissenschaftliche Rekonstruktion des Bildungsbegriffes, die sowohl dessen klassisch-emanzipatorische Dimension als auch seine untilgbar entwicklungsbezogene Konotation berücksichtigt, wird sich die sozialwissenschaftliche Sozialarbeitstheorie auf die Bereiche gesellschaftlicher Defizitkompensation zurückziehen müssen und gerade nicht die theoretisch immer wieder angepeilten neuen, kulturell interessierten Abnehmer und Vermittlergruppen erreichen.[11]

Freilich muß jede sozialpädagogische Theorie aber auch dem Umstand gerecht werden, daß Sozialpädagogik von Anfang an eine wesentliche Beziehung auf außerschulische Handlungsfelder, auf Gruppenarbeit und auf soziale Reform hatte.[12] Auch diese, meist konservativ oder regressiv-unpolitisch analysierten Bereiche sollten in einer rekonstruierten Sozialpädagogik systematisch aufgenommen werden.

1.3. Bildung und Entwicklung: Sozialwissenschaftliche Analyse ohne geisteswissenschaftliche Regression

Abgesehen von gesellschaftlichen Entwicklungen, die man mit gescheiterter Reform und einer sozialstrukturell begünstigten neokonservativen bzw. neoliberalistischen Wende des politischen Systems erklären könnte[13], waren es innertheoretische Gründe, die zu einem Rückzug sozialwissenschaftlichen Denkens in der Pädagogik und zu einer Rehabilitation praktischer Philosophie und geisteswissenschaftlicher Analyse beitrugen. Hauke Brunkhorst hat hierfür jüngst die gegen Herrschaft sensibilisierenden Ansätze phänomenologischer, ethnomethodologischer und poststrukturalistischer Provenienz verantwortlich gemacht – Theorien, die den Gewinn erhöhter Sensibilisierung mit dem Preis relativistischer Preisangaben universalistischer Ansprüche und einem Verlust an gesellschafts*theoretischer* Kraft bezahlen mußten.[14] Man mag über diese Analyse im einzelnen geteilter Meinung sein, unbezweifelbar dürfte jedoch sein, daß die Versuche der kritisch-emanzipatorischen Erziehungswissenschaft der sechziger Jahre, die aus der idealistischen Tradition ererbten Bildungsbegriffe theoretisch zu rehabilitieren[15], nicht mehr weiterverfolgt worden sind. Eine neuerliche Überprüfung der kritischen Erziehungswissenschaft würde neben vielen anderen Defiziten, die Pionierleistungen immer aufweisen, eine theoretische Deckungslücke aufweisen. Eine solche Analyse würde ergeben, daß es im wesentlichen Bruchstücke einer autoritätskritisch-psychoanalytischen Sozialisationstheorie sind, die mit Anleihen bei der Apel/Habermasschen Transzendentalpragmatik fürs Normative und Entnahmen aus Symbolischem

Interaktionismus und pragmatischer Kommunikationstheorie fürs Interaktionelle als Theoriekern kritischer Erziehungswissenschaft aufgeboten wurden.[16] Es läßt sich mit gutem Grund bezweifeln, ob sich aus dieser theoretisch inkonsistenten Mischung ein analytisch gehaltvolles und normativ überzeugendes Paradigma konstruieren läßt. Konsequenterweise entmischten sich die sozialisationstheoretischen, interaktionistischen und normativistischen Bestandteile kritischer Erziehungswissenschaft mit dem Resultat, daß die Sozialisationstheorie vernachlässigt wurde, die interaktionistischen Theorien in einen hermeneutischen Relativismus und eine leicht resignative Alltagstheorie führten[17] und daß das normative Element *von außen* in die relativistische Berufstheorie sozialen Handelns zurückgetragen wurde.[18] Hiervon zeugt die seit kürzerem wieder aufflackernde Ethikdebatte. An eine umfassende Theorie der Sozialpädagogik wäre die Forderung zu stellen, das Ensemble von Interaktions-, Sozialisation- und normativer Theorie wiederherzustellen und zudem der Sozialarbeit jene Bereiche des Lernens, der Entwicklung und der Bildung zurückzugeben, die sie durch ihre einseitige Spezialisierung auf die Professionsfrage verloren hat. Zudem wäre von einer solche Theorie zu fordern, daß es ihr gelingt, die traditionellen Vorgaben einer Sozialpädagogik als einer Pädagogik, die im Medium der Gemeinschaft zur Gemeinschaft bildet[19], jenseits der ideologischen Bornierungen eines Gegensatzes von Gemeinschaft und Gesellschaft und jenseits organizistischer und autoriäter Politikmodelle einzuholen.

Die Elemente zu einer solchen umfassenden Theorie der Sozialpädagogik liegen vollständig in den Anfang der siebziger Jahre hier bekannt gewordenen und reformulierten Theorien des genetischen Strukturalismus vor: – also den Theorien von Piaget, Kohlberg und ihrer Schule –, den Kompetenztheorien – vor allem Chomskys – sowie einer interaktionstheoretisch reformulierten Psychoanalyse: Kohuts und seiner Schule. In Ansätzen zur Theorie der Bildungsprozesse, wie sie Dieter Geulen und Ulrich Oevermann[20] vorgelegt haben, ist das Potential zu einer Pädagogik als einer normativen Theorie sozialisatorischer Interaktion enthalten, die die Sozialpädagogik aus ihrer derzeitigen Sackgasse herausführen könnte. Die folgenden Ausführungen, die anhand einer Interpretation von Gedanken Lawrence Kohlbergs eine solche umfassende Sozialpädagogik, die auf eine normativ verbindliche Handlungs-, Interaktions- und Sozialisationstheorie zielt, zu umreißen versuchen, verdanken sich in vielen den Arbeiten von Detlef Garz.[21] Garz hat seit Jahren an einer kompetenztheoretischen und strukturgenetischen Erziehungswissenschaft gearbeitet. Hier ist anzuschließen, wenn anders nicht der sozialwissenschaftliche Aufbruch der Erziehungswissenschaft verspielt werden soll.

2. Kohlbergs »Just Community«-Ansatz

Seit etwa zwanzig Jahren wird – vor allem in den USA – ein neues Modell der Gemeinschaftserziehung erprobt, das sich ganz bewußt auf die Tradition einer Entwicklung moralischer Persönlichkeiten in demokratischen Gemeinschaften bezieht, wie sie John Dewey und Emile Durkheim mit unterschiedlichen Akzenten entwickelt haben. Der »just community«-approach ist Ausdruck einer staatsbürgerlich-demokratischen Sozialpädagogik und beruht auf der voraussetzungsreichen und anspruchsvollen Theorie der Entwicklung moralischer Urteilskompetenz, die Lawrence Kohlberg im Paradigma des genetischen Strukturalismus konstruiert, validiert und getestet hat.[22]

2.1. Eine Sozialpädagogik der Moral

Anders als noch in der Bundesrepublik Deutschland sind die Schulen in amerikanischen Großstädten in ihren ungelösten sozialen Konflikten Brennpunkte im Sinne der Gemeinwesenarbeit und Laboratorien sozialpädagogischer Experimente. Zudem hat im Bereich des Jugendstrafrechts das dauernde Experimentieren mit negativen Reformen, Rehabilitations- und Trainingsprogrammen in den USA – wiederum anders als hier – eine lange Tradition. Kohlbergs »just community«-Programme in Schulen und Jugendgefängnissen sollen dem Zweck dienen, Konflikte zu lösen, Rückfälligkeit zu verhindern und die Resozialisierung zu fördern, indem die moralische Urteilsfähigkeit von Jugendlichen gestärkt wird. Praktisch geht es um Verfahren und Methoden, die bereits in der Reformpädagogik, den Kinderrepubliken und etwa in Makarenkos Kolonien erprobt wurde, nämlich um das selbstbestimmtes Erörtern sozialer Konflikte, verbunden mit der Kompetenz, Normbrecher gegebenenfalls zur Verantwortung zu ziehen. Freilich unterscheidet sich das »just community«-Modell von den Experimenten in der Jugendbewegung, den Schulen Kurt Hahns oder Makarenkos Kolonien, durch seine strikt antihierarchische und betont nicht-autoritäre Ausrichtung. SchülerInnen und LehrerInnen, Insassen und Vollzugspersonal sind als moralische Personen im Prinzip gleichberechtigt, an die Stelle – wenn auch gewählter – charismatischer Führer tritt die diskutierende Gemeinschaft und an die Stelle eines je nachdem platonischen oder marxistisch-leninistischen Erziehungsideals treten die Grundsätze einer liberalen Verfassung und eines möglichst rationalen Diskurses. Im Unterschied zu den eher anarchistischen Versuchen der Kinderrepubliken sind Kohlbergs »just communities« hingegen nicht als Selbstzweck und autonome Lebensform konzipiert, sondern als fehlbare pädagogische Experimente, die einer empirischen Evaluation ebenso zu unterziehen sind, wie sie letzten Endes nur als Durchgangsstadium zu einer vernünftigen Erwachsenenexistenz gelten.

Die Evaluation der Etablierung moralisch diskutierender Diskussionsgruppen in Gefängnissen hat zwiespältige Ergebnisse erbracht: Einige Studien weisen darauf hin, daß die Rückfallhäufigkeit jugendlicher Rechtsbrecher durch die Teilnahme an solchen Programmen leicht gesenkt wird, während andere zeigen, daß die Rückfallhäufigkeit hierdurch überhaupt nicht beeinflußt wird.[23] Eine Erklärung für den letzten Befund wird darin gesehen, daß unter den restriktiven Bedingungen von Gefängnissen das Üben moralischer Argumentationen ohnehin nur als instrumentelle Leistung zur Verbesserung individueller Vorteile begriffen werden kann. Unter den freien Bedingungen von Schulen, in denen das moralische Argumentieren zugleich in den Rahmen einer demokratischeren Lebensform eingebettet ist, scheint es hingegen nachweisliche Effekte moralischen Lernens zu geben. Gemäß der von Kohlberg und seinen Mitarbeitern erstellten Bewertungsskala hat es in den meisten schulischen Experimenten nachweisliche Fortschritte im Bereich moralischer Urteilsfähigkeit gegeben.[24]

Kohlbergs »just community«-approach ist freilich komplexer und weiter entwickelt, als es die herkömmliche Vorstellung, hier würde nur das Stufenmodell moralischer Entwicklung appliziert, wahrhaben will. In Kohlbergs Theorie moralischer Erziehung gewinnt die kognitivistische Theorie der Entwicklung moralischer Urteilskompetenz das Element einer hermeneutischen Intersubjektivität ebenso zurück wie sie die vielbemängelte Kluft zwischen moralischer Urteilsbildung und praktischer Handlungsfähigkeit überbrückt. Die bis jetzt zuwenig beachtete *Theorie moralischer Erziehung* komplettiert die Theorie moralischer Urteilsbildung und enthält die Grundlagen für eine wirklich sozialwissenschaftliche Theorie der Pädagogik. Bevor dies näher ausgeführt wird, sei noch einmal in aller Kürze die Theorie der Entwicklung moralischer Urteilskompetenz skizziert.

2.2. Noch einmal: Das Stufenmodell moralischer Entwicklung

Bereits Jean Piaget hat in seiner schon im Jahre 1932 auf französisch erschienenen Studie über das moralische Urteil beim Kinde analog zu den Stufen der kognitiven Entwicklung vier Stadien moralischer Urteilsbildung bzw. moralisch relevanten Regelwissens postuliert.[25] Grob gesagt postuliert Piaget zwei Hauptstadien, die sich an den Parametern des Egozentrismus und des Zwanges ausrichten.

Ist das erste Hauptstadium durch eine Verschränkung von Egozentrismus und Zwang gekennzeichnet, so wird im zweiten Hauptstadium der Egozentrismus durch zwanglosere Formen des intersubjektiven Aushandelns von Normen ermäßigt, während umgekehrt die kognitiv induzierte Dezentrierung theoretischen Wissens beim Kinde den Weg zu einer intersubjektiven und solidarischen Weltsicht öffnet. Lawrence Kohlberg hat auf diesem Hintergrund das empirisch überprüfbare Modell einer universellen Entwicklungslogik moralischer Urteilskompetenz in drei Haupt- und sechs Unterstufen entwickelt. Bekanntermaßen postuliert Kohlbergs Theorie drei allgemeine Stufen moralischer Urteilsfähigkeit, deren Unterscheidungskriterium die Stellung von Menschen zu den moralischen Üblichkeiten der Gesellschaft, in der sie leben, ist. Menschen auf sehr niedrigen, präkonventionellen Stufen beurteilen das Gerechte von Handlungen danach, ob diese Handlungen ihnen zu etwas nutze sind. Auf der konventionellen Ebene gelten jene Handlungen oder Regeln als gerecht, die in der jeweiligen Bezugsgruppe anerkannt sind, bzw. den gesetzten Regeln der Gesellschaft, in der Menschen leben, entsprechen. Erst auf der postkonventionellen Ebene greift die Einsicht um sich, daß die Gerechtigkeit von Regeln und Handlungen eine Funktion ihrer universellen intersubjektiven Vereinbarkeit im Rahmen ursprünglicher Rechte bzw. Ausdruck eines hochabstrakt universalistischen Moralprinzips ist. Kohlberg und seine Mitarbeiter konnten empirisch zeigen, daß diese Stadien tatsächlich in allen Gesellschaftsformationen vorkommen, daß aber in westlich-kapitalistischen Gesellschaften 80% der Menschen keine höhere als die vierte Stufe und nur außerordentlich wenige die höchste, sechste Stufe erreichen.[26]

Die Stufenfolge, die Kohlberg postuliert, folgt einer Entwicklungs*logik*, die strikt von einer Entwicklungs*dynamik* zu unterscheiden ist. Das Postulieren von Stufen im Rahmen einer Entwicklungslogik besagt, daß die Stufenabfolge invariant, diskret, konsekutiv, hierarchisch und integrativ ist. Mit anderen Worten: Die einzelnen, klar unterscheidbaren Stufen folgen einander in einer unumkehrbaren Reihenfolge und zwar so, daß die nächsthöheren Stufen all jene kognitiven Funktionen, die niedrigere Stufen enthielten, umfassen. Regressionen von einer höheren zu einer niedrigeren Stufe sind nur unter Zwang möglich. Die Entwicklungslogik macht keine Aussage darüber, daß eine nächsthöhere Stufe erreicht werden muß, sondern lediglich darüber, was alles gilt und erfüllt sein muß, wenn eine bestimmte Stufe bereits erreicht worden ist. Ob und unter welchen Bedingungen höhere Stufen erreicht werden, ist Gegenstand einer Entwicklungs*dynamik*, die bei Kohlberg und seiner Schule in einer intersubjektivitätstheoretischen Sozialisationstheorie angelegt ist.

2.3. Entwicklungsdynamik und die Theorie reziproker Perspektivenübernahme

Kohlbergs Theorie moralischer Urteilsbildung sieht moralische Urteile als Ausdruck einer zunehmend dezentralisierten Weltsicht an, die die Individuen in Auseinandersetzungen, Konflikten und Kooperationen mit anderen gewinnen. Somit unterliegt der Theorie moralischer Urteilsbildung letztlich eine auf den Grundbegriffen der Erwartungserwartungen und Perspektivübernahme basierende Rollentheorie. So entsprechen den sechs Stufen des moralischen Urteils sechs – ebenfalls in drei Hauptphasen gliederbare – Stufen der Sozialperspektive.

Dem präkonventionellen Urteil entspricht eine egozentrische bzw. individualistische Perspektive, deren Leistung darin besteht, überhaupt eigene Interessen und Perspektiven von denen anderer unterscheiden zu können. Auf der dritten und vierten Ebene lernen die Individuen, individuelle Interessen überhaupt und konkret zu den Perspektiven anderer in Beziehung zu setzen bzw. den Gedanken eines allgemeinen Interesses als eines solchen zu realisieren. Dem entspricht in etwa der Übergang von Meads konkreten zum verallgemeinerten Anderen. Auf der fünften Stufe erwerben die Individuen die Fähigkeit, sich selbst und ihre Interessen als nicht nur faktische, sondern begründete und gerechtfertigte Besonderung zu verstehen, während die sechste, die Perspektive eines »moral point of view«, d.h. eines unparteiischen, die Perspektiven und Interessen aller nach einem abstrakten Prinzip beurteilten Standpunktes ist.[27] Es ist diese Theorie allmählicher reziproker Perspektivenübernahme, die zugleich den abnehmenden Formalismus von Kohlbergs moralischer Urteilstheorie erläutert.

Bekanntlich muß die Theorie moralischer Urteilsbildung um ihres empirischen Gehalts willen zwischen Inhalt und Begründungsform moralischer Urteile unterscheiden – m.a.W.: Es kommt nicht darauf an, *ob* ein Individuum gemäß der Wertmaßstäbe des Forschers zu thematisch richtigen Schlüssen kommt, sondern nur darauf, *wie* es seine Stellungnahmen begründet! Themen und Gehalte von Wünschen und Bedürfnissen, so kann die Theorie reziproker Perspektivenübernahme zeigen, sind gegenüber der Leistung, andere überhaupt zu berücksichtigen, zunächst kontingent. Die oftmals geäußerte Kritik, Kohlberg werde seiner Trennung von Struktur und Inhalt des moralischen Urteils untreu, wenn er auf den Stufen fünf und sechs Form und Inhalt des moralischen Urteils zusammenschießen läßt, ist indessen alles andere als eine willkürliche Setzung, sondern ein Ergebnis des Umstandes, daß ein abstrakter »moral point of view« eben nichts anderes darstellt, als die Fähigkeit, von den eigenen, für legitim gehaltenen Interessen und Perspektiven zu abstrahieren und zumindest hypothetisch und vorläufig auch die Interessen und Perspektiven Dritter als legitim anzuerkennen.

Gegen eine so entwickelte Theorie moralischer Urteilsbildung und reziproker Perspektivenübernahme sind in den letzten Jahren zwei Generaleinwände geltend gemacht worden. Sie besagen zum ersten, daß die so angelegte Theorie für eine Moralerziehung, die es ernst meint, zu kurz greift, da sie lediglich etwas über die moralische Urteilskompetenz, nicht aber über Handlungsperformanz aussage. Dies drücke sich schon in der Forschungsmethodik aus, die ja bekanntermaßen mit *erfundenen* Dilemmata arbeite. Der zweite Einwand unterstellt Kohlberg einen sexistischen Bias, weil er die eigentümliche kontextualistische, an realen moralischen Problemen gewonnene Urteilskompetenz von Frauen und Mädchen in seinem von männlichen Metawertsetzungen geprägten wissenschaftlichen Ansatz nicht richtig einschätzen könne.[28]

Mir scheint, daß Kohlbergs *Theorie moralischer Erziehung* beiden Einwänden gerecht werden kann.

2.4. Kohlbergs Theorie moralischer Erziehung

In einem Beitrag aus dem Jahr 1968 revidiert Kohlberg sein Konzept der Moralerziehung, das er inzwischen als »Einbahnstraßenmodell« bezeichnet hat und das letzten Endes auf einen direkten Übergang von der Entwicklungspsychologie zur Praxis zielte. Nach diesem Modell kann die Entwicklungspsychologie allenfalls plausibel machen, daß bestimmte menschliche Entwicklungsschritte bestimmten moralphilosophischen Einstellungen entsprechen, aber selbst keine Aussagen darüber treffen, welche moralische Haltung nun eingenommen werden soll. Infolgedessen sind ErzieherInnen, die an einer moralischen Verbesserung der EdukandInnen interessiert sind, zunächst gehalten, die eigenen – postkonventionellen – Intuitionen zu explizieren, um sie dann über das Medium der Diskussion moralischer Dilemmata auf dem Wege dosierter Überforderung bei ihren EdukandInnen bildend hervorzurufen. Kriterium und oberste Norm einer solchen Moralerziehung ist ein hypothetischer Zustand, den Kohlberg »Gerechtigkeit als Reversibilität« nennt. Er erläutert ihn folgendermaßen:

»Ich nenne diesen Endpunkt Gerechtigkeit als Reversibilität und vergleiche die soziomoralischen Operationen der Gerechtigkeit wie Reziprozität und Gleichheit mit der Reversibilität, die Piaget im operational logisch-mathematischen Denken findet. Höhere Stufen sind nicht nur formal besser, sondern sie führen auch in bestimmten Situationen unter bestimmten Bedingungen zu einem allgemeinen Konsens hinsichtlich der Qualität und des Zieles von Denken und Argumentieren über Gerechtigkeit. Dies unterstützt den sokratischen Glauben an die Universalität rationaler Gerechtigkeit.«[29]

Dieses Modell freilich führte LehrerInnen in der Gerechtigkeitserziehung zunächst dazu, universalistische Normen, bzw. den Weg zu ihnen indoktrinierend durchzusetzen – ein Verfahren, das auch an den selbstgesetzten Ansprüchen scheiterte. Ursache des Fehlschlages war ein Selbstmißverständnis der LehrerInnen, die sich eher als PsychologInnen denn als PädagogInnen verstanden. D.R. Boyd hat in einer subtilen philosophischen Analyse von Kohlbergs Programm deutlich machen können, daß eine ganze Reihe von Unklarheiten und Selbstmißverständnissen der Kohlbergschen Schule sich auflösen lassen, wenn deutlich gemacht wird, daß diese Theorie systematisch *zwei verschiedene Perspektiven* integriert: nämlich die *auf faktische Zustände zentrierte, deskriptive Einstellung eines Beobachters* und *die distanzierende, auf Veränderung zielende Einstellung von TeilnehmerInnen an moralischen Diskursen.*[30] Dies hat zur Folge, daß Einstellungen auf Seiten der EdukandInnen nur in dem Ausmaß veränderbar sind, in dem sich auch LehrerInnen als TeilnehmerInnen engagieren und sich in einer Haltung vorgreifender Ernsthaftigkeit und symmetrischer Chancen als Mitglieder einer nach Gerechtigkeit zielenden Gemeinschaft verstehen:

> *»Bezüglich der Intention kann und sollte die Parteinahme des Lehrers für Gerechtigkeit auf einer Haltung des Respekts vor dem Schüler als einem moralisch autonomen Handelnden beruhen. Parteinahme sollte also nicht nur ihrem Inhalt, sondern auch in ihrer Methode und Intention gerecht sein. Der Lehrer kann nicht nur für universelle Prinzipien oder Normen der Gerechtigkeit Partei ergreifen, sondern auch für spezifischere Normen, auf die die Klassengemeinschaft sich geeinigt hat oder die für die Klasse oder Schule notwendig sind, um als Gemeinschaft zu bestehen. In der partizipatorischen Demokratie gelten als Hauptnormen die Partizipation oder die kollegitive Verantwortung der Gemeinschaft für das Wohlergehen der einzelnen Schüler und die Verantwortung des einzelnen Schülers gegenüber der und für die Gemeinschaft.«*[31]

Die Wiederentdeckung der Teilnehmerperspektive in Theorie und Praxis der Moralentwicklung führt nicht nur zu einer Moralerziehung, die die Subjekte wieder in die Theorie einführt und ihre Interaktion als wesentliches Element festhält und somit dem nahe kommt, was die Tradition als »pädagogischen Bezug« bezeichnete, sondern kann auch das an Einwänden ausräumen, was vor allem seitens einer feministisch-kontextualistischen Kritik an Kohlberg bemängelt worden ist: Zum einen besteht nämlich das Material einer auf Moralerziehung basierenden Theorie und Praxis der Urteilsbildung nicht aus erfundenen, sondern echten Dilemmata, die in einer entscheidungsrelevanten Art und Weise diskutiert werden sollen: Damit ist die vielbemängelte

Kluft zwischen Teilen und Handeln, soweit dies eben überhaupt möglich ist, überwunden. Zum anderen entspricht das Ansetzen an den partikularen Problemen konkreter Gemeinschaften genauer jener Forderung nach moralischer Erfahrung und der Zuwendung zu konkreten Anderen, ohne dabei jedoch das universalistische Telos preiszugeben, das die feministische Kohlbergkritik stets forderte.[32]

2.5. Notiz zum methodologischen Status von Kohlbergs Theorie

Die Theorie der Entwicklung moralischer Urteilsfähigkeit gehört zum Paradigma des genetischen Strukturalismus und ist damit einer rekonstruktiven Methodologie verpflichtet. Rekonstruktive Methodologien setzen nicht an mehr oder minder willkürlich gesetzten Hypothesen über Bereiche des sozialen Lebens an, sondern sind einer rationalen Hermeneutik basaler, alltäglicher Regelsysteme verpflichtet. Mit der Unterscheidung von »know how« und »know that« gewinnen rekonstruktive Theorien ein Kriterium, anhand dessen sie ihren Untersuchungsgegenstand identifizieren, der nicht aus beliebigen Ausschnitten der sozialen Welt besteht, sondern aus jenen Regelsystemen, über die alle Individuen verfügen müssen, wenn sie überhaupt Behauptungen aufstellen, in Frage stellen und rechtfertigen wollen. Jene Regelsysteme werden – kompetenztheoretisch – als durch sozialisatorische Interaktion erworbene Dispositionen angesehen, über die diejenigen, die sich wissenschaftlich mit Fragen sozialer Interaktionen auseinandersetzen, bereits verfügen. Somit sind rekonstruktive Methodologien letztlich einem Selbsteinholungsinteresse der Vernunft verpflichtet, das sich in der Explikation jener weltstiftenden Regelsysteme auslegt, über die wir stets verfügen. Die nicht überwindbare, sondern nur positiv faßbare Hermeneutik aller Sozialwissenschaften ist hier ebenso berücksichtigt wie das rationale Prinzip wissenschaftlicher, fallibilistischer und intersubjektiver Überprüfbarkeit. Rekonstruktive Methodologien sind rationale Hermeneutiken, die die Vernunftskepsis der herkömmlichen Hermeneutik bis Gadamer ebenso überwunden haben wie das naiv szientistische, subsumtionslogische Denken positivistischer Sozialwissenschaft.[33]

3. Perspektiven auf eine rational-hermeneutische Pädagogik

Daß Kohlbergs »just community«-Ansatz im engeren Bereich der Sozialpädagogik auch für die bundesrepublikanische Diskussion im Strafvollzug und im Bereich der Schulsozialarbeit bisher zu Unrecht vernachlässigt wurde, bedarf keiner weiteren Erläuterung. Zu erörtern ist schließlich, ob und warum diese Theorie als Exempel für einen Paradigmenwechsel in der Sozialpädagogik insgesamt dienen kann. Ich habe anfangs die Behauptung aufgestellt, daß eine umfassende, sozialwissenschaftlich orientierte Sozialpädagogik 1. die Bereiche Lernen, Entwicklung und Bildung zurückerobern muß, zudem 2. die nur noch äußerlich und abstrakt diskutierte Frage der Moraltheorie in die sozialwissenschaftliche Pädagogik zurückzuholen hat und schließlich 3. den klassischen Institutionen einer Gemeinschaftserziehung, die auch Fragen des »pädagogischen Bezugs« nicht vernachlässigt, gerecht werden sollte.[34]

Mit Kohlbergs Theorie der moralischen Erziehung gewinnen wir eine Theorie, die ganz offensichtlich Entwicklungsphänomene thematisiert, ohne diese nativistisch zu verkürzen oder als Indoktrinationsergebnisse anzusehen. Der Entwicklungsbegriff des genetischen Strukturalismus mit seinem dialektisch[35] zu deutenden Wechselspiel von Akkomodation und Assimilation zwischen Subjekt und sozialer Umwelt entspricht genau jenen Prozessen, die die Klassik im Sinn hatte, wenn sie von Bildung sprach.

Kohlbergs Theorie moralischer Erziehung mit ihrer rationalen Hermeneutik des moralischen Bewußtseins gestattet erstens eine nicht willkürliche, sondern an den vorfindlichen Kenntnissen und Perspektiven der Individuen ansetzende Lösung des Normativitätsproblems sozialisatorischer Interaktionen und kann damit zweitens dem *Irrweg der Professionalisierungstheorie entgehen, Moral nur noch als Professionsethik der Pädagogen, nicht aber als jenes Medium anzusehen, das jeder Pädagogik unterliegt.* Erst der begründete Nachweis, daß Moral dieses Medium ist, wird den Postulaten einer universalistischen und umfassenden pädagogischen Moraltheorie gerecht.

Drittens kann die Kohlbergsche Theorie mit ihrem Praxisbezug einen Maßstab für bildende und pädagogische Praxen in sämtlichen Bereichen einer defizitkompensierenden Sozialpädagogik liefern und damit zugleich jene resignativ fallen gelassenen Partizipations- und

Emanzipationsideen wieder aufnehmen, die die Sozialpädagogik der frühen siebziger Jahre prägte.

Dieser Wiedergewinn einer politischen Perspektive bedeutet zugleich das Einholen der kommunitären Intuitionen der Sozialpädagogik seit Natorp. Vor allem aber vermag eine genetisch-strukturalistische Theorie der Moralerziehung und -bildung die Sozialpädagogik aus dem Getto der Defizitkompensation zu befreien und den Gedanken der Bildung im Bereich der Freizeit, der außerschulischen Jugendarbeit und sogar im Bereich der Erwachsenenbildung offensiv wiederaufzunehmen und damit der verdifferenzierten patchwork-Landschaft der Sozialpädagogik jene Perspektive zurückzugeben, die im Lauf der Spezialisierung und Professionalisierung der pädagogisch akademischen Profession und ihrer Subdisziplinen mit einer gewissen Notwendigkeit abhanden gekommen ist.

Nicht zuletzt wäre ein solcher Rekonstruktionsversuch von Pädagogik als eigenständiger sozialwissenschaftlicher Disziplin das vorläufig letzte Aufgebot, das eine immer fragwürdiger werdende – aus den Gedanken des deutschen Idealismus gespeiste – Pädagogik den Schwanengesängen der Postmodernisten mitsamt ihren Bildchen, Beliebigkeiten und kulturwissenschaftlichen Ermäßigungsversuchen entgegenzusetzen hat. Auf dem Spiel steht nicht mehr und nicht weniger als die Idee, Vernunft durch Bildung erzielen zu können.

Anmerkungen

1 Vgl. hierzu die großartige Studie von Michael Winkler, Eine Theorie der Sozialpädagogik, Stuttgart 1988, die genau der hier genannten Tendenz zum Rückverweis an die Philosophie folgt, sowie H. Sünker, Bildungstheorie und Erziehungspraxis, Bielefeld 1984.
2 So schon vor Jahren H. Scarbath, Pädagogisches Verstehen jenseits der Kolonialisierung. In: S. Müller/H.-U. Otto (Hg.), Verstehen oder Kolonialisieren, Bielefeld 1986[2] S. 13-16 sowie in jüngster Zeit R. Fatke/W. Hornstein, Sozialpädagogik-Entwicklungen, Tendenzen, Probleme. In: Z.f.Päd. 33/1987, Heft 5, S. 589-591 sowie – leider – zuallerletzt Klaus Mollenhauer, der durch seine Umwege über vergessene Zusammenhänge offensichtlich Anschluß und Überblich über jene Theorien, die er selbst einst in die Erziehungswissenschaft einführte, verloren hat; ders., Erziehungswissenschaft und Sozialpädagogik/Sozialarbeit oder »Das Pädagogische« in der Sozialarbeit/Sozialpädagogik, in: SLR 17, 1988, S. 53-58.
3 Hierfür beispielhaft die Hermeneutik des Bescheidenen u-nd Spießigen bei M. Winkler, in: Ideen braucht man nur, wenn man nichts erlebt, in: NP

5/88, 386-401, wo der Rückgriff auf Pestalozzi und Nohl gewiß kein Zufall ist.

4   Einen systematischen Überblick über diese Theorieentwicklungen habe ich zu geben versucht in: Reflexionsgewinne durch Theoriesubstitution? Was kann die Systemtheorie der Sozialpädagogik anbieten? in: J. Oelkers/H.-E. Tenorth (Hg.), Pädagogik, Erziehungswissenschaft und Systemtheorie, Weinheim/Basel 1987, bes. S. 232-259.

5   Vgl. hierzu W. Keckeisen/M. Brumlik, Etwas fehlt, in: Krim. J. 4/19876, S. 241-262; M. Brumlik, Fremdheit und Konflikt, in: Krim. J. 4/1980, S. 310-318; W. Keckeisen, Pädagogik zwischen Kritik und Praxis, Weinheim 1984.

6   Die Literatur zu diesem Thema ist ebenso unübersehbar we die Krise groß. Genannt seien daher zwei Werke, die dieser Krise nahmhaft machen: R. Treptow, Raub der Utopie, Bielefeld 1985 sowie R. Hörster, Kritik alltagsorientierter Pädagogik, Weinheim/Basel 1984.

7   Beispielhaft nach wie vor und immer wieder: Ch. Sachße/F. Tennstedt, Geschichte der Armenfürsorge in Deutschland, Stuttgart 1980 sowie Ch. Sachße, Mütterlichkeit als Beruf, Ffm. 1986. Als Vignette: H. Dießenbacher, Nehmen – Verteilen – Geben, die Geburt des modernen Sozialarbeiters aus der Heuchelei, in: NP 4/84 S. 374-380.

8   Dies hat H. G. Trescher in: Erziehungswissenschaft und Psychoanalyse, NP 6/88, S. 455-464 überzeugend und bündig nachgewiesen.

9   Nach wie vor unüberholt: W. Keckeisen, Die gesellschaftliche Definition abweichenden Verhaltens, München 1974 aber auch die Aufsatzsammlung von M. Brusten/J. Hohmeier (Hg.), Stigmatisierung I, II, Neuwied/Darmstadt 1975 sowie meinen Versuch, dies alles zusammenzufassen: ders. Symbolischer Interaktionismus, in: D. Lenzen/K. Mollenhauer (Hg.), Enzyklopädie Erziehungwissenschaft Bd. 1, Stuttgart 1983, S. 232-245.

10 Vgl. FN 1, 2, 3.

11 Was passiert, wenn sich systemtheoretisch orientierte Soziologen wie Th. Olk und K. P. Japp: Identitätswandel und soziale Dienste, Soziale Welt 2/1981, S. 143-167, eine Klientel der Sozialpädagogik einbilden, habe ich in folgendem Aufsatz zu zeigen versucht: Zur Trivialisierung einer wissenschaftlichen Revolution – Die Rezeptionsgeschichte des Etikettierungsansatzes in der sozialpädagogischen Metatheorie, in: Th. Olk/H.-U. Otto (Hg.), Soziale Dienste im Wandel 2. Entwürfe sozialpädagogischen Handelns. Neuwied und Frankfurt 1989.

12 C. W. Müller, Wie Helfen zum Beruf wurde, Weinheim/Basel 1982 und – im neuen Rahmen – K. Mollenhauer, Die Ursprünge der Sozialpädagogik in der industriellen Gesellschaft, Weinheim 1987.

13 Vgl. H. Fend, Die Pädagogik des Neokonservatismus, Ffm. 1984.

14 So hauke Brunkhorst in einem verwegenen, nicht immer unplausiblen Manuskript: Die Hermeneutische Regression als Reaktion des emanzipatorischen Interesses der Erziehungswissenschaft, Frankfurt/M. 1988.

15 Auch hier paradigmatisch K. Mollenhauer, Erziehung und Emanzipation, München 1971 und zuletzt W. Klafki, Die Bedeutung der klassischen

Bildungstheorien für ein zeitgemäßes Konzept allgemeiner Bildung, in ZfPäd. 32, 1986, S. 455-476.
16 Vgl. K. Mollenhauer, Theorien zum Erziehungsprozeß, München 1972.
17 Vgl. Fn. 6.
18 Vgl. hierzu meine Bemühungen zu einer pädagogischen Ethik. Die Essenz dieser Überlegungen ist in meinem Aufsatz »Ist eine advokatorische Ethik möglich?« enthalten, in diesem Band S. 159 ff.
19 Die klassischen Texte sind gesammelt in H. Röhrs (Hg.), Die Sozialpädagogik und ihrre Theorie, Ffm. 1968.
20 D. Geulen, Das vergesellschaftete Subjekt. Zur Grundlegung der Sozialisationstheorie, Ffm. 1977; U. Oevermann, Programmatische Überlegungen zu einer Theorie der Bildungsprozesse und zur Strategie der Sozialisationsforschung, in: K. Hurrelmann (Hg.), Sozialisation und Lebenslauf, Reinbek 1976, S. 34-52; zuletzt: E. Liebau, Gesellschaftliches Subjekt und Erziehung Weinheim/München 1987.
21 Garz, D., Strukturgenese und Moral, Rekonstruktive Sozialisationsforschung in den Sozial- und Erziehungswissenschaften, Opladen, 1984; Von der Mäeutik der Schule zur Mäeutik des Lebens, in: H.-U. v. Brachel/ N. Mette (Hg.), Kommunikation und Solidarität, Münster 1985. Sollten wir vielleicht doch eingreifen? Abolitionismus – Gerechtigkeit – Just Community, in: Krim. J. 3/87. S. 212-228; Paradigmenschwund und Krisenbewußtsein, MS Osnabrück 1987.
22 L. Kohlberg, Der »Just Community«-Ansatz der Moralerziehung in Theorie und Praxis, in: F. Oster u. a. (Hg.): Transformation und Entwicklung, Ffm. 1986, S. 21-55; C. Power: Demokratische und öffentliche Erziehung in einer öffentlichen High School, in: a.a.O. S. 297-324; L. Kohlberg, Zur kognitiven Entwicklung des Kindes, Ffm. 1974; Kohlberg, L. u.a., Moral stages: A current Formulation and a response to Critics, Basel 1983. Die Diskussion über Kohlberg und die Folgen füllt inzwischen Bände. Hervorgehoben seien: F. Oser u.a. (Hg.), Moralische Zugänge zum Menschen, München 1986 sowie F. Oster u.a., »Transformation und Entwicklung« s.o.
23 Vgl. Garz 1987 sowie R. E. Feldman, The promotions of moral development in prisons and schools, in: R. W. Wilson/G. J. Schochet (Eds.): Moral development and politics, New York 1980, p. 286-328.
24 Vgl. Kohlberg 1986 a.a.O.
25 J. Piaget, Das moralische Urteil beim Kinde, Ffm. 1973.
26 L. Kohlberg/E. Turiel, Culturals Universals in Morality, in: L. Kohlberg/ E. Turiel (Eds.): Recent Research in moral development, New York 1973.
27 L. Kohlberg u.a., Die Wiederkehr der sechsten Stufe, Gerechtigkeit, Wohlwollen und der Standpunkt der Moral, in: W. Edelstein u.a. (Hg.), Zur Bestimmung der Moral, Ffm. 1986, S. 205-240.
28 C. Gilligan, Die andere Stimme, München 1984; S. Benhabib, The Generalized and the Concrete Other, in: S. Benhabib/D. Cornell (Eds.), Feminism as critique, Minneapolis 1987, p. 77-95; G. Lind/F. Raschert (Hg.), Moralische Urteilsfähigkeit, Weinheim/Basel 1987.
29 L. Kohlberg in F. Oser (Hg.), 1986 a.a.O. S. 24.

30 D. R. Boyd, Die Rekonstruktion der moralischen Entwicklung. Eine Brücke zwischen Sein und Sollen, in: W. Edelstein u.a. (Hg.) a.a.O. S. 181-204.
31 L. Kohlberg 1986 a.a.O. S. 27.
32 Vgl. Fn. 28 sowie G. Schreiner, Gerechtigkeit ohne Liebe – Autonomie ohne Solidarität, in Z.f.Päd. 4/1979, S. 505-528.
33 Vgl. D. Garz 1984.
34 Vgl. W. Herzog, Mit Kohlberg unterwegs zu einer pädagogischen Theorie der moralischen Erziehung, in: Neue Sammlung 1988 S. 16-34.
35 Vgl. Th. Kesselring, Entwicklung und Widerspruch, Ffm. 1981, Die Produktivität der Antinomie, Ffm. 1984 sowie: K. F. Riegel (Hg.), Zur Ontogenese dialektischer Operation, Ffm. 1978, darin besonders: J. A. Meacham, Eine dialektische Theorie des moralischen Urteils und des Selbstgefühls, in: a.a.O. S. 177-192.

◆
Bildung zur Gerechtigkeit
Über Moralpädagogik und Jugendarbeit

I. Die Linke und die Moral

Das Wort "Moral" hatte bei der Neuen Linken – im Unterschied zur alten Linken – noch nie einen guten Klang. Im Unterschied zur alten Linken, die inkonsequenterweise einerseits an den Selbstlauf der Weltgeschichte glaubte, andererseits jedoch von ihren Mitgliedern individuelle Tutenden wie Mut, Solidarität und Opferbereitschaft einforderte, stand die Neue Linke in der Tradition der großen antimetaphysischen Moralkritiker des neunzehnten Jahrhunderts.

Mit dem reifen *Marx* sah die Neue Linke in der Moral ein historisch vergängliches *Überbauphänomen,* das allenfalls gegen die sie hervorbringenden Verhältnisse gekehrt werden konnte, aber selbst kaum wahrheitsfähig war. Mit *Nietzsche* wurde das oft muffige, spießige, wenig großzügige, letztlich *ressentimentgeladene Reagieren* aller Moral entlarvt, offenbarte sich ihr vermeintlich durch und durch zwanghafter Charakter.

Mit *Sigmund Freud* endlich erschien Moral als ein zwar der bisherigen Vergesellschaftung dienlicher, zivilisatorisch eventuell wichtiger, aber nichtsdestowenigertrotz *verinnerlichter Überichzwang,* den eine befreite Gesellschaft zugunsten lustvoller Kooperation würde aufgeben können. Schließlich schlug sich in den ästhetischen Revolten der Situationisten und ihrer Nachfolger bis zu Fritz Teufel das Erbe des *europäischen Ästhetizismus* seit Baudelaire nieder, der die *Schönheit des Bösen und Schockhaften gegen die eingelebten Üblichkeiten des Alltags* kehrte.

Die Nachhutgefechte der Postmodernisten von der eindringlichen Machtkritik Foucaults über den philosophisch dünnen Relativismus Lyotards bis hin zum Zynismus Baudrillards fügen der großen antimetaphysischen Moralkritik des neunzehnten Jahrhunderts in der Sache nichts hinzu, sondern wiederholen die alte Melodie im aufgeputzten Gewande.

Es bedurfte des Scheiterns der Neuen Linken im Deutschen Herbst und des Ökologieschocks, um zu erkennen, daß moralische Diskurse dem linken Projekt nicht nur äußerlich anhaften, sondern ihm gleichsam wesentlich sind.

Warf der Deutsche Herbst in aller Deutlichkeit moralische Fragen wie die nach der *Solidarität* der Linken, der *Legitimität* des Ausübens von Gewalt und der *Illegitimität* staatlichen Handelns auf, so konfrontierte die ökologische Krise und die dritte technologische Revolution die Linke mit Fragen wie der, ob AKWs *zumutbar* seien, ob gentechnologische Eingriffe in die Keimbahn *zulässig* sind, ob und in welchem Sinn es ein Recht auf Datenschutz gebe. Friedensbewegung und all die öffentlich geführten Debatten über die nationalsozialistische Vergangenheit, die nach Bitburg geführt wurden, verankerten moralische Diskurse in den Neuen Sozialen Bewegungen so sehr, daß sie in ihrem Kern oft genug als Kreuzzüge von Moralaposteln erscheinen konnten. Ist es *erlaubt*, zur Drohung Massenvernichtungsmittel auch nur bereitzuhalten? Was heißt es, daß nachfolgende Generationen jüngerer Deutscher die *Verantwortung* für die Verbrechen der Nationalsozialisten, ihrer Helfershelfer und Mitläufer übernehmen *sollen*? *Dürfen* wir heute Ungeborenen eine belastete Umwelt hinterlassen?

Im Lichte dieser Überlegungen erweist sich retrospektiv, daß das ganze Engagement der Neuen Linken wesentlich nichts anderes war, als das Aufbegehren einer ganzen Generation gegen die *Ungerechtigkeit* und *Verlogenheit*, mit der die selbsternannten Hüter westlicher Werte von Algerien über Vietnam bis in die deutsche Vergangenheit und ihre Folgen Lebensrecht und Würde von Millionen Menschen mit Füßen traten. Der Wille, diesem moralischen Impuls eine angemessene Theorie zu unterlegen, führte dann jedoch auf den Holzweg eines *szientistisch gelesenen Marxismus*, der die unabdingbare Forderung nach illusionsloser Analyse der gesellschaftlichen Zustände mit dem *historischen* Mißverständnis verquickte, daß das Aufbegehren gegen herrschende Ungerechtigkeit *nicht mehr* als ein argumentativ nicht begründbarer, somatischer Reflex und der Lauf der Geschichte in Umrissen wenigstens entlang der Spannung von Produktivkräften und Produktionsverhältnissen abzulesen sei.

Marxens verzweifelte Anstrengung, seinen Leserinnen und Lesern weiszumachen, daß Ausbeutung qua Aneignung von Mehrwert kein Phänomen von moralischer, sondern nur ökonomischer Bedeutung sei, zeugt ebenso von diesem Mißverständnis wie Adornos nur zu verständliches, verzweifeltes Diktum, wonach *Argumente* gegen die Verbrechen von Auschwitz nur dem Denken Vorschub leisteten, das erst zu Auschwitz geführt habe.

Heute steht nun die Linke bzw. das, was von ihr übrig geblieben ist und das, was sich vielleicht einmal zu einer *postkonventionellen Linken* formieren wird, vor der Aufgabe, ihre Argumente und *Fundamente* (jawohl, Fundamente!) neu zu sortieren und dabei einen Begriff von Moral wiederzuentdecken, der sowohl die eigene Praxis einholen als auch die Verzeichnungen in der Lektüre der Moralkritiker von Marx bis Freuds korrigieren kann. Dazu bedarf es sowohl eines *selbstkritischen Durchgangs durch die eigene Theorieentwicklung*, die ich hier nur streifen kann, als auch einer *kritischen Neuaneignung dessen, was um die Jahrhundertwende und danach als ethischer Sozialismus verächtlich* gemacht wurde. Für diese Idee gibt es heute in der Tat neue Argumente und Theorien, die im folgenden skizziert und in ihrer praktischen Bedeutsamkeit gewürdigt werden sollen.

Schematisch, und damit nicht wahr, sondern nur heuristisch nützlich, ließe sich der Weg der Linken in der Bundesrepublik folgendermaßen beschreiben: von Engels zu Habermas!

Auf diesem langen Weg standen (eher logisch als historisch) zunächst Engels, Bloch und Marx Paten.

Am Anfang stand der *dialektische Materialismus* mit seinem metaphysischen und mechanischen Glauben an dialektische Gesetzmäßigkeiten der Materie, die sich auf dem einen oder anderen Weg auch in der geschichtlich-gesellschaftlichen Welt durchsetzen würden und denen nur mit geeigneten strategischen Mitteln beizuspringen sei. Naturrecht und menschliche Würde können in einer solchen Theorie trotz aller Beteuerungen schon deswegen nicht den ihnen gebührenden Platz finden, da alle Theorien, die von höchsten Gütern ausgehen, praktisch alle Mittel freigeben, um dieses höchste Gut so bald wie möglich zu erreichen. Es ist kein Zufall, daß die dem dialektischen Materialismus entsprechende politische Theorie der Stalinismus oder Attentismus ist. Verbindet sich eine solche Ontologie zudem noch mit einer optimistischen Geschichtsphilosophie, so verlieren moralische Skrupel ihre letzte Bedeutung, wissen doch die Exekuteure der materiellen Gesetzmäßigkeiten, daß ihr Spiel gut ausgehen muß.

Die Neue Linke setzte wider den Stalinismus und wider den eindimensionalen Welfare und Warfare Staat des vermeintlich späten

Kapitalismus an und hatte dabei die Katastrophe der industriellen Massenvernichtung ebenso im Rücken wie die nüchterne Einsicht, daß sich das Proletariat in die Korporationen eines saturierten Wirtschaftsbürgertums zurückgezogen hatte. Die immer noch basale Kapitalismuskritik mußte darum auf der Suche nach einer theoretischen Grundlage auf eine um die Theorie des höchsten Gutes und den Geschichtsoptimismus ermäßigte Lehre der kapitalistischen Entwicklung und eines *existentiell motivierten, nicht begründeten Widerstands* stoßen. An die Stelle von Marx/Engels und Bloch treten nun Marx, Freud, Adorno und Marcuse. Der dialektische Materialismus wird nun durch den *historischen Materialismus* ersetzt, der Gesellschaftliches nur noch aus Gesellschaftlichem erklären will und auf Naturontologie verzichtet. Mit Marx werden nun die Tiefenstrukturen der kapitalistischen Gesellschaft in Warenform und Fetischismus, in Akkumulationsgesetzmäßigkeiten und Profitraten, mit Adorno/Freud/Weber die entfremdenden und aggressionsfördernden Mechanismen von Triebunterdrückung und verselbständigter Zweckrationalität entdeckt. Mit Hilfe der Psychoanalyse läßt sich nun eine Art biologischer Wurzel des Sozialismus entdecken, der Aufstand der vom Leistungsprinzip gepeinigten Triebe gegen die eindimensionale Gesellschaft. Nachdenklichere Theoretiker teilen zwar mit Marcuse dessen Hochschätzung der Psychoanalyse, blieben aber seinem Aktivismus gegenüber skeptisch und setzen auf die Insistenz negativen Denkens und esoterischer Kunst – so Adorno.

Moralische Skrupel spielen in einer für somatisches und physisches Leid sensibilisierten Kritischen Theorie eine entscheidende Rolle – wie aber sollen sie ausgewiesen werden, wo doch alle Moral unter dem Verdacht steht, entweder ein Derivat von Überichzwängen oder von Reziprozitäts- und Äquivalenz–, d.h. letztlich zu überwindenden Tauschprinzipien zu sein? Existentieller Protest und negativistische Kritik sind der angemessene Ausdruck einer geschichtspessimistischen Gesellschaftstheorie, die sich von den morschen Stützen einer Ontologie und eines halbblinden Optimismus entfernt hat. So moralisch eine von solchen Denken belehrte Praxis auch handelt, so wenig darf sie doch einräumen, daß begründbare und autonome Moral sie ebenso bewegt, wie die Produktionsbedingungen des Lebens. Auf dem Spiel steht hier nicht mehr und nicht weniger als das *Materialistische* am Historischen Materialismus.

Eine Linke, die aus welchen guten oder schlechten Gründen auch immer den Bannkreis nur intellektueller Kritik und Existentieller

Aktion durchbrechen will und unter den bestehenden Umständen politisch wirken möchte, mußte, je mehr sie die *moralische Ökonomie* sozialen Protests wahrnahm, erst die klassentheoretischen und dann auch die formationstheoretischen Hypothesen des Historischen Materialismus einziehen, denselben um seine Entwicklungstheorie und seine substantialistische Geschichtsphilosophie erleichtern und ihn zu einer *praktisch vermittelten Methode* umdeuten. Mit dem jungen Marx, mit Korsch, Gramsci, mit Kosik, Lefèbre und Castoriadis wird aus dem Historischen Materialismus so in einer letzten Mutation die *Praxisphilosophie*. Sie stellt sich uns als ein kritischer Historismus in Reinform dar, der vom jungen Marx einige moralische (kantianische und romantische) Intuitionen übernommen hat, sich aber ansonsten dem politischen Gemeinwesen spätkapitalistisch bzw. realsozialistischer Staaten zuwendet und der Erfindung einer angemessenen Beschreibung dieser Gesellschaften und akzeptabler Strategien zu ihrer Überwindung den Vorrang gibt. Unversehens wandelt sich hier Kapitalismus- in Bürokratiekritik, während methodisch die *Produktivität und Innovationskraft sozialer Gruppen* zum leitenden Prinzip erhoben wird. In diesem Denken wird der Historische Materialismus selbst konsequent historiert, während das Ziel, das Worumwillen der Politik entweder im Dunkeln bleibt oder als Polis, als Stadt, als civil society wiederentdeckt wird. Die Willkürlichkeit dieser Ziele mag aus der Ausweglosigkeit des realen Sozialismus erklärbar sein, was sie im vollentfalteten Kapitalismus mit seinen Massengesellschaften und Steuerungsproblemen zu sagen haben sollen, bleibt undeutlich. In Bezug auf die Moral hat die Praxisphilosophie zu einem halbherzigen und eher opportunistischen Kompromiß gefunden. Die Selbstverständlichkeit, daß keine sozialistische Gesellschaft hinter das erreichte Niveau bürgerlicher Rechtssicherheit und garantierter Menschenrechte zurückfallen dürfe, wird immer wieder beteuert, aber nicht begründet. Nachdem die Praxisphilosophie den Materialismus aufgegeben hat, bleibt sie als *Historismus* zurück und kann entweder nur noch reagieren, regredieren oder die Flucht nach vorne antreten und sich selbst als normativ inspirierte und methodisch ausweisbare, begründete aber auch bestreitbare *politische* Praxis begreifen. An genau diesem Punkt wirft der Materialismus seinen mißverständlichen Anspruch ab, als wissenschaftliche Theorie zugleich begründen zu können, was geschehen *soll* und begründet sich neu als ethischer Sozialismus – als letztmögliche Form, in der Sozialismus überhaupt denkbar ist.

Die historische Erfahrung aller realer Formen des Sozialismus von Pjöngjang bis zu den israelischen Kibbuzim ließ die Einsicht reifen, daß "Sozialismus", wenn er überhaupt noch gedacht werden kann, nicht mehr als eine Form guten Lebens, sondern nur noch als ein Abstrakter, an Gerechtigkeitsprinzipien orientierter Rahmen für eine Pluralität von individuell vermittelten Lebensweisen konzipiert werden muß.

Die historische Erfahrung der ökologischen Krise ließ zudem deutlich werden, daß über keine Lebens- und Wirtschaftsweise mehr isoliert nachgedacht werden kann, daß streng genommen jede politische, ökonomische Handlung die Interessen aller Menschen, auch der zukünftig lebenden berührt. Im ökologischen Schock entbarg sich die *Gattungsfrage* und damit die Aufgabe eines strikten *Universalismus*, der dem Marx der "Judenfrage" zum Trotz seine institutionelle Verwirklichung in den Menschenrechten gefunden hat.

Das, was ich oben als postkonventionelle Linke bezeichnet habe, und das seinen durchaus ambivalenten ersten Ausdruck in den Neuen Sozialen Bewegungen gefunden hat, orientiert sich an hochabstrakten Gerechtigkeitsprinzipien unter Verzicht auf das Vorschreiben von Lebensformen. Dabei bedient sie sich zur Analyse der gegenwärtigen Situation aller möglichen wissenschaftlichen Theorien im Wissen von deren Grenzen, ohne dogmatisch die eine vor der anderen zu bevorzugen. Das, was vormals wissenschaftlicher Sozialismus war, fällt nun in eine Reihe gesellschaftswissenschaftlicher Theorien, die freilich immer normativ aufgeladen sind und auf einige sparsame Gerechtigkeitsprinzipien, die systematisch gerechtfertigt werden müssen und können, auseinander. Vor diesem Hintergrund sind nun neuere Entwicklungen der Moralpädagogik zu betrachten.

II. Von der Moral zur Sozialwissenschaft

Die soeben erzählte Geschichte des linken Denkens in der Bundesrepublik versuchte zu verdeutlichen, daß linke Theoriebildung einem zunehmenden Abstraktionsprozeß unterlag, an dessen Ende nicht mehr übrig blieb, als die begründete Überzeugung, daß die menschlichen Angelegenheiten gerecht, d.h. die Bedürfnisse und Ansprüche *aller* mitberücksichtigten und nach Maßgabe der historisch-gesellschaftlichen Umstände stets so egalitär wie möglich geregelt werden sollen. Vor diesem Hintergrund einer so ausweisbaren Überzeugung läßt sich nun zeigen, worin die großen Moralkritiker des neunzehnten Jahrhunderts und ihre marxistischen Nachfolger geirrt haben. Das Projekt linker *Politik* bestand – anders als etwa das Projekt illusionsloser Wissenschaft – niemals nur darin, die Welt zu erklären oder zu interpretieren, sondern: sie zu verändern! Im Unterschied zu rückwärtsgewandten Erklärungen, die sich nur auf schon geschehene, unveränderbare Ereignisse beziehen können, hat es Politik mit *künftigen Handlungen* zu tun, also mit dem, was in einem gegebenen Rahmen durch menschliche Intervention veränderbar ist. Es geht also um das, was *künftig* entweder nach Maßgabe individueller Interessen tunlichst durchzusetzen ist oder *um das, was unter Berücksichtigung der eventuell widerstreitenden Interessen vieler oder aller nach Maßgabe eines vernünftigen Kriteriums jetzt getan werden soll*. Eine Theorie der Moral beschreibt nicht mehr, aber auch nicht weniger, als jenes Kriterium, anhand dessen mit Argumenten eventuell widerstreitende Interessen universalistisch einer Lösung näher gebracht werden. Dabei spielt der Gedanke, daß ein wirkliches Austauschen von Argumenten nur unter zwanglosen Bedingungen möglich ist, eine hervorragende Bedeutung, verdeutlicht er doch, daß bereits jedes vernünftige Reden eine minimale, zwangsfreie Moral impliziert.

Diese Konzeption von Moral ist den Standardeinwänden der großen Moralkritiker des neunzehnten Jahrhunderts, die vor allem den Standpunkt der von illegitimen gesellschaftlichen Zwängen unterdrückten Individualität einnehmen, nicht mehr ausgesetzt:

Indem diese Konzeption von Moral deutlich herausstellt, daß ihr *Ziel eine zwanglose Verständigung über strittige Fragen ist*, entgeht sie dem Hinweis, *daß das Wesen der Moral im unbefragten Hinnehmen repressiver und undurchschauter Normen* steht.

Entgegen dem besserwisserischen Einwand, daß derlei naiv, die Verhältnisse ohnehin anders, auf grobe Klötze grobe Keile und zu jedem Hobeln fallende Späne gehörten, ist zu unterstreichen, daß eine *Moraltheorie selbstverständlich eine Idealisierung darstellt, wenn man so will – eine regulative Idee! Dem hierauffolgenden hegelianischen Hohn bezüglich der Ohnmacht des Hoffens und Sehens sowie der Subjektivität des Meinens und des guten Willens wird entgegnet, daß moralische Diskurse erstens in der bisherigen Veränderung der Welt faktisch eine große Rolle gespielt haben und zweitens, daß gerade diese in der Wirklichkeit angelegten Idealisierungen über-*

haupt erst ein negativistisch kritisches Bewußtsein, eine Distanz zur blinden Affirmation des Gegebenen ermöglichen. Nichts anderes meinte Marxens Aufforderung, den bestehenden Verhältnissen die eigene Melodie vorzuspielen – nur daß eine nicht historische, universalistische Moraltheorie die Auffassung vertritt, daß auch derlei Melodien noch auf ihre Vernunft hin überprüft werden können. Wenn also moralische Argumentationen weder der Vorwurf, sie strebten nur moralinsaure Bedürfnisrepression bzw. ideologische Interessencamouflage an, noch der Hinweis, sie seien bezüglich des Weltlaufs naiv, gemacht werden kann, so entpuppt sich Moral in der Tat als der Kern des "linken Projekts", nämlich als das *ausweisbare Interesse, die gesellschaftlichen Angelegenheiten gerecht zu regeln (soweit war schon die alte Linke) als auch den Prozeß dieser Regelung selbst strikt universalistisch und d.h. demokratisch zu gestalten.* Mehr als diese sparsame universalistische Gerechtigkeitsintuition ist nach den schrecklichen Irrtümern, moralischen Katastrophen und verheerenden wirtschaftlichen und politischen Fehleinschätzungen der alten und auch von Teilen der neuen Linken nicht mehr möglich, aber auch nicht mehr nötig. Was die postkonventionelle Linke hingegen so dringend benötigt wie ein Fisch das Wasser, sind keine Ontologien, Geschichtsphilosophien und Spekulationen, sondern komplexe, gehaltvolle und überprüfbare (d.h. auch widerlegbare) Theorien, die uns Wege durch das Dickicht einer von Umweltkrise, elektronischer Revolution und nie gekannten außenpolitischen Veränderungen aufgewühlten Landschaft eines nachindustriellen Dienstleistungskapitalismus weisen. Wie unter diesen Bedingungen die Menschen durch demokratische Teilhabe den Selbstlauf von Wirtschaft, Recht und Bürokratie so kontrollieren können, daß Raum zum Entwerfen, Offenhalten und Durchsetzen eigener Zukunftsvorstellungen bleibt, ist die zentrale Frage, die sich politischer Bildung – zumal im Bereich der Jugendarbeit – stellt.

Nimmt man die oben genannte Konzeption erst – nämlich Kriterien bereit zu stellen, wonach gesellschaftliche Angelegenheiten in einem universalistischen und egalitären Geiste erörtert werden sollen, so wird sofort deutlich, *daß eine solche Moral bei den Individuen bestimmte Fähigkeiten und Haltungen voraussetzt: nämlich die Fähigkeit, von den eigenen Interessen virtuell abzusehen und sich in die Lage anderer zu versetzen, die Bereitschaft, überkommene und unkritisch überkommende Regeln und Praktiken nach Maßgabe eines universalistischen Gerechtigkeitskriteriums in Frage zu stellen sowie die Verallgemeinerbarkeit von Regeln und ihre individuelle Zumutbarkeit beurteilen zu können*. Mit der Frage nach den *individuellen Voraussetzungen für moralisches Handeln* und Urteilen befinden wir uns aber im Bereich der Psychologie, genauer und zugleich abstrakter gesprochen im Bereich der *Sozialwissenschaften*, die uns darüber Auskunft geben können, unter welchen Bedingungen derartige Haltungen entstehen können.

Theodor W. Adorno, der seinen pessimistischen Einsichten entsprechend in einem verwalteten Deutschland nach Auschwitz nur noch eine reformistische Pädagogik als praktische Möglichkeit sah, hat vor dem Hintergrund ähnlicher, aber nicht identischer Voraussetzungen massiv eine stärkere Berücksichtigung sozialwissenschaftlicher Einsichten angemahnt:

"Es kommt wohl wesentlich darauf an, in welcher Weise das Vergangene vergegenwärtigt wird, ob man beim bloßen Vorwurf stehen bleibt oder dem Entsetzen standhält durch die Kraft, selbst das Unbegreifliche noch zu begreifen. Dazu bedürfte es freilich einer Erziehung der Erzieher. Sie wird auf das schwerste dadurch beeinträchtigt, daß das, was in Amerika behavioural sciences genannt wird, in Deutschland nicht oder nur äußerst dürftig vertreten ist. Dringend wäre zu fordern, daß man an den Universitäten eine Soziologie verstärkt, die zusammenfiele mit der geschichtlichen Erforschung unserer eigenen Periode. *(Sperrung M.B.) Pädagogik müßte, anstatt mit Tiefsinn aus zweiter Hand über Sein des Menschen zu schwafeln, eben der Aufgabe sich annehmen, deren unzulängliche Behandlung man der reeducation so eifrig vorwirft."* (Adorno 1971:25)

Adornos Votum für "Verhaltenswissenschaften" und "re-education" geht über das hinaus, was üblicherweise für die von ihm befürwortete wissenschaftliche Grundlage einer Erziehung gegen die Kälte, zur Einfühlsamkeit, einer Erziehung nach Auschwitz gehalten wird. Gewiß stellen die psychoanalytisch zu ermessenden Grundlagen eines nicht-autoritären Verhaltens unerläßliche Grundlagen eines demokratischen Handelns dar, wie es die "re-education" anzielte. Ebenso gewiß aber bedarf es noch weitergehender *kognitiver Fähigkeiten*, wenn es darum geht, nicht nur das Schlimmste zu verhüten (nämlich den Rückfall in den Nationalsozialismus, den Adorno noch sah), sondern auch einen Modus zu finden, in einer immer unübersichtlicher werdenden ökologischen, sozialen und weltpolitischen Lage universalistisch zu urteilen. Hierzu gehört nicht nur ein Minimum sachlicher Informationen bzw. der Bereitschaft und Fähigkeit, auch komplexe sachliche Informationen zu verarbeiten, sondern auch die Bereitschaft und *Fähigkeit zur moralischen Abstraktion und Dezentrierung.*

Adorno hat jene Theoretiker, die sich für diese Problematik interessierten, nicht zur Kenntnis genommen bzw. gegen einen ihrer gesellschaftstheoretischen Gewährsleute, den französischen Soziologen Emile Durkheim, ob dessen vermeintlichen Positivismus heftig und zu Unrecht polemisiert. Dies dürfte nicht zuletzt daran gelegen haben, daß Durkheim, in diametralem Gegensatz zu den anfangs erwähnten Kritikern des Moralismus, die Auffassung vertreten hat, daß das stets behauptete Spannungsverhältnis von Individuum und Gesellschaft, zwischen subjektivem Wunsch und gesellschaftlichem Leben nicht repressiv sein muß, mehr noch, daß es überhaupt erst die freiwillig befolgten moralischen, normativen Regeln sind, die das stiften, was Marxisten als gesellschaftliche Synthesis bezeichnen. Im Unterschied zum Marxismus hat diese Form bürgerlicher Soziologie stets darauf hingewiesen, daß sich etwa das Recht nicht durch den Warentausch erklären läßt, da jeder geregelte Tausch bereits *legitim akzeptierte Austauschregeln* voraussetzt. Es kann hier nicht darum gehen, die Auseinandersetzung Adornos mit Durkheim zu analysieren, sondern allenfalls darauf, zu zeigen, warum eine im neueren soziologischen Denken breit angelegte Soziologie und Psychologie der Moral im linken Diskurs verdrängt wurde.

Es war der genetische Erkenntnistheoretiker Jean Piaget, der im Anschluß an Durkheim die Entwicklung des Moralurteils bei Kindern untersuchte. Auf diesen Untersuchungen baute schließlich der us.-amerikanische Psychologe *Lawrence Kohlberg* seine *kognitive Theorie der Entwicklung des moralischen Urteilsvermögens auf*, die auf der Schnittstelle von Philosophie und Psychologie angesiedelt, ebenso normativ gehaltvoll wie empirisch überprüfbar und so weit gut bestätigt ist.

Wenn das politische Projekt der postkonventiellen Linken die diskursive Verflüssigung des Selbstlaufs von Markt, Recht und Bürokratie ist, so entspricht diesem Projekt eine politische Bildung, die im Anschluß an Lawrence Kohlberg das moralische Urteilsvermögen in echten Auseinandersetzungen, einer demokratischen Atmosphäre und relevanten Konflikten fördert.

III. Sozialwissenschaftlich angeleitete Bildung zur Gerechtigkeit

Kohlberg und seine Schule haben durch eine Fülle von Studien – die sich über die ganze Erde und verschiedenste Gesellschaften erstreckten – empirisch erhärten können, daß die Entwicklung des moralischen Urteilsvermögens der Menschen einer *Entwicklungslogik* folgt. Eine Entwicklungslogik liegt dann vor, wenn jede erreichte Entwicklungsstufe beinhaltet, daß vor ihr entsprechend niedrigere Stufen durchlaufen worden sind und daß Rückfälle von einer einmal erreichten Stufe auf niedrigere Stufen nur unter Zwang möglich sind. Von einer Entwicklungslogik sprechen wir ferner dann, wenn gesichert ist, daß im Verlauf der Entwicklung keine Stufe übersprungen werden kann. Von einer solchen Entwicklungs*logik* ist die Entwicklungs*dynamik* zu unterscheiden, die darüber Auskunft gibt, aufgrund welcher Faktoren im Verlauf der Sozialisation der Übergang von einer Stufe zur nächsthöheren gelingt. Dies sind nach Kohlberg vor allem gehaltvolle argumentative Debatten über moralische Konflikte.

Kohlberg und seine Mitarbeiter haben zunächst zwischen *drei allgemeinen Stufen der Entwicklung moralischer Urteilsfähigkeit* unterschieden: einer *präkonventiellen*, einer *konventionellen* und einer *postkonventionellen* Stufe. Das Kriterium der Unterscheidung und Konstruktion dieser Stufen ist die Stellung von Menschen zu den moralischen Üblichkeiten, der "Moral", unter der sie leben.

Menschen auf einer sehr niedrigen Entwicklungsstufe (auf jeden Fall kleine Kinder) sind kaum in der Lage, moralische Regeln und Begründungen als etwas zu begreifen, dem mehrere gemeinsam folgen müssen und geben ihre diesbezüglichen Urteile *nur* aus der Perspektive ihrer Interessen ab. Sie urteilen präkonventionell.

Menschen einer mittleren Entwicklungsstufe (ältere Kinder, viele Jugendliche und Erwachsene) halten sich mehr oder minder rigide an das, was vorgegeben ist, sie urteilen konventionell. (Dem konventionellen Urteil korrespondiert bei Erwachsenen oft, aber nicht notwendigerweise ein autoritärer Charakter.)

Menschen, die endlich die höchste, die postkonventionelle Stufe erreicht haben, haben zugleich verstanden, daß vorbildliche Regeln und Üblichkeiten falsch sein können, daß gesellschaftliche Moralen ihrerseits von einem allgemeinen und abstrakten Gesichtspunkt aus begründet und gerechtfertigt werden müssen. Sie urteilen postkonventionell. Diese drei Stufen zerfallen noch einmal in mindestens je zwei Unterstufen, die ich im folgenden anhand der besten mir bekannten Einführungen, die es hierzu auf Deutsch gibt, widergebe. (Aufenanger u.a. 1981) Hier werden für jede Stufe und Unterstufe die ausformulierten und empirisch ermittelten Kriterien dargestellt, die Menschen verwenden, wenn sie schwierige moralische Dilemmata, wie etwa das, ob unter Lebensgefahr Recht und Gesetz gebrochen werden darf, anlegen. (Bei seinen Untersuchungen hat Kohlberg stets größten Wert darauf gelegt, sich nicht auf die faktischen Antworten auf derlei Dilemmata zu beziehen, sondern auf deren *formale Begründungsmuster*. Die Entwicklung moralischer Urteilskompetenz hängt zunächst *nicht* davon ab, was im Einzelnen für gut und richtig gehalten wird, sondern wie das, was als gut und richtig vorgebracht wird, begründet wird. Auch in moralischen Fragen sind Meinungsverschiedenheiten normal, weswegen es alleine auf ein vernünftiges Verfahren des Austrags unterschiedlicher Meinungen ankommt und nicht auf mehr oder minder zufällige Einsichten.

Die Kriterien für die Stufen lassen sich z.B. folgendermaßen ausformulieren:

Präkonventionelle Stufe
Stufe 1 (Heteronomes Urteilen):
Gerecht ist jede Handlung, für die ich belohnt werde.
Stufe 2 (Wechselseitiger Instrumentalismus):
Gerechtigkeit bedeutet, daß ich jetzt etwas für dich tue, wenn du später etwas für mich tust.

Konventionelle Stufe
Stufe 3 (Interpersonaler Konformismus):
Gerecht sind jene Handlungen, die in meiner Bezugsgruppe gutgeheißen werden.
Stufe 4 (Recht und Ordnung):
Gerecht sind jene Handlungen, die den faktisch akzeptierten Regeln der Gesellschaft entsprechen.

Postkonventionelle Stufe
Stufe 5 (Sozialvertrag, sozialer Nutzen, individuelles Recht):
Gerechtigkeit bedeutet, daß Menschen ihre fundamentalen Rechte wahrnehmen können.
Stufe 6 (Universale ethische Prinzipien):
Gerecht sind all jene Regelungen, denen alle Betroffenen zwanglos zustimmen könnten.

Kohlberg und seine Mitarbeiter haben bei ihren empirischen Untersuchungen herausgefunden, daß in westlich-kapitalistischen Gesellschaften 80% der jugendlichen und erwachsenen Bevölkerung auf Stufe 4 stehen und nur außerordentlich wenig Konflikte und Dilemmata auf Stufe 6 beurteilen.

Wie realistisch sind die normativen Implikationen dieser Theorie dann? Zu welchen Schlußfolgerungen politischer und pädagogischer Art geben sie Anlaß? Sind Zustände, die einem Vernunftideal entsprechen würden, überhaupt möglich und vor allem: wie könnten sie erreicht werden?

Schließlich wurden gegen Kohlberg und seine Theorie noch weitere Einwände erhoben: Es handele sich lediglich um eine Theorie moralischen *Urteilens*, wie ist es aber um das Verhältnis von Urteilen und *Handeln* bestellt? Handelt, wer "reif" urteilt, auch immer entsprechend? Offenbar nicht! Schließlich scheint die ganze Theorie von einem männlichen abstrakten Moralverständnis auszugehen, was daran sichtbar werde, daß Frauen und Mädchen bei den gestellten Aufgaben mit fiktiven moralischen Konflikten in der Regel niedriger abschneiden als Knaben! (Gilligan 1984)

In der Tat ist die Theorie Kohlbergs und die entsprechende empirische Forschung noch erheblich von der Lösung der genannten Probleme entfernt. Aber gerade das Fehlen einer Theorie moralischer Gefühle und die offene Frage, in welchem Verhältnis etwa moralische Urteilsfähigkeit und Ich-Autonomie stehen, verweisen darauf, wie eine Theorie moralischer Bildung auszusehen hätte.

Sie wäre *repressionsfrei*, weil sie – begründet auf gerechtigkeitsorientierte Argumente – darauf vertraut, daß schließlich das konsequente Besprechen echter moralischer Konflikte innerhalb jener Lebensformen, in denen Kinder, Jugendliche und Erwachsene miteinander leben, alle Beteiligten auf eine höhere Stufe des moralischen Urteils bringt. Eine *Pädagogik der Moral* baut zwar auf einer Psychologie der Moral auf, ist aber nicht identisch mit ihr. In einer *Psychologie der Moral* treten Erwachsene, Eltern und ErzieherInnen vor allem als *externe Beobachter* kindlicher und jugendlicher Meinungsbildung auf, während sie in einer Bildung zur Gerechtigkeit als *voll engagierte, gleichberechtigte Teilnehmer* auftreten. Eine solche Erziehung ist aber auch frei von jeglichem Pädagogisieren, weil sie von Kindern und Jugendlichen niemals mehr erwartet, als ihnen gemäß ihrem Entwicklungsstand als nächsthöheres Niveau zumutbar ist.

Eine solche Bildung zur Moral wäre *praktisch und solidarisch*, weil sie weiß, daß auch und gerade *moralische Autonomie nur durch Kooperation* erzielt werden kann. Repressionsfreie moralische Argumente und solidarische Kooperation bedürfen einer alltäglich gelebten Demokratie. Lawrence Kohlberg hat Projekte angeregt, in denen moralisches Argumentieren unter demokratischen Bedingungen als pädagogische Praxis gelebt wird.

Schließlich vermag eine solche, noch zu entfaltende Theorie der Entwicklung moralischer Urteile, moralischer Gefühle *und* moralischen Handelns jenen Skeptizismus gegenüber der Gerechtigkeit zu überwinden, den Freud gewiß *nicht* wollte und dessen Rezeption über Nietzsche und seine Anhänger ein Markstein auf dem Weg in den Nationalsozialismus gewesen ist. Baute die emanzipatorische Erziehung der späten sechziger Jahre noch vorwiegend auf einer Verbindung von wissenschaftlicher Psychoanalyse und den Idealen der philosophischen Aufklärung auf, so wurde dieses Modell – jedenfalls im Bereich demokratischer Jugendarbeit – alsbald durch eine rasche Folge von sich ablösenden "Ansätzen" abgelöst: Auf das "emanzipatorische" Modell folge der "antikapitalistische Ansatz", der dann im Gefolge der Entdeckung des "subjektiven Faktors" durch den "bedürfnisorientierten" Ansatz abgelöst wurde, der aber seinerseits mit dem allmählichen Verfall verbandlicher Jugendarbeit zu dem sog. "lebensweltlichen Ansatz" führte, der schließlich einem konzeptionslosen und pragmatischen Durchwursteln wich, das vor allem auf die Modernisierung der Einrichtungen im Namen der "Kultur" setzte.

Erst die massiven öffentlichen Diskussionen um die Geschichte Deutschlands unter dem Nationalsozialismus und der öffentlich erstarkende Rechtsextremismus auch unter Jugendlichen gab der politischen Jugendbildungsarbeit nicht nur neue Impulse, sondern auch neue Aufgaben.

Zeitgeschichtliche Bildung und *antirassistische Jugendarbeit* erweisen sich neben einer Sensibilisierung für ökologische Probleme und die Nöte der Dritten und Vierten Welt als vorrangige Aufgaben. Gentechnologie, veränderte Geschlechterbeziehungen und AIDS stellen neue Herausforderungen an vernünftige zwischenmenschliche Verhaltensweisen und an das solidarische Bearbeiten von Lebensproblemen.

Kohlbergs Theorie der moralischen Bildung stellt nicht, wie vielfach gemeint wird, lediglich eine Theorie der Stärkung kognitiver

Fähigkeiten und des moralischen Trockenschwimmens dar, sondern beinhaltet eine Praxis demokratischer Gemeinschaften in einer gerechten Atmosphäre. Moralisches Lernen im Ernstfall läßt sich indessen am besten in selbstverwalteten, mit echter Autonomie und wirklicher Verantwortung ausgestatteten Lebenseinheiten (Wohngruppen, Jugendlager, Kulturzentrum etc.) verwirklichen. Im Unterschied sowohl zu den sog. "antikapitalistischen" als auch den "bedürfnisorientierten" Ansätzen setzt eine moralische Bildung nach Kohlberg keine Gesellschaftstheorie voraus und konzentriert sich auch nicht nur auf das Artikulieren von Bedürfnissen und ihrer Durchsetzbarkeit in einer komplexen gesellschaftlichen und globalen Lage argumentativ miteinander zu vermitteln und dabei zugleich jene Haltung zu fördern, die es Kindern und Jugendlichen ermöglicht, ebenso autonom wie verantwortlich, ebenso solidarisch wie eigenständig auch noch die Belange der Fernsten und Schwächsten, der Toten ebenso wie der noch nicht Geborenen, der Menschen nebenan wie in der Vierten Welt in ihre Überlegungen miteinzubeziehen und dabei zugleich zu lernen, daß sie auch die Probleme ihres eigenen Alltags am besten gewaltfrei und das heißt argumentativ lösen können.

Mit Kohlbergs Theorie der moralischen Erziehung kann die postkonventionelle Linke den liegengelassenen Idealen der emanzipatorischen Erziehung eine handhabbare und überprüfbare Theorie an die Seite stellen – kann eine auf ihre Dialektik aufmerksam gewordene Aufklärungspädagogik versuchen, Boden für Vernunft zurückzugewinnen.

Literatur

Adorno, Th. W., Erziehung zur Mündigkeit, Ffm. 1971.
Apel, K. O., Diskurs und Verantwortung – Das Problem des Übergangs zur postkonventionellen Moral, Ffm. 1988.
Aufenanger, S. u. a. (Hg.), Erziehung zur Gerechtigkeit, München 1981.
Gilligan, C., Die andere Stimme – Lebenskonflikte und Moral der Frau, München 1984.
Habermas, J., Moralbewußtsein und kommunikatives Handeln, Ffm. 1983.
Kohlberg, L., Zur kognitiven Entwicklung des Kindes, Ffm. 1974.
Lind, G./Raschert, J. (Hg.), Moralische Urteilsfähigkeit. Eine Auseinandersetzung mit L. Kohlberg, Weinheim/Basel 1987.
Piaget, J., Das moralische Urteil beim Kinde, Ffm. 1973.

◆

"Politische Kultur des Streits" im Licht sozialisationstheoretischer Überlegungen

1.

Die "politische Kultur des Streits" ist zu einem Schlagwort der späten achtziger Jahre geworden. Stellte das Schlagwort zunächst nicht mehr als eine Verlegenheitsformel dar, mit der insbesondere die Partei der *Grünen* ihren verheerenden innerparteilichen Konflikten ein nach außen akzeptables Mäntelchen umhängen wollte, so hat es unterdessen dennoch seine Karriere auch in anderen Milieus gemacht. Nicht wenige konservative Politiker beginnen Tiraden gegen progessive Redner und Rednerinnen etwa mit folgender Floskel: "Von 'Streitkultur', meine Damen und Herren – ich kann mich an das Wort noch nicht so recht gewöhnen – kann ich Ihren Ausführungen nichts entnehmen..." Damit ist wenig, aber in gewisser Weise doch alles gesagt: Bei Licht besehen, handelt es sich um nichts anderes als um die scheinbar triviale Forderung, daß demokratische Parteien, Fraktionen, Strömungen oder Personen ihre Interessen und Grundsatzkonflikte in der Sache zwar hart, aber in respektvoller Anerkennung des Gegners als Person austragen sollen. Man könnte auch von der Forderung nach einem *fairen* Austragen politischer Konflikte sprechen. Es ist überflüssig, jenseits einer politologischen Grundsatzdebatte über die Akzeptabilität oder über die Grenzen dieser Postulate zu handeln. *In erziehungswissenschaftlicher Hinsicht ist alleine die Frage von Belang, welches die individuellen Voraussetzungen zur Teilnahme an fairen Konfliktlösungen sind, bzw. unter welchen Bedingungen das Herausbilden dieser Voraussetzungen steht!*

Psychoanalytische und rollentheoretische Überlegungen haben hierzu seit den dreißiger Jahren dieses Jahrhunderts vielfältige Bausteine geliefert: Die Abwesenheit von Autoritarismus ist dabei ebenso wesentlich wie das Vorhandensein von Frustrationstoleranz, die Fähigkeit, zwischen den Inhalts- und den Beziehungsaspekten von

Kommunikationsprozessen zu unterscheiden ist mindestens so unabdingbar wie die von der kritischen Rollentheorie geforderte individuelle Rollendistanz. Für eine erziehungswissenschaftliche Theorie des Streits sollte indessen der Aspekt des Herausbildens, der Entwicklung derartiger Fähigkeiten im Zentrum der Überlegungen stehen. Dabei kann es jedoch nicht nur um lerntheoretisch instruierte Rezepte vom Typ "Wie streite ich mich richtig..." gehen. Vielmehr geht es um die Entfaltung einer strukturellen Perspektive des Erkennens und Fühlens bei und von Meinungsverschiedenheiten in einem nur intersubjektiv konzipierbaren Sozialisationsprozeß. Die pädagogische Theorie des genetischen Strukturalismus, wie sie von Lawrence Kohlberg und seinen Mitarbeitern entworfen wurde, gipfelt im praktischen Projekt einer in Schulen und Strafanstalten verankerten "just community", in der die Betroffenen über die demokratisch geregelte Debatte authentischer Probleme einen Lernprozeß durchlaufen, in dem sie ihre Fähigkeit zum angemessenen moralischen Urteilen steigern. Die Fähigkeit zur moralischen Urteilsbildung steht in diesem Theoriestrang nicht nur unter der Bedingung, daß die Individuen, je nachdem, ob sie präkonventionell, konventionell oder postkonventionell urteilen, entsprechende kognitive Strukturen aufweisen, sondern auch unter der Voraussetzung, daß sie angemessene Sozialperspektiven übernommen haben. Es ist insbesondere Robert Selman (1982) gewesen, der theoretisch und klinisch eine pädagogisch bedeutsame Theorie der sozialen Perspektivenübernahme entwickelt hat und auf ihrer Basis zu einer Theorie interpersonaler Verhandlungen gelangt ist (Selman 1984). Doch läßt auch Selmans Theorie der Perspektivenübernahme und der "Verhandlungsfähigkeit" noch jene Komponente unberücksichtigt, die jedenfalls nach unserem intuitiven Vorverständnis beim Führen und Austragen von Konflikten wesentlich ist: Gefühl, Emotion und Affekt! Welches sind die dynamischen Prozesse, die in einer je nach Entwicklungsniveau unterschiedlich debattierenden "Just community" zwischen den Individuen vor sich gehen? Auf diese Frage ist die Theorie des genetischen Strukturalismus bisher wesentliche Antworten schuldig geblieben, obwohl interessante Vorschläge zur Vereinbarkeit von Psychoanalyse und genetischem Strukturalismus schon seit längerem vorliegen (Piaget 1969; Noam 1986; Kegan 1986; Furth 1990). Ich möchte daher im folgenden zunächst in aller Kürze die Theorie sozialer Perspektivenübernahmen von Selman darstellen (2.), um mich dann vor allem der Frage nach einer intersubjektiven Theorie der Gefühle zuzuwenden (3.). Schließlich unternehme ich den Versuch, hieraus einige allgemeine pädagogische Postulate abzuleiten (4.), die ich endlich in zwei Richtungen: der Sozialpädagogik und der außerschulischen politischen Bildung verdeutliche (5.).

2.

Robert Selman unterscheidet analog zu Kohlbergs Stufen des moralischen Urteils fünf Stufen der Perspektivenübernahme: Auf der Stufe "0" (Alter 4-6) können Kinder zwar schon zwischen sich selbst und anderen unterscheiden, sind aber noch nicht in der Lage, die Differenz zwischen Personen und deren möglichen Perspektiven zu erkennen. Kinder dieses Alters sind mithin davon überzeugt, daß alles, was sie für richtig halten, auch andere für richtig halten. Auf dieser Stufe lassen sich Meinungsverschiedenheiten nicht argumentativ, sondern lediglich physisch, durch Flucht oder Kampf austragen. Diese Stufe nennt Selman "*Egozentrische Perspektivenübernahme*".

Im Alter von 6-8 Jahren befinden sich Kinder auf der Stufe "1", der "*Sozial-informationsbezogenen Perspektivenübernahme*". Kinder dieses Alters sind zwar einerseits in der Lage, einzusehen, daß andere Personen auch andere Perspektiven besitzen, vermögen aber noch nicht, sich in die Lage anderer zu versetzen und dabei *zugleich an* der eigenen Position festzuhalten. Auf dieser Stufe werden Konflikte durch Besprechen lösbar, aber doch so, daß es – je nachdem – für Konflikte nur *eine* "richtige" oder "falsche" Lösung gibt.

Im Alter von etwa 8-10 Jahren befinden sich Kinder in der Stufe "2", der "*Selbstreflexiven Perspektivenübernahme*": "Auf Stufe 2" – so Selman – "erkennt das Kind, daß Menschen unterschiedlich denken und fühlen, weil jeder seine eigenen, einzigartigen Wertvorstellungen und Absichten verfolgt. In moralischer Hinsicht führt diese Entwicklung der Perspektivenübernahme zu der relativistischen Ansicht, daß kein Mensch eine absolut richtige bzw. gültige Perspektive hat" (Selman 1982, S. 234). Kinder können sich jetzt in die Lage von anderen versetzen und wissen zudem, daß andere sich in ihre Lage hineinversetzen können. Sie sind freilich nicht dazu in der Lage, diese Perspektivenübernahme *gleichzeitig* zu vollziehen. Konfliktlösungen werden jetzt als der Sache nach nicht immer lösbar, aber aus sozialen Gründen als jedenfalls bisweilen beherrschbar angesehen.

Im Alter von 10-12 befinden sich die Kinder dann in der Regel auf der Stufe "3", die als neues Element die Fähigkeit zur "*wechselseitigen Perspektivenübernahme*" aufweist. Ein Kind verfügt jetzt über die Fähigkeit, eigene, fremde und übergreifende, generalisierte Perspektiven zu unterscheiden, d.h. zu begreifen, "daß sowohl es selbst wie auch andere den Standpunkt jeder Partei gleichzeitig und wechselweitig einnehmen können. Jeder kann sich an den Platz des anderen versetzen und sich selbst von dort aus betrachten, bevor er sich für ein bestimmtes Verhalten entscheidet. Zusätzlich kann jeder die Situation vom Standpunkt einer dritten Partei aus betrachten, die wiederum den Standpunkt jedes der beiden Individuen einnehmen und die Beziehungen zwischen ihnen einnehmen kann" (a.a.O., S. 235). Spätestens hier werden nun nach der schon erreichten Möglichkeit zur (sozialen) Kompromißlösung auch sachliche Konfliktlösungen möglich. Unter diesen Bedingungen sind Konfliktpartner in der Lage, sich gegenseitig in der Sache zu korrigieren und die eigene Überzeugung gegebenenfalls zu korrigieren, d.h. zu *lernen*.

Auf der höchsten – von Selman konstruierten und empirisch untersuchten Stufe – der Stufe "4" der *Perspektivenübernahme mit dem sozialen und konventionellen System*" beginnen Jugendliche zu erkennen, daß es nicht nur die eigene, die entgegengesetzte und die Perspektive eines neutralen Dritten gibt, sondern daß zudem übergreifende gesellschaftliche Interessen oder Belange zu berücksichtigen sind. Dies hat für den Konfliktfall unter anderem die Folge, daß die objektive Kompromißkraft übergeordneter sozialer Regeln und Normen anerkannt wird und deren Vorgaben für die Lösung von Konflikten maßgeblich sind.

3.

In welchem Verhältnis stehen nun diese kognitiven Fähigkeiten zu Konfliktlösung mit den bei allen Konflikten ja stets gegenwärtigen Affekten? Wie könnte in diesem Zusammenhang bzw. in der Theorie des genetischen Strukturalismus eine Theorie der Gefühle aussehen. Welcher Art ist das Verhältnis von Intersubjektivität und Gefühlen? Spätestens seit dem Hegel der "Phänomenologie des Geistes", genauer gesagt dem Kapitel über "Herrschaft und Knechtschaft", läßt sich Sozialphilosophie nur noch unter Schwierigkeiten an dem Begriff der intersubjektiven "Anerkennung" vorbei betreiben. Menschen nehmen einander im sozialen Leben nicht nur einfach wahr, nicht nur einfach zur Kenntnis, sie anerkennen einander, d.h. sie registrieren nicht lediglich, daß andere um sie herum oder neben ihnen existieren, sondern bejahen deren Existenz – ausdrücklich oder unausdrücklich – über die bloße Kenntnisnahme hinaus. In diesem Zusammenhang hat Honneth kürzlich – auf Hegel basierend – "Grundmotive einer Moral der Anerkennung" skizziert, in der er drei Formen der Verletzung menschlicher Integrität ausweist (Honneth 1990). Basal und mithin – weil die menschliche Handlungsfähigkeit und Autonomie eines jeden Menschen berührend – ist die *Verletzung* körperlicher Integrität und Bewegungsfähigkeit. Derlei Verletzungen beeinträchtigen die grundlegende Voraussetzung allen Handelns, die wir als stets gültig unterstellen, nämlich die prinzipielle Funktionsfähigkeit unseres Leibes. Auf ihr beruht das allemal schon in frühester Interaktion mit einer schützenden Bezugsperson – in der Regel die Mutter – erworbene *Selbstvertrauen*.

Dieses Selbstvertrauen ist für jeden Menschen die Voraussetzung dafür, als autonomes und verantwortliches, d.h. für die eigenen Handlungen eintretendes und belangbares Wesen von andren adressiert zu werden. An der *Kränkung* dieser Möglichkeit wird die zweite Form von uns stets unterstellter moralischer Integrität, unserer *Selbstachtung* deutlich. Es war diese Form der Anerkennung bzw. ihrer Negation, um die es Hegel in der "Phänomenologie des Geistes" ging.

Indessen leben Menschen weder nur als isolierte leibliche Wesen noch als einsame moralische Akteure. Tatsächlich wird beides, körperliche Integrität und moralische Autonomie in einem stets symbolisch-sinnhaften Universum, in der konkreten Lebensform von Primärgruppen erworben. In dieses Gewebe einer sinnhaften Lebensform sind wir zunächst eingebunden, aus ihren vorgeprägten Bedeutungen wissen wir, *wie* wir unsere leibliche Integrität und moralische Handlungsfähigkeit zu schätzen und zu leben haben. Wenn Menschen diese uns betreffende Lebensform pauschal negieren oder abwerten, *mißachten* sie unsere Selbstschätzung. Selbstvertrauen, Selbstachtung und Selbstschätzung stellen mithin die subjektive Präsupposition allen intersubjektiven Handelns dar. An ihnen wird klar, daß die unbedingte Wahrung der körperlichen Integrität, die Anerkennung der moralischen Person sowie die verständnisvolle Toleranz gegenüber der sozialen Herkunft der anderen jene grundlegenden Haltungen sind, die Intersubjektivität überhaupt ermöglichen bzw. zeigen, daß die Mißachtung jener Postulate Reaktionen und Stellungnahmen provozieren, die in ihrer Spontaneität, Totalität und Undurchdringlichkeit nicht anders denn als 'Gefühle' zu bezeichnen sind. Gefühle sind nämlich – entgegen landläufigen Meinungen – keineswegs das Gegenteil von Erkenntnissen, sondern, funktional gesehen, eine andere Form menschlicher Stellungnahmen zur Welt (Gerhards 1988). Während Kognitionen langfristig gebildete, die Oberfläche der Welt durchdringende, partielle und leichter revidierbare Stellungnahmen darstellen, erfüllen Gefühle die unverzichtbare Funktion einer mittelbaren, auf das hier und jetzt Gegebene reagierenden und langfristig unerschütterlichen Haltung, ohne die die Komplexität schon des Alltags nicht ertragen oder bewältigt werden könnte.

In erziehungswissenschaftlicher bzw. sozialisationstheoretischer Sicht stellt sich dann die Frage, unter welchen Bedingungen die eben erwähnten moralischen Gefühle als Grundlage menschlichen Zusammenlebens und damit – a fortiori – des geregelten Austragens von Konflikten stehen. Die Entwicklungstheorie Selmans hat nun nicht nur die Herausbildung sozialer Perspektivenübernahme, sondern zudem, als notwendigen Teilaspekt dieser Perspektivenübernahme, die Entwicklung des Personenverständnisses bei Kindern überprüft. Dabei geht es weniger darum, wie Kinder Personen verstehen, sondern darum, *als was* Kinder Personen ansehen. Demnach sehen Kinder der Stufe "0" Personen als Träger offensichtlicher Eigenschaften, während Kinder der Stufe "1" Personen zwar als wertende Subjekte mit eigenen, nicht direkt sichtbaren Einstellungen, aber nicht als Wesen mit der Fähigkeit der Einfühlung in andere betrachten. Auf der Stufe "2" verstehen Kinder, daß Personen mit einer Vielzahl von Wünschen und Motiven, die auch im Widerspruch zueinander stehen können, begabt sind, daß sie aber gleichwohl im Prinzip nur ihren eigenen Wünschen gehorchen. "Auf der Stufe 3" – so Selman – "weiß ein Kind, daß alle Menschen einen Begriff von der allgemein geteilten Auffassung sozialer Tatsachen und zwischenmenschlicher Beziehungen haben. Vertrauen, Freundschaft und gegenseitige Rücksicht und Erwartungen werden als gegenseitig angesehen." (Selman 1982, S. 236) Daß Menschen eine komplexe Motivstruktur haben, die auf der Kenntnis der Vergangenheit von Personen sogar die Vorhersage ihrer künftigen Handlungen möglich macht, erkennen Jugendliche auf der Stufe "4".

Setzt man die Entwicklungsstufen der Fähigkeit zu interpersonalen Verhandlungen über die eben geschilderten Formen des Verständnisses von Personen in eine Beziehung zu den drei Formen sozialer Anerkennung, so ergibt sich etwa folgendes: Der Stufe des Selbstvertrauens entspricht die egozentrische Perspektivenübernahme ("0"), die bei jedem Menschen ausgebildet sein muß, um überhaupt leibliche Integrität anderer zu achten. Dazu ist mindestens das Erreichen der Stufe "1" (sozial-informationsbezogene Perspektivenübernahme) nötig. Auf dieser Stufe werden Menschen als intentionale Wesen verstanden, die zwar Interessen haben, sich aber nicht einigen können. Eine voll ausgebildete Anerkennung der anderen als moralische Personen wird erst auf der Stufe "2" der selbstreflexiven Perspektivenübernahme, in der Regel im Alter von 8-10 Jahren möglich. In diesem Alter werden Gefühle wie Achtung und Respekt vor Anderen ausgebildet. Ohne die Fähigkeit zur selbstreflexiven Perspektivenübernahme ist demnach weder Selbstachtung noch interpersonale Anerkennung möglich. Selbstschätzung, und das heißt respektvolle Toleranz für die Lebensformen anderer, setzt nicht nur die Fähigkeit zur wechselseitigen Perspektivenübernahme, sondern zudem das Vermögen voraus, das Miteinander oder Nebeneinander konfligierender Lebensformen von Individuen unter dem Gesichtspunkt eines allgemeinen sozialen Interesses wahrzunehmen. Andere und ihre Lebensformen zu schätzen und darauf zu bestehen, von ihnen entsprechend behandelt zu werden, stellt dann die affektive Grundhaltung dar, die Jugendliche allmählich entwickeln.

Formen des Konfliktaustragens, des Personenverständnisses und grundlegender, basaler Haltungen zur Welt im Sinne des Selbstvertrauens, der Selbstachtung und der Selbstschätzung stehen so in einem strukturierten Zusammenhang. Das, was oben als "Streitkultur" oder "Fairness" bezeichnet wurde, setzt offensichtlich die Beanspruchung und Achtung aller drei Integritätsformen bei sich selbst und anderen voraus – mit anderen Worten: Das, was hier als "Streitkultur" bezeichnet wurde, stellt sich im Lichte von Selmans Theorie als jenes Minimum von Perspektivenübernahme mit dem sozialen und konventionellen System dar, dem in Kohlbergs Theorie der moralischen Entwicklung des Konventionalismus entspricht. In dieser Stufe gilt als gerecht, was den nicht nur auf Familie bezogenen Normen einer Gesellschaft oder eines sozialen Systems entspricht. Entspricht ein solcher Konventionalismus bzw. eine aktive Toleranz wirklich dem, was als politische Kultur des Streits verstanden werden soll, oder zeigt sich jetzt nicht doch, daß hierunter mehr gemeint war, nämlich eine Gefühlseinstellung, die Konflikte nicht nur austrägt, sondern sie geradezu aufsucht, um gleichsam spielerisch mögliche Lösungen auszumessen? Womöglich stellt dies in der Tat das Beste dar, was wir uns unter einer politischen Kultur des Streits vorstellen können – im Rahmen einer entwicklungsbezogenen Pädagogik dürfte deutlich geworden sein, daß es sich hierbei um eine Fähigkeit handeln würde, die allemal die hier genannten Voraussetzungen erfüllt und zudem im Bereich der moralischen Entwicklung das postkonventionelle Stadium erreicht hat. Ist also eine politische Kultur des Streits nur in mehrheitlich postkonventionellen Gesellschaften bzw., da wir derartige Gesellschaften empirisch nicht kennen, nur unter postkonventionellen Eliten möglich?

Für pädagogisches Handeln kommt es offensichtlich zunächst darauf an, jenes oben erwähnte Minimum zu erzielen, und es stellt sich daher die Frage, wie dies geschehen könnte. Unter in unserer Gesellschaftsform standardisierten Bedingung, in denen Kinder im Alter von drei das Bildungssystem zunächst im Kindergarten und dann im Alter von sechs in der Schule kennenlernen, bringen sie eine egozentrische Perspektive, die Selbstvertrauen, aber nur wenig Einfühlung aufweist, bereits von zu Hause mit. Hier hätten dann entsprechende vorschulpädagogische Überlegungen anzusetzen. Mich interessiert hier die Möglichkeit des Erreichens der dritten und vierten Stufe, mit anderen Worten jener Phase, in der einerseits allgemeine Normenvorstellungen ausgebildet und andererseits die wechselseitige Perspektivenübernahme durch die Einsicht und die Erkenntnis in mögliche unbeteiligte Dritte entstehen kann. Welche affektiven Haltungen, welche Erkenntnisformen, welche sozialen Beziehungen und welche institutionellen Strukturen können derartige Übergänge fördern, und – vor allem – lassen sich pädagogische Strategien angeben, mit denen derartige Lernprozesse auch aktiv gefördert oder zumindest nahegelegt werden?

4.

Die Theorie der Moralentwicklung bzw. der moralischen Urteilsbildung hat sich seit den praktischen Experimenten von Blatt (Blatt & Kohlberg 1975) mit dem Gedanken vertraut gemacht, über das Führen von moralisch bedeutsamen Debatten die entsprechende Einsichtsfähigkeit von Schülern oder Probanten zu stärken. Demnach wird der Übergang von einer Stufe zur nächsten, genauer von den unteren Stufen der konventionellen Phase zu ihren höheren oder von den oberen Stufen der präkonventionellen Phase zu den unteren Stufen der konventionellen Phase, in dem Ausmaß wahrscheinlicher, in dem anhand echter oder konstruierter Dilemmata das jeweils stufenorientierte Einsichtsvermögen bis an die Grenzen seiner Kapazität getrieben wird, so daß zur Lösung bestimmter Probleme nur noch ein Übergang auf die nächsthöhere Stufe möglich erscheint. Die ständige, immer aufs Neue erprobte Herausforderung von moralischen Lösungswegen führt so ein ums andere Mal zu einer erneuten Bestätigung der größeren Angemessenheit höher strukturierter moralischer Einsicht - eine Bestätigung, die endlich als Lernen erfahren wird und so zu einem strukturellen Wandel bei den Individuen führt. Allerdings sagt die strukturgenetische Theorie moralischer Entwicklung zugleich voraus, daß Regressionen – wenn überhaupt – nur unter Zwang möglich sind. Diese Hypothese fordert somit die Frage heraus, ob und wie – unter Bedingungen von Zwang – strukturelles Lernen möglich ist. Sollte am Ende gelten, daß zwar Regressionen *nur* unter Zwang möglich sind, *Lernen aber auf jeden Fall, sogar unter Zwang stattfindet?*

Wenn der oben postulierte Zusammenhang von Formen der Konfliktaustragung, des Personenverständnisses und basaler moralischer Gefühle richtig ist, wenn also die Fähigkeit zur stufenspezifisch geformten Perspektivenübernahme an das Vorhandensein von Selbstvertrauen, Selbstachtung und Selbstschätzung gebunden ist, dann stellt sich für eine Pädagogik des moralischen Lernens und der sozialen Perspektivenübernahme die Frage nach dem Rahmen, innerhalb dessen derartige konstruierte oder authentische Dilemmata so erörtert werden können, daß Fortschritte wahrscheinlicher werden. Damit ist die Frage danach gestellt, was in diesem Zusammenhang "Zwang" bzw. "Abwesenheit von Zwang" heißen kann. Unter Freiheit von "Zwang" können wir in Anlehnung an Honneths "Moral der Anerkennung" jetzt nicht nur die faktische Abwesenheit von körperlichen Verletzungen, moralischen Kränkungen und kulturellen Mißachtungen verstehen, sondern *das begründete Vertrauen der Individuen darauf, daß derlei Zwänge weder ihre intersubjektiven Beziehungen noch ihre moralischen Äußerungen beeinträchtigen.* Entsprechend können wir für das in der Theorie der "Just community" herangezogene Konzept der moralischen Atmosphäre verstehen, in dem es vor allem um die Sicherstellung von Beteiligungschancen der Betroffenen geht, und zwar derart, daß sie sowohl die institutionellen Regeln als auch deren Anwendung in Schulen und Jugendvollzugsanstalten als begründet, als zumutbar und das heißt "fair" akzeptieren. Im Rahmen der oben skizzierten Theorie der Anerkennung läßt sich nun ein Konzept der moralischen Atmosphäre als einer komplexen Kreuztabelle mit den jeweils zu bestimmenden Werten "abwesend/garantiert ausgeschlossen" und den drei Dimensionen von Zwang aufstellen. Für die theoretische Fassung und empirische Erhebung einer moralischen Atmosphäre erhalten wir somit eine sechszellige Kreuztabelle folgender Art:

	Abwesenheit	/	garantiert ausgeschlossen
körperliche Verletzung		/	
moralische Kränkung		/	
kulturelle Mißachtung		/	

Diese Kreuztabelle kann rein rechnerisch vierundzwanzig Zustände annehmen, etwa so, daß eine körperliche Verletzung garantiert ausgeschlossen ist, eine moralische Kränkung aber nur abwesend ist. Eine derartige Tabelle ließe sich noch durch das Hinzufügen von drei weiteren Werten, nämlich "gegeben", "möglich" und "Gegenteil vorhanden" verfeinern, so daß wir etwa bezüglich körperlicher Verletzungen jeweils feststellen können, ob sie geschehen, ob sie derzeit möglich sind, ob sie tatsächlich nicht vorkommen, ob sie – durch Sanktionen – garantiert ausgeschlossen sind oder ob gar alle Beteiligten körperliche Integrität hochschätzen. Auf dieser Basis lassen sich nun die Mindestbedingungen für eine einigermaßen erfolgreiche Form des Austragens von Konflikten angeben: körperliche Verletzungen müssen *unter allen* Umständen ausgeschlossen sein, moralische Kränkungen kommen *faktisch nicht vor*, kulturelle Mißachtungen *bleiben möglich. Unter diesen Mindestbedingungen wissen die Individuen, daß sie sich ohne die Furcht vor körperlichen Sanktionen äußern können, daß sie jedenfalls prima facie einander als moralische Personen anerkennen und einander jedenfalls nicht ununterbrochen verächtlich machen.*

Das erreichbare Optimum wäre dann durch einen Zustand charakterisiert, in dem die Individuen körperliche Integrität als hohes Gut achten, einander unverbrüchlich als moralische Personen *unter allen Umständen* ernst nehmen und ihren jeweiligen Lebensformen ein im Prinzip anerkennendes Interesse entgegenbringen.

Zwischen diesen beiden Polen befinden sich die Entwicklungsmöglichkeiten einer moralischen Atmosphäre, die ihrerseits die notwendige Bedingung für soziale Perspektivenübernahme und moralisches Lernen ist. Die Aufgaben der Pädagogik fangen entsprechend bei der sanktionierten Sicherstellung körperlicher Integrität, dem Führen eines Diskurses, bei dem die Betroffenen auch kontrafaktisch so adressiert werden, als seien sie voll zurechnungsfähig, und dem Korrigieren kultureller Mißverständnisse an und hören bei der Stärkung körperlicher Sensibilität, dem Leben freundschaftlicher Achtung sowie der aktivierenden Neugierde für unterschiedliche Lebensformen und deren individuelle Konkretisierung auf.

5.

Ich schlage vor, das *Sicherstellen des Minimums* und das *Erfüllen des Optimums* als die unterschiedlichen Aufgaben von Sozialpädagogik und politischer Bildung zu betrachten.

In der Dimension affektiver Haltungen setzen also sozialpädagogische Interventionen dort an, wo Selman von einer "selbstreflexiven Perspektivenübernahme" (Stufe "2") spricht, während politische Bildung die dritte Stufe der Perspektivenübernahme voraussetzt und sich mindestens um das Erreichen der vierten Stufe der "Perspektivenübernahme mit dem sozialen und konventionellen System", wenn nicht gar um das Erreichen einer höhere, postkonventionellen Stufe bemüht.

Unter emotionalen Aspekten betrachtet fällt Pädagogen im sozialpädagogischen Arbeitsbereich damit in erster Linie die Aufgabe zu, so etwa wie ein *Vertrauen in die Institution* selbst bzw. eine zumindest affektiv-neutrale Atmosphäre unter den Betroffenen zu schaffen. Im Bereich politischer Bildung geht es dann nicht mehr um das Hervorrufen der Grundbedingungen einer affektiven Solidarität, sondern um die Einsicht, und das heißt auch, um die *positive Identifikation mit einer Gemeinschaft und deren Regelwerk*. Beiden Zielen sollten unterschiedliche Wege des Zugangs zu Schülern und Probanden entsprechen, wobei stets bewußt zu bleiben hat, daß es um das Erwecken von Emotionen geht, also um das Hervorrufen stabiler, spontaner und wenig analytischer Haltungen, die eine bestimmte Alltagsorientierung ausmachen. Das Schaffen einer vertrauensvollen Einstellung zu einer Institution wird bei Kindern und Jugendlichen, die aufgrund entwicklungsbedingter Schädigungen auf dem Niveau von Kindern stehen geblieben sind, über die Identifikation mit *einer* Person verlaufen müssen, mit anderen Worten, es wird eine Person sein, die den Rückhalt der Institution verkörpert. Dies folgt aus der Annahme, daß sozialpädagogisches Handeln auf der Stufe "2" der Perspektivenübernahme anzusetzen hat. Kinder dieses Alters sind in der Lage, sich in die Situation anderer zu versetzen – wenn sie denn in die Lage geraten, jenes Vertrauen, das ein signifikanter Anderer an ihrer Stelle hat, zu übernehmen. So gesehen bewährt sich das sowohl bei Makarenko als auch bei Aichhorn implizit oder explizit geforderte Instrument des Herstellens einer "Übertragungsbeziehung", d.h. das Knüpfen eines festen emotionalen Bandes zwischen einem Schüler oder Probanden und einer Bezugsperson. Auf dieser Basis wird es dann möglich, eine gesicherte Beziehung zu anderen peers aufzunehmen.

Politische Bildung, wie wir sie heute verstehen, setzt Konflikt- und Kritikfähigkeit voraus. Freilich ist ungeklärt, welche kognitiven und emotionalen Voraussetzungen zum Erheben eigener, wohlbegründeter Ansprüche bzw. Einsprüche vonnöten sind. Wenn es richtig ist, daß das, was wir gemeinhin als eine "Politische Kultur des Streits" verstehen, zumindest eine Trennung von Inhalts- und Beziehungsaspekt bei Auseinandersetzungen beinhaltet, so gilt für Gruppen und größere soziale Systeme, daß ein Minimum affektiver Solidarität mit dem sozialen und konventionellen System auf der Basis eines Beziehungsgeflechtes vorhanden ist, innerhalb dessen dann inhaltliche Konflikte ausgetragen werden. Politische Bildung, der es um eine Perspektivenübernahme mit dem sozialen und konventionellen autonomen System auf der Basis eines Standpunktes und einer universalistischen Solidarität geht, wird hier freilich nicht mehr – wie eine therapeutisch ausgerichtete Sozialpädagogik – das Vertrauen in ein Individuum in ihren Mittelpunkt stellen, sondern die vielfältige Verflechtung vieler

Individuen durch Sympathie, Empathie und Partizipation an gemeinsamen Projekten zu ihrem Ziel machen. Die so entstehende affektive Solidarität, die auf der Basis gemeinsamer Verantwortung – und nicht individueller Identifikation – entsteht, kann es später ermöglichen, daß Menschen das Gemeinwesen, in und unter dem sie leben, nicht nur als eine fremde, ihnen feindselig gegenüber stehende Institution verstehen, sondern als ein Regelwerk, das zwar nicht insgesamt zur Disposition steht, in dem aber jede einzelne Regelung verändert werden kann. Sich darüber auseinanderzusetzen, was und wie etwas an diesem System zu verändern ist, ohne dabei einander zu kränken, ist der Inbegriff einer politischen Kultur des Streits.

Literatur

Blatt, M./Kohlberg, L., The effects of classroom moral discussion upon childrens level of moral judgement, in: Journal of moral education 4, 1975, 129-161.
Brumlik, M., Kohlbergs "Just Community"-Ansatz als Grundlage einer Theorie der Sozialpädagogik, in diesem Band S. 256 ff.
Furth, H.G., Wissen als Leidenschaft – Eine Untersuchung über Freud und Piaget, Frankfurt 1990.
Gerhards, J., Soziologie der Emotionen, München 1988.
Honneth, A., Grundmotive einer Moral der Anerkennung, in: Merkur 12, 1990, 1043-1054.
Kegan, R., Die Entwicklungsstufen des Selbst, München 1986.
Noam, G., Stufe, Phase und Stil: Die Entwicklungsdynamik des Selbst, in: Fatke, R./Höffe, O. (Hrsg.): Transformation und Entwicklungs-Grundlagen der Moralerziehung, Frankfurt 1986, 151-191.
Selman, R.L., Sozial-kognitives Verständnis: Ein Weg zu pädagogischer und klinischer Praxis, in: Geulen, D. (Hrsg.), Perspektivenübernahme und soziales Handeln, Frankfurt 1982, 223-256.
Selman, R.L., Die Entwicklung des sozialen Lernen, Frankfurt 1984.

Drucknachweise

Emanzipation und Operationalisierung – sieben Thesen, zuerst in: Zeitschrift Wege zum Menschen August/November 1974, S. 315 - 325.

Zum Verhältnis von Pädagogik und Ethik, zuerst in: Zeitschrift für Pädagogik, 15. Beiheft, Weinheim und Basel 1978, S. 103 - 115.

Pflicht zu Dankbarkeit und Fortpflanzung? Zu einer Ethik des Generationenverhältnisses: bisher noch nicht publiziert.

Vom Leiden der Tiere und vom Zwang zur Personwerdung. Zwei Exempel advokatorischer Ethik, ist zuerst unter dem Titel "Vom Leiden der Tiere und vom Zwang zur Personwerdung. Zwei Kapitel advokatorischer Ethik" in: v. Brackel, H.-U./Mette, N. (Hg.), Kommunikation und Solidarität. Beiträge zur Diskussion des handlungstheoretischen Ansatzes von Helmut Peukert in Theologie und Sozialwissenschaften, Freiburg/Münster 1985, S. 300 - 322, erschienen.

Über die Ansprüche Ungeborener und Unmündiger. Wie advokatorisch ist die diskursive Ethik?, zuerst in: Kuhlmann, W. (Hg.), Moralität und Sittlichkeit. Das Problem Hegels und die Diskursethik, Frankfurt 1986, S. 265 - 300.

Diskurs- und Mitleidsethik in Begründung und Anwendung: bisher noch nicht publiziert.

Integrität und Mündigkeit – Ist eine advokatorische Ethik möglich? ist zuerst unter dem Titel "Ist eine advokatorische Ethik möglich?" in: Rauschenbach, Th./Thiersch, H. (Hg.), Die herausgeforderte Moral. Lebensbewältigung in Erziehung und sozialer Arbeit, Bielefeld 1987, S. 59 - 72, erschienen.

Allgemeine Menschenwürde und philosophisches Expertentum: bisher noch nicht publiziert.

Advokatorische Ethik in Grenzsituationen. Zur Debatte um Peter Singer ist zuerst unter dem Titel "Advokatorische Ethik" in: Sonderpädagogik, Heft 4, 21. Jg., Berlin 1991, S. 188 - 198, erschienen.

Normative Grundlagen der Sozialarbeit, zuerst in: Neue Praxis, Heft 4, 8. Jg., Darmstadt/Neuwied 1978, S. 321 - 325.

Zur Sittlichkeit pädagogisch professioneller Interaktionen, zuerst in: Ammann, W./Klattenhoff, K./Neukäfer, M. (Hg.), Pädagogik: Theorie und Menschlichkeit. Festschrift für Enno Fooken zum 60. Geburtstag, Oldenburg 1986, S. 179 - 200.

Sind soziale Dienste legitimierbar? Zur ethischen Begründung pädagogischer Intervention, zuerst in: Sachße, Chr./Engelhardt, H.T. (Hg.), Sicherheit und Freiheit. Zur Ethik des Wohlfahrtsstaates, Frankfurt 1990, S. 203 - 227.

Kohlbergs »Just Community«-Ansatz als Grundlage einer Theorie der Sozialpädagogik, zuerst in: Neue Praxis, Heft 5, 19. Jg., Darmstadt/ Neuwied 1989, S. 374 - 383.

Bildung zur Gerechtigkeit. Über Moralpädagogik und Jugendarbeit, zuerst in: Widersprüche, Heft 33, 9. Jg., Offenbach 1989, S. 31 - 40.

"Politische Kultur des Streits" im Lichte sozialisationstheoretischer Überlegungen, zuerst in: Heitmeyer, W./Jacobi, J. (Hg.), Politische Sozialisation und Individualisierung. Perspektiven und Chancen politischer Bildung, Weinheim und München 1991, S. 249 - 260.

Alle bereits anderweitig publizierten Arbeiten wurden für diesen Sammelband durchgesehen.